ROBERTINE BARRY
On l'appelait *Monsieur*

De la même auteure

Robertine Barry. La femme nouvelle. Biographie. Éditions Trois-Pistoles, 2010.

Marie Major. Roman historique inspiré de la vie d'une fille du Roi, dont l'époux, Antoine Roy dit Desjardins, fut assassiné. Guy Saint-Jean éditeur, 2006. Québec/Loisirs, 2008.

Médecins & Sages-femmes. Les enjeux d'un débat qui n'en finit plus. Québec Amérique,1993.

Visitez le site web de l'auteure : www.sergine.com

Sergine Desjardins

ROBERTINE BARRY
On l'appelait
Monsieur

ÉDITIONS TROIS-PISTOLES

Éditions Trois-Pistoles
31, route Nationale Est
Paroisse Notre-Dame-des-Neiges
G0L 4K0
Téléphone : 418 851-8888
Télécopieur : 418 851-8888
C. élect. : vlb2000@bellnet.ca

Saisie : Sergine Desjardins
Photographie en couverture : Robertine Barry
Couverture : Olivier Lasser
Infographie : Roger Des Roches
Révision : Victor-Lévy Beaulieu, André Morin

Les Éditions Trois-Pistoles bénéficient des programmes d'aide à la publication du Conseil des Arts du Canada, du ministère du Patrimoine (PADIÉ), de la Société de développement des entreprises culturelles du Québec (SODEC) et du programme de crédit d'impôt pour l'édition de livres du gouvernement du Québec (gestion Sodec).

En Europe (comptoir de ventes)
Librairie du Québec
30, rue Gay-Lussac
75005 Paris, France
Téléphone :   43 54 49 02
Télécopieur :   43 54 39 15

ISBN : 978-2-89583-228-7
Dépôt légal :
Bibliothèque et Archives nationales du Québec, 2011
Bibliothèque et Archives Canada, 2011

Fais ce que ton cœur te dit de faire,
de toutes les façons on te critiquera.
Tu seras damné si tu le fais,
et damné si tu ne le fais pas.

Eleonor Roosevelt

Il faut vivre ce que l'on aime en payant le prix qui convient.

Jean Ferrat

À mon fils généticien, qui, passionné de science,
m'enseigne mieux que quiconque l'art
de questionner ce qui paraît évident.

À mon conjoint,
à toutes ces belles amitiés
si chères à mon cœur.

À la mémoire d'une très chère amie,
Odette Dionne Côté,
que la mort m'a ravie en cet été 2010
alors que notre amitié était dans sa belle enfance,
neuve et joyeuse,
ne demandant qu'à se déployer davantage.

Première partie

1897-1899

Toute femme ayant suffisamment d'audace pour sortir du rôle étroit qui lui était imposé devenait nécessairement une « marginale », sinon une « paria ».

Marie Lavigne, Yolande Pinard
Les femmes dans la société québécoise

Montréal, février 1897. L'hiver était, certains jours, aussi exécrable que le précédent. Les rues, inondées par les violentes averses tombées au petit matin, devenaient vite glacées sous l'effet d'un froid sibérien qui, dès l'heure du dîner, s'installait sans crier gare, faisant brusquement chuter le thermomètre à moins trente degrés Fahrenheit. Ceux qui s'aventuraient en forêt étaient éblouis par la beauté féerique qu'offrait à leurs yeux la blancheur immaculée que le verglas étalait sur tous les arbres, éclairant même les plus petits recoins des sous-bois. En milieu urbain, cependant, ce n'était pas ce magnifique paysage surréaliste qui attirait l'attention, mais les bruits secs annonçant, avec la régularité d'un métronome, qu'une branche venait de céder sous le poids de la glace et risquait de tomber sur la tête d'un malheureux.

Les horloges de la ville aux cent clochers sonnaient six heures du soir lorsque Robertine Barry sortit des locaux de *La Patrie*. Les yeux fixés sur le trottoir glacé, les bras légèrement écartés du corps afin de maintenir son équilibre, elle marchait aussi vite qu'elle pouvait, indifférente pour une fois au sort des chevaux fourbus qui avançaient avec peine. Elle ne voulait pas rater le prochain tramway. La journée avait été dure, rien qu'une suite sans fin de petites contrariétés qui avaient fini par lui taper sur les nerfs. Elle avait recommencé mille fois sa chronique, sans jamais parvenir à trouver le ton juste. En désespoir de cause, elle avait cherché dans un tiroir afin de voir si elle y découvrirait, sur quelque feuille volante, des idées qu'elle avait griffonnées et conservées en prévision, justement, d'une panne d'inspiration. Elle avait fouillé un bon moment, tout en mettant de l'ordre dans ce fouillis où s'entassaient une foule de menus objets dont elle avait perdu jusqu'au souvenir de leur existence. Dans le fond du tiroir, elle avait trouvé plusieurs cartes qu'elle avait reçues les jours de la Saint-Valentin. Il ne s'agissait pas de ces cartes sentimentales qu'un amoureux transi lui aurait envoyées, mais de valentins satyriques dont les vulgaires illustrations ciblaient, entre autres, les « vieilles filles » ou les femmes qui, à l'instar de Robertine, ne se conformaient pas aux normes de l'époque. Une femme à barbe ou encore une femme à la langue longue et volumineuse illustraient plusieurs de ces cartes et ces dessins étaient aussi révélateurs que la légende qui les accompagnait : « Soyez modeste, gardez la place que la Providence a assignée à votre sexe. » Depuis qu'elle gagnait sa vie dans le monde du journalisme, Robertine en avait reçu des dizaines à chaque 14 février « que le Bon Dieu amène », comme le disait sa mère Aglaé. Aucune d'entre elles n'était signée. Robertine n'était pas dupe. Elle savait que c'était là un moyen d'intimidation, un parmi tant d'autres, pour la faire rentrer dans le rang. Alors que ses amies recevaient des billets remplis de tendres ou passionnés mots d'amour, Robertine, elle, collectionnait les valentins satyriques envoyés dans le but de se moquer de son indépendance, de son célibat, de son féminisme, de son avant-gardisme. Les idées que cette libre penseuse défendait dérangeaient de plus en plus.

Elle se demandait d'ailleurs pourquoi elle avait conservé dans ses tiroirs ces armes d'intimidation. Ce n'étaient pas là des mots doux dont elle voulait se souvenir toujours. Ils ne méritaient que la poubelle, ces mots assassins qui ne servaient qu'à lui rappeler non seulement les préjugés sur les bourgeoises qui gagnent leur vie, mais aussi tous ces 14 février qu'elle avait passés, seule, à travailler, alors qu'autour d'elle ses amies préparaient cette fête des amoureux avec une frénésie joyeuse qui lui tapait sur les nerfs. Elle avait beau répéter que l'amour et le mariage ont un prix qu'elle n'était pas prête à payer, elle n'aurait pas détesté recevoir parfois, elle aussi, des mots doux qui auraient pu faire battre son cœur. Mais non, elle ne recevait, à la place, que des mots cruels ne visant qu'à la discipliner. Ces mots lui mettaient des larmes dans les yeux et de la colère dans l'âme.

• • •

Frissonnante, Robertine se risqua à marcher un peu plus vite et chassa cette maudite fête des amoureux de son esprit. Elle avait hâte d'enlever son corset et d'enfiler sa robe d'intérieur faite de mousseline de soie et dont la collerette de guipure et les rubans de velours noir lui donnaient une élégance folle. C'était d'ailleurs une folie d'avoir acheté cela. Elle l'avait payée si cher! Mais ne le regrettait pas tant que ça. Elle se voyait déjà, ainsi vêtue, assise près du foyer, un livre à la main.

Le mauvais temps lui fit penser à Honoré Beaugrand, qu'elle avait revu récemment et qui lui avait confié prendre de plus en plus de morphine pour calmer ses crises respiratoires aiguës. Crises que la température froide ou humide rendait plus fréquentes et pénibles. Il était venu la voir avant de partir au New Jersey, où il espérait que le climat, plus clément, soulagerait ses souffrances. Il comptait aller ensuite en France. Ayant vendu *La Patrie* trente mille dollars, il avait suffisamment d'argent pour voyager. Robertine avait un pincement au cœur chaque fois qu'elle pensait que cet homme, qui lui avait fait confiance en lui ouvrant toutes grandes les portes du journalisme, n'était plus son patron. Cette situation la rendait d'autant plus triste que le départ de Beaugrand avait été vivement applaudi par certains, dont le journaliste, professeur et homme politique Thomas Chapais. Les semaines précédant la vente de *La Patrie*, Honoré Beaugrand s'était engagé dans une vive polémique contre le pouvoir clérical, qui avait fait interdire la publication du journal *L'Électeur*. Chapais avait alors publié, dans le *Courrier du Canada* du 31 décembre 1896, un article véhément à propos de Beaugrand. Provocateur, Beaugrand n'avait pas hésité à le publier à son tour dans *La Patrie* du 4 janvier suivant, même si ce brûlot était loin de le montrer sous un jour favorable :

« Fantasque et madré, violent et roublard, impulsif à la surface et calculateur au fond, demi-savant et demi-quart de publiciste, frotté de littérature boulevardière, sans instruction sérieuse, féru de réclame et aimant à tirer du pistolet par les fenêtres pour arrêter les passants devant sa misérable boutique, impie à froid et sectaire, sans croyance et sans boussole, le directeur de *La Patrie* est un des hommes qui ont fait le plus de mal dans notre province depuis vingt ans. »

Voilà comment Chapais décrivait Beaugrand !

Robertine avait eu bien de la peine lorsqu'elle avait lu cela. Elle était toujours bouleversée lorsqu'elle pensait que, dans l'esprit de plusieurs, le dernier souvenir qu'ils auraient de

Beaugrand serait obscurci par les calomnies de Chapais. Elle éprouvait envers Honoré une gratitude et une affection si grandes qu'elle le lui prouvait en prenant toujours publiquement sa défense, au risque d'être salie à son tour par les esprits chagrins. « Qui s'assemble se ressemble ! », chuchotaient les ultramontains.

Elle enrageait en pensant à ce que Chapais avait ajouté au sujet de Beaugrand :

« Ce Canadien *décatholisé* qui a été baptisé et qui essaie de gratter de son front la marque de son baptême, qui a été confirmé, qui a fait sa première communion comme nous tous et pour qui l'Église a été une mère tendre et bienfaisante, se fait en ce moment une gloire sacrilège de défier son autorité, d'injurier sa sainte hiérarchie, de braver ses lois augustes, de la bafouer et de la souffleter en présence des sectes ennemies qui se réjouissent de ce scandale. Besogne maudite ! »

Robertine défiait, elle aussi, l'autorité du clergé, car elle contestait ouvertement sa trop grande ingérence dans tous les domaines de la vie, particulièrement dans les domaines de l'éducation, de la politique et de la presse. Comme Beaugrand, elle ne pouvait admettre que la liberté des journalistes soit brimée à cause de l'autorité religieuse qui régnait en maîtresse. Il y avait sans doute bien des ultramontains qui n'étaient pas plus tendres envers elle qu'ils ne l'étaient envers Beaugrand. Elle n'osait imaginer ce que l'on racontait dans son dos. Elle n'osait surtout pas penser à ce qui pouvait lui arriver. Dans le contexte d'alors, où la censure était reine, quiconque s'opposait à l'idéologie dominante pouvait être broyé sans ménagements. Il était dans les habitudes de l'évêque de Montréal, Paul Bruchési, de lire attentivement tous les journaux, car il s'était donné comme mission de débusquer tout ce qui pouvait nuire à la foi. Il était, raconte l'un de ses contemporains, « très certainement l'une des figures les plus curieuses de l'épiscopat catholique du XXᵉ siècle. Il a apporté à ses fonctions un zèle passionné, un esprit d'inquisiteur et un langage d'autocrate. Considérant, avec Mᵍʳ Bourget, les journalistes comme les sangliers dans la vigne du Seigneur, il s'est acharné à les massacrer les uns après les autres. Il y a réussi en moins de dix ans. On croit même rêver quand on examine l'état de la presse de Montréal sous la suzeraineté de l'archevêque Bruchési[1] ».

Robertine songeait à tout cela en marchant sur le trottoir glacé en ce sombre jour de février. De plus en plus transie, elle grelottait. *Quel temps de chien qui vous transperce les os !* Pour se réconforter, elle pensa de nouveau à la chaleur de son foyer et au bon repas chaud qui l'attendait à la maison. Elle accéléra encore le pas. Mal lui en prit ! Avant même qu'elle puisse réaliser ce qui lui arrivait, elle glissa sur une plaque de glace et se retrouva allongée de tout son long sur le trottoir. Elle ressentit une douleur à son orgueil d'abord, à sa cheville ensuite. Elle venait de se faire une méchante entorse !

Quelques minutes plus tard, qui lui parurent une éternité, elle monta enfin dans le tramway. D'une voix suppliante, elle raconta sa malchance au conducteur et lui demanda la faveur d'arrêter son tramway devant chez elle. « Non ! » répondit-il sèchement, durement même, « en la regardant avec deux gros yeux ronds ».

Robertine tenta de le convaincre, argumentant que non seulement il ne perdrait pas de temps, mais qu'il ferait une bonne action. Devant son indifférence, elle espérait l'attendrir en grimaçant de douleur et en se frottant la cheville, qui enflait

---

1. P. Hébert. *Censure et littérature au Québec*, p. 22.

à vue d'œil. En vain ! Ravalant sa colère, elle lui lança un regard noir, prit un air digne de grande dame, et, clopin-clopant, trouva dans le tramway bondé une courroie où s'agripper. Le trajet lui sembla bien plus long qu'à l'accoutumée. Après être descendue à l'endroit habituel, elle marcha aussi dignement qu'elle put, tout en maudissant en silence ce conducteur si peu avenant. Elle s'en souviendrait. Ça oui ! Elle avait la mémoire aussi longue que l'esprit rancunier. Elle pesta intérieurement aussi contre tous ceux qui négligeaient de mettre des cendres devant leur maison afin, justement, d'éviter les chutes sur les trottoirs glacés. Elle chercha du regard un cocher, ou un passant, à qui confier son embarras, mais aucun samaritain ne se pointait à l'horizon. Par un temps pareil, peu de gens s'aventuraient dehors. Comme elle le précisa dans sa chronique du 15 février 1897, c'est donc « par un prodige d'endurance » qu'elle réussit à atteindre enfin sa demeure. Après avoir enfilé des vêtements secs, elle se laissa dorloter par ses sœurs, sa mère et la vieille Cécile.

• • •

Le lendemain matin, Robertine ne tarda pas à constater que sa cheville était toujours aussi enflée et douloureuse. Elle téléphona au journal et expliqua qu'elle s'absenterait un jour ou deux, le temps qu'elle puisse marcher sans éveiller trop de douleurs. Elle avait d'ailleurs amplement de quoi s'occuper ! Comme chaque soir depuis qu'elle avait inauguré sa « page des femmes », elle avait rapporté dans son porte-documents des dizaines de lettres de ses lecteurs et lectrices auxquelles elle devait répondre. *Le Coin de Fanchette* était un franc succès. Des femmes, mais aussi des hommes, ces derniers constituaient

19

douze pour cent de son lectorat, lui écrivaient afin qu'elle évalue leur poésie ou leur prose. Robertine, renouant parfois avec la façon qu'elle avait, au début de sa carrière, de se moquer des gens, raillait encore parfois cruellement les écarts de style et les fautes d'orthographe de son lectorat, qui n'en continuait pas moins de solliciter son avis. Et pas seulement sur la littérature, mais sur toutes sortes de sujets. Leur confiance en Françoise était si grande qu'ils la consultaient, elle plutôt que leur curé, afin d'obtenir une caution morale lorsqu'ils hésitaient à lire tel ou tel livre parce qu'ils croyaient que, peut-être, cette lecture pourrait mettre le salut de leur âme en péril. Robertine, un brin provocatrice, ne se gênait pas, parfois, pour donner un avis contraire aux ecclésiastiques : « Je vous dis sincèrement que je ne trouve pas de mal dans la lecture de ce poème, mais vous commettez toujours en le lisant le péché de désobéissance, puisque l'Église en a défendu la lecture[2]. »

Robertine détestait l'idée de devoir demander une permission écrite à son curé, si elle désirait lire un livre mis à l'Index. C'était comme si on lui disait qu'elle n'était pas assez intelligente pour juger ce qui était bon pour elle. Elle connaissait les arguments du clergé : « L'apothicaire vous dit quels sont les poisons pour votre corps sans que vous vous sentiez humiliée. Pourquoi le seriez-vous lorsque le prêtre dit quels sont les poisons de l'âme ? » Elle était exaspérée par le fait que les femmes – d'éternelles mineures, non seulement aux yeux de la loi, mais aussi aux yeux de bien des gens – devaient constamment demander des permissions à leur père, à leur mari, à leur curé et même à leurs oncles. D'ailleurs, même si le clergé en avait interdit la lecture, elle ne se gênait pas pour encenser des livres

---

2. Françoise, « Le Coin de Fanchette », *La Patrie,* 9 avril 1898.

et des journaux mis à l'Index, dont *La lanterne* d'Arthur Buies. Dans la circulaire du clergé, ce livre était qualifié « d'amas confus de blasphèmes, d'attaques contre l'Église catholique, sa hiérarchie, ses œuvres, son enseignement, ses institutions[3] ».

Ses lecteurs et lectrices la questionnaient aussi sur l'amour, le mariage, le célibat, et n'hésitaient pas à lui confier leurs peines. Leurs peines d'amour surtout. Robertine devint ainsi la première journaliste canadienne-française à tenir un *courrier du cœur*. Les marques d'estime et de confiance de son lectorat la comblaient d'autant plus que plusieurs lecteurs et lectrices lui demandaient d'être leur amie. Or, c'est précisément ce qu'elle avait souhaité devenir lorsqu'elle avait eu l'idée d'inaugurer « Le Coin de Fanchette ». Ils la traitaient d'ailleurs souvent comme telle, lui posant des questions sur sa vie privée, ses goûts, sa façon de s'habiller et même sur la couleur de ses yeux, ce à quoi elle répondait : « Je ne sais, ma petite, en quoi peut bien vous intéresser la couleur de mes yeux. Je vous la donnerais avec empressement si je n'étais à ce sujet aussi perplexe que vous. Personne encore ne s'est accordé sur leur nuance et vous avez à choisir. » En réalité, elle avait des yeux pers qui passaient le plus souvent d'un vert éclatant au gris-vert, mais qui pouvaient parfois devenir aussi sombres que la nuit.

Robertine était heureuse du succès de sa page féminine, mais, plus le temps passait, plus souvent il lui arrivait de se sentir lasse devant l'abondance des lettres reçues. Y répondre lui demandait beaucoup plus de travail qu'elle ne l'avait imaginé au départ. Travaillant toujours à temps plein à *La Patrie*, en plus d'écrire sa « Chronique du Lundi » et de collaborer à d'autres journaux et magazines, elle n'avait d'autre choix que

---

3. P. Hébert, *Censure et littérature au Québec*, p. 196.

de répondre à son courrier le soir, chez elle. Lorsque Aglaé allait se coucher, elle voyait souvent un filet de lumière provenant de la petite pièce où Robertine avait installé son bureau. Elle soupirait en se disant que sa fille travaillait trop et que cette prodigieuse activité intellectuelle n'était pas bonne pour la santé d'une femme. Elle n'aimait guère la voir avaler son souper à toute vitesse et s'enfermer ensuite dans son bureau pour la soirée. Elle avait beau la supplier de ralentir la cadence, Robertine faisait la sourde oreille. Répondre à ses lecteurs exigeait d'autant plus de temps qu'elle réfléchissait longuement à ce qu'elle allait leur dire. Elle estimait qu'elle avait une grande responsabilité envers eux. Elle était touchée par la confiance qu'ils lui témoignaient et elle craignait de les décevoir. Elle affirmait qu'elle tenait un « bureau de confidences », tout autant qu'un genre de « bureau d'informations ». Elle voulait cependant que ses lecteurs sachent qu'elle n'avait pas la prétention de donner des conseils ou de « diriger la ligne de conduite de qui que ce soit ». Mais, s'empressait-elle de préciser, « quand on me fait l'honneur de me demander ma façon de penser, je ne me fais pas prier pour la servir toute chaude ». Elle ne prétendait pas non plus être de celles qui disent, avec le plus grand sérieux, qu'elles sont des « femmes savantes » et qui croient en savoir plus que tout le monde. Elle était suffisamment intelligente pour reconnaître que toute forme de savoir comporte une grande part d'ignorance. Elle était aussi suffisamment sage pour avouer cette part d'ignorance ou bien son incompétence, notamment quand on la questionnait sur la conduite d'une « bonne mère ». S'il avait vécu à la même époque que Robertine, elle aurait sans doute cité, dans l'un de ses articles, le sociologue et philosophe français Edgar Morin (1921-...) : « Notre connaissance progresse, mais en même temps que notre ignorance. J'ajouterai que notre ignorance doit progresser dans sa qualité même. Il y a un monde entre l'ignorance inconsciente d'elle-même, c'est-à-dire l'assurance dogmatique, et la prise de conscience de l'ignorance. »

• • •

Plusieurs lectrices du « Coin de Fanchette » lui posaient des questions sur la mode ou les convenances, et Robertine leur accordait autant d'attention qu'à celles qui avaient des inquiétudes plus graves. En matière d'habillement, Robertine se plaignait rarement des faux-culs – ces armatures métalliques ou coussins capitonnés qui étaient placés sous la jupe, au-dessus des fesses –, des jupons amidonnés et rêches, des robes à tournure avec leur encombrant réseau de baleines métalliques horizontales, des collets montés, bref autant de vêtements qui ressemblaient à une véritable forteresse et limitaient la liberté de mouvement des femmes.

Elle se plaignait parfois, cependant, de l'ampleur et de la longueur des jupes auxquelles s'accrochaient si facilement la boue, la poussière, l'eau et le crottin. Elle se permettait aussi de porter des robes qui dénudaient ses épaules et qui étaient assez décolletées pour susciter les commentaires scandalisés de ses sœurs, de sa mère et de la vieille Cécile.

Qu'importe ! Elle avait de belles épaules, une taille de guêpe, des seins attrayants, et mettait en valeur ces dons de la nature, qu'elle estimait avoir été, par ailleurs, si peu généreuse envers elle. Malgré le fait qu'elle était, en cela, assez audacieuse pour donner de quoi nourrir les commérages, elle ne l'était suffisamment pas, cependant, pour porter le pantalon comme l'écrivaine George Sand, à qui on l'avait comparée lorsqu'elle avait publié *Fleurs champêtres*. Contrairement à ce que l'on disait souvent, Sand n'avait pas commencé à s'habiller ainsi seulement par goût de la provocation, mais aussi afin d'avoir accès au poulailler – la galerie supérieure d'un théâtre –, réservé aux hommes journalistes lors des concerts. Au début de sa carrière d'écrivaine, George Sand signait quelques critiques musicales afin de pouvoir mettre du beurre sur son pain. Porter le pantalon équivalait aussi à réclamer des droits égaux à ceux des hommes, et le costume masculin l'exprimait de façon plus provocante encore que tout ce qu'avait écrit Sand. Mais même si Robertine revendiquait elle aussi des droits égaux pour les femmes, elle savait qu'une Canadienne française[4] qui s'aviserait de porter le pantalon se discréditerait trop pour exercer la profession de journaliste.

Il n'était pas question non plus pour Robertine de porter le *bloomer,* ce pantalon bouffant à dentelles créé par Libby Miller, mais popularisé par Amélia Bloomer et Elisabeth Stanton, deux suffragettes américaines qui estimaient les jupes trop encombrantes et qui, tout en ne bravant pas vraiment la loi leur interdisant le port du pantalon, n'en transgressaient pas moins les normes sociales imposant aux femmes de rester à leur place. Les féministes américaines suscitaient bien des commentaires scandalisés ou railleurs lorsqu'elles se promenaient, à pied ou à bicyclette, vêtues de leur *bloomer* ou de leur *trouser*, un pantalon bouffant qui, contrairement au *bloomer*, était dépourvu de dentelles et qui allait jusque sous le genou. Étant allée souvent aux États-Unis, Robertine savait que le *bloomer* et le *trouser* étaient devenus les costumes des clubs cyclistes féminins

---

4. La Québécoise était appelée couramment la Canadienne française. Cependant, certains auteurs, dont Louis Fréchette, utilisaient aussi le mot Québécoise pour désigner les femmes vivant à Québec ou dans le Bas-du-Fleuve.

américains, et que les femmes nouvelles le portaient fièrement lorsqu'elles s'inscrivaient aux écoles de conduite de bicyclettes, spécialement ouvertes pour elles. Des associations de chaperons virent le jour afin que ces féministes – qui faisaient fi de la morale et de leur réputation en osant pédaler sur cet engin – aient au moins un accompagnement convenable qui veillerait à protéger leur vertu.

Quelques années plus tôt, Robertine estimait que la bicyclette n'aurait été tolérable que si les femmes avaient pu monter à l'écuyère, permettant ainsi aux jupes de rester dans toute leur longueur. Mais les longues jupes se coinçaient facilement dans la mécanique et jetaient par terre les femmes qui, ainsi tenues prisonnières de leur engin, n'arrivaient pas à se relever. C'était là une position bien humiliante que l'orgueilleuse et fière Robertine voulait à tout prix éviter. Comme la journaliste Séverine, *sa jumelle cosmique,* Robertine affirmait alors qu'elle ne voulait pas ressembler à l'une de ces « chienlits de carnaval » et que ce n'était pas ainsi qu'on rendait service aux femmes nouvelles. Elle disait ne vraiment pas comprendre quel plaisir il y avait pour les femmes de « s'exposer à perdre leur dignité, à paraître ridicules et grotesques aux yeux de l'autre sexe en encourageant, de la parole ou de l'exemple, de pareilles excentricités[5] ».

Mais son opinion avait changé depuis. Au point où elle-même en était venue à attendre avec impatience la belle saison où elle pourrait enfin circuler à bicyclette. Fini les tramways bondés qui obligeaient à une promiscuité déplaisante avec toutes sortes de gens ! Fini les mains sales des conducteurs qui, « avec une galanterie de mauvais aloi », se posaient sur son

---

5. Françoise. « Chronique du Lundi », 11 mars 1895.

bras et tachaient ses belles robes ! Fini l'air bête de ces conducteurs bourrus à qui elle avait eu trop souvent affaire ! Robertine
avait remisé dans le fond de son armoire ses longs jupons et
portait désormais une culotte blanche sous ses robes ou ses
belles jupes-pantalons. À la vieille Cécile, qui haussait les
épaules d'indignation devant « cette excentrique », elle rétorquait qu'ainsi vêtue toute femme « bicycliste » pouvait rester
élégante. Elle expliqua à son lectorat que les femmes feraient
bien d'adopter la bicyclette, « sans se préoccuper de l'opinion
des moralistes, des médecins en général et des académiciens
en particulier », et que cet exercice était bon pour la santé[6].
Il n'est guère étonnant que la bicyclette, symbole de la liberté
des femmes, ait eu raison des résistances de Robertine, car ce
moyen de transport lui permettait d'aller où elle voulait, avec
ou sans escorte. Le son de la clochette de bicyclette était doux
aux oreilles de plusieurs féministes américaines et françaises,
car c'était, disaient-elles, leur libération qu'elle sonnait. La bicyclette était devenue à ce point un symbole de liberté qu'une
Américaine à bicyclette fut pendue en effigie par des étudiants
de l'Université de Cambridge, qui s'opposaient à l'admission
des femmes au baccalauréat.

Devant tant de résistances, nul ne sera surpris d'apprendre
que rares encore étaient celles qui osaient pédaler dans les rues
de Montréal. La bicyclette était d'ailleurs devenue non seulement un sujet de controverses et de conversation presque aussi
courant que la météo, mais faisait aussi couler beaucoup d'encre. Une amie de Robertine, Joséphine Marchand-Dandurand,
écrivit avec humour :

---

6. Françoise. « Le Coin de Fanchette », *La Patrie*, 17 avril et 5 mai 1897.

« N'est-il pas vrai que les bicyclistes abusent un peu de la liberté qu'ils ont de se suicider et d'assassiner les autres ? Le temps est peut-être arrivé de faire des lois de la bicyclette, comme on en fit pour le duel, et de réglementer le nouvel art de tuer. Que ne va-t-on à la guerre si l'on est fatigué de l'existence ou si l'on est tourmenté par l'instinct féroce du meurtre ? Je propose qu'on enrôle tous les *vélomanes* et qu'on les envoie à Cuba, pour rendre la circulation des rues aux citoyens animés d'intentions honnêtes[7]. »

Les bicyclistes, qui ne roulaient pourtant pas à plus de six milles à l'heure, étaient perçus comme un danger public par bien des gens. Sur l'île Sainte-Hélène, on exigeait que chaque bicyclette soit munie d'une cloche d'alarme et qu'elles ne circulent qu'à des heures bien précises. La bicyclette effrayait bien des femmes, et certains médecins ne les rassuraient guère en leur disant qu'elles risquaient des désordres incurables et même de devenir stériles si, d'aventure, elles montaient sur cet engin. Dans le Canada français pro-nationaliste, il fallait donc de l'audace pour encourager un tel sport. L'audacieuse Robertine se rangeait du côté des médecins aux idées progressistes qui rétorquaient que ce que disaient certains de leurs confrères était non seulement faux, mais que cet exercice favorisait la digestion. Forte de cet avis, *La Patrie* publia de plus en plus souvent des publicités où l'on voyait une femme élégante et souriante, tenant d'une seule main son guidon. On y annonça souvent aussi des « courses de bicycles », en prenant bien soin de mentionner que des médecins y assistaient. Ceux-ci devenaient ainsi, dans l'esprit de bien des gens, la preuve vivante que pédaler était bon pour la santé.

---

7. Madame Dandurand. *Nos travers,* p 15.

Depuis qu'elle avait changé d'idée au sujet de la bicyclette, Robertine affirmait que les femmes pouvaient et devaient aller à bicyclette. Elle leur conseilla aussi les longues promenades à pied, ainsi que les haltères et le gymnase. Elle croyait aux vertus de l'exercice physique, qui faisait des « hommes et des femmes meilleurs ». Elle déplorait le fait que les « écoliers des collèges et des universités s'adonnent à tous les jeux propres à développer et fortifier leur constitution », alors qu'on ne faisait « rien pour les écolières ». Elle affrontait de plein fouet les ultramontains, qui lançaient de hauts cris en affirmant que les femmes perdraient ainsi leur féminité et deviendraient de véritables femmes-hommes. Frondeuse, elle affrontait aussi le clergé en répétant avec audace que les religieuses n'avaient pas la compétence nécessaire pour donner des leçons « hygiéniques » dans les couvents :

« On peut aisément se figurer que le voile, le bonnet, la guimpe et tout l'habit de la maîtresse ne lui permettent pas de donner la leçon d'une façon commode. Ainsi, le cours ne subit guère de développements : les flexions en tous sens, les exercices sur la terre, le maniement des haltères sont choses tout à fait ignorées et pourtant des plus nécessaires ! Il n'y a que l'élévation sur la pointe des pieds et l'action des bras, en avant et en arrière, qui se cultivent un peu. Ce n'est pas suffisant[8] ! »

Robertine recommandait que les filles fassent des exercices sous la supervision d'enseignantes laïques, vêtues, comme leurs étudiantes, d'une jupe courte.

À une époque où l'exercice, pour les femmes, était jugé indécent par les ultramontains et où personne ne devait critiquer les maisons d'enseignement gérées par des religieux et des

---

8. Françoise. « Chronique du Lundi », 5 mars 1894.

religieuses, les propos de Robertine lui valurent probablement un blâme[9] du clergé.

Mais il en fallait plus pour la museler. Robertine déplorait le fait que, même une fois adultes, la plupart des gens avaient encore peur des gens d'Église, comme au temps de leur enfance :

« Nous avons grandi, écrit-elle, et cependant, aujourd'hui encore, même dans l'accomplissement des actes les plus futiles, les plus anodins, nous avons toujours peur que M. le curé nous coupe les oreilles[10]. »

• • •

La cheville de Robertine n'étant pas complètement guérie, c'est d'un pas moins alerte qu'à l'accoutumée qu'elle se dirigea, en ce début de mars 1897, vers la maison cossue de son amie Marie Gérin-Lajoie, située au 33 Sherbrooke Ouest. Elle s'y rendait souvent depuis que Joséphine Marchand-Dandurand, Marie et elle avaient fondé un cercle d'études permettant à des femmes de se réunir afin de discuter de féminisme ou de sujets littéraires et historiques. Joséphine avait suggéré que des hommes fassent eux aussi partie du cercle, mais ni Marie ni Robertine n'avaient bien accueilli cette proposition. Pour permettre aux femmes d'y venir sans leur époux, les réunions avaient lieu l'après-midi, « un moment de la journée pendant

---

9. Quelques auteurs, dont Benny Vigneault, ont souligné que les écrits de Robertine lui valurent probablement un blâme de la part du clergé. Il est difficile d'étayer cela car ces réprimandes ne furent pas nécessairement faites par lettres officielles. Nous verrons d'ailleurs plus loin que Bruchési fit des menaces verbales pour museler Robertine.

10. Françoise. « Chronique du Lundi », 8 mai 1899.

---

lequel elles peuvent se déplacer sans escorte, contrairement au soir[11] ». Car, contrairement à Robertine qui défiait les qu'en-dira-t-on, la majorité des femmes ne sortaient pas seules le soir sans un représentant du *sexe fort* accroché à leurs pas.

Lorsqu'elles parlaient littérature, Robertine était parfois agacée par la pruderie dont faisaient preuve ses deux amies dans leur choix de livres. Joséphine et Marie craignaient en effet de parler des auteurs « peu recommandables ». Parmi eux figuraient des écrivains préférés de Robertine, dont, entre autres, Hippolyte Taine. Robertine était séduite autant par la personnalité frondeuse de cet homme que par son amour pour les chats. Il avait écrit : « J'ai beaucoup étudié les philosophes et les chats ; la sagesse des chats est infiniment supérieure. » Robertine admirait aussi la beauté de sa plume, qu'il mettait au service de son œuvre d'historien. Elle approuvait le désir de Taine de vouloir faire de l'histoire une science exacte.

Marie accepta que l'on parle des œuvres de Taine durant leurs réunions, mais écrivit néanmoins dans son journal : « Je m'inquiète beaucoup d'avoir vu accepter d'emblée un écrivain aux doctrines aussi suspectes, il y a tant de ses livres à l'Index. Mais enfin, ceci ne nous oblige pas à le lire en entier et du reste nous le critiquerons surtout comme historien. Je crois que mes craintes sont puériles et ressemblent trop à des scrupules[12]. »

Composé, à ses débuts, de seulement trois femmes, le cercle littéraire s'agrandit au fil des mois. Caroline Béïque, la journaliste Henriette Gleason qui signait du pseudonyme Madeleine, Éva Circé ainsi que Laure Conan, entre autres, en firent partie.

---

11. A. M. Sicotte. *Marie Gérin-Lajoie*, p. 149.
12. *Ibid.*

Robertine connaissait Éva parce qu'elle fréquentait, elle aussi, les membres de l'École littéraire. Les deux femmes partageaient aussi l'amour des arts. Elles étaient aussi douées l'une que l'autre pour la musique et le dessin.

Avec Madeleine, qui qualifiait Robertine de « sensible et bonne », elle parlait souvent du métier de journaliste. Née à Rimouski dans un milieu bourgeois – le père de Madeleine était un avocat venu d'Irlande et son grand-père maternel était député –, Madeleine avait été initiée au journalisme par son frère Flavien, qui travaillait au journal *Le Temps* d'Ottawa.

Quant à Caroline, l'épouse de l'avocat et futur sénateur Frédéric Béïque, Robertine admirait sa grande implication dans la fondation d'institutions de charité, mais elle la trouvait un peu trop dévote. Ce qui ne l'empêchera pas d'accepter avec enthousiasme l'invitation que, quelques années plus tard, *madame la Sénateur* lui fera de passer quelques jours dans sa maison de campagne.

Laure Conan confiait à ses amies les difficultés qui jalonnaient son métier d'écrivaine. Elle se plaignait parfois de trouver peu de soutien autour d'elle. Les historiens qu'elle contactait – dont Louis-Édouard Bois, Alfred Duclos de Celles et Hospice-Anthelme-Jean-Baptise Verreau – ne daignaient pas lui répondre lorsqu'elle s'adressait à eux afin de se documenter pour écrire ses romans historiques. « Je vis dans l'isolement le plus complet », répétait-elle, la voix chevrotante. Robertine s'emportait en entendant cela. Bien qu'elle comptât parmi ses amis plusieurs historiens et qu'elle les aurait défendus bec et ongles si l'on avait dit du mal d'eux, Robertine en avait plus qu'assez de la condescendance qu'affichaient certains d'entre eux. Non seulement ceux-ci se croyaient les seuls autorisés à écrire l'histoire, mais ils étaient persuadés être aussi les seuls à pouvoir faire preuve de rigueur et à s'en tenir aux faits. Robertine ne se gênait pas pour leur dire qu'eux aussi, autant que les romanciers, pouvaient parfois mal interpréter l'histoire. Se targuer d'être pleinement objectif n'était, à ses yeux, qu'une ridicule prétention. Même si elle estimait que Zola avait trop tendance à se complaire dans les descriptions des bas-fonds de la société, elle l'admirait parce que personne n'avait réussi aussi bien que lui à décrire la classe ouvrière et à cerner la quintessence de l'âme des travailleurs. Il est intéressant de constater que la pensée de Robertine rejoint celle qu'un historien exprimera plus de cent ans après elle. Comme le soulignera, en 2006, l'historien Yves Tremblay, un bon romancier « est souvent plus près de la fibre vitale que ne pourra jamais l'être l'historien moyen. Qui mieux que l'artiste peut décrire l'ambition, l'angoisse, la peur, la honte, l'amour, la haine et tous les sentiments qui sont autant des moteurs de l'histoire que la lutte des classes ou n'importe quel autre concept que les historiens ont la manie de s'approprier. Que serait l'étude de l'Antiquité sans ces chefs-d'œuvre de fiction historique que sont l'*Iliade* et l'*Odyssée*[13] ? »

• • •

Un jour, Joséphine arriva, toute excitée, chez Marie Gérin-Lajoie, brandissant aussi fièrement qu'un trophée, un exemplaire d'une revue française, *Le féminisme chrétien*. En le donnant à Marie, elle décréta avec assurance que ce féminisme-là était un modèle à suivre. Cette publication réunissait des « féministes

---

13. Y. Tremblay. « Réplique à Micheline Dumont. Il faut aussi se méfier des historiens ». http://www.ledevoir.com/2006/03/20/104747.html.

catholiques décidées à prendre part au mouvement et à ravir aux mains des libres penseuses le flambeau des droits des femmes[14] ».

Marie était emballée. Comme elle le dit elle-même, le féminisme chrétien de la Française Marie Maugeret la fit « frémir de plaisir ». Elle s'empressa de lui écrire et lui envoya un article qu'elle avait elle-même rédigé sur le féminisme. Maugeret lui répondit que le christianisme « a été et reste encore et pour toujours l'image de la liberté et de la justice pour tous » et précisa qu'elle déplorait « la tendance libre-penseuse des femmes qui les premières ont lancé l'idée en France[15] ».

Le féminisme chrétien de Marie Maugeret séduisait d'autant plus Marie Gérin-Lajoie qu'elle voyait le vide qu'il pourrait combler. Les féministes québécoises n'étaient pas toujours à l'aise, ni totalement libres, au sein du Conseil des femmes (MLCW), composé majoritairement de protestantes. Marie Gérin-Lajoie et Caroline Béïque tenaient mordicus à ce que soient respectées leurs croyances religieuses. La question, entre autres, de la prière à l'ouverture des réunions du Conseil avait suscité des frictions. Après discussions, il avait été convenu « qu'une prière silencieuse serait substituée au Notre-Père (Lord's Prayer) dont le contenu varie selon les confessions religieuses[16] ». Mais le malaise entre les deux groupes de femmes, anglophones et francophones, n'avait pas totalement disparu pour autant.

Cependant, tandis que Marie était tout à fait d'accord avec Joséphine Marchand-Dandurand, qui voyait elle aussi dans le

---

14. A-M. Sicotte. *Marie Gérin-Lajoie*, p. 140.

15. Y. Pinard. « Les débuts du mouvement des femmes à Montréal », p. 196.

16. *Ibid.*, pp. 183-184.

---

féminisme chrétien la solution à ce problème ainsi qu'un « modèle à suivre », Robertine, elle, émettait quelques réserves. Loin de vouloir accorder, comme Marie, toutes ses idées féministes à la doctrine catholique, Robertine prenait au contraire de plus en plus ses distances envers le clergé. Frondeuse, elle le critiquait ouvertement et s'identifiait plus aux libres penseuses décriées par Marie Maugeret qu'aux féministes chrétiennes. Ce qui suscitera, comme nous le verrons plus loin, bien des frictions entre elle et les dames patronesses.

Robertine comprenait cependant que le féminisme chrétien permettrait aux féministes québécoises de se réhabiliter auprès du clergé et d'éteindre, elles le souhaitaient, les flammes de l'antiféminisme qui jaillissaient toujours avec une vigueur déconcertante. Au Canada français, c'était en partie le caractère protestant et non confessionnel du mouvement féministe qui effrayait et que, l'espérait Marie, le féminisme chrétien viendrait juguler. Robertine était parfaitement consciente aussi que les Canadiennes françaises pouvaient difficilement créer une association féministe qui, sans parler de religion ni y être associée en aucune façon, défendrait les droits des femmes. Elle fut néanmoins déconcertée de constater que même le féminisme chrétien porté aux nues par Joséphine et Marie était perçu comme un terreau fertile où pourraient germer les idées les plus révolutionnaires. Marie, en effet, « essuie régulièrement des critiques qui lui font douter de l'orthodoxie de sa conduite. L'épiscopat de la province est dressé comme un coq sur ses ergots, pénétré par les idées ultramontaines qui lui parviennent de l'Europe depuis des décennies. Un certain jésuite l'accuse même de glisser sur une mauvaise pente parce qu'elle lit une revue française, *Le Correspondant*, qui défend une "école catholique large et libérale" ». La critique de ce jésuite bouleversa Marie. Comme elle l'écrivit dans son journal intime : « Un tournoiement sans fin et une agitation embrouillée qui ne me permettraient même pas de voir le fond de mon être ; ce qui restait là, d'immuable, de permanent dans mes idées, je ne pouvais pas m'en rendre compte, la tempête soufflait avec trop de violence[17]. »

• • •

À la fin des années 1890, Robertine était sans doute la seule Canadienne française à oser dénoncer, dans ses écrits, la trop grande ingérence du clergé dans tous les domaines de la vie, y compris ceux dont on disait qu'ils n'étaient pas l'affaire des femmes. La politique, entre autres.

Les femmes étaient censées ne rien comprendre à la politique et on attendait d'elles qu'elles soient muettes sur ce sujet. Si elles en parlaient quand même, plusieurs journalistes s'empressaient de leur conseiller de retourner à leurs chaudrons.

Mais, dès le début de sa carrière, Robertine brava cet interdit et s'en moqua sans vergogne : « Fi ! D'une femme qui parle politique ! Que c'est laid ! Les femmes, voyez-vous, ne devraient parler que chiffons toute leur vie et laisser à ces messieurs les sujets plus sérieux », écrit-elle, ajoutant plus loin que les hommes politiques qui parcourent les campagnes font un brin de cour aux femmes, car ils savent bien que souvent ce sont elles qui décident de leur victoire[18]. Dans un autre article, elle s'insurgea contre un journaliste qui avait écrit que l'on ne devrait pas voter pour tel homme parce qu'il est Irlandais,

---

17. A-M. Sicotte. *Marie Gérin-Lajoie*, p. 142.
18. Françoise. « Chronique du Lundi », 7 mars 1892.

et elle affirma du même souffle connaître une femme qui ferait une excellente mairesse[19]. Ailleurs, elle parla de ses très chers amis les chats, notant combien il était dommage que nous ne puissions comprendre leur langage, car elle aimerait beaucoup, dit-elle, « connaître leur sentiment sur nos questions d'État. Je suis sûre qu'ils discourraient sur cette importante question avec autant d'intelligence que beaucoup de nos députés[20] ».

Non seulement Robertine ne cachait pas son allégeance libérale,[21] mais elle dénonçait courageusement, avec vigueur, le règne de la peur instauré par le clergé aux sympathisants de ce parti.

Elle blâmait ouvertement les curés qui répandaient l'idée que la religion serait persécutée « si les libéraux sortaient victorieux de la lutte », et que ceux qui voteraient pour eux étaient damnés et pourraient même être privés des sépultures ecclésiastiques[22]. Certains curés usaient de métaphores percutantes, comme celui de Saint-Rémi qui avait décrété que « ceux qui ont été rouges ici-bas le seront encore bien davantage quand ils brûleront en enfer[23] ».

Robertine était indignée d'apprendre que des prêtres menaçaient « de refuser l'absolution aux femmes si leurs maris votaient pour les candidats libéraux ». Elle estimait tout aussi scandaleux qu'ils humilient publiquement un homme « qui dit qu'il est rouge », l'aspergeant d'eau bénite avec leur goupillon tout en vociférant que c'était la seule façon de le rendre digne d'entrer dans le confessionnal. Frondeuse, elle les sermonnait

19. Françoise. « Chronique du Lundi », 29 janvier 1894.
20. Françoise. « Ami ? ». *Le Journal de Françoise*, 1er juillet 1905.
21. Françoise. « À Pompette. » Le Coin de Fanchette, *La Patrie*, 5 février 1898.
22. Françoise. « Chronique du Lundi », 29 juin 1896.
23. L.-A. Dessaulles. *Petit bréviaire des vices de notre clergé*, p. 36.

en les questionnant sur les conséquences de leurs paroles et de leurs gestes : « Songent-ils à l'humiliation ressentie par les enfants dont les parents sont libéraux ? » Elle reprochait aussi « aux religieuses de faire prier les élèves pour qu'un des partis politiques gagne ».

Lorsque Robertine écrivait sur les questions politiques, des souvenirs d'enfance resurgissaient parfois spontanément à sa mémoire. Elle songeait alors aux périodes d'élection durant lesquelles des curés faisaient la tournée des villages. Elle revoyait clairement en pensée l'un d'eux qui, après avoir incité sa mère à enfanter chaque année, s'empressait de demander à John Barry à qui il donnerait son vote. Robertine se souvenait qu'on avait parlé bien longtemps de l'émoi suscité, au début des années 1870, par la publication d'un manifeste prônant l'appui des catholiques au Parti conservateur. Aux élections provinciales de 1871, un curé avait dit en chaire que voter pour un libéral signifiait que l'on voulait anéantir l'Église et détruire la religion. Un autre avait ajouté que, si ses paroissiens votaient *contre l'Église*, il n'irait plus chasser le démon qui, croyait-il, prenait possession des insectes et laisserait ainsi les sauterelles et toute autre bestiole envahir les champs et causer de mauvaises récoltes.

Il était alors fréquent que des curés cabalent, allant de maison en maison, afin de semer le doute et la peur dans le cœur des femmes dont les époux étaient d'allégeance libérale. Ils affirmaient que si elles n'arrivaient pas à leur faire changer d'idée, elles, ainsi que leurs enfants et même leurs servantes, étaient condamnés à mourir en état de péché mortel. Comme si ce n'était pas suffisant, ils ajoutaient que si elles mettaient au monde d'autres enfants, ils ne pourraient être baptisés et seraient ainsi condamnés, par leur faute, à passer leur éternité dans les limbes. Un prêtre avait même dit à une femme enceinte que l'enfant qu'elle portait serait maudit. Ce type de discours révoltait les parents de Robertine autant qu'elle-même, une fois qu'elle devint adulte.

• • •

Comme les progressistes d'alors, Robertine prônait la séparation de l'Église et de l'État. Elle avait dès le début de sa carrière parlé de l'instruction obligatoire et laïque, ainsi que de la création d'un ministère de l'Éducation, ministère qui, en cette année 1897, faillit voir enfin le jour.

Mais, afin de faire avorter le projet de ministère de l'Instruction publique piloté par le premier ministre Félix-Gabriel Marchand – projet qu'appuyait ouvertement Robertine –, l'archevêque Bruchési, fort du pouvoir plus grand que lui conférait depuis peu le titre de *Monseigneur*, n'hésita pas, de Rome où il était alors pour quelques semaines, à télégraphier au premier ministre les mots mensongers suivants : « Pape vous demande surseoir bill Instruction publique. Lettre partie aujourd'hui. Paul, archevêque de Montréal. »

Or, « chose énorme, ni le pape, ni a fortiori les prélats chargés de la diplomatie vaticane et responsables des questions d'éducation au niveau mondial, n'avaient été mis au courant du télégramme[24] ».

Même si le premier ministre ne fut pas dupe de ce tour de passe-passe, Bruchési eut le temps de rallier les évêques, jetant ainsi les bases d'un débat qui allait perdurer jusqu'en 1964.

_____

24. H. Pelletier-Baillargeon. *Marie Gérin-Lajoie*, p. 283.

Au nom de la puissance paternelle et de la sauvegarde de la foi, Monseigneur Bruchési était contre l'instruction publique obligatoire et la création d'un ministère de l'Instruction que Robertine réclamait haut et fort, poussant même l'audace jusqu'à lui répondre publiquement :

« Je sais qu'il a été insinué qu'un ministère de l'Instruction publique pourrait offrir quelque danger à notre foi et à nos croyances religieuses. Je ne vois pas comment, dans une province exclusivement composée de catholiques comme l'est la province de Québec, ce danger soit à redouter [...] En Belgique, le Parti catholique est au pouvoir depuis des années et il n'a jamais été question d'abolir le ministère de l'Instruction publique. »

Tout comme l'ultramontain Tardivel – celui-là même qui, souvenons-nous, a critiqué les « mauvaises fréquentations » de Robertine lors de la publication de son recueil *Fleurs champêtres* –, Bruchési estimait que Robertine subissait la mauvaise influence des personnes avec qui elle travaillait. Il n'avait jamais apprécié le franc-maçon Honoré Beaugrand, mais plus grandes et profondes encore étaient l'incompréhension et l'hostilité entre lui et Godfroy Langlois, rédacteur en chef de *La Patrie* et ami de Robertine.

Comme elle était la seule femme d'alors à oser critiquer le clergé ouvertement, Monseigneur réprimanda sans doute Robertine afin de la faire rentrer dans le rang. Mais on ne mâte pas si facilement un esprit rebelle. D'autant plus que Robertine détestait la condescendance qu'affichaient les membres du clergé. Cette condescendance heurtait sa nature insoumise et lui donnait envie de les provoquer et de montrer encore plus souvent son insoumission.

Monseigneur Bruchési et elle avaient tant de divergences d'opinions que leurs relations devinrent de plus en plus tendues au fil des ans, jusqu'à aboutir, comme nous le verrons plus loin, à ce qu'il la musèle.

En 1897, outre ses « dangereuses » idées féministes et politiques, l'archevêque était sans doute exaspéré aussi par le fait que Robertine ne cessait de vanter le jeu des acteurs, racontant combien avait été agréable telle ou telle soirée au théâtre ou au concert. Le lendemain de son trente-quatrième anniversaire – qu'elle avait célébré le 26 février 1897 –, elle avait chaudement applaudi Emma Albani, cette cantatrice de réputation internationale née à Chambly. Elle ne s'était pas privée d'en parler avec chaleur dans l'une de ses chroniques. Même si elle répéta à quelques reprises que certaines pièces qu'on présentait au théâtre n'étaient pas pour les jeunes filles[25], cette mise en garde n'était pas suffisante aux yeux de Bruchési, qui ne cessait de rappeler qu'il était impossible de moraliser le théâtre, haut lieu de sensualité et de perdition. Dans la circulaire de l'archevêque de Montréal, publiée l'année précédente, il était clairement défendu aux prêtres d'assister à des pièces de théâtre ou d'aller à l'opéra. Bruchési avait été scandalisé d'apprendre que certains, afin de passer incognito, ne se privaient toujours pas de s'y rendre, vêtus comme n'importe quel citoyen, alors que l'archevêque avait écrit que « le prêtre qui porterait des habits séculiers afin de ne pas être reconnu se rendrait encore plus coupable[26] ».

---

25. Dans les réponses qu'elle donne à ses lecteurs dans « Le Coin de Fanchette », tant de *La Patrie* que du *Journal de Françoise*, elle note que le Théâtre national n'offre pas, pour les jeunes filles, le même danger que le Théâtre des Nouveautés.

26. P. Hébert. *Censure et littérature au Québec*, p. 200.

N'ayant jamais été de celles qui lèchent les crosses épisco-pales, Robertine ne se laissait pas intimider par monseigneur Bruchési, même si certains l'adulaient en ne voyant que son raffinement et son intelligence. Parmi les membres du clergé, il était, disait-on, l'un de ceux ayant l'esprit le plus ouvert. Mais Robertine estimait que certaines de ses idées, très conserva-trices, ternissaient grandement ce portrait flatteur. Elle aurait sans doute plutôt été d'accord avec cet autre portrait, brossé par des personnes moins promptes à encenser les gens d'Église :

« Fin comme l'ombre, insinuant telle une eau souterraine, il réussit par l'intrigue où d'autres auraient échoué avec force qualités de tête et de cœur. Savant non, mais délicieusement spirituel… Mgr Bruchési est un orateur né… Il toucha, remua des cœurs, mais s'enivra le premier de sa parole grisante… Un des traits les plus saillants de ce caractère est le goût de l'effet, l'art de la mise en scène et le talent de se produire. Impulsif, il passa une moitié de sa vie à vouloir rattraper les suites de sa première impression. Vindicatif, il ne connut pas l'habilité de savoir pardonner[27]. »

Malgré toutes les tentatives d'intimidation dont elle était l'objet, venant des gens de pouvoir et de plusieurs citoyens « ordinaires », Robertine continuait d'écrire ce qu'elle croyait être juste et souhaitable. Dans sa page féminine, elle incita, encore et encore, les femmes à embrasser les professions libé-rales. Elle ne manquait pas une occasion de donner comme modèles ces femmes qui, quoique encore marginales, étaient néanmoins de plus en plus nombreuses à pénétrer les chasses gardées masculines, telle cette femme qui, au Kansas, s'était fait élire mairesse, ou cette Viennoise qui était fossoyeuse, ou encore

---

27. Cité par A. Lévesque. *Éva Circé-Côté*, p. 255.

celles qui, au Chili, conduisaient des tramways. Elle vantait les reines d'Europe qui avaient su faire fleurir leurs talents artistiques, l'une en musique, l'autre en sculpture ou en peinture, et qui, advenant un mauvais revers de fortune, sauraient, écrit-elle, très bien gagner leur vie. Robertine avait confiance en l'avenir. Visionnaire, elle croyait fermement que les femmes nouvelles sauraient tant et si bien ouvrir la voie qu'aucune profession ne leur serait inaccessible dans un avenir qu'elle souhaitait proche.

En réponse à l'une de ses lectrices, madame Raphaëla, elle écrivit avec humour : « Je défends mon sexe même quand il n'est pas attaqué ! » Et il avait été souvent attaqué dans son milieu de travail, au printemps 1897, car Henri Bourassa avait été nommé rédacteur en chef par le nouveau propriétaire de *La Patrie*. Robertine avait été atterrée d'apprendre que cet antiféministe notoire prenait la place de son ami Godfroy Langlois qui, lui, était l'un des très rares hommes proféministes qu'elle connaissait. Elle s'était bien juré de ne pas laisser faire cela les bras croisés. Avec d'autres journalistes, elle protesta tant et si bien contre cette nomination que Godfroy réintégra rapidement son poste.

Robertine jubilait.

Bourassa, lui, n'oublia jamais cet affront.

• • •

Toujours passionnée d'histoire, Robertine ne manquait aucune des réunions de la section des dames de la Société historique de Montréal, dont elle faisait partie. Leur but principal était d'étudier l'histoire du Canada, mais ces dames organisaient aussi des réceptions pour des invitées de marque, notamment des Françaises de passage à Montréal. Robertine invita une « femme de lettres exquise et distinguée », Marie-Thérèse de Solms-Blanc, qui publiait ses critiques littéraires et ses récits de voyages dans la *Revue des Deux Mondes* sous le pseudonyme de Thérèse Bentzon. Grande voyageuse, cette Française était fascinée par le patois des Canadiens français. Elle disait en riant que son amie George Sand aurait été ravie d'entendre des expressions comme « l'endormitoire me prend ». Expression qu'elle trouvait extrêmement hilarante. Thérèse estimait à sa juste valeur le talent littéraire de Robertine et mentionna, dans son livre *Nouvelle-France et Nouvelle-Angleterre*, que mademoiselle Barry a réussi dans ses récits champêtres à « rendre avec sincérité la physionomie et le langage de ses personnages ». Elle nota aussi l'implication de Robertine pour la cause littéraire et culturelle. Lorsqu'elle visita les librairies des villes de Québec et de Montréal, elle s'étonna d'y voir mille et une choses, allant du fil à tricoter aux biberons en passant par le vernis à souliers, et d'y trouver si peu de livres. « C'est une vraie désolation », dit-elle, ajoutant cependant que la situation s'améliorerait certainement puisque des femmes comme Robertine Barry ne cessaient d'encourager la lecture et de valoriser l'éducation.

L'atmosphère était loin d'être guindée durant les réunions de la Société historique des dames de Montréal. Robertine aimait rire et faire rire, et elle savait mettre de l'animation dans une assemblée. Sa sœur Clara-Blanche, dont la voix était magnifique, venait parfois chanter en solo.

Leurs conversations tournaient souvent autour des rares femmes canadiennes qui tentaient de faire carrière. Cette année-là, la Canadienne anglaise Clara Brett Martin devint la première femme avocate de tout l'Empire britannique. Clara avait fait souvent parler d'elle dans les journaux canadiens, car la majorité s'était opposée à ce que les femmes soient admises au barreau. Ses détracteurs prétendaient que les femmes avocates exerceraient un tel attrait physique sur les juges que ceux-ci en perdraient leur impartialité. Même des femmes dont on aurait pu s'attendre à ce qu'elles applaudissent celles qui pénétraient les chasses gardées masculines pensaient de cette façon. Bien des années plus tard, en 1914, Éva Circé croira encore que les femmes avocates peuvent séduire les juges[28], et qu'il n'est par conséquent pas souhaitable qu'elles exercent cette profession.

Robertine, qui connaissait Clara, prit publiquement sa défense. Elle était persuadée que les avocates pourraient mieux aider les femmes, entre autres en les protégeant de leurs maris violents. À cause du devoir d'obéissance de la femme envers son mari, inscrit dans le Code civil, plusieurs juges estimaient qu'il n'y avait pas vraiment de cruauté dans le fait de battre ou de séquestrer une femme. Certains juges disaient que l'on pouvait le faire sans cruauté ! Robertine était horrifiée d'apprendre qu'un juge canadien-français déplorait même que la loi ne donnât pas assez de pouvoir aux maris pour corriger leur épouse. Or, rétorqua Robertine, en colère, il est un « lâche, un triple lâche, celui qui ose lever la main sur une femme ». Le moyen infaillible, écrivit-elle, d'apaiser la mauvaise humeur d'une femme est de « lui parler au cœur, de calmer par de douces paroles ses pauvres nerfs trop tendus par les soucis du ménage, trop affaiblis par les maladies et les souffrances auxquelles elle a été vouée dès sa naissance[29] ».

Robertine admirait le courage de Clara qui, malgré les railleries, le mépris et le fait qu'elle était ridiculisée en public par ses collègues et ses professeurs, n'en continuait pas moins

28. A. Lévesque. *Éva Circé-Côté*, p. 338.
29. Françoise. « Chronique du Lundi », 17 mai 1897.

de lutter afin de renverser les règles de la Société du barreau du Haut-Canada interdisant aux femmes de s'y inscrire parce que seule *une personne* pouvait y être admise. Or, d'un point de vue légal, le mot *personne* n'incluait pas les femmes en ce temps-là. Ce n'est qu'après de longues et éprouvantes luttes que Clara Brett Martin fut admise comme étudiante en droit. Elle se classa première aux examens et put enfin exercer sa profession.

Robertine comprenait d'autant mieux ce que pouvait ressentir Clara qu'elle-même connaissait le prix de l'humiliation : la peine, le désarroi, les insomnies, la honte, tout cela elle le ressentait, le plus souvent en silence, se plaignant rarement lorsqu'elle était l'objet de médisances ou qu'on chuchotait sur son passage en la regardant avec mépris ou condescendance. Bien que cette année-là le journal *Le Monde* vantât « son grand cœur, sa grande charité » et qu'elle reçût régulièrement des cadeaux – récemment encore un éditeur lui avait envoyé un rouleau de musique –, plusieurs lui reprochaient encore ses mauvaises fréquentations et ses idées. Elle avait beau être une femme respectée qui avait gagné l'admiration de bien des gens, ce fut, cette année-là, son amitié avec des francs-maçons qui suscitait les commérages. Commérages qui avaient repris de plus belle depuis qu'Honoré Beaugrand et Godfroy Langlois s'étaient récemment impliqués dans la fondation de la loge *L'Émancipation*.

• • •

Quiconque était franc-maçon pouvait être excommunié. Pourtant, les valeurs que les francs-maçons défendaient étaient les mêmes que celles prônées par l'Église : la bonté et la compassion. À l'instar des personnages illustres qui ont été francs-maçons, entre autres Voltaire, Newton, Mozart et Montesquieu, ils aspiraient à devenir de meilleures personnes et à laisser le monde dans un état plus enviable qu'il ne l'était à leur naissance. Robertine, qui défendait toujours l'homme qui lui avait ouvert les portes du journalisme, ne cessa jamais de répéter que si Honoré Beaugrand n'était pas un catholique fervent, il n'en était pas moins un bon chrétien, dans le sens noble du mot. Elle n'avait jamais éprouvé de scrupules à fréquenter sa maison et à se lier d'amitié avec sa femme, la protestante Éliza Walker.

Le zèle qu'elle mettait à défendre Honoré Beaugrand et Godfroy Langlois était louche aux yeux de bien des esprits chagrins. On la suspecta d'être elle-même franc-maçonne et d'avoir participé à quelques réunions sataniques que des francs-maçons tenaient jadis, racontaient les commères, dans les locaux de *La Patrie*, le soir venu. Le fait qu'elle défendait les mêmes valeurs que les francs-maçons, l'enseignement laïc et gratuit pour tous ainsi que l'importance de diffuser les connaissances scientifiques et d'avoir un esprit critique envers tous les dogmes, éveillait les soupçons. Il est d'autant moins étonnant que des soupçons soient tombés sur elle qu'on voyait partout des francs-maçons, détectant des signes là où il n'y en avait pas : « Sur la pointe d'un faux col apparaissait une tache produite par la vis qui retenait la plaque de métal à la petite pièce de bois. Eh bien, le croira-t-on ? Ces chercheurs de francs-maçons virent là-dedans un signe maçonnique[30]. »

Les signes qu'on a pu déceler chez Robertine peuvent avoir été aussi banals que sa couleur préférée, le bleu, laquelle était la couleur commune aux trois premiers grades maçonniques.

---

30. J. de Bonville. *La presse québécoise de 1884 à 1914*, p. 197.

Certains ont pu déceler aussi dans son pseudonyme, dont les cinq premières lettres sont Franc, le signe « évident » qu'elle avait été initiée. Ceux qui voulaient voir en Robertine un suppôt de Satan ont pu trouver des « preuves » dans le fait qu'elle ajoutait parfois à sa signature trois petits points, un signe franc-maçonnique. Mais surtout, quiconque minait, d'une manière ou d'une autre, le pouvoir clérical, comme le faisait de façon récurrente Robertine dans ses articles, était soupçonné d'être franc-maçon.

Comme la très grande majorité des loges qui avaient essaimé partout dans le monde, la loge *L'Émancipation* n'acceptait pas les femmes. Certaines loges masculines les admettaient, mais ne les reconnaissaient pas officiellement. Ce qui n'empêcha pas certaines femmes d'être franc-maçonnes. La première franc-maçonne connue, madame Aldworth, était comme Robertine d'origine irlandaise. Elle avait été initiée en Irlande en 1732 dans le comté de Cork. Elle fut acceptée dans la loge de son frère après avoir été surprise en train de les espionner, lui et d'autres francs-maçons, lorsqu'ils tenaient une réunion secrète. Ceux-ci décidèrent, après des heures de délibération animée, de l'initier.

En France, la loge *Les Libres penseurs* avait initié, le 14 janvier 1882, une journaliste de grand talent, Maria Deraisme, considérée comme étant l'apôtre de l'émancipation féminine. En 1893, Deraisme fonda une loge mixte, baptisée *Le Droit humain*, qui proclamait l'égalité des droits des deux sexes et qui accueillit seize autres femmes. D'autres loges mixtes furent créées ensuite, sensiblement à la même époque, aux États-Unis, en Inde, en Amérique du Sud et en Océanie. Les premières loges strictement féminines apparurent par la suite dans ces mêmes pays, mais les chercheurs qui ont étudié la franc-maçonnerie ne mentionnent jamais le Canada comme ayant été l'hôte, au XIXᵉ siècle, de loges féminines.

Cependant, il semble bien qu'au Canada français on soupçonnait l'existence de loges féminines, comme en témoigne le discours prononcé par mademoiselle Auclair, une inspectrice des manufactures, dans le cadre d'un congrès :

« Les demoiselles employées des manufactures désirent avoir une caisse de secours et de bénéfice en maladie. Cette demande de la part de nos vaillantes travailleuses mérite toute l'attention possible, parce que l'organisation d'une telle œuvre empêcherait un grand nombre de Canadiennes françaises catholiques de s'enrôler dans les associations protestantes et peut-être franc-maçonniques, et par là, la conservation de notre foi serait protégée. »

Le fait qu'on soupçonnait l'existence de francs-maçonnes à Montréal ne prouve évidemment rien.

Il est difficile de savoir si Robertine a été franc-maçonne et ce, parce que les membres d'une loge ne devaient dévoiler à quiconque qui en faisait partie. C'était à chacun de décider s'il rendait publique ou non son appartenance à une confrérie. Révélation qu'il n'était pas aisé de faire dans le contexte religieux de l'époque où les femmes jouissaient de si peu de libertés.

Si Robertine a fait partie d'une loge féminine, elle ne s'en est certainement pas vantée, étant déjà suffisamment l'objet de critiques. Bien des aspects de la franc-maçonnerie avaient cependant de quoi la séduire. Les mots clés des francs-maçons, « Liberté, Égalité et Fraternité », étaient chers à ses yeux. Leur objectif, mieux se connaître pour mieux comprendre les autres, lui apparaissait sans doute aussi très appréciable. Quant à la définition des francs-maçonnes que celles-ci en donnent, elle aurait pu s'appliquer à Robertine : « Les pieds sur terre. L'amour dans le cœur. Et la tête dans les étoiles[31]. » De plus, être franc-maçonne permettait aux femmes de développer des habiletés qui, autrement, ne trouvaient guère de lieux où s'exprimer. Durant leurs réunions, elles apprenaient à parler devant un groupe, et la rotation aux postes de commande d'une loge leur permettait de faire valoir leurs compétences dans ces domaines où elles étaient exclues en société. Elles apprenaient à développer leur empathie et avaient le devoir de secourir éventuellement une autre maçonne et de se rendre au chevet d'une « sœur » malade ou mourante. Dans leur vie quotidienne, les franc-maçonnes devaient « porter les lumières au-dehors », car elles avaient la conviction intime que c'est en travaillant conjointement sur soi et sur le monde qu'elles construiraient un monde meilleur.

Robertine savait sans doute que les franc-maçonnes exhumaient « les antiques civilisations oubliées, celles où la femme était une initiée incontestée », et qu'elles citaient en exemple dans leurs réunions « les noms des illustres vestales, druidesses et autres déesses égyptiennes qui attestent d'une tradition féminine de l'initiation, tout aussi respectable que celle des hommes ». Comme l'expliqua une initiée, « nous cherchons non pas à confiner les femmes dans le rôle assigné par les hommes, mais à leur rendre la place qu'elles méritent, l'identité qu'elles ont eue en d'autres temps. Il y a près de mille ans avant J.-C., on a trouvé au Moyen-Orient des objets qui montraient que Dieu était femme[32] ». Ce discours s'apparente à celui de Robertine, qui parlait souvent des femmes druidesses

---

31. J. Chaboud. *Paroles de francs-maçons*, p. 19.

32. K. Benchetrit et C. Louart. *La franc-maçonnerie au féminin*, p. 275.

et abbesses qui avaient œuvré, il y a fort longtemps, en toute liberté dans la sphère réservée aux hommes.

Si rien ne permet d'affirmer que Robertine ait pu faire partie d'une loge maçonnique féminine montréalaise, il est certain toutefois qu'elle trouva dans son rôle de salonnière – elle tenait salon toutes les semaines – autant de satisfaction que si elle avait été franc-maçonne. Les salonnières et les franc-maçonnes avaient d'ailleurs tant de points communs que les salons ont souvent été comparés à des loges maçonniques, car on y exerçait de semblables jeux d'influence. Ceux qui, parmi les francs-maçons, étaient des hommes de pouvoir aidaient leurs « frères » à gravir les échelons de la hiérarchie sociale. C'était plutôt dans les salons que s'exprimait l'entraide féminine. En tenant salon, Robertine se donnait, et donnait aux autres femmes, un lieu et un temps bien à elles, un espace de liberté qui n'était pas interrompu par les sollicitations d'enfants ou de conjoints.

• • •

D'une écriture à peine lisible, Robertine rédigeait, chaque semaine, des lettres d'invitation aux personnes qu'elle désirait recevoir lors de son « five o'clock tea » qui se tenait, chez elle, le jeudi à cinq heures de l'après-midi, ou, plus rarement, le dimanche. Ceux et celles qui ne daignaient répondre risquaient de ne plus jamais fréquenter son salon, car elle estimait qu'ils faisaient ainsi preuve d'un déplorable manque de savoir-vivre. Sachant cela, la plupart s'empressaient de confirmer leur présence, car les « five o'clock tea » de Robertine étaient très courus. Certes, ils n'avaient pas le faste des somptueuses réceptions données par les épouses des juges ou des hommes politiques, dont celles, restées célèbres, de Julie Papineau, et qu'a décrites l'une de ses invitées, lady Aylmer:

«À huit heures et demie, nous arrivons pour trouver le parc et le portique de la maison très joliment illuminés avec des girandoles de couleur; la fanfare du 15ᵉ était là et un grand nombre de dames et de messieurs canadiens étaient réunis, tout cela nous promettant une fête brillante et une soirée dansante.»

D'autres femmes tenaient salon au Château de Ramezay, alors qu'Honoré Beaugrand et son épouse Éliza avaient reçu, surtout dans les années 1880, jusqu'à une cinquantaine d'invités à la fois dans leur belle demeure.

Robertine, elle, aimait recevoir beaucoup plus simplement. S'il lui arrivait quelquefois de donner de somptueuses réceptions, elle déplorait «que les soirées intimes, sans grands fla-flas, soient devenues si rares et que les amusements n'avaient plus rien de spontané». Elle aimait discuter d'actualité ou d'un bon roman avec des amis autour d'une table ou d'un piano. Elle aurait nettement préféré, durant les réceptions où on l'invitait, «parler comme on pense, librement, sans les lieux communs des conversations banales». Elle déplorait aussi que l'art de la conversation soit si souvent «battu en brèche par ce vulgaire jeu de cartes[33]».

Robertine mettait tout en œuvre afin que ses invités se sentent bien chez elle et, pour ce faire, ne négligeait aucun détail. Par les chaudes journées d'été, afin de «tempérer l'atmosphère», elle fermait les rideaux de velours du salon, déposait sur une table un petit bloc de glace dans un plateau d'argent

---

33. Françoise. «Chronique du Lundi», 22 janvier 1894 et 17 avril 1899.

et piquait des gerbes de verdure de lierre dans la glace. Son salon était couru parce qu'il était confortable, joyeux, convivial, et fréquenté par des esprits évolués dont la conversation était des plus intéressantes.

Robertine éprouvait une certaine fierté lorsqu'elle envoyait ses lettres d'invitation, car ce n'était pas le nom d'un mari qui était mentionné comme étant celui qui invite et reçoit. C'était son propre prestige, et non celui d'un époux, qui faisait en sorte que, chaque jeudi, on frappait à sa porte. Il y avait certes quelques privilégiés qui pouvaient se présenter à ses thés sans être munis de leur lettre d'invitation. Parmi les privilégiées figurent ses amies Émilie Nelligan, Joséphine Marchand-Dandurand, Marie Gérin-Lajoie et Laure Conan.

Gaëtane de Montreuil, qui avait collaboré au *Coin du Feu* et au *Monde illustré* et qui espérait se tailler bientôt une place enviable dans l'un des grands journaux montréalais, était une autre habituée de ces « five o'clock tea ». Parmi les autres privilégiés figuraient aussi Honoré et Éliza Beaugrand, Godfroy Langlois, Louis Fréchette ainsi qu'Hector Garneau. Petit-fils de l'historien François-Xavier Garneau, Hector Garneau s'était dirigé vers la littérature et le journalisme après avoir fait des études de droit. Robertine l'avait connu à *La Patrie* où il avait été chef adjoint. Émile Nelligan ainsi que ses collègues de l'École littéraire, où il avait été admis le 10 février de cette année-là après avoir soumis deux de ses poèmes, faisaient aussi partie des autres personnes qui n'avaient pas besoin d'avoir reçu une invitation officielle venant de Robertine.

Nelligan arrivait toujours à cinq heures pile, souvent même un peu à l'avance. Il souhaitait profiter pleinement de tout le temps dont il disposait chez Robertine, car, sur le coup de huit heures du soir, il devait se rendre aux réunions de l'École littéraire qui se tenaient souvent le vendredi, mais parfois aussi le jeudi. Lui et les membres de cette École quittaient avec peine le salon de Robertine, car elle « brille de tous ses feux, au milieu de sa cour d'étudiants amateurs de littérature et qui rêvent de voir publiés leurs premiers vers ». Robertine, disaient-ils, « a de l'entregent et passe pour être d'excellent conseil[34] ». Il est ironique de penser que ces hommes, qui avaient beaucoup d'admiration pour Robertine et qui fréquentaient son salon en espérant qu'elle promeuve leurs écrits, n'admettaient pas les femmes à leur École.

Robertine ouvrait aussi toutes grandes les portes de son salon à plusieurs jeunes femmes, dont des amies de sa sœur cadette, Clara-Blanche. Elle estimait que son rôle de salonnière, comme celui de journaliste, était d'être « l'université des femmes ». Celles-ci y recevaient l'enseignement qu'elles pouvaient difficilement trouver ailleurs. Robertine discutait avec passion d'histoire, de science, de littérature et de poésie. Elle commentait les derniers livres lus, y compris ceux mis à l'Index. Outre les jeux de cartes, qui étaient bannis chez Robertine, personne ne jouait non plus aux jeux de charade qui l'ennuyaient profondément. C'étaient les nourritures de l'esprit qui la passionnaient. Elle n'aimait cependant pas les pédantes et se moquait de leur affectation lorsqu'il s'en présentait une dans son salon. Un jour que des femmes de lettres y étaient réunies, elle entendit l'une de ses amies, Gaëtane de Montreuil, dire à une pédante :

« – Les circonstances vous feront changer d'avis, madame, il n'y a que les sots qui n'en changent pas.

« Et la pédante de répondre, sur un ton pointu :

---

34. H. Pelletier-Baillargeon. *Olivar Asselin et son temps*, p. 154.

« – J'en changerai si je veux.

« À ce moment, Robertine dit doucement à Gaëtane :

« – Non, elle ne changera pas…

« Et la pédante, pensant que Robertine l'approuvait, fut ravie[35]. »

Le salon de Robertine était devenu un lieu où l'on célébrait la vie : *Les beaux jeudis de Robertine*, comme on les appelait alors, ressemblaient souvent à de véritables fêtes pour l'esprit. Il arrivait aussi que l'on boive du champagne, pendant que tournait le phonographe, ou que l'on chante en chœur de vieilles chansons françaises.

Lorsque le temps était doux et qu'on ouvrait toutes grandes les fenêtres donnant sur la rue, les passants pouvaient entendre des airs de musique qui s'échappaient de la demeure des Barry. Les femmes qui fréquentaient le salon de Robertine avaient pour la plupart reçu une excellente formation musicale, et certaines d'entre elles composaient même des chansons. Émilie Nelligan, dont le surnom de *belle musicienne* l'avait suivie de Rimouski jusqu'à Montréal, jouait souvent du piano avec grâce et talent, pendant qu'un galant homme se tenait près d'elle et tournait au bon moment les feuilles de musique.

Sa fille cadette Gerty savait tirer des sons enchanteurs de sa mandoline. Quant à son aînée, Éva, elle était toujours vêtue de vêtements beaucoup trop grands pour elle, qui lui valaient le qualificatif d'excentrique. Elle portait toujours du noir, comme si elle était sans cesse endeuillée. Elle aimait elle aussi fréquenter le salon de Robertine et, même si elle était anxieuse et timide, elle se risquait parfois à chanter avec les sœurs Barry. Robertine jouait souvent du piano et parfois de la harpe, au

---

35. G. Bernier. « Françoise, journaliste et femme de lettres ». *Le Devoir*.

grand plaisir de ses invités. Bien que ce fut rare, il arrivait aussi qu'on interprète des pièces de théâtre. Les habitués du salon de Robertine pouvaient ainsi les commenter avant qu'elles ne soient jouées devant un vrai public. En d'autres occasions, Robertine lisait des extraits d'œuvres de grands écrivains.

Émile y récita des poèmes, ainsi que le firent d'autres membres de l'École littéraire. Les plus assidus aux réunions de cette École, à ses débuts, furent Henry Desjardins, Germain Beaulieu, E. Z. Massicotte, Albert Ferland, Pierre Bédard, L. J. Béliveau, Paul de Martigny, Alfred Desloges, Jean Charbonneau, J. W. Poitras, Jules Leclerc, Charles Gill et Arthur de Bussières. Louvigny de Montigny, décrit souvent comme le « plus révolutionnaire des jeunes écrivains d'alors », avait succédé à la présidence qu'occupait Henry Desjardins. Journaliste fulgurant, il osait publier des poèmes érotiques dans *Le Samedi*.

On a souvent donné de Robertine l'image d'une bourgeoise hautaine et snob, aussi corsetée et puritaine que l'était son époque. Si c'eût été véritablement le cas, on se demande comment il se fait qu'elle comptait parmi ses amis ce groupe de jeunes hommes à l'esprit bohème qui, lors de leurs réunions, faisaient transporter par une fenêtre ouverte leurs bouteilles de bière dans un grand panier d'osier, et ce afin d'entrer les mains vides dans le local de la bibliothèque où l'on ne tolérait aucune boisson alcoolisée. Comment une bourgeoise guindée aurait-elle pu inviter à ses « five o'clock tea » cette bande de joyeux fêtards peu conformistes qui écrivaient de la poésie jugée licencieuse ainsi que des francs-maçons et des libres penseurs. Une certaine logique fallacieuse a voulu qu'elle ait été jugée bigote parce qu'elle avait un cousin cardinal.

Certes, étant de celles qui tenaient à distance les personnes qu'elle estimait hypocrites et mesquines, elle a pu donner parfois l'impression d'être hautaine. Mais ceux qui la connaissaient bien savaient que ce qui comptait le plus aux yeux de Robertine, ce n'étaient ni les apparences ni les convenances. Les qualités qu'elle recherchait chez les femmes, comme chez les hommes, étaient la générosité, la vaillance, l'empathie, la loyauté, l'honnêteté et la sensibilité. Mais surtout, elle aimait la bohème ainsi que les esprits rebelles et les libres-penseurs.

Parmi les membres de l'École littéraire figurait aussi Albert Lozeau, un jeune poète qui, atteint de la tuberculose de la colonne vertébrale, devint paralysé cette année-là, en 1897. Il n'avait que dix-neuf ans lorsque sa vie bascula de façon aussi dramatique. Isolé entre les quatre murs de sa chambre, il demandait à sa mère, le soir venu, de placer une veilleuse allumée à sa fenêtre. C'était un signe que Lozeau lançait à ses amis, comme pour leur dire : « Aujourd'hui, je ne suis pas trop souffrant. Vous pouvez venir. Votre présence me fait du bien. » Robertine, « femme de grand cœur autant que de talent », ainsi que la décrivit son ami le journaliste Aram J. Pothier, allait souvent le voir, même s'il était jugé inconvenant qu'une célibataire se retrouve, seule, dans la chambre d'un jeune homme. Elle faisait rire Albert, avec son humour décapant et ses espiègleries. Ils parlaient aussi littérature, bien sûr. Elle aimait sa poésie et cela touchait d'autant plus Lozeau qu'elle possédait à ses yeux, comme à ceux de bien des gens, une véritable âme d'artiste. Pour Albert Lozeau, elle était en plus comme une sœur, une amie, une égérie, même s'il était antiféministe comme la majorité des gens de ce temps. Deux ans plus tard, en 1899, à Gaëtane de Montreuil qui avait enfin réalisé son rêve en se taillant une place à *La Presse*, il écrira :

« Il y a longtemps que je vous lis et j'ai fait une drôle d'observation que, malgré tout mon bon vouloir et jusqu'aujourd'hui, je n'ai pu réduire à néant. Me permettez-vous de vous la dire bien humblement ? Voici. Jamais, même dans les sujets qui forcent un cerveau masculin à féminiser sa pensée, jamais – ce qui est inadmissible – je n'ai vu percer la femme chez vous. Vous avez un style d'homme et vous pensez en homme. Ce ne serait pas un défaut si l'on ne savait que derrière votre plume bat un cœur de femme. Je ne veux pas dire que cette plume manque de délicatesse, ni d'aucune des qualités charmantes qui constituent l'apanage des femmes, non ; mais tout cela s'est comme virilisé, en un mot masculinisé presque chez vous. Seriez-vous jusqu'à ce point… féministe enragée ? Vous ne m'en voudrez pas, j'espère, d'avoir pris la liberté de vous dire ceci. Je vous admire fort d'ailleurs, mais je ne cache pas que je vous goûterais bien davantage si vous vouliez consentir à être femme jusque dans le bout de la plume. Je me trompe peut-être[36]. »

Évidemment de tels propos ne pouvaient plaire à Robertine, mais s'il avait fallu qu'elle ne fréquente que des proféministes, son cercle d'amis se serait rétréci comme une peau de chagrin. Aussi bien aller vivre en ermite sur une île déserte !

• • •

Émile, qui avait complètement délaissé ses études au courant du mois de mars, croyait avoir trouvé enfin sa place à l'École littéraire où il comptait affirmer sa liberté de créateur. Mais sa poésie, si différente de ce à quoi on était habitué alors, déconcertait, comme l'a souligné une des personnes qui le vit, cette année-là, réciter des vers :

---

36. R. Hamel. *Gaëtane de Montreuil*, p. 33.

« Il récite d'une belle voix grave, un peu emphatique qui sonne les rimes. Il lit debout, lentement, avec âme. La tristesse de ses poèmes assombrit son regard. Il y a de la beauté dans son attitude, c'est sûr. Mais ses vers ? De la musique, de la musique, et rien d'autre : "Quelqu'un pleure dans le silence / morne des nuits d'avril / quelqu'un pleure la somnolence / longue de son exil / quelqu'un pleure sa douleur / et c'est mon cœur"[37]. »

Les membres de l'École littéraire étaient tous plus âgés qu'Émile et, sauf Arthur de Bussières, un grand ami de Nelligan, leurs occupations étaient socialement valorisées : ils étaient médecin, avocat, peintre, libraire-éditeur, journaliste, étudiant en droit. Mais il n'en demeure pas moins que certains d'entre eux enviaient la place privilégiée qu'occupait Émile auprès de Robertine. Elle était son égérie, et de plus en plus de membres de l'École étaient persuadés qu'il y avait entre la journaliste et le poète bien plus qu'une amitié. À leurs soupçons se mêlait un peu de jalousie, car, traditionnellement, les salons étaient des lieux où se décidaient les réputations et les carrières. C'était dans les salons des *précieuses,* au XVIIe siècle, que se jouait jadis la renommée des écrivains. Edmond de Goncourt a même écrit que la meilleure façon d'atteindre la consécration était de se faire inviter chez une dame influente. C'était la princesse Mathilde qui avait largement contribué à ce que George Sand, qui fréquentait son salon, obtienne le prix de l'Académie française et que son amant, Gustave Flaubert, soit décoré de la Légion d'honneur. Les jeux d'influence et de pouvoir avaient parfois bien plus d'impact que le talent qu'on prétendait saluer.

Depuis des centaines d'années, le pouvoir dont les femmes étaient privées dans la sphère publique s'exerçait à l'intérieur

---

37. P. Wyczynski. *Nelligan, 1879-1941. Biographie,* p. 166.

des murs de quelques salons. Au XVIIe siècle, celles que l'on nommait avec mépris *Les précieuses* avaient pourtant apporté d'importantes réformes dans l'orthographe et l'avaient ainsi simplifiée. Elles avaient en effet demandé à l'Académie française que l'orthographe se rapproche de la prononciation. C'est grâce à elles que *nostre, esloignée*, s'écrivent maintenant nôtre, éloignée. C'est aussi dans leurs salons que la conversation devint un art dépouillé de toute forme de grossièreté.

Au XIXe siècle, le salon représentait toujours à la fois un « espace de liberté pour l'émancipation de la femme » et un lieu où elle pouvait exercer une influence « sur le champ littéraire[38] ». Cela, les membres de l'École littéraire le savaient très bien.

• • •

On ne parlait pas que des arts lors des *Beaux jeudis de Robertine*. Ses amis, tant du *beau sexe* que du *sexe fort*, provenaient de tous les milieux et avaient des opinions et des caractères fort différents. Les invités de ses « five o'clock tea » pouvaient tout aussi bien se retrouver assis entre un monseigneur et un franc-maçon, ou entre une *femme nouvelle* et un antiféministe, ou entre un scientifique qui ne jure que par les faits et un homme qui ne parle que de phénomènes surnaturels. Les discussions étaient ainsi souvent très animées. Les habitués des salons du jeudi parlaient de toutes les formes d'art, des récentes découvertes scientifiques, de métaphysique, de politique, de l'actualité. Les « five o'clock tea » de Robertine fertilisaient son imagination et lui inspiraient des sujets de chroniques.

38. C. Béland. « Salons et soirées mondaines au Canada français », p. 104.

Robertine accordait beaucoup d'importance à l'art de la conversation :

« Il ne suffit pas de parler, en effet, écrivit-elle. La parole est assez facile aux femmes – du moins chacun le dit –, et ce serait grand dommage que ce flux proverbial roulât toujours sur un désert d'idées. [...] On ne saurait guère formuler des règles précises sur l'art de la conversation ; on ne peut poser que des principes généraux, qui tous s'appuient sur une grande qualité – la plus rare de toutes et qui s'acquiert difficilement –, le tact. C'est lui qui conseillera tel sujet agréable à certaines personnes, et fera éviter celui-là même qui pourrait blesser la susceptibilité de quelques autres. Que le rôle d'une maîtresse de maison devient parfois délicat, et quelles ressources elle doit déployer vis-à-vis de ceux qu'elle reçoit, et dont les opinions diverses peuvent se heurter au moindre choc ! Quand les réunions sont nombreuses, tant mieux : ceux qui ont des idées communes se retrouvent infailliblement ; il y a des affinités secrètes qui attirent les unes vers les autres les âmes sympathiques ; mais, si la conversation est générale, la tâche de la soutenir et de la diriger devient alors très ardue. Il y a des femmes croyant que l'amabilité consiste dans un flot intarissable de paroles et, qu'à l'instar des orateurs politiques, plus elles parleront, plus elles seront amusantes. Le grand art est, au contraire, de savoir faire parler les autres et d'écouter comme si l'on était intéressé par ce qui est raconté. Ce n'est pas se condamner à un mutisme complet, loin de là ; une phrase habile, une observation judicieuse, placées à propos, donneront au discours tout l'entrain et l'impulsion nécessaires. Il ne manque pas d'occasions, d'ailleurs, où il convient de soutenir toute seule le poids de la conversation, et c'est alors qu'il faut déployer toutes les ressources d'un esprit cultivé. Et pour cela, la femme doit avoir préalablement reçu une forte dose d'instruction. Ce ne sont que les ignorantes qui affligent l'humanité de phrases frivoles et vides de sens. Deux éléments surtout sont absolument essentiels à notre instruction : une entente complète de la littérature et l'étude de l'histoire. [...] L'art de causer séduit encore plus que la beauté qui passe, et dont on se lasse vite, quand elle n'est pas accompagnée du don de l'intelligence[39]. »

Robertine rappelait souvent qu'il faut dire ce que l'on pense, mais qu'il faut surtout penser à ce que l'on dit, et qu'avant d'émettre une opinion sur tel ou tel sujet, il est nécessaire d'y avoir bien réfléchi. Elle n'appréciait guère les gens qui ont une opinion sur tout, sachant très bien qu'on ne peut, justement, avoir réfléchi sur tout. Elle admirait plutôt ceux qui avaient le courage d'avouer leur ignorance plutôt que de répéter des lieux communs.

Bien sûr, dans ces « five o'clock tea », les conversations n'étaient pas toujours des plus sérieuses. On parlait parfois de banalités et de la température, ce sujet « qui ranime les conversations languissantes ». On abordait aussi en riant les sujets les plus farfelus, telle la parution d'un livre intitulé *Le Grand Coup* dans lequel l'auteur prédisait la combustion spontanée de tous les méchants de la Terre et la disparition des gouvernements. Prédictions dont se moqua allègrement Robertine dans l'une de ses chroniques[40].

Les servantes retenaient souvent l'attention des femmes de la bourgeoisie qui n'étaient pas toujours très tendres à leur égard, se plaignant de la difficulté de « bien se faire servir ». Les journaux parlaient fréquemment des bonnes qui quittaient

---

39. Françoise. « Chronique du Lundi », 30 avril 1894.
40. *Ibid,* 13 janvier 1896.

leurs patronnes sans même les avertir et qui, à cause de cela, comparaissaient devant le *recorder*, mot ancien désignant le juge d'une cour municipale. Même si elle n'avait pas d'enfants, Robertine était horrifiée de voir ces « bonnes à la mine évaporée » qui, disait-elle, ne savaient pas s'occuper des bambins et qui les exposaient, sur la voie publique, à la poussière et au bruit.

Cependant, Robertine critiquait le manque de respect de certaines bourgeoises envers leur personnel domestique :

« Il faut être bien mal apprise, n'avoir que peu de sentiments nobles dans le cœur, sentir la parvenue d'un lieu, pour rudoyer ses inférieurs comme le fait quelque soi-disant dame. Il y en a trop malheureusement qui croient que c'est le suprême de l'élégance et du bon ton que de trouver à redire de tout et sur tout, de faire constamment sentir à ses subalternes leur infériorité dans l'échelle sociale. Et la plupart du temps, qu'on ne s'y trompe pas, la différence n'existe que dans le nombre des écus et non dans la naissance et la bonne réputation[41]. »

Robertine n'estimait pas que les riches et les puissants avaient plus de valeur que les pauvres et les démunis. « Ni la fortune, ni le rang, ni les grandeurs ne peuvent pétrir un être humain autrement que ne l'est un autre moins favorisé sous le rapport des biens de ce monde. Nous avons tous une âme, nous avons tous un cœur, avec des facultés plus ou moins développées, et la douleur est la loi commune[42]. »

---

41. Françoise. « Chronique du lundi », 27 mars 1893.

42. Françoise. « Chronique du Lundi », 9 mai 1892. Notons qu'un article signé Françoise dans *Le Journal de Françoise* laisse croire qu'elle pense le contraire : « Le Christ, ce grand socialiste, a voulu que la hiérarchie sociale existât. Enseignons avec douceur, mais fermeté ce principe fondamental à ceux que la destinée a faits nos inférieurs... » Cet article contredit tous les principes énoncés souvent par Robertine. Il est donc très peu probable qu'elle l'ait écrit. Rappelons que d'autres

Robertine applaudit aussi la journaliste française Séverine lorsqu'elle « se donna pour mission d'empêcher qu'un million-naire fût plus favorablement traité que l'humble pioupiou » quand il fut hospitalisé[43].

· · ·

Occupées par toutes sortes de mondanités et impliquées dans des œuvres de charité, bien des bourgeoises se plaignaient de manquer de temps. Joséphine Marchand-Dandurand regar-dait aussi d'un œil critique certaines inventions que plusieurs associaient au progrès. Elle était exaspérée par ce que l'on ap-pelait souvent alors le « cornet à tout dire » :

« Le téléphone, c'est assurément un progrès, prodigieu-sement utile, mais il me semble qu'avec ses prétentions à nous faire plus heureux que nos devanciers, il ne réussit qu'à nous rendre autres [...]. Quelle émotion, quel respect attendri voulez-vous qu'un amoureux éprouve en retrouvant l'amie de son cœur s'il l'a appelée au bout du fil métallique autant de fois, et retenue aussi longtemps qu'il l'a voulu ? Où est la fraîcheur d'impression, l'attrait aiguisé par l'absence inexorablement muette, le charme fait d'anticipation, d'impatience, des entre-vues téléphoniques[44] ? »

Robertine l'approuvait. Rien à ses yeux ne remplaçait la lecture d'une lettre écrite par une main amie. Aussi fastidieuse soit la tâche qu'elle s'imposait d'écrire chaque semaine à ceux

femmes ont signé du pseudonyme Françoise dans *Le Journal de Françoise*, dont entre autres, Henriette Dessaulles, le 2 mai 1908.

43. Françoise. « Chronique du Lundi », 18 mai 1896.

44. J. Marchand-Dandurand, *Le Journal de Françoise*, p. 38.

et celles qu'elle choisissait d'inviter à ses « five o'clock tea », elle se faisait un devoir de ne jamais lancer ses invitations simplement en téléphonant.

· · ·

En ce début d'année 1898, les cinq sœurs Barry étaient réunies dans la salle à manger où, tout en se remémorant des souvenirs d'enfance, elles faisaient les dernières retouches aux costumes qu'elles porteraient lors du grand bal historique qui aurait lieu, une quinzaine de jours plus tard, à l'hôtel Windsor. Avec les femmes de la Société des antiquaires, dont elle faisait partie, Robertine travaillait depuis des mois à faire de ce bal un franc succès. Les recettes devaient servir à restaurer le Château de Ramezay, qui avait été sauvé de justesse des pics des démolisseurs. Toute la bourgeoisie de Montréal avait été invitée à se déguiser en personnages historiques. Robertine avait choisi d'incarner Marie Lemoyne, la première à porter le titre de baronne de Longueuil. Elle admirait cette femme active et dévouée qui avait, en 1823, fait construire un moulin à vapeur et s'était par la suite occupée des orphelins jusqu'à la fin de sa vie.

Le jour du bal, les sœurs Barry mirent des heures à se « faire belles ». Robertine leur montra comment maquiller leurs yeux afin de donner de la profondeur à leur regard. Aglaé les regardait en souriant. Certes, elle n'aimait guère que Robertine se maquille parfois pour aller travailler, car elle estimait, comme bien d'autres, que cela était vulgaire, mais, pour un soir de bal, elle n'y voyait rien d'inconvenant et ne gâcha donc pas le plaisir de ses filles avec des remontrances inutiles.

Robertine était ravissante. Sa jupe en satin de couleur maïs brodée d'or, et son corsage de velours rouge garni de dentelles, lui allaient à merveille. Elle portait des bijoux de l'époque de Louis XIV et elle avait artistiquement placé dans ses cheveux des roses rouges. Les roses étaient, avec les tournesols, ses fleurs préférées. Vêtue d'un long manteau de cour, avec traîne en velours cramoisi garni d'or, elle fit une entrée remarquée au château. Elle était à peine arrivée que, déjà, on l'invitait à danser le menuet. Les invitations se succédèrent. Elle était ravie. Elle n'avait pas été habituée, lorsqu'elle était jeune fille et habitait à Trois-Pistoles, de voir son carnet de bal rempli. Mais il était loin maintenant le temps où elle faisait tapisserie. Les années ne l'avaient pas rendue plus belle, mais son humour, son sens de la répartie, son intelligence, sa simplicité, sa bonté, son courage et sa renommée l'auréolaient d'un charme irrésistible. Plusieurs hommes recherchaient sa compagnie.

Elle s'était liée d'amitié récemment avec Arsène Bessette, qu'elle avait rencontré chez Honoré Beaugrand. Faute d'argent pour s'inscrire à l'université comme il le désirait, Bessette s'était aventuré dans le journalisme et allait bientôt commencer à travailler à *La Patrie*. Arsène était franc-maçon et d'allégeance politique libérale, ce qui, d'emblée, avait plu à Robertine. Ils avaient aussi en commun le même franc-parler et avaient, dès l'enfance, senti, comme le disait si bien Arsène, « l'humiliation des courbettes pour la dignité humaine ». De natures très fières, jamais ni l'un ni l'autre ne devenaient obséquieux lorsqu'ils voulaient obtenir ce qu'ils désiraient.

Arsène fréquentait le salon de Robertine et il leur arrivait de réciter en chœur des vers de Victor Hugo et de Théodore Botrel. Ils s'enflammaient lorsqu'ils parlaient de cette société canadienne-française d'alors, qui méprisait tant les écrivains et les artistes que la censure muselait. « L'art, s'écriait Arsène, doit être libre ! Où il n'y a pas de liberté, il n'y a pas d'art. »

Ils s'élevaient aussi contre la censure exercée par le clergé et discutaient avec passion de leur métier de journaliste. Métier dont Arsène brossa un portrait peu reluisant dans un roman, *Le débutant*, qu'il publia quatre ans après le décès de Robertine :

« Je croyais naïvement, écrivit-il, que le journal était fait pour répandre la vérité, pour éclairer le lecteur ; je me suis aperçu qu'on exploite la sottise, qu'on y flatte les préjugés, bref qu'on s'ingénie à faire en sorte de maintenir le peuple dans l'ignorance et la sottise. »

Ce roman, dans lequel il nota ses réflexions sur le journalisme « honnête », n'eut pas le succès qu'il méritait. Non seulement la critique lui imposa une véritable conspiration du silence, mais la majorité des curés en prohibèrent la lecture parce que Bessette avait osé dénoncer, dans son ouvrage, les préjugés alimentés par la religion. Les membres de sa propre famille allèrent jusqu'à brûler le livre. Le considérant comme un suppôt de Satan, des gens se signaient lorsqu'ils le rencontraient dans la rue !

• • •

Le lendemain du bal, Robertine prit congé et en profita pour marcher dans les rues de la ville. Depuis qu'elle habitait Montréal, elle voyait quotidiennement des hommes qui, installés dans la vitrine des salons de barbier, faisaient presque leur toilette en pleine rue. Affublés de grands tabliers blancs, ils ressemblaient, écrivit-elle, à de « gros bébés à qui l'on va faire manger de la bouillie ». Elle les salua d'un air moqueur et songea soudain à rendre visite à l'une des femmes qu'elle avait rencontrées la veille. Mais elle se ravisa. Il aurait été inconvenant de se présenter ainsi sans avoir été invitée. Elle ressentit alors une certaine nostalgie pour le temps béni de sa jeunesse où elle ignorait encore les règles de l'étiquette et frappait spontanément aux portes des Trois-Pistolois. Aujourd'hui, disait-elle, « les plaisirs ne nous convient plus ; c'est nous qui les invitons, sur des cartes, en leur assignant des heures. Et ces petits génies qui avaient les coudées franches, jadis, ne s'accommodent pas beaucoup du cérémonial d'aujourd'hui et refusent d'être présents à nos fêtes[45] ».

Elle devait bien s'avouer, cependant, qu'elle-même détestait les visites imprévues. Qu'une amie frappe à sa porte, alors qu'elle est en train d'écrire, la met hors d'elle-même. « Quand donc comprendront-ils tous qu'il faut parfois beaucoup de temps avant que ne vienne l'inspiration, et qu'une fois là elle s'envole à la moindre distraction ? » Elle avait d'ailleurs de moins en moins de temps libre pour voir ses amies. Toutes ses collaborations à différents journaux, son travail à temps plein à *La Patrie* et les lettres des lecteurs du *Coin de Fanchette* qui n'en finissaient plus d'arriver, toujours en plus grand nombre. Basta !, elle en avait plus qu'assez !, se disait-elle. Elle fit subitement demi-tour et, d'un pas pressé, rentra chez elle. Elle monta à toute vitesse l'escalier menant à l'étage, s'enferma dans son petit bureau et écrivit sur-le-champ un mot à l'intention de son lectorat. Elle les informa que, désormais, elle ne répondrait plus aux lettres dont les questions étaient soit oiseuses, soit inutiles. « Ainsi, précisa-t-elle sans mettre de gants blancs, le temps ne sera pas perdu en niaiseries. Celles qui veulent savoir quand elles doivent se marier, quel moyen prendre pour se faire aimer, ou toute autre demande aussi sotte, n'ont pas à

---

45. Françoise. « Chronique du Lundi », 23 novembre 1891.

s'attendre à recevoir de réponse[46]. » Elle eut quelques regrets quand, quelques jours plus tard, elle vit, imprimé noir sur blanc, le résultat de son mouvement d'humeur. Elle regrettait d'avoir été aussi brusque, mais elle en avait vraiment plus qu'assez de toutes ces insignifiances qui lui faisaient perdre un temps si précieux.

Libérée de la nécessité de lire et de répondre à plusieurs lettres insipides, elle put écrire plus d'articles pour différents journaux et accorder plus de temps à sa « Chronique du Lundi », ainsi qu'à sa correspondance personnelle. Certes, elle prenait toujours plaisir à répondre à ses autres lecteurs, ceux qui ne l'ennuyaient pas avec leurs banales questions. Ces lecteurs-là, ce sont non seulement ceux qui lisaient ses articles, mais aussi ceux qu'avait enchantés la lecture de son recueil de nouvelles *Fleurs champêtres,* publié trois ans plus tôt, et qui lui écrivaient encore. Ceux-là la stimulaient et la réconfortaient :

« Ils sont merveilleux de force et d'affection, ces liens que l'on forme avec des personnes que l'on ne connaît pas, c'est un des plaisirs de la vie tourmentée de l'écrivain que de sentir autour de lui ces courants sympathiques qui le consolent et le gardent comme autant de génies bienfaisants, mais invisibles[47]. »

Robertine avait aussi un peu plus de temps à passer avec sa famille, au grand plaisir d'Aglaé et de Clara-Blanche avec qui elle avait de plus en plus d'affinités. Sa sœur cadette aimait lire et écrire, et Robertine se faisait un plaisir de la conseiller. Chaque dimanche, la maison des Barry s'emplissait de visiteurs avec qui on organisait parfois des petites fêtes improvisées. Il arrivait souvent aussi que Caroline y vienne avec son

---

46. Françoise. « Le Coin de Fanchette ». *La Patrie,* 29 janvier 1898.

47. Françoise. « Chronique du Lundi », 7 février 1898.

époux et que les frères et les sœurs Barry invitent des amis à partager un repas. Ils commentaient l'actualité et on peut imaginer que, lors d'un dîner dominical, Aglaé attira l'attention des convives sur l'article, au titre racoleur, publié en première page de *La Patrie* du 22 janvier : *Elle parle aux anges. L'âme d'une jeune fille en catalepsie transportée au ciel*. Aglaé était très croyante et la conviction que son époux et ses enfants décédés l'attendaient au ciel la réconfortait sans doute. Il pouvait être apaisant pour elle de lire l'histoire de cette jeune fille qui, après être tombée en état de catalepsie, racontait « que, pendant qu'elle était en proie à ce sommeil de mort », son âme s'était transportée au ciel et qu'elle y avait vu « tous les chœurs des anges autour de la Divinité ». Devant une foule assemblée à l'église pour entendre son récit, la jeune fille expliqua qu'elle avait rencontré au ciel des personnes décédées et qu'elle avait parlé aux anges.

Quand le dîner fut terminé et que les femmes eurent tout rangé et nettoyé, elles sortirent le jeu de cartes. C'était l'un des passe-temps favoris d'Aglaé. Robertine rejoignait parfois les hommes au salon. Étant tous formés en droit, les frères Barry et François-Xavier Choquet, leur beau-frère, aimaient commenter les affaires criminelles. En ce frisquet début d'année 1898, on peut imaginer qu'ils commentaient l'article publié en première page de *La Patrie* du 19 janvier dans lequel le journaliste racontait que deux prisonniers du pénitencier Saint-Vincent-de-Paul avaient été fouettés avec *le chat à neuf queues*, « une arme redoutable dont on avait aboli l'usage dans le régime disciplinaire », mais qui, en ce mois de janvier, avait été « tirée de l'ombre où on l'avait reléguée ». Le docteur Gaudet avait examiné les forçats qui devaient être fouettés et les avait déclarés en état de supporter le supplice. La flagellation n'étant pas publique, les autres détenus, qui avaient commencé à travailler vers quatre heures trente du matin, avaient été reconduits dans leurs cellules d'où les hurlements des suppliciés leur étaient parvenus. *Le chat à neuf queues* était une arme très dissuasive. Ceux qui la subissaient s'évanouissaient généralement après avoir reçu cinq ou six coups. L'eau salée que le médecin mettait ensuite sur les plaies vives leur causait d'atroces souffrances.

Robertine attira l'attention de ses frères et de son beau-frère sur l'arrestation d'un homme qui avait été accusé par le grand connétable Groulx de viol et qui devait comparaître devant le magistrat[48]. Elle était satisfaite de voir qu'une femme violée avait osé porter plainte. Elle plaignait cependant la pauvre fille sur qui pèserait désormais l'opprobre, car il allait de soi que les filles violées *avaient couru après*. Il est probable que la gravité de la violence subie par cette femme était évidente, car les juges avaient tendance à soupçonner les femmes d'être consentantes, même lorsqu'elles juraient sur la Bible avoir dû céder par la force.

David, Edmond et Jean Barry, maintenant âgés respectivement de quarante-six, quarante-cinq et tente-huit ans, vivaient encore sous le toit de leur mère sans que cela n'étonne personne. Outre qu'il n'y avait rien d'exceptionnel à ce que de « vieux garçons » habitent avec leurs parents, tout le monde savait que les professions d'avocat et d'officier de police, aussi respectables et prestigieuses soient-elles, n'étaient pas toujours très rémunératrices. Certains vivaient bien chichement alors que d'autres n'arrivaient même pas à joindre les deux bouts.

---

48. « Tentative de viol ». *La Patrie*, 17 janvier 1898.

Robertine leur parla certainement de cette pionnière en médecine mentionnée dans *La Patrie* du 20 janvier 1898 : « Au moment où il est tant parlé de femmes médecins, avocates, etc., nos lecteurs seront certainement heureux d'apprendre les succès aux États-Unis de Mademoiselle Marie-Louise Benoît, fille du docteur Frédéric Benoît. Après avoir subi les examens compétitifs pour la position d'interne à l'hôpital des Épileptiques à New York, elle a obtenu la première place. Cette nomination fait honneur aux talents et à l'esprit de justice et de libéralité des autorités de sa patrie d'adoption. » Même si cet article n'est pas signé, on peut supposer qu'il a été rédigé par Robertine puisqu'une partie de son travail consistait à rédiger des entrefilets et des faits divers qu'elle ne signait pas. Non seulement elle déplorait le fait que les Canadiennes françaises ne pouvaient étudier et exercer la médecine au Québec, mais elle ne ratait pas une occasion de mentionner les femmes qui devaient s'exiler pour exercer cette profession, démontrant ainsi qu'elles en étaient capables aussi bien que les hommes.

• • •

Il ne se passait pas une semaine sans que les premières pages des journaux ne soient remplies d'histoires fabuleuses de ces fortunés qui, au Klondike, avaient trouvé une « tonne d'or ». Ces articles enfiévraient les esprits et les chercheurs d'or partaient en grand nombre, les plus riches en bateau, les moins nantis à pied ou à cheval, traversant le Canada d'un bout à l'autre. On connaissait même une femme, Émilie Fortin-Tremblay, qui s'y était aventurée avec son mari.

La perspective d'être riche, et de pouvoir se consacrer ensuite entièrement à la poésie, enthousiasma le jeune Émile

Nelligan. Il s'était mis en tête d'imiter ces chercheurs d'or et de partir avec son ami Arthur Bussières. Émilie essaya en vain de l'en dissuader. Elle craignait que son fils, si rêveur, ne puisse survivre à une aventure aussi périlleuse. Elle savait que certains aventuriers avaient passé deux ans sur les routes avant d'atteindre leur destination. Elle se morfondait en imaginant tous les dangers qui guettaient Émile et ne savait comment l'amener à renoncer à ce projet risqué. Elle n'eut cependant pas à intervenir. Le sort le fit à sa place. Arthur tomba malade et il n'était pas question pour Émile de partir sans lui. Émilie fut extrêmement soulagée, mais elle eut bien vite d'autres raisons de s'inquiéter.

Émile entrait dans des périodes d'effervescence créatrice, suivies de temps morts où il recommençait à vagabonder, plus angoissé et plus triste que jamais. Souvent, il se présentait chez Robertine et sollicitait son avis sur tel ou tel poème qu'il venait d'écrire. Alors qu'ils discutaient de choses et d'autres, il lui arrivait de s'arrêter brusquement de parler et de se mettre à composer. Lorsque l'inspiration le surprenait ainsi, il se donnait tout entier à elle, comme l'a raconté Louis Dantin, pseudonyme qu'avait pris le père Eugène Seers, de la Congrégation des Pères du Très Saint-Sacrement :

« Quelquefois, au milieu d'une conversation ou d'une lecture, il était pris d'une inspiration subite et se mettait à improviser. Des vers entiers sortaient de sa bouche, tous faits. Les autres, il achevait de les scander avec des sons inarticulés, comme un chanteur fredonnant un air dont il a oublié les mots. »

Alors, un crayon à la main, Dantin « saisissait les vers pendant que Nelligan, marchant de long en large, faisait de grandes gesticulations. Enfin, il s'arrêtait et se taisait. Dantin lisait l'ébauche : Nelligan écoutait sans rien dire, frappé d'une indifférence soudaine, comme s'il se fût agi de la poésie d'un autre[49] ».

Comme Dantin, Robertine lui donnait toute son attention quand Émile déclamait ses vers. Elle le faisait parce qu'elle aimait la poésie, admirait son talent et avait de l'amitié pour lui et Émilie. Celle-ci avait confié à Robertine qu'elle espérait que les vacances à Cacouna apporteraient une certaine joie de vivre à son fils. Il avait toujours été heureux dans ce village pittoresque. Les Nelligan louèrent une maison située près de l'église. Peut-être est-ce cette année-là qu'ils habitèrent la villa « Coucou me voilà », ainsi qu'on l'appelait parce qu'elle apparaissait subitement au détour de la route. Émilie y « donna des soirées » durant lesquelles elle recevait leurs amis, à David et elle, mais aussi ceux de leurs enfants, dont Idola Saint-Jean qui deviendra plus tard une figure de proue du féminisme et qui, lorsqu'elle était jeune fille, passait elle aussi ses étés à Cacouna avec ses parents. Émile et elle avaient souvent l'occasion de se voir et devinrent de bons amis.

Les amis de Nelligan disaient de lui que « seule la poésie l'intéresse », qu'il « cultive sa mélancolie » et « n'accepte aucune contrariété, aucune remarque ». « Dans nos petites réunions, raconta l'un d'eux, on ne peut jamais compter sur lui. Il vient si ça lui plaît. Quelquefois, il est très gai. Il chante, récite des vers, les siens et ceux des poètes qu'il aime. Puis, tout à coup, il tombe dans des jongleries comme s'il était seul. Les filles l'aiment beaucoup. Il a beaucoup de succès auprès d'elles. Il est grand et beau, une belle chevelure, des yeux extraordinaires. Il a une belle voix. Il aime le vin[50]. »

---

49. P. Wyczynski. *Nelligan 1879-1945. Biographie.* p. 242.
50. *Ibid,* p. 231.

Mais on voyait bien qu'une ombre terrible planait sur lui. Durant cet été 1898, ses amis pressentaient qu'Émile « deviendrait malade[51] ».

Ils n'étaient pas les seuls à le pressentir.

De retour de Cacouna, Émilie confia à Robertine que l'état mental de son fils l'inquiétait de plus en plus. Elle trouvait difficilement les mots pour lui expliquer qu'il réagissait « souvent étrangement », avait des idées suicidaires, se sentait parfois persécuté et faisait subitement des colères inexpliquées. Après qu'elle eut obtenu de Robertine la promesse qu'elle serait discrète, elle lui confia qu'elle était allée chercher de l'aide auprès d'Alice, la fille du notaire Jean-Baptiste Martin de Saint-Simon, près de Rimouski, avec qui elle s'était liée d'amitié. Alice vivait maintenant à Montréal avec son époux, le docteur Michael Thomas Brennan, et celui-ci était devenu le médecin de famille des Nelligan. Alice demanda à son mari de la recevoir au plus tôt. Émilie lui confia-t-elle alors qu'elle craignait que son fils ne soit atteint de folie ? Pouvait-elle prononcer le mot folie ? Ne restait-il pas plutôt bloqué dans sa gorge, tant il la terrorisait ?

Émilie espérait certainement que le diagnostic du médecin révélerait une tout autre maladie. Une maladie facilement guérissable qui affecte le corps et suscite la compassion et l'entraide, au lieu de la folie qui était alors perçue comme une maladie incurable n'entraînant que la peur, le rejet, le mépris, les commérages, les mots assassins.

Le docteur Brennan lui promit de venir visiter Émile à la fin de l'après-midi. Après l'avoir examiné, il recommanda son hospitalisation à la clinique neurologique Notre-Dame, où

---

51. L. Lacourcière. « À la recherche de Nelligan », p. 33.

le docteur Éloi-Philippe Chagnon lui ferait passer une série de tests.

Robertine était sans doute atterrée par le récit que lui fit Émilie du drame qui secouait sa vie. Elle avait de l'affection pour Émile et était l'une des rares personnes à reconnaître la grandeur de son talent. *Quand le soir nous jetait de l'or par les persiennes.* La première fois qu'elle avait entendu ces vers de la bouche d'Émile, elle avait été éblouie par leur beauté.

On peut imaginer que Robertine et Émilie pleurèrent dans les bras l'une de l'autre, Robertine consolant son amie du mieux qu'elle pouvait. Robertine croyait que cette maladie pouvait être causée par l'épuisement dû à une trop grande activité intellectuelle, comme elle l'a écrit en parlant de Maupassant :

« Depuis quelque temps déjà, les amis de Guy de Maupassant s'apercevaient que la santé de leur confrère laissait à désirer et il y avait même parfois des moments où l'état surexcité de son esprit donnait de sérieuses inquiétudes à son entourage. Son travail intellectuel était considérable et incessant. Malgré les recommandations de son médecin et les sollicitations de sa famille, Maupassant ne pouvait se résoudre à prendre ce repos complet dont il avait besoin. Il a essayé de réagir contre cette fatigue qui minait ses forces, mais un jour vint où sa raison sombra et c'est alors qu'il tenta de se suicider[52]. »

Après son travail, Robertine passait chez Émilie et lui donnait mille raisons d'espérer que le docteur Chagnon saurait guérir Émile. Hélas, il ne put rien faire. Après quelques jours, il recommanda aux Nelligan de ramener leur fils à la maison et d'espérer que tout rentrerait dans l'ordre. Les médecins observaient parfois des cas de guérisons spontanées, et l'on sait

---

52. Françoise. « Chronique du Lundi », 1er février 1892.

maintenant qu'effectivement vingt pour cent des schizophrènes, comme Émile dont le désordre mental sera diagnostiqué plus tard avec les mots d'alors, guérissent complètement et mènent une vie normale sans jamais faire de rechute.

Émilie s'accrocha de toutes ses forces à cet espoir. Étant d'une nature anxieuse, la maladie de son fils décupla son anxiété. Elle perdit le sommeil et se sentit de plus en plus épuisée. En présence d'étrangers, elle arrivait à masquer sa détresse psychologique en affichant un sourire et une tenue soignée. Cette détresse était d'autant plus intense que, soucieuse de protéger son fils de l'opprobre, elle ne se confiait pratiquement à personne.

Heureusement, Robertine la soutenait et savait trouver les mots pour la réconforter. Bien qu'elle fût très occupée, elle trouvait toujours du temps pour Émile. Quand il allait mieux et qu'il avait terminé un poème, il se rendait chez elle afin qu'elle lui dise ce qu'elle en pensait. Les frères Barry la taquinaient souvent à propos de ce jeune poète qui venait la voir et qui semblait s'enticher d'elle. Robertine haussait les épaules, se levait et quittait le salon, le rouge aux joues.

Il est vrai qu'Émile frappait souvent à leur porte et que le poète et la journaliste restaient ensemble, parfois des heures durant, enfermés dans le petit salon rose qu'elle avait décoré à la mode parisienne. Émile lui empruntait livres, journaux et revues qui provenaient de partout dans le monde et auxquels elle était abonnée. Il se confiait à elle, se plaignant de son père dont il se sentait incompris et qui voulait le faire travailler dans une boutique de fleuriste ou ailleurs, pourvu qu'il gagne dignement sa croûte. Robertine, qui prônait l'importance pour chacun de ne dépendre financièrement de personne, ne pouvait qu'approuver David, mais elle comprenait aussi les ambitions littéraires d'Émile. Elle-même n'aurait pu vivre sans écrire. Elle était donc bien placée pour le comprendre ! Émile et elle parlaient souvent de Maupassant, l'un de leurs auteurs favoris, et lisaient ensemble les poètes qu'ils aimaient : Lamartine, de Musset, Millevoye. Robertine commentait leurs œuvres et Émile, admiratif devant cette femme cultivée, sensible, avant-gardiste et estimée de plusieurs, l'écoutait religieusement.

Mais le plus souvent, il lui lisait les vers qu'il avait lui-même composés, guettant avec anxiété ses réactions. Robertine l'écoutait avec ferveur et donnait franchement son opinion. Lui, l'élève rebelle qui ne supportait guère que l'on critique ce qu'il écrivait, l'écoutait sans se rebiffer. Il s'estimait grandement privilégié qu'elle s'intéresse à ce qu'il faisait. Il aurait sans doute souhaité qu'elle exprime avec plus d'enthousiasme ce qu'elle pensait de sa poésie, mais Robertine était, avec lui, plutôt avare de compliments. Elle ne percevait pas encore la détresse que ressentait le poète de voir que son talent n'était pas apprécié à l'École littéraire, comme il l'aurait mérité. Certes, Robertine était « tout entière présente » lorsqu'il lui déclamait ses vers, et c'est avec tact qu'elle les commentait et le conseillait. Elle voulait le guider avec tout son cœur, être une bonne conseillère mais, de la même façon qu'elle estimait inconvenant de dire à un homme qu'il est beau, elle ne complimentait pas beaucoup Émile, de peur qu'il ne s'enorgueillisse trop et ne donne plus sa pleine mesure. Des années plus tard, elle regrettera amèrement d'avoir mis, comme elle l'écrivit, la sourdine à son admiration. Car elle avait véritablement beaucoup d'admiration pour le talent de ce si beau jeune homme, à l'allure si fière, et qui avait dans les yeux, écrira-t-elle, « l'éclat du regard des Celtes ». En plus d'admirer son talent, elle n'était pas insensible à sa beauté et à son charme : « Quel barde plus beau et plus inspiré eût-on pu souhaiter, en effet, pour chanter les malheurs d'Érin. »

Érin, la verte Érin, ainsi qu'on appelait l'Irlande au temps où n'étaient pas encore dissociées la musique, ce langage universel, et la poésie. La verte Érin qui les liait de par leurs ancêtres respectifs. Ils s'amusaient du fait qu'ils avaient chacun un aïeul irlandais portant le nom de Flynn. Comme si, bien avant leur naissance, ils semblaient destinés à se rencontrer et à ce qu'un lien solide les unissent.

C'est en pensant à elle qu'Émile écrivit cinq poèmes. Il les lui donna et Robertine, sans doute troublée à la pensée qu'il pourrait bien être amoureux d'elle, cacha ces cinq poèmes dans l'un des tiroirs de son bureau, celui qui fermait à clé.

Robertine devait être consciente qu'en recevant si souvent chez elle le jeune poète, elle nourrissait cet espoir qu'il semblait avoir de devenir l'élu de son cœur. Cet espoir était peut-être d'autant plus vivace qu'Émile savait que la place privilégiée qu'il occupait auprès de Robertine était menacée.

• • •

Robertine avait pris un autre homme sous son aile et, femme de grand cœur, cherchait à l'aider à percer dans le monde journalistique. Il s'agissait d'Olivar Asselin, qu'elle avait rencontré pour la première fois quatre ans plus tôt, en 1894, lorsqu'elle accompagnait les sœurs Le Bouthillier dans le Massachusetts.

Robertine connaissait les sœurs Le Bouthillier depuis l'enfance, car leurs mères respectives, Aglaé Rouleau et Hélène Têtu, s'étaient liées d'amitié au couvent de Trois-Pistoles où elles avaient étudié. Hélène Têtu avait épousé Charles Le Bouthillier qui, à l'instar de son père John, avait tiré sa fortune du travail des pêcheurs de la Gaspésie. Depuis la faillite de leur entreprise de pêche de l'Anse-au-Griffon, la famille Le Bouthillier habitait Montréal. Robertine appréciait la compagnie des sœurs Le Bouthillier, des femmes débrouillardes et indépendantes qui aimaient la vie et avaient une confiance inébranlable en elles. Elle admirait le fait que ses amies savaient très bien se passer du luxe auquel elles avaient été habituées dans leur enfance, et savourait le fait qu'elles accordaient plutôt de l'importance à ce qui pouvait donner un sens à leur vie. Robertine voyageait avec elles, entre autres, aux États-Unis.

Robertine les accompagnait lorsqu'elle rencontra Olivar Asselin, à Fall River où il était rédacteur pour *Le Protecteur canadien*. Comme l'a raconté la biographe d'Olivar, Hélène Pelletier-Baillargeon, c'est Robertine qui, la première, lui avait parlé des « publications montréalaises, des grands et petits esprits qui font la loi dans leurs salles de rédaction, des politiciens qui s'y infiltrent et des écrivains qui s'y révèlent ». Elle lui avait parlé aussi « des restaurants où tout ce beau monde se retrouve ; des salons où, à la manière des Françaises, les grandes bourgeoises reçoivent, pour le thé, gens de robe, gens de plume et camails violets... De Montréal enfin, où les premiers tramways tirés par des chevaux commencent à relier au quartier populaire du centre-ville tous les petits villages satellites où les émigrés des campagnes se regroupent, région par région, avant d'affronter, comme les Asselin à Fall River, le monde difficile de l'industrie en pleine expansion. Olivar apprend ainsi combien la colonie rimouskoise est en train d'y prospérer en affaires et en influence. Le discours de Robertine lui donne, plus que jamais, le goût d'aller respirer l'air de la grande Métropole ».

Cette année-là, en 1898, Robertine avait revu Olivar alors qu'il travaillait pour l'*Evening Star* de Woonsocket. Cette rencontre avait consolidé leur amitié. Émile savait qu'ils avaient de nombreux échanges épistolaires et que Robertine voulait aider

Olivar à se tailler une place dans l'un des journaux montréalais. Ce qu'elle réussit avec brio deux ans plus tard. En 1900, « c'est sous sa houlette » qu'Olivar prospectera « les possibilités d'embauche dans les journaux de Montréal ». C'est elle encore dont il dit qu'elle est une « grande dame un peu fantasque, mais d'une générosité sans pareille », qui promit de l'introduire au sein de l'équipe du journal *Les Débats*. Elle lui parla des deux fondateurs de ce journal – Louvigny de Montigny et Paul de Martigny – et lui posta les premiers exemplaires. Il aima ce qu'il y lut. Olivar avait, comme de Montigny, le goût de la polémique. C'est ainsi que, grâce à Robertine, il rejoignit l'équipe de collaborateurs des *Débats*. Depuis, éperdu de reconnaissance envers elle, il ne cessait de raconter à tous que cette femme de « talent et de cœur » était sa « marraine littéraire »[53].

Lorsque Olivar vint s'installer à Montréal, Émile n'était plus là pour voir l'importance qu'il avait prise dans la vie de Robertine. N'empêche que, deux ans plus tôt, il la pressentait, cette importance, et était jaloux de l'intérêt qu'elle accordait à un autre que lui. Si peu de personnes reconnaissaient son talent, à lui. Si peu de gens influents étaient prêts à l'aider.

53. H. Pelletier-Baillargeon. *Olivar Asselin et son temps*, pp. 99-100, 127, 129 et 144.

Deuxième partie

1899

Nous avons été un jour si proches l'un de l'autre dans la vie que rien ne semblait plus entraver notre amitié et notre fraternité, seul l'intervalle d'une passerelle nous séparait encore. Et voici que tu étais sur le point de la franchir, quand je t'ai demandé : « Veux-tu me rejoindre par cette passerelle ? » Mais déjà tu n'y étais plus ; et à ma prière réitérée tu ne répondis rien. Et, depuis lors, des montagnes et des torrents impétueux, et tout ce qui nous sépare et rend étranger l'un à l'autre, se sont mis en travers, et quand même nous voudrions nous rejoindre, nous ne le pourrions plus ! Mais lorsque tu songes maintenant à cette petite passerelle, la parole te manque et tu n'es plus qu'étonnement et sanglots.

NIETZSCHE,
Le gai savoir

M ême si Robertine sentait qu'Émile s'amoura-
chait d'elle, elle ne pouvait cesser de lui ouvrir
sa porte justement au moment où, pressée par
Émilie, elle devait l'encourager à retourner à
l'École littéraire. Car, alors qu'à ses débuts cette École « ouvrait
une large avenue à ses rêves[54] », Émile s'en était lassé et l'avait
délaissée, comme toutes les autres écoles qu'il avait fréquentées.
Émilie et Robertine étaient pourtant convaincues que l'École
littéraire lui conviendrait parfaitement et saurait le retenir.
Peut-être est-ce la maladie qui commençait à faire ses ravages,
son « équilibre nerveux oscillant entre la frénésie et le désespoir[55] », qui l'en éloigna. Mais peut-être est-ce simplement
parce qu'aucune école ne pouvait convenir à cet être dont la
différence ne pouvait être qu'un handicap dans une société aux
normes si rigides. Peut-être enfin n'y trouvait-il rien qu'il ne
sache déjà. Pour lui, qui a « déjà lu Verlaine et Baudelaire, qui
a réfléchi sur bien des poèmes récents, suivre les conférences
des confrères est une perte de temps [...] Mauvais élève
comme d'habitude, il n'est pas né pour les programmes prééta-
blis, les ordres du jour précis où l'on parle de tout sauf de ce qui

54. P. Wyczynski. *Nelligan. 1879-1945. Biographie*, p. 172.
55. R. Duhamel. « Tombeau de Nelligan », p 17.

l'intéresse : la poésie. Aux séances à dix voix, il préfère sa solitude[56] ».

Encouragé par Robertine et Émilie, il y retourna cependant dès qu'il se sentit mieux. Les deux femmes reprirent alors espoir : il s'en sortirait. Ce qui avait ressemblé à de la folie n'avait peut-être été, après tout, qu'une mauvaise passe ? Émilie puisait dans cette apaisante chimère de quoi garder espoir, et on peut comprendre qu'elle voulait y croire de toutes ses forces, rejetant loin de sa conscience tous les autres indices qui auraient pu venir briser son irrépressible besoin de s'accrocher à cette espérance.

Sur la proposition de Gonzague Desaulniers – le poète à la fauve chevelure –, et appuyé par Henry Desjardins, Émile fut réadmis à l'École littéraire en décembre 1898. Il donna une conférence et se prépara, avec une fébrilité mêlée d'enthousiasme et de nervosité, à la séance publique organisée par l'École qui devait avoir lieu fin décembre. À la maison, cependant, l'atmosphère qui, aux fêtes, était des plus jouissives dans bon nombre de familles, était de nouveau à couper au couteau chez les Nelligan : Noël 1898 fut « une période de grande tension nerveuse. Les réunions de famille sont à l'ordre du jour et le jeune poète s'y sent mal à l'aise. Quant à sa mère, elle multiplie les réceptions pour désamorcer ainsi la lourde atmosphère familiale. Elle est souvent au bord des larmes. Le fils et le père se parlent à peine […] On s'arrange pour que la bénédiction paternelle n'ait pas lieu, sous prétexte que cette cérémonie n'existe pas dans la tradition gaélique[57] ».

---

56. P. Wyczynski. *Nelligan. 1879-1945. Biographie.* p. 174.
57. *Ibid*, p. 272.

Le jeudi 28 décembre, par une froide soirée d'hiver, Robertine accompagna les Nelligan à cette soirée organisée par l'École littéraire. Devant plus de trois cents personnes tombées sous son charme, Émile déclama *L'idiote aux cloches*, *Le rêve de Watteau* et *Le Récital des anges*. De tous les poètes qui, ce soir-là, montèrent sur la scène, c'était, Robertine en était convaincue, Émile qui, malgré le fait qu'il était le plus jeune, était le plus doué. Elle n'hésita pas un instant à afficher sa préférence dans sa « Causerie fantaisiste » du 7 janvier suivant. Elle rappela d'abord que les buts de l'École littéraire étaient « d'étudier à fond notre belle langue française et d'enrichir notre littérature nationale de morceaux en prose et en vers ciselés avec soin et sertis de l'or le plus pur ». Elle parla du président d'honneur, son ami Louis Fréchette, qui avait récité *Véronica*, et ajouta que « Messieurs Nelligan, Bussières, Massicotte et Charbonneau ont persuadé tous ceux qui les ont entendus de leur solide talent et du bel avenir qui s'ouvre devant eux dans la carrière des lettres. Et pour prouver à ceux qui n'assistaient pas à cette soirée que je n'exagère en rien les qualités des jeunes poètes, je publie aujourd'hui la poésie de l'un d'eux en tête de cette première colonne. On pourra constater tout ce qu'il y a de souffle et d'inspiration dans cette "jeunesse" espoir de notre nation ».

L'idiote aux cloches de Nelligan occupait la place d'honneur dans la page de Robertine.

Qu'une femme comme elle reconnaisse publiquement son talent fut d'un grand réconfort pour Émile. Il était rarement encensé. Sa poésie, centrée sur la musicalité plutôt que sur les idées, déconcertait par sa trop grande différence avec ce qu'on lisait habituellement. La reconnaissance publique de cette femme, qu'on avait comparée à Sand et à Balzac, ainsi que les encouragements qu'elle lui prodigua, ne furent pas étrangers au fait que, durant les mois de janvier et février 1899, Émile s'impliqua dans toutes les activités de l'École littéraire. Quelques jours avant le trente-sixième anniversaire de la naissance de Robertine, il participa à la soirée littéraire dont *La Patrie* fit un compte rendu :

« Et les poètes donc, il n'est pas nécessaire de voir les boucles d'une chevelure ondoyante se dérouler sur leurs épaules pour être poète, nous en avons eu la preuve hier. En entendant ces écrits harmonieux et aimables, nous fermons les yeux et nous voyons, comme dans une vision, ces jeunes trouvères et troubadours du Moyen Âge qui, la vielle sous le bras, allaient de château en château charmer les oreilles des belles châtelaines et des fiers seigneurs. Les poètes, nous ne savons trop pourquoi – par une faveur des dieux sans doute –, ont toujours été aimés des femmes[58]. »

Cet article n'est pas signé, mais le style s'apparente grandement à celui de Robertine. Il y a fort à parier qu'elle en soit l'auteure, mais qu'elle a préféré demeurer anonyme afin de ne pas alimenter la rumeur, sans cesse grandissante, sur sa relation avec Émile. Elle ne voulait pas que cette rumeur nuise à sa carrière ni à celle d'Émile. Elle savait que des membres de l'École littéraire, dont Louvigny de Montigny, pensaient que la beauté physique de Nelligan « avait autant de part dans son succès que sa poésie elle-même[59] ».

Pendant ce temps, à *La Patrie*, on ne parlait que de la comète Biéla qui, selon l'astronome Falb, allait frapper la Terre et provoquer la fin du monde le 14 novembre. L'apparition en

---

58. *La Patrie*, 25 février 1899, p. 8.
59. L. Lacourcière. « À la recherche de Nelligan », p. 35.

différents endroits du monde des *dames blanches* présageait effectivement, disait-on, de grands malheurs. Le scientifique français Camille Flammarion, lui, se faisait rassurant en affirmant haut et fort que la comète ne présentait aucun danger. Ainsi, pendant que plusieurs se confessaient et attendaient, effrayés, la fin du monde, d'autres, dont Robertine, se préparaient à observer la pluie d'étoiles filantes que leur promettait Flammarion. Robertine adorait regarder les étoiles et n'aurait pas voulu manquer cela pour tout l'or du monde. Comme elle l'écrivit dans l'une de ses nouvelles, *Le Noël de la Kite,* par les belles nuits d'été, elle aimait s'étendre dans le jardin et observer la Lune qui paraissait au « milieu d'un firmament brasillant d'étoiles, répandant une clarté laiteuse sur les vallons et les coteaux d'alentour ».

• • •

La fin du monde n'avait pas eu lieu. La plupart des gens qui avaient cru la voir arriver furent soulagés et remplis de gratitude. Leurs yeux, pour un temps, s'ouvrirent à la beauté du monde. Puis les soucis et les tracasseries du quotidien reprirent le dessus et ils retournèrent à leur routine qui les rendait de nouveau aveugles au « miracle » que constitue le simple fait d'être vivant.

Robertine soupira. Ses collègues parlaient si fort qu'elle avait peine à se concentrer. Elle était de nouveau en panne d'inspiration, et l'heure de tombée de sa chronique était arrivée. Elle jeta à la poubelle la feuille sur laquelle elle avait griffonné quelques idées et décida de publier, dans sa chronique du 6 mars, quelques lettres d'amour de Cyrano de Bergerac. Basta ! Elle pouvait bien, pour une fois, se défiler ainsi. Mais elle n'aimait pas cela pour autant. Elle craignait que l'inspiration ne la boude trop souvent, voire la quitte définitivement. Certains écrivains avaient vécu cela et cette perspective la terrifiait, elle pour qui écrire était vital. Elle arriva chez elle un peu déprimée. Au souper, elle ne se mêla pas à la conversation, se contentant d'écouter ses frères qui ne parlaient que du shérif américain Taylor qui jouissait d'une grande popularité parce qu'il infligeait aux prisonniers d'odieux traitements tels que le pilori et le fouet sur la place publique. On se serait cru au début de la colonie !

Ses sœurs, quant à elles, s'intéressaient plutôt à un fait que plusieurs trouvaient hilarant alors que d'autres en parlaient avec le plus grand sérieux, même dans les journaux : la fille d'un journaliste avait vu son père à la maison alors qu'il était pourtant au journal ! La jeune fille avait consulté une voyante qui avait décrété qu'il s'agissait d'un phénomène d'ubiquité. Elle avait ajouté que cela était un fort mauvais présage : il n'y avait pas de doute, la famille de cette jeune fille devait se préparer à affronter un grand malheur[60].

Robertine qui, habituellement, s'intéressait à ce genre de phénomène, ne les écoutait qu'à moitié. Elle songeait à la conférence qu'elle allait donner à l'Institut canadien de Québec. Elle n'était pas peu fière d'être la première femme conférencière invitée par cet Institut, dont les membres, tous des hommes, exerçaient des professions libérales. À ses yeux, c'était une autre petite victoire féministe. Quelques jours plus tôt, elle tapait sa chronique sur son clavigraphe, l'ancêtre de la machine à écrire, lorsque la secrétaire de *La Patrie* était venue lui dire

---

60. « Phénomène d'ubiquité. La présence d'un homme constatée en deux endroits en même temps. Une famille de la rue Sherbrooke dans l'appréhension d'un malheur ». *La Patrie*, 30 janvier 1899.

qu'on la demandait au téléphone. « Bon, j'espère que ce n'est pas encore quelqu'un qui trouve à redire sur quelque chose que j'ai écrit », s'était-elle dit, un peu lasse d'être dérangée si souvent. Certains lecteurs qui n'avaient pas chez eux le téléphone se rendaient jusqu'à la pharmacie d'où ils l'appelaient. Pour ce faire, ils devaient remettre cinq sous au pharmacien pour avoir la permission d'utiliser son téléphone, mais le plaisir de sermonner cette « prétentieuse » qu'était, à leurs yeux, Robertine, valait, croyaient-ils, amplement la dépense.

Mais, ce matin-là, la belle voix grave au bout du fil n'était pas celle d'un lecteur hargneux, mais celle d'un membre de l'Institut canadien de Québec qui, non seulement l'invitait à donner une conférence, mais lui laissait l'entière liberté d'aborder le sujet qu'elle désirait.

Robertine demanda à réfléchir et promit de le rappeler dès le lendemain. La fermeture de l'Institut canadien de Montréal avait été ordonnée en 1869 par Mgr Bourget. Ce prélat estimait que les activités de l'Institut étaient un danger pour la foi chrétienne et que ses membres défiaient ouvertement l'autorité de l'Église en mettant dans la grande bibliothèque de l'Institut les livres interdits par la congrégation de l'Index du Vatican. Avant sa fermeture, plusieurs membres de l'Institut avaient été excommuniés, alors que d'autres, sur leur lit de mort, s'étaient vu refuser l'absolution parce qu'ils ne voulaient pas signer leur renonciation. L'ancien évêque de Montréal avait nui à la carrière d'un des membres de cette institution, le docteur Jean-Gaspard Bibaud, président de l'École de médecine. Il avait, entre autres moyens de pression, ordonné à ses élèves de ne pas fréquenter ses cours. Le docteur Bibaud n'eut d'autre choix que de se soumettre. En 1869, Mgr Bourget refusa que la dépouille de Joseph Guibord, qui, lui, ne s'était pas soumis, soit enterrée dans le cimetière catholique. Pendant que le corps de son mari reposait dans le cimetière protestant, la veuve avait eu recours à un avocat, lequel réussit à faire renverser la décision de Mgr Bourget. Les démarches judiciaires avaient été épuisantes et coûteuses, mais elle était heureuse d'avoir gagné sa cause contre la toute-puissante Église. Elle ne put se réjouir bien longtemps, car elle n'était pas au bout de ses peines. Une foule de catholiques firent échouer la première tentative d'enterrer le corps en terre consacrée. La veuve demanda une escorte militaire et l'inhumation eut finalement lieu, mais Mgr Bourget, tenant à avoir le dernier mot, désacralisa le lot du cimetière où avait été enterrée la dépouille de Joseph Guibord.

À Québec, cependant, les membres de l'Institut cana-dien s'étaient soumis, du moins en apparence, aux directives de l'Église, et avaient ainsi pu continuer leurs activités en se concentrant sur la promotion intellectuelle des Canadiens français. Malgré leur apparente docilité, ils étaient constam-ment surveillés par le clergé.

Robertine hésitait à accepter l'invitation de l'Institut. Non pas qu'elle craignît de soulever encore l'ire des élites cléricales en prononçant cette conférence en un tel lieu. De cela, elle était maintenant habituée et, parfois, trouvait le moyen d'en rire. Ce qui la terrorisait cependant tout autant, c'était de parler en public. Elle savait tout ce que cette conférence allait lui coûter en nuits d'insomnie, indigestions, malaises de toutes sortes. Mais c'était un grand honneur qu'on lui faisait. Et l'idée d'aller à Québec lui plaisait infiniment. Elle adorait cette ville. Elle s'estimait d'ailleurs chanceuse de pouvoir prendre ses déci-sions seule sans avoir de permissions à demander à un mari, tantôt pour parler en public, tantôt pour s'absenter de Mont-réal. Elle pouvait donner son cachet à des œuvres de charité sans qu'un mari n'y trouve à redire et sans qu'il puisse disposer de cet argent comme il le voulait, la loi l'y autorisant. Plus elle pensait à cette invitation, plus Robertine ne voyait que les beaux côtés, occultant les mauvais. C'était décidé, elle irait.

Il lui fallait maintenant décider de quoi elle parlerait. Les femmes étaient souvent le sujet de ses conférences. Au fil des ans, elle parla, entre autres, de leur rôle dans la littérature historique ; de la légende du Rocher Percé (une conférence qu'elle prononça en anglais) ; de l'influence du journalisme ; de la petite-fille de Louis Jolliet ; d'Adèle Charrier qui, née à Montréal en 1818, traduisit plusieurs parmi les meilleures œuvres de la littérature anglaise ; de Laure Conan ; de la romancière Anne-Marie Duval-Thibeault. Elle avait à cœur de mettre en valeur les rares Québécoises qui avaient osé sortir des sentiers battus. Elle répéta souvent qu'hélas !, nul n'est prophète en son pays et combien il est plus facile pour un étranger d'être adulé au Canada français. Durant ses conférences, elle parlait aussi de justice sociale, précisant combien il était urgent d'améliorer les conditions de travail des ouvriers, y compris les femmes et les enfants. Dans l'une de ses conférences, elle parla de l'écrivain norvégien Henrik Ibsen. Anticlérical et libéral, cet écrivain avait passé son enfance entre un père alcoolique et une mère qui, elle, sombra dans le mysticisme. Il travailla le jour et étudia la nuit avant d'œuvrer dans le journalisme et de commencer à écrire. Robertine aimait le réalisme social de ses œuvres. Son drame social le plus populaire, *Une maison de poupée*, raconte la vie d'une femme qui obtient de son époux qu'il cesse de la considérer comme une poupée sans cervelle.

N'ayant guère le temps de préparer une nouvelle conférence, Robertine sortit de ses tiroirs des textes qui lui avaient déjà servi en d'autres occasions. Elle projeta de parler de cette femme illustre avec qui elle avait des liens épistolaires depuis quelques années : la Reine de Roumanie, Élisabeth Pauline Ottilie Louise de Wied. Robertine admirait cette femme qui, durant la guerre de 1877-1878, s'était consacrée aux soins des blessés et avait créé plusieurs sociétés à but charitable. Comme Robertine, elle revendiquait l'accès à l'enseignement supérieur pour les femmes de son pays et cette revendication commune les avait rapprochées. Robertine avait été émue de découvrir que la reine avait une âme d'artiste. Outre ses talents de pianiste, de Wied était particulièrement douée pour l'écriture – elle signait ses livres du nom de plume Carmen de Sylva –, ainsi que pour l'art des enluminures, cet art que pratiquait occasionnellement Robertine durant ses loisirs. Jouer du piano et de la harpe, ou bien dessiner, apportait à Robertine un sentiment de bien-être aussi grand qu'aller marcher en forêt.

Émile avait composé un petit madrigal en l'honneur de cette reine dont Robertine lui avait parlé : « Je sais là-bas une vierge rose / Fleur du Danube aux grands yeux doux / Ô si belle qu'un bouton de rose / Dans la contrée en est jaloux / Elle a fleuri par quelque soir pur / En une magique harmonie / Avec son grand ciel de pâle azur / C'est l'orgueil de la Roumanie. »

Robertine décida de profiter de l'invitation de l'Institut pour rester quelques jours dans la belle ville de Québec. Elle anticipa le plaisir que lui procurerait ce petit voyage. Elle passerait des heures dans la bibliothèque de l'Institut qui, ô joie, contenait plus de quinze mille volumes. Elle marcherait dans la rue Couillard, riche en pubs irlandais où les bagarres éclataient souvent en raison du sang chaud de la clientèle. Elle ne résisterait peut-être pas à l'envie de s'aventurer jusqu'à la rue Sous-le-Cap que certains appelaient la rue des Irlandais, tant il est vrai que ceux-ci habitaient en grand nombre dans cette rue pittoresque, semblable à aucune autre. Elle n'en dirait rien à sa mère, car elle avait entendu des collègues raconter que cette rue était riche en maisons closes. Elle irait peut-être même dormir à l'Hôtel du Chien d'Or qui, en 1787, avait été dédié solennellement à la franc-maçonnerie. Ou bien elle se paierait le luxe de loger au Château Frontenac. Il avait ouvert ses portes depuis six ans déjà et elle s'était bien promis de profiter un jour d'une occasion pour y dormir. Ce serait sa récompense pour les semaines de nervosité qui allaient précéder la conférence. Il faudrait aussi qu'elle mette les bouchées doubles au travail. Avant de partir, elle écrirait une ou deux chroniques à l'avance afin de pouvoir se permettre ce congé.

Robertine aimait aller, seule, dans d'autres villes. Le prétexte du travail lui fournissait l'excuse idéale pour le faire sans trop heurter les convenances. Un magnifique sentiment de liberté l'habitait. Elle irait là où ça la tenterait, à l'heure qu'elle déciderait, mangerait quand elle aurait faim, se coucherait seulement lorsqu'elle tomberait de fatigue. Elle serait libre d'aller et venir sans se soucier de l'heure et des autres. Elle aimait parfois la solitude et goûtait d'autant plus pleinement ces moments de tête-à-tête avec elle-même qu'elle savait qu'elle pouvait compter, si elle le désirait ou en avait besoin, sur la présence de l'une ou l'autre de ses amies, la solitude choisie n'ayant rien à voir avec l'isolement forcé.

Le lendemain, elle confia à ses collègues de travail son désir de se rendre à Québec, ajoutant qu'elle ne savait trop si elle pouvait se permettre d'être absente quelques jours, tant sa page féminine accaparait beaucoup de son temps. L'un d'eux, le journaliste Auguste Marion, lui offrit spontanément de s'en occuper. Robertine accepta, trouvant plutôt comique l'idée qu'un homme dirige la page des femmes. À son retour de Québec, elle comprit, en ouvrant le journal, que les motivations de Marion n'étaient pas si nobles qu'elles en avaient eu l'air au départ. « Le Coin de Fanchette » était rempli d'illustrations de muselières, de verges, de chaînes, de cages. Marion avait simplement écrit : « Châtiments infligés aux dames dans les beaux temps moyenâgeux. »

Robertine prit la chose du bon côté. Elle en rit, mais se promit de lui rendre la pareille un de ces jours. Marion fut un peu déçu qu'elle le prenne aussi bien. Il aurait été, lui dit-il, mi-figue, mi-raisin, ravi de la voir mécontente et même rouge de colère.

• • •

Robertine marchait le visage levé vers le Soleil qui, en ce délicieux printemps, dardait généreusement ses rayons. Elle prenait mentalement des notes pour une chronique qu'elle publierait quelques semaines plus tard et dont le personnage principal serait précisément ce printemps qui mettait des sourires sur tant de lèvres. Elle observa que « chacun le célèbre à sa manière. Les pianos ambulants le saluent d'une sérénade dans toutes les rues ». Je m'attarde, écrit-elle, « devant les vitrines afin d'y plonger mes regards, mais en réalité c'est pour mieux et plus longtemps écouter les notes éclatantes. Quelles qu'elles soient, c'est de la musique et j'aime à l'entendre. Jadis, les orgues de Barbarie séduisaient ma fantaisie, mais où sont-elles aujourd'hui ? »

D'un pas allègre, elle se dirigea vers les « cages aux perruches vertes que Graziella venait d'installer au coin d'une rue ». La bohémienne lui offrit de lui lire la bonne aventure. Robertine, ne pouvant résister à une telle offre, s'empressa d'accepter : « Une mignonne baguette s'abat sur le dos d'un oiseau qui, docile, au signal, se met en devoir d'aller chercher ma destinée. Un instant, il hésite devant des liasses de billets bleus et roses puis, se décidant tout à coup, saisit un papier dans son bec et me le tend d'un air de triomphe. L'oracle ne m'est guère favorable. Je dois avoir un mari qui me battra comme le blé. Je me mets à rire en songeant au plaisir qu'éprouveraient quelques bonnes âmes si la prophétie se réalisait. » Robertine remit le billet à sa place. « Il serait dommage, écrit-elle avec humour, de priver une célibataire de l'agréable surprise que le sort peut lui réserver[61]. »

De retour chez elle, elle y trouva Nelligan qui l'y attendait. Ses yeux exprimaient une profonde tristesse. Au printemps de cette année 1899, qui allait être pour lui la dernière qu'il vivrait en homme libre, le poète était blessé, anéanti même, par le commentaire acerbe qu'avait suscité son poème *Le Perroquet*. Ne se doutant probablement pas à quel point ses mots auraient un effet dévastateur sur le jeune poète, un critique littéraire parisien de passage à Montréal avait écrit sans ménagements : « Son perroquet était franchement mauvais, comme tous les perroquets qui ont une trop grande variété de couleurs dans leur plumage. » Cette critique, publiée dans *Le Monde Illustré*, avait atteint Nelligan de plein fouet. Sa grande sensibilité le rendait extrêmement vulnérable aux remarques désobligeantes. D'autant plus que l'on répétait que « sa poésie ne répondait pas à ce qu'on attendait de lui[62] ».

---

61. Françoise. « Chronique du Lundi », 24 avril 1899.
62. P. Wyckynski. *Nelligan. 1879-1945, Biographie*, p. 278.

Les écrivains étrangers étant bien plus souvent spontanément encensés que les Canadiens français, Nelligan n'échappait pas à la règle et n'était pas reconnu dans son milieu, comme l'a expliqué Louis Dantin :

« Nous répugnons à l'idée qu'un bon garçon que nous coudoyons tous les jours [...] porte en lui l'étoffe d'un Rodenbach ou d'un Rollinat [...]. C'est le contraire en France, où les auteurs de tout calibre trouvent dans leurs intimes de salon ou de brasserie des lanceurs attitrés de leurs œuvres, où la moindre plaquette provoque dans vingt journaux les notices, les entrefilets louangeurs de critiques amis. Je crois que, sans aller à aucun excès, nous pourrions en ce pays nous prôner un peu plus les uns les autres. »

Robertine consola Émile du mieux qu'elle put et l'encouragea à participer à la séance publique du début d'avril organisée par l'École littéraire. Il se laissa convaincre et lui confia avoir l'intention de réciter *Le suicide de Val d'Or*. Robertine, estimant ce poème trop sombre pour l'occasion, lui conseilla d'en choisir d'autres. Ce qu'il fit.

Malgré le peu d'encouragements et de reconnaissance dont il était l'objet, Nelligan trouva le courage de déclamer avec force et passion lors de cette soirée littéraire. Le critique français qui s'était moqué de son *Perroquet* était dans la salle et, cette fois, il l'ignora presque totalement, se contentant d'énumérer les titres des poèmes qu'il récita. Pour Nelligan, ce fut un nouvel affront.

Jean Charbonneau monta ensuite sur la scène afin de donner une conférence. Nelligan l'écouta, impassible, et à la fin, ne l'applaudit pas. Nelligan, écrit son biographe, « ne peut articuler sa pensée avec autant de doigté que Charbonneau, rivaliser avec lui en connaissances d'histoire littéraire, mais il lui est nettement supérieur lorsqu'il s'agit de savoir où se manifeste la vraie poésie. Nelligan n'a pas prisé, mais pas du tout, l'exposé de son collègue et il a le sentiment d'avoir raison ». Nelligan avait effectivement raison : « Charbonneau n'a pas compris en quoi consiste la vraie nature du symbolisme ; il reconnaîtra son erreur plus tard, en 1935. En 1899, il a tenté de tracer l'histoire du symbolisme, mais il a manqué complètement d'en saisir la vraie signification[63]. »

Durant cette soirée d'avril 1899, d'autres membres de l'École littéraire, Desjardins, Massicotte, Desaulniers, Ferland, déclamèrent des vers. Nelligan écouta ensuite les contes que récita le poète national Louis Fréchette et retourna précipitamment chez lui. Il se sentait seul, incompris, malheureux et persécuté. Cette école le décevait et l'angoissait :

« Les séances publiques de l'École littéraire de Montréal ont certes stimulé la création artistique chez Nelligan, mais elles ont aussi contribué à exacerber sa sensibilité toujours à fleur de peau. La joie que Nelligan éprouvait en montant sur l'estrade, pour réciter devant l'assistance enthousiaste ses poèmes, était rapidement mitigée par la déception – d'avance entrevue – de ne pas être estimé à sa juste valeur. Les remarques qu'il a pu saisir à droite et à gauche ne le réjouirent pas outre mesure. Les commentaires des journalistes, fort réservés à son sujet, prêtaient à croire indirectement que le jeune poète de l'avenue Laval occupait une place quelconque au Parnasse. Les remarques ironiques de De Marchy lui pesaient sur le cœur. À n'en pas douter, durant l'hiver 1898-1899, l'état d'esprit de Nelligan ne pouvait être qualifié que de fortement inquiétant, oscillant entre une tristesse sans objet et une angoisse tenace. Tous les

---

63. P. Wyckynski. *Nelligan. 1879-1945, Biographie,* p. 281.

témoignages que nous avons pu recueillir confirment que le Nelligan de 19 ans s'enlisait dans une schizophrénie avancée[64]. »

Schizophrénie qui n'était pas encore diagnostiquée et qui, d'ailleurs, ne sera pas définie ainsi, le mot schizophrénie n'ayant été créé par le psychiatre suisse Eugen Bleuler qu'en 1908 et véritablement usité en psychiatrie qu'en 1917. Avant cela, au Canada français, on parlait surtout de manie aiguë et chronique, de confusion, de démence. Selon Bleuler, les caractéristiques de la schizophrénie étaient principalement le délire paranoïaque, le repli sur soi ainsi que la bizarrerie et l'incohérence des propos et des conduites.

À toutes les réunions de l'École littéraire « qui eurent lieu entre le 14 avril et le 19 mai, Nelligan brille par son absence. Il boude, disent certains de ses collègues. Mais il y avait plus que du ressentiment à l'égard de Charbonneau et De Marchy. Le jeune poète traverse ce qu'on peut appeler une crise de vocation artistique. Il n'est pas d'accord avec l'idée que l'on se fait de la poésie et apprécie peu les éloges stéréotypés, ces mots creux que les journalistes impriment dans les journaux. Il souhaiterait plus de réflexion. Pour lui, la poésie est un engagement de tout son être et s'incarne dans des formes nouvelles. Ses rencontres avec Dantin se multiplient au parloir des Pères du Très Saint-Sacrement. Pour le consoler, Robertine publie coup sur coup, en avril, le rondel *L'organiste des anges* et le sonnet *Les communiantes*[65] ».

En publiant aussi souvent les poèmes de Nelligan, Robertine excita encore plus la jalousie des autres membres de l'École littéraire qui ne bénéficiaient pas autant, loin de là, de son

---

64. P. Wyckynski. *Nelligan. 1879-1945, Biographie*, p. 293.
65. *Ibid*, pp. 282-283.

attention. Certes, dans sa « Causerie fantaisiste » du 15 avril 1899, elle avait commenté la troisième soirée organisée par l'École littéraire et avait encouragé les membres de l'École à mettre à jour leur projet de publier leurs meilleurs textes afin que cet ouvrage soit présenté à l'Exposition universelle de Paris l'année suivante, mais elle avait surtout souligné le « robuste talent » de Nelligan.

• • •

C'était dimanche. Les sœurs Barry recevaient encore des amis à dîner, et leurs éclats de rire parvenaient jusqu'au petit bureau de Robertine qui avait prétexté, pour s'isoler, avoir de nombreuses lettres à écrire. En fait, elle avait besoin d'être seule et de réfléchir. Elle se leva, alla vers son secrétaire, prit une clé dans sa poche, ouvrit le petit tiroir et en sortit une liasse de papiers. Elle se dirigea vers le fauteuil près de la fenêtre et lut l'un des poèmes qu'elle avait inspirés à Émile, *Rêve d'artiste* :

« Parfois j'ai le désir d'une sœur bonne et tendre / D'une sœur angélique au sourire discret / Sœur qui m'enseignera doucement le secret / De prier comme il faut, d'espérer et d'attendre / J'ai ce désir très pur d'une sœur éternelle / D'une sœur d'amitié dans le règne de l'Art / Qui me saura veillant à ma lampe très tard / Et qui me couvrira des cieux de sa prunelle / Qui me prendra les mains quelquefois dans les siennes / Et me chuchotera d'immaculés conseils / Avec le charme ailé des voix musiciennes / Et pour qui je ferai, si j'aborde à la gloire / Fleurir tout un jardin de lys et de soleils / Dans l'azur d'un poème offert à sa mémoire. »

Robertine leva les yeux et soupira. Elle ne savait que faire. Une sœur d'amitié, tout serait plus simple si elle n'était restée que cela aux yeux d'Émile. Mais elle sentait bien depuis quelque temps qu'elle était devenue « l'espoir de son cœur » et qu'il avait l'impression qu'entre eux une idylle s'était ébauchée[66].

Peut-être avait-il senti qu'elle n'était pas insensible à son charme et à sa beauté. Non seulement Robertine et Émile avaient beaucoup d'affinités au plan artistique, mais le jeune poète était beau, doué et sensible, trois qualités qui sont tout, sauf repoussantes. L'esprit rebelle de Robertine l'incitait probablement à trouver séduisante l'idée de transgresser un autre interdit en devenant éventuellement la maîtresse du poète.

Le fait qu'elle soit plus âgée que lui – elle avait trente-six ans, lui, dix-neuf – n'était pas un obstacle aux yeux d'Émile : « N'est-il pas vrai que Baudelaire avait en haute estime la belle et sage Apollonie Sabatier ? Pour Nelligan, Robertine incarnait celle avec qui il pourrait "aimer en artiste"[67]. »

L'écart d'âge n'était pas non plus un obstacle aux yeux de Robertine. Elle avait d'ailleurs souvent fait remarquer qu'on accepte facilement qu'un homme soit beaucoup plus âgé que son épouse alors que l'inverse apparaît inacceptable. Coïncidence, Émile et elle avaient presque exactement le même écart d'âge que celui qui existait entre les parents de Robertine lorsqu'ils s'étaient épousés. John avait alors trente-six ans et Aglaé avait eu vingt ans moins de deux mois avant leur mariage.

---

66. P. Wyczynski, *Nelligan, 1879-1941*, pp. 264-265. Notons que Wyczynski n'est pas le seul à avoir écrit que Nelligan éprouva sans doute de l'amour pour Robertine. C'est entre le 14 avril et la mi-mai 1899 qu'Émile aurait, de l'avis de plusieurs, souhaité vivre avec Robertine une relation qui dépassait le stade platonique. Mentionnons, entre autres, Gérard Bessette qui, dans *Nelligan et les remous de son subconscient*, p. 54, écrit que le poète éprouva plus que de l'amitié pour Robertine, mais qu'elle l'aurait repoussé.

67. *Ibid*, p. 262.

Une femme qui a un amant plus jeune n'avait jamais indigné Robertine, contrairement à la majorité des biens-pensants de l'époque victorienne pour qui cela était un objet de grand scandale. Elle mentionna d'ailleurs souvent, dans ses articles, des artistes pour qui cette situation était fréquente, dont Chopin et Sand. Sand qui avait aussi aimé de Musset et dont Robertine dira que d'avoir trompé l'écrivaine démontrait que, s'il était un grand poète, il était un bien petit homme.

Si le fait qu'elle était beaucoup plus âgée qu'Émile ne représentait pas aux yeux de Robertine, comme à ceux d'Émile, un écueil à une éventuelle idylle, bien d'autres choses cependant y faisaient obstacle.

Certes, Émile avait tout à gagner d'être reconnu comme l'amant d'une femme comme Robertine qui jouissait de l'estime des journalistes et des écrivains les plus réputés, tant au Québec qu'en France. Elle était aux yeux d'Émile non seulement la femme dont il s'était amouraché, mais personnifiait aussi son « passeport pour la gloire ». Être publiquement aimé d'elle aurait ajouté à son prestige. Elle représentait peut-être même à ses yeux un bouclier contre les mauvaises critiques. Ce qui ne signifie pas que l'amour qu'il éprouvait pour elle n'était pas désintéressé, mais simplement qu'il ne risquerait rien – hormis peut-être quelques sarcasmes – en devenant son amant. Au contraire.

Mais elle, elle avait tout à perdre d'une telle relation. Elle s'était battue, bec et ongles, pour défendre sa liberté et pour se faire une place dans un monde mené par les hommes. Allait-elle risquer de perdre l'estime si chèrement acquise pour l'amour d'un poète dont elle avait presque le double de l'âge ? Elle aurait été à la fois objet de risée et de scandale. Elle se serait attirée avec encore plus de violence les foudres du clergé et aurait risqué de perdre son travail. Elle risquait aussi de perdre l'estime de tous ceux et celles qui fréquentaient son salon et qui la voyaient comme quelqu'un de sensée, d'instruite, de cultivée, de respectable. Une liaison avec Émile aurait fait une brèche bien trop grande dans l'image de respectabilité qu'elle avait si chèrement acquise. Elle ne pouvait se permettre ce que des femmes, comme Sand, entre autres, se permettaient en France, pays aux idées plus larges que celles qui prédominaient dans le Canada français ultra-catholique d'alors. Outre que cette relation aurait pu briser sa carrière, elle aurait pu aussi mettre un terme à son amitié avec la mère d'Émile. Amitié qui lui était très précieuse. Et puis, il y avait cet idéal qu'elle partageait avec toutes ces femmes nouvelles qui affichaient ouvertement leur volonté de demeurer chastes, car, disaient-elles, c'était là le prix de leur indépendance. Voulant résolument rester célibataires afin de mener leur vie comme elles l'entendaient, elles ne prenaient pas le risque d'être amoureuses au point de perdre de vue ce à quoi elles voulaient consacrer leur vie. Comme Robertine l'a souvent dit, une fois qu'on a goûté à la liberté et à l'indépendance, on ne saurait s'en passer.

Alors qu'elle songeait à l'attitude à prendre avec Émile, Robertine se rappela sans doute combien souvent elle avait répété que la femme « doit se défier d'elle-même, de son pauvre cœur de femme trop prompt à s'attacher, trop prêt à se donner, sans calcul et sans intérêt ». Combien souvent aussi elle avait dit qu'il fallait « être la plus forte, non seulement à telle heure, à tel moment, mais toujours. Que c'est de la femme et non de l'homme – du moins on le croirait en regardant la vie – que doit venir la résistance aux tentations les plus belles comme les plus terribles, et que ce n'est qu'à ces rudes et dures conditions qu'elle aura droit de porter haut et fier son front d'honnête femme[68] ».

Cette tentation, aussi belle que terrible, qu'était devenu Nelligan, elle devait y résister. Tout aurait été plus simple, songea sans doute Robertine, si Émile s'était contenté de leur amitié. Pour elle, l'amitié entre un homme et une femme était non seulement possible, mais d'une richesse incomparable. Elle semblait même la préférer à l'amour, la magnifiant souvent dans ses écrits ou dans ceux qu'elle fera paraître plus tard dans son magazine, Le Journal de Françoise. Elle y publia, entre autres, un article signé par le journaliste et écrivain français Ernest Daudet, dans lequel la relation qu'il décrit est ce que Robertine souhaitait vivre avec les hommes, y compris, sans doute, Émile :

« Tout y est demeuré calme », écrivit Daudet en parlant d'une histoire d'amitié entre un homme et une femme, « rien n'en a troublé la sérénité et rien non plus n'y trahit, un seul instant, les troubles énervants auxquels échappe bien rarement l'amour, même lorsqu'il est heureux. C'est au seuil de la soixantaine que Thiers avait rencontré celle qui devint son Égérie, et tout prouve qu'il ne songea jamais à lui demander de prendre un autre rôle ni d'être autre chose pour lui que ce qu'elle voulait être, que ce qu'elle resta toujours. N'empêche que lorsqu'il la perdit subitement, en 1877, il éprouva une violente douleur [...]. Il est véritablement malheureux, véritablement désespéré, et les cris qui expriment sa souffrance atteignent au pathétique. Vous savez, écrit-il, ce qu'était devenue pour moi cette amie incomparable. Fatigué de toutes choses, fatigué surtout de la vie

---

68. Françoise. *Le Journal de Françoise*, 21 février 1903.

la plus orageuse, j'avais trouvé auprès d'elle un asile où tout était calme, repos, douceur, bon sens exquis, bonté sans pareille, et surtout élévation de sentiments telle qu'on se sentait porté avec elle à une hauteur au-dessus de tout ce qui vous entourait. Et la personne qui me procurait tout cela était en même temps la femme la plus gracieuse, la plus élégante, la plus belle, d'une beauté douce, simple, modeste, sans prétention... et quand je me dis que tout cela était, que tout cela n'est plus, j'en suis oppressé, je suis obligé de me mouvoir pour écarter d'insupportables images. Je ne sais comment je ferai pour remplir le vide de ma vie ; je renonce même à le remplir... Je suis désespéré. »

Il est possible que Robertine pensait à Émile lorsqu'elle commenta, en ces termes, cet article : « C'est le privilège des femmes capables d'inspirer l'amitié, et de la ressentir, de parer les élus à qui elles accordent la leur de je ne sais quoi de noble et de pur. Elles le grandissent en se grandissant elles-mêmes de toute la hauteur d'un sentiment sincère, réparateur des maux de la vie et plus fort que la mort. Celles-là sont rares dont l'amitié vaut qu'on y attache du prix. Mais plus rares encore sont les hommes qui savent la comprendre, l'apprécier, s'en contenter telle qu'elle s'est offerte à eux, et ne pas la dénaturer en y mêlant les exigences de l'amour[69]. »

Elle espérait sans doute qu'Émile ait renoncé à l'aimer et qu'ainsi elle n'aurait pas elle-même à faire l'effort de résister à cette si belle et terrible tentation. Elle crut son souhait exaucé lorsqu'il revint et lui récita un poème où elle ne décela rien qui la concernait.

Elle écouta donc attentivement les mots que nulle autre qu'elle n'avait encore entendus :

---

69. E. Daudet. « Amitié de Femme ». *Le Journal de Françoise,* 18 mars 1905.

« À Georges Rodenbach », commença-t-il d'une voix grave. Rodenbach était un romancier poète et journaliste belge pour qui Robertine et lui éprouvaient une grande admiration. Émile continua de déclamer, comme s'il était seul, le regard au loin :

« Blanc, blanc, tout blanc, ô Cygne ouvrant tes ailes pâles / Tu prends l'essor devers l'Éden te réclamant / Du sein des brouillards gris de ton pays flamand / Et des mortes cités, dont tu pleuras les râles / Bruges, où vont là-bas ces veuves aux noirs châles ? / Par tes cloches soit dit ton deuil au firmament ! / Le long de tes canaux mélancoliquement / Les glas volent, corbeaux d'airain dans l'air sans hâles. / Et cependant l'Azur rayonne vers le Nord / Et c'est comme on dirait une lumière d'or, / Ô Flandre, éblouissant tes funèbres prunelles. / Béguines qui priez aux offices du soir, / Contemplez par les yeux levés de l'Ostensoir / Le Mystique, l'Élu des aubes éternelles ! »

Elle le complimenta peu, car elle ne voulait prononcer aucune parole et ne faire aucun geste qui eût pu lui faire croire qu'elle acceptait son amour. Il lui donna le poème et elle le mit sous clé dans son tiroir avec *Rêve d'artiste*.

Mais sans doute que les jours suivants il se fit plus insistant et démontra qu'il n'avait pas renoncé à la séduire, car Robertine coupa tout contact avec lui. Il composa alors trois poèmes dans lesquels il lui cria sa peine et sa colère. Il frappa à sa porte pour les lui remettre, ou bien les lui posta, on l'ignore, mais ce que l'on sait, c'est que Robertine ne les publiera que des années plus tard.

Dans l'un de ces poèmes, *Beauté cruelle,* qu'Émile lui dédie, il parle d'un seul amour en ce monde, d'un amour impossible. « Plus je vais, et plus elle s'élève », écrivit-il.

Dans *Le vent, le triste vent d'automne,* « il compare l'amour d'une femme au vent qui effleure le cœur d'un homme pour le faire pleurer ensuite[70] ». Puis, dans *À une femme détestée*, c'est sa colère qu'il semble lui crier : « Combien je vous déteste et combien je vous fuis », lance-t-il, ajoutant plus loin, « depuis que vous m'avez froissé, jamais depuis, n'ai-je pu tempérer cette intime brûlure. Vous m'avez fait souffrir, volage créature. » Le poète conclut : « Vieillissons tous les deux pour ne jamais se voir. Je ne dois pas courber mon front devant vos charmes. Seulement, seulement, expliquez-moi ce soir, cette tristesse au cœur qui me cause des larmes. »

Comme le nota Wyczynski, il est clair « qu'une brouille s'est produite entre Nelligan et Robertine Barry, et que c'est à la suite de cet incident que Nelligan a écrit sa réplique d'homme blessé ».

• • •

Le soir du 26 mai 1899, Robertine, contrairement à son habitude, n'assista pas à la soirée, au château de Ramezay, organisée par les membres de l'École littéraire. Émile récita l'un des poèmes qu'il lui avait dédiés, *Rêve d'artiste*. Il déclama aussi *Le Talisman*, adressé à sa mère : « Pour la lutte qui s'ouvre au seuil des mauvais jours / Ma mère m'a fait don d'un petit portrait d'elle, / Un gage auquel je suis resté fidèle / Et qu'à mon cou suspend un cordon de velours / Sur l'autel de ton cœur (puisque la mort m'appelle) / Enfant, je veillerai, m'a-t-elle dit, toujours / Que ceci chasse au loin les funestes amours / Comme un lampion d'or, gardien d'une chapelle / Ah !, sois tranquille en les ténèbres du cercueil ! / Ce talisman sacré de ma jeunesse en deuil / Préservera ton fils des bras de la Luxure

---

70. P. Wyczynski. *Nelligan. 1879-1945. Biographie*, p. 264.

/ Tant que j'aurais peur de voir un jour, sur ton portrait, / Couler de tes yeux doux les pleurs d'une blessure / Mère ! dont je mourrais, plein d'éternel regret. »

Pendant que ces mots emplissaient la salle, au-dehors la nature se déchaînait. Une pluie violente mêlée de grêle frappait bruyamment les vitres. Malgré cette pluie froide et la violence des vents, une foule nombreuse assistait à cette dernière séance publique à survenir avant les vacances d'été, dévoilant ainsi son intérêt croissant pour la littérature et la langue française.

Non seulement Robertine n'était pas parmi la foule, mais son ami Louis Fréchette, qui devait présider l'assemblée, s'était désisté à la dernière minute.

Émile devait regretter que Robertine ne soit pas témoin du triomphe qu'il remporta lorsqu'il déclama d'une voix passionnée sa magnifique *Romance du vin*. De sa belle voix grave, si intense, d'où jaillissaient son immense tristesse et sa révolte d'être un poète incompris et sous-estimé, il dit : « Tout se mêle en un vif éclat de gaîté verte / Ô le beau soir de mai ! Tous les oiseaux en chœur / Ainsi que les espoirs naguère à mon cœur / Modulent leur prélude à ma croisée ouverte ! / Ô le beau soir de mai ! le joyeux soir de mai ! / Un orgue au loin éclate en froides mélopées ; / Et les rayons, ainsi que de pourpres épées, / Percent le cœur du jour qui se meurt parfumé. / Je suis gai ! je suis gai ! Dans le cristal qui chante / Verse, verse le vin ! verse encore et toujours / Que je puisse oublier la tristesse des jours, / Dans le dédain que j'ai de la foule méchante ! / C'est le règne du rire amer et de la rage / De se savoir poète et l'objet du mépris / De se savoir un cœur et de n'être compris / Que par le clair de lune et les grands soirs d'orage ! / Femmes, je bois à vous qui riez du chemin / Où l'Idéal m'appelle en ouvrant ses bras roses ; / Je bois à vous surtout, hommes aux fronts moroses /

Qui dédaignez ma vie et repoussez ma main ! / Pendant que tout l'azur s'étoile dans la gloire, / Et qu'un hymne s'entonne au renouveau doré, / Sur le jour expirant je n'ai donc pas pleuré, / Moi qui marche à tâtons dans ma jeunesse noire ! / Je suis gai, je suis gai ! Vive le soir de mai ! / Je suis follement gai, sans être pourtant ivre !... / Serait-ce que je suis enfin heureux de vivre ; / Enfin mon cœur est-il guéri d'avoir aimé ? / Les cloches ont chanté ; le vent du soir odore ... / Et pendant que le vin ruisselle à joyeux flots, / Je suis si gai, si gai, dans mon rire sonore, / Oh ! si gai, que j'ai peur d'éclater en sanglots ! »

Comme Wyczynski le comprit, Nelligan venait de jeter à la face de la bourgeoisie montréalaise « la dure vérité qu'elle applaudit la poésie sans comprendre le poète ». *La Romance du vin* était un cri du cœur, une « réponse à De Marchy, aux journalistes croque-morts, aux femmes qui rient de lui, aux hommes qui repoussent sa main ». *La Romance du vin* est à la fois une invective et un credo poétique, c'est l'essence même de « l'âme de Nelligan, projetée par un intense effort créateur dans une écriture inventée au service du vrai et du beau ». L'assistance, qui ne comprenait pas du tout, ou ne comprenait qu'à moitié, ce que ce jeune et beau poète venait de lui jeter à la face, était sous le charme. Jean Charbonneau, de l'École littéraire, écrivit :

« Lorsque le poète, crinière au vent, l'œil enflammé, la voix sonore, clama ces vers vibrants de sa *Romance du vin,* ce fut un délire dans toute la salle. Des acclamations portèrent aux nues ces purs sanglots d'un grand et vrai poète. »

Louis Dantin, venu applaudir celui qu'il avait pris sous son aile, nota qu'il le vit ce soir-là en pleine gloire et qu'il espérait ne froisser personne en disant que Nelligan avait eu les honneurs de la soirée : « Quand, l'œil flambant, le geste élargi par l'effort intime, il clama d'une voix passionnée sa *Romance du vin*, une émotion vraie étreignit la salle et les applaudissements prirent la fureur d'une ovation. » Ainsi, « brusquement, en mai 1899, au couchant du XIXe siècle, ce Nelligan bohème, ce mauvais collégien, est considéré du jour au lendemain comme un jeune Apollon[71] ». Il n'en demeure pas moins que, de façon incompréhensible, les journalistes, les jours suivants, ne parlèrent pratiquement que de Gill, Desaulniers, Larose et Massicotte.

• • •

Robertine avait justifié son absence à cette soirée littéraire en prétextant une migraine, et il est possible que ce soit vrai, car elle en souffrait effectivement assez souvent. Ces jours-là étaient un enfer pour elle. Elle ne supportait alors ni la lumière, ni le bruit, ni aucune nourriture. Elle avait même quelque difficulté à avaler ne serait-ce qu'un peu d'eau tiède. La douleur qu'elle ressentait était si intense qu'elle osait à peine bouger. Elle aurait payé très cher pour y mettre fin. Elle détestait aussi devoir s'isoler et son orgueil en prenait un coup lorsqu'on lui disait qu'elle se plaignait pour rien. Robertine répondait alors que seules les personnes ayant, ne serait-ce qu'une seule fois, souffert de migraine peuvent savoir combien c'est douloureux.

À l'époque, les commères chuchotaient que la journaliste avait été l'amante du jeune et beau poète et qu'ils avaient rompu. De nos jours, certains croient encore que c'est une rupture amoureuse qui explique l'absence de Robertine à cette

---

71. P. Wyczynski. *Nelligan. 1879-1945. Biographie,* pp. 285-286 et 288.

soirée littéraire. L'un d'eux, Pierre H. Lemieux[72], n'hésite pas à parler d'une histoire d'amour vécue entre la journaliste et le poète et croit que c'est plutôt une rupture amoureuse qui explique cette absence et le fait que le lendemain de cette soirée mémorable les journaux furent peu loquaces au sujet du triomphe du jeune poète.

Selon Pierre H. Lemieux, ils sont restés silencieux par solidarité envers Robertine, une collègue qu'ils estimaient. Il croit aussi que Robertine s'adressait à Émile par le biais de *La Patrie* lorsque, le 13 mai, elle publia dans sa *Causerie fantaisiste* un poème non signé : « Ne le dis pas à ton ami / Le doux nom de ta bien-aimée / S'il allait sourire à demi / Ta pudeur serait alarmée / Ne le dis pas à ton papier / Quand la muse tout bas t'invite ! / L'œil curieux peut épier / La confidence à peine écrite [...] / Et le papier n'est pas assez sûr / Pour ne pas trahir le poète [...] / Ne le dis pas. Ne le dis pas ! »

Selon Pierre H. Lemieux, Robertine, en publiant ce poème, lançait un appel à Émile, lui demandant, à mots à peine couverts, de taire leur idylle. Il cite aussi d'autres articles, signés par Robertine, dans lesquels, toujours selon lui, elle enverrait d'autres messages à Émile. Ce sont là des suppositions qui, aussi intéressantes soient-elles, ne constituent pas des preuves.

Les preuves irréfutables à l'effet que Robertine fut l'amante de Nelligan avant de rompre, il n'y en a pas, du moins nous n'en avons pas trouvées jusqu'à présent.

Nous ne saurons peut-être jamais si Robertine pensait à Émile lorsqu'elle écrivit que la voix de la raison ne se fait souvent entendre qu'à « l'issue de terribles déchirements intérieurs

---

72. P. H. Lemieux. *Nelligan et Françoise. L'intrigue amoureuse la plus singulière de la fin du XIXe siècle québécois.*

secrets ». Mais si Robertine a effectivement dû faire un choix entre la raison et la passion, la femme de carrière et l'écrivaine prirent le pas sur l'amoureuse, et la tête l'emporta sur les émois du cœur et du corps.

Quoi qu'il en soit, chose certaine, ce printemps-là Robertine et Émile cessèrent de se voir. Et cette rupture dut être cruelle autant pour l'un que pour l'autre.

Chose certaine aussi, Robertine garda cachés dans ses tiroirs les poèmes dans lesquels Émile semble lui crier son amour et sa colère, ainsi que d'autres écrits de Nelligan que les Barry trouvèrent dans les tiroirs de Robertine après sa mort. Certains pourraient voir, dans ce fait, la preuve qu'elle avait quelque chose à cacher. Mais nous pouvons penser aussi qu'elle ne voulait pas alimenter la rumeur sur leur prétendue liaison. Rumeur qui pouvait nuire à sa carrière et la discréditer aux yeux de plusieurs. Déjà qu'il allait de soi, dans l'esprit de bien des gens de cette époque, qu'une femme qui écrit dans un journal, qui ne songe pas à se marier, qui montre le mariage sous un jour défavorable, qui est féministe, qui parle du plaisir d'être célibataire, déjà qu'une telle femme, dis-je, ne pouvait être qu'une libertine, une marginale, donc une paria.

C'est peut-être d'ailleurs pour faire taire cette rumeur qu'elle se défendit si souvent, cette année-là, de ne rien connaître aux émois de l'amour, comme elle l'écrivit, entre autres, dans une lettre à une amie : « Et vous, demande-t-elle à Marie Gérin-Lajoie, vos vacances sont-elles heureuses ? Allez-vous encore au bureau de poste, le cœur battant, recevoir une lettre de votre mari ? Et dire que je ne comprends pas ces états d'âme[73]. »

---

73. Lettre à Marie Gérin-Lajoie, 3 août 1899. Fonds Marie Gérin-Lajoie.

• • •

Pour la famille Nelligan, l'été 1899 fut extrêmement difficile. Émile, qui souffrait d'une schizophrénie qui n'était pas encore diagnostiquée et dont les symptômes n'avaient cessé de s'intensifier, était de moins en moins lui-même. Lorsque les Nelligan recevaient des visiteurs et qu'Émile s'assoyait avec eux au salon, il pouvait se lever au beau milieu d'une conversation et se retirer brusquement dans sa chambre. Qu'il le fasse au moment où l'on s'adressait à lui n'y changeait rien. Il était peut-être alors totalement habité par les mots qu'il agençait musicalement dans sa tête. Ce comportement, qui n'a rien de bien exceptionnel chez les artistes totalement absorbés par leur création, pouvait mettre Émilie mal à l'aise. Mais cela ne l'inquiétait pas trop. Elle était autrement inquiète du fait qu'il faisait des crises de nerfs et « réagissait étrangement à toute remarque » ou ruminait « sans cesse ses songes ténébreux[74] ».

Émile restait de plus en plus souvent reclus dans sa chambre, écrivant sans cesse, ne prenant ni le temps de manger, ni celui de dormir. Émilie essayait de le convaincre de se reposer un peu, mais il rétorquait qu'il lui fallait terminer son recueil de poésie. Quand David lui demandait – lui ordonnait serait peut-être un mot plus approprié – de descendre prendre ses repas à la salle à manger, Émile pouvait entrer dans de grandes colères. Imprévisible, il réagissait parfois violemment à toutes remarques, même la plus anodine. Il se sentait incompris et persécuté. Parfois, il était si énigmatique dans ses réponses que personne ne comprenait ce qu'il voulait dire.

_____

74. P. Wyczynski, *Nelligan, 1879-1941, Biographie*, p. 322.

Émilie nia pendant un certain temps la gravité de l'état de son fils. Le déni la protégeait d'une réalité trop difficile à accepter. L'ombre de la folie rôdait sans qu'elle ne puisse se résoudre à admettre qu'elle avait refermé ses ailes sur son enfant.

Parce qu'Émile avait dit « je mourrai fou comme Baudelaire », on a souvent répété qu'il avait délibérément choisi la folie. Mais il y a une différence entre savoir et vouloir. Il pouvait pressentir qu'il deviendrait fou sans pour autant le souhaiter. D'ailleurs, il est fort probable qu'on ne puisse choisir la folie. Pas plus qu'on ne choisit délibérément le cancer ou toute autre maladie.

Par ailleurs, Émile ne parlait pas nécessairement de la folie angoissante, terrifiante, paralysante, bref, d'un état pathologique. Il pouvait parler plutôt d'être hors-norme, excentrique, sensible à tout ce à quoi les autres sont insensibles, bref, de tout ce qui peut donner une couleur singulière à la poésie. Il pouvait parler d'un état d'être différent de la masse. Différence que l'on jugeait souvent, surtout au XIXe siècle, comme étant un signe de folie, mais qui, chez les artistes, était perçue comme la consécration du génie. Nelligan pouvait parler de la folie de la même façon que plusieurs adolescents d'aujourd'hui le font lorsqu'ils s'exclament : « Aïe, c'est malade, man », entendant par là : « C'est cool ! C'est remarquable ! »

Émile était impuissant devant la vraie folie, celle qui fait souffrir d'une souffrance indicible. Cette folie-là, qu'il n'avait sans doute pas choisie et qu'il n'arrivait pas à fuir, semait en lui des visions d'horreur qui l'assaillaient avec violence.

Les témoignages de personnes atteintes de cette maladie révèlent combien ces visions peuvent être terrifiantes. Qu'ils ferment ou qu'ils ouvrent les yeux, elles sont toujours là et les terrorisent. Ils peuvent difficilement décrire ce qu'ils voient ou entendent. Par moment, ils ne peuvent ni bouger, ni parler, ni boire, encore moins manger. Demeurer immobiles leur semble alors la chose la plus sensée et sécurisante à faire.

On peut comprendre pourquoi ni l'alcool, ni l'épuisement, ni la douceur d'Émilie, ni la colère, ni les admonestations aux accents parfois colériques, parfois suppliants de son père, ne venaient à bout de ces images infernales et de ce vacarme assourdissant créés par la psychose. À l'instar de la majorité des gens atteints de schizophrénie, Émile ne pouvait véritablement décrire à quiconque dans quel monde cette maladie l'entraînait, et ce d'autant moins que le monde entier lui apparaissait comme une menace. Cet isolement lui chavirait l'âme et ajoutait à sa grande souffrance.

Il était sans doute parfois la proie de terreurs inexprimables. Et puis, selon les dires de ceux qui l'ont connu, cela passait. À l'épisode maniaque succédait une certaine apathie, comme s'il était indifférent à ce qui se passait autour de lui.

• • •

Anéantis et complètement dépassés par les réactions de leur fils, Émilie et David décidèrent, la mort dans l'âme, d'aller de nouveau chercher de l'aide. Ils pensèrent d'abord envoyer Émile à l'École de réforme, dirigé par les Frères de la Charité, afin qu'il apprenne un métier. Depuis le siècle précédent, l'idée s'était répandue que « la cause principale de la folie était l'oisiveté, mère de tous les vices, la paresse favorisant l'imagination débridée autant que les idées fixes. On ne se gêna donc pas pour faire la vie dure aux insensés, de peur qu'ils ne s'attachent à leur prison comme à un rempart pour exténuer confortablement leur vice[75] ».

On peut comprendre qu'aux yeux de David et d'Émilie, comme aux yeux de bien des gens, l'École de réforme a pu sembler un moyen efficace pour éloigner l'ombre de la folie. Émile s'y est apparemment laissé conduire passivement. Ce fut l'abbé J. Amédée Thérien qui l'accueillit. Il n'y resta pas longtemps, le père Thérien n'ayant pas tardé à constater qu'Émile n'était pas un délinquant, mais que son « cas relevait plutôt de la médecine ». Il dit aux Nelligan qu'un autre endroit lui conviendrait mieux : l'asile Saint-Benoît-Joseph-Labre, dirigé par les Frères de la Charité de Longue-Pointe. Pouvant accueillir cent cinquante personnes, cet asile était « destiné à accommoder les aliénés de la classe aisée, les alcooliques, les épileptiques et les incurables[76] ». Les Nelligan ne firent pas enfermer Émile dès son retour de l'École de réforme. On se doute bien qu'une telle décision était extrêmement difficile à prendre et leur crevait le cœur. Ils espéraient sans doute encore que la situation se réglerait d'elle-même. Mais aux périodes d'apathie que connaissait Émile, succédaient toujours des périodes de grande agitation nerveuse. Le jeune poète avait encore des crises de rage ou d'angoisse qui laissaient toute la famille désemparée. Dans ces moments-là, Émile n'arrivait pas à communiquer normalement. Emmuré en lui-même, il répondait de moins en moins à l'affection d'Émilie qui cherchait conseil auprès de Robertine, laquelle ne savait pas, elle non plus, quelle était la meilleure solution pour aider celui qu'elle ne voyait plus depuis quelques mois.

---

75. A. Paradis. « Ethnie et folie : visages pluriels de l'anormalité », p. 20.
76. P. Wyczynski. *Nelligan. 1879-1941, Biographie,* p. 325.

Émilie se confiait à Robertine, mais n'arrivait sans doute pas à décrire tout ce qu'elle ressentait. Ce qu'elle éprouvait – mélange de honte, de désespoir, de peur, de culpabilité – était indicible. Robertine était cependant sensible à sa peine et il est probable qu'elle essayait de la réconforter en lui donnant des exemples, nombreux, de tous ces artistes qui, malgré le fait qu'ils vivaient des moments de folie, n'en avaient pas moins créé des œuvres monumentales.

Robertine savait que Jean-Jacques Rousseau, dans des excès de paranoïa, craignait qu'on ne l'empoisonne. Que Newton était « mort fou », ainsi que Maupassant, qu'elle admirait tant. Que le philosophe allemand Schopenhauer parlait haut et fort et gesticulait comme s'il s'adressait à une foule alors qu'il marchait seul dans la rue. Que Baudelaire hallucinait quand il était enfant et qu'il eut, tout au long de sa vie, une perception sensorielle exacerbée. Que Michel-Ange n'était pas bien adapté à la société.

Robertine savait aussi que des médecins croyaient qu'il y avait un rapport intime entre puissance créatrice et folie. Elle nota que « beaucoup d'écrivains ont eu une hérédité névropathique remarquable[77] » et que c'était parfois la rançon du génie. Dans quelques-uns de ses articles, elle ne se contentait pas de mentionner les excentricités de quelques artistes et des génies, mais elle appelait aussi à la tolérance vis-à-vis la différence. Son discours détonnait à cette époque victorienne extrêmement normative. Que Robertine ait pris ses distances vis-à-vis les « évidences » de ce temps, les idées reçues, révèle encore une fois l'intelligence et l'esprit avant-gardiste de cette libre-penseuse.

---

77. Françoise. *Le Journal de Françoise*, 21 janvier 1906.

Robertine rappela sans doute aussi à Émilie, éprise comme elle de musique, que Beethoven, lorsqu'il composait, criait, parlait tout seul, arpentait de long en large sa chambre, agissant comme un aliéné. Ces épisodes de folie – si l'on peut les nommer ainsi – étaient isolés. Ce fait pouvait nourrir les espérances d'Émilie : Émile pourrait, comme Beethoven, agir parfois comme un aliéné, sans devoir être enfermé pour autant. Il pourrait ne pas souffrir au point qu'il faille l'enfermer, ou qu'il demande lui-même à l'être.

• • •

Durant l'été 1899, Émilie, les yeux rougis d'avoir trop pleuré, trouva souvent réconfort chez Robertine. Parfois, les deux femmes s'enfermaient dans le petit salon rose et, là, Émilie avait une épaule où déposer sa peine. Elle lui parlait de la tristesse qui émanait des vers d'Émile : « Quelqu'un pleure dans le silence morne des nuits d'avril / Quelqu'un pleure la somnolence longue de son exil. »

Terrorisée à l'idée que son fils passe à l'acte, elle montrait à Robertine d'autres poèmes qu'il écrivait et dans lesquels le mot suicide l'atteignait en plein cœur. Elle avait frémi lorsqu'elle avait lu *Confession nocturne* : « En le parc hivernal, sous la bise incivile, / Lucifer rôde et va raillant mes désespoirs / Très fous !.. Le suicide aiguise ses coupoirs ! / Pour se pendre, il fait bon sous cet arbre tranquille… »

Les vers de *Soirs hypocondriaques* étaient tout aussi sombres : « Et de grands froids glacent mes membres : / Je cherche à me suicider / Par vos soirs affreux, ô décembre / Anges maudits, veuillez m'aider ! »

Certains jours, lorsque Émilie trouvait des raisons d'espérer que son fils guérirait, elle acceptait de sortir de chez elle, et les deux femmes allaient au carré Saint-Louis, près de la demeure de Robertine. Elles s'assoyaient à l'ombre d'un arbre et Robertine écoutait, avec empathie, les confidences d'Émilie. Elle agissait toujours ainsi avec ses amis qui éprouvaient de grandes peines, autant les hommes que ceux *du sexe*, comme on appelait souvent les femmes. Elle n'avait cependant aucune patience envers les personnes maussades et qui, pour des broutilles, empoisonnent l'existence des autres avec leur mauvaise humeur. Elle publia, dans « Le Coin de Fanchette » du 19 août de cette année-là, un texte signé M.M. qui reflétait parfaitement sa pensée. Elle faisait toujours des efforts, comme l'avait écrit M.M., pour arriver à cette « sérénité d'âme et à cette égalité d'humeur qui domine les événements, qui nous mettent au-dessus d'un désappointement, qui nous font accepter les inévitables petits ennuis de l'existence. Si nous savions nous y résigner, les prendre gaiement, du moins tranquillement, nous n'aurions pas de mauvaise humeur à épancher sur autrui. Mais cette égalité est difficile ! Elle suppose, sous son apparence modeste, une réelle vertu, une grande emprise sur soi-même. Il faut cependant à tout prix l'acquérir, et pour nous, et pour les autres, car elle est une condition de leur bonheur. Il est souverainement injuste de troubler la paix des autres parce que la nôtre est ébranlée par une contrariété quelconque, injuste de les entretenir jusqu'à satiété de ce qui nous est un ennui ou une obsession, injuste de rester en face d'eux maussade et silencieux, parce que nous entretenons notre idée fixe, ou notre mauvaise humeur. Sachons tirer profit de tous ces soucis, de tous ces désappointements grands et petits qu'amène chaque journée : ils servent d'exercice à la douceur, à la patience, à la

charité. Et l'on s'habitue vite à garder pour soi et à porter légèrement ce qui nous est personnel ».

· · ·

Robertine avait préparé à l'avance tout ce qui serait publié
dans son « Coin de Fanchette » durant ses vacances, qu'elle
comptait passer dans Charlevoix. Le 2 août, juste avant de partir, elle écrivit à son amie Marie Gérin-Lajoie :

« Avez-vous une fois, ne fut-ce qu'une seule fois, pensé à
moi dans votre belle campagne, près de mon grand fleuve où
mon souvenir est allé si souvent vous relancer depuis un mois ?
Je l'espère et cela me console dans ma solitude, car c'est peu
souvent qu'en arpentant la ville, le hasard nous amène une figure connue. Je crois qu'il n'y a jamais eu autant de citadins en
villégiature que cette année. Et cependant, l'été, jusqu'à maintenant, a été très supportable. Les pronostics veulent qu'il fasse
très chaud durant le mois d'août ; j'ai le mauvais cœur de m'en
réjouir, car je passe ce mois-ci à la campagne. Je pars demain
pour La Malbaie. »

La Malbaie était devenue une station balnéaire aussi courue que Cacouna. Des chroniqueurs en vantaient les beautés et
les charmes, attirant ainsi chaque été une foule toujours plus
considérable :

« C'est à La Malbaie qu'il faut aller pour jouir de l'âpre,
de la grande nature, des larges horizons, écrivit J. M. Lemoine
dans *L'Album du touriste*. Ce ne sont plus les beaux champs
de blé de Kamouraska, les coquets et verdoyants coteaux de
Cacouna ou de Rimouski, où le langoureux citadin (langoureux pour languissant) va retremper ses forces pendant la cani-
cule ; c'est une nature sauvage, indomptée, des points de vue

encore plus majestueux que ceux que présentent les côtes et les murailles du Bic. Précipices sur précipices, gorges impénétrables dans la saillie des rochers ; pics qui se perdent dans la nue, où grimpe en juillet l'ours noir en quête de *bluets* ; où broute, en septembre, le caribou ; où le solitaire corbeau, l'aigle royal vont faire leurs nids en mai ; bref, les paysages alpestres, les impraticables *highlands* de l'Écosse, une nature *byronnienne,* tourmentée, entassée dans le nord, loin des sentiers de l'homme civilisé, dans le voisinage de certain volcan, qui de temps à autre se réveille, secoue les environs de manière à causer de piquantes surprises, mais sans danger aucun pour les romanesques habitants. »

Malgré le vent qui s'acharnait à soulever ses feuilles, Robertine écrivait sa chronique au bord de la « mer » qui rugissait à ses pieds. Elle observe qu'on n'y coudoie plus que des multimillionnaires et que La Malbaie est littéralement accaparée par les Américains : « Ils ont du goût », note-t-elle dans sa chronique du 28 août 1899, ajoutant que devant cette affluence, les francophones, eux, ont retraité vers Cap-à-l'Aigle.

Même en vacances, Robertine se levait tôt et renouait avec cette habitude qu'elle avait, lorsqu'elle était jeune fille, d'aller marcher pieds nus dans l'eau du fleuve. Relevant ses jupes d'une main, elle tenait son chapeau de l'autre, un peu agacée par ce vent qui chôma rarement cet été-là. Elle se demandait d'ailleurs si elle ne lui devait pas un peu de sa nature combative, ayant été dès l'enfance confrontée à la force des éléments qui se déchaînent avec plus de violence le long de la côte. Après avoir longuement marché, elle se dirigeait souvent vers la maison de son amie Laure Conan qui passait l'été à La Malbaie.

Durant un dîner qu'elles partagèrent, Robertine ne tarda pas à constater que l'esprit de mortification de l'écrivaine était toujours aussi vivace. Contrairement à la gourmande Robertine,

Laure mangeait peu, et du bout des lèvres, comme si elle voulait s'interdire toute forme de jouissance. Qu'importe ! Robertine se sentait si bien à papoter avec elle dans son petit jardin, où avaient poussé au fil des ans de magnifiques roses sauvages qui se comptaient par centaines et qui parfumaient agréablement l'air. Les deux femmes parlèrent des difficultés, au Canada français, de faire reconnaître les droits d'auteur. Laure en avait long à dire à ce sujet. Un individu de Montréal avait déterré son premier livre, et après l'avoir relié sous forme de brochure, l'avait affublé du titre, qu'elle qualifia d'idiot, *Larmes d'amour*, et l'avait vendu dans tout le pays. Laure avait fait appel à un très bon avocat et avait eu recours aux tribunaux. Hélas, non seulement perdit-elle son procès, mais le malhonnête homme n'essuya même pas un reproche. Pour ajouter à l'offense, Laure dut payer tous les frais et, malgré le fait qu'elle le lui défendit, un libraire de Québec continua de vendre l'ouvrage. Ce n'était pas la première fois qu'on l'exploitait. En 1893, un imprimeur avait refusé de lui verser la totalité de ses droits d'auteur pour l'édition parisienne de l'un de ses romans. Toute cette affaire avait causé bien des nuits d'insomnie à l'écrivaine. Robertine avait assisté, impuissante, à sa défaite. Elle était profondément révoltée de voir à quel point on pouvait exploiter impunément les écrivains. Elle avait défendu Laure publiquement et avait demandé pourquoi le brigandage littéraire échappait si facilement à la répression[78]. Lorsqu'elle fondera quelques années plus tard *Le Journal de Françoise*, elle invitera Laure à écrire un article afin de dénoncer l'injustice dont elle avait été victime. Mais l'article, qui fut publié le 14 avril 1906, ne semble pas avoir ému beaucoup de gens.

---

78. Françoise. « Chronique du Lundi », 28 novembre 1898.

• • •

Son amie Hélène Le Bouthillier, dont la voix de soprano était aussi belle, disait-on, que celle de sa compatriote, la grande Emma Albany, donnait un concert à La Malbaie. Robertine était ravie de pouvoir y assister. La salle de la cour de justice avait été prêtée pour l'occasion et, pendant qu'elle attendait l'arrivée sur scène de son amie, Robertine se promit de venir entendre, les jours suivants, quelques plaidoyers à la cour qui siégeait à La Malbaie. Cela lui rappela l'époque où, jeune fille, elle se rendait à la cour de Circuit de L'Isle-Verte afin d'observer le travail des gens de robe. Elle n'aurait pas détesté être avocate. Peut-être aurait-elle, comme ses frères, embrassé cette profession si cela eût été possible pour les femmes francophones au début des années 1880. Elle comptait parmi ses bons amis un assez grand nombre de juges et d'avocats avec qui elle aimait discuter d'affaires criminelles. Elle aimait toujours autant l'ambiance des tribunaux même si, quelques années auparavant, elle avait découvert, consternée, que les lieux où s'exécutait la justice à Montréal n'étaient décidément pas tels qu'elle les avait imaginés. C'est le juge Dugas qui lui avait aimablement consacré un après-midi afin de répondre à son désir de visiter la cour de police et le Palais de justice.

« Il faudrait, écrivit Robertine, la plume de Zola pour décrire tout ce qu'il y a de hideux, de dégoûtant dans ce rez-de-chaussée ou plutôt cette cave où l'on délibère la justice de mon pays. Moi, qui m'étais figuré des salles immenses, très hautes, bien ventilées, d'imposantes stalles pour les juges, de bonnes tribunes pour les avocats, un public dans la distance, rendu timide et respectueux pour la majorité régnante du lieu ! Mes illusions tombèrent vite à la vue d'une espèce de couloir décoré du titre pompeux de salle d'audience, où s'engouffrent pêle-mêle, avocats, accusés et accusants, des plafonds qui pèsent sur les épaules, des murs maculés, replâtrés ici et là, et malpropres ! Il faut voir. Où s'assoient les juges ? Où parlent les avocats ? Je n'ai gardé de ces détails qu'un souvenir confus, rien de bien particulier ne s'offrant pour les fixer dans mon esprit. À l'entrée de la salle, les parents, les amis, ou simplement les curieux se pressaient et se bousculaient à plaisir. Quelques femmes, pauvres mères, sans doute, pleuraient silencieusement tandis que de bonnes voisines, bien intentionnées, leur prodiguaient d'inutiles consolations. D'aucuns causaient bruyamment, et un huissier, plus tapageur encore, tâchait vainement de rétablir l'ordre. Les avocats, affairés, les bras chargés de dossiers, essayaient de se frayer un chemin à travers cette foule grouillante. Un mince comptoir de bois sépare les juges des criminels. Hélas ! Hélas ! Une odeur méphitique se dégage de partout. Parfois, elle est insupportable et révèle une proximité pitoyable avec des lieux d'aisance. Les haut-le-cœur vous oppressent et c'est alors que vous songez à Zola, dont la plume seule peut donner une idée adéquate de cette scène. Tout près, sont les cellules des détenus où, entassés les uns sur les autres, dans un espace de quelques pieds à peine, les prévenus attendent leur condamnation avant d'être déportés à la prison commune. Quel enfer, mon Dieu ! Comment les malheureux qu'on y enferme là le soir peuvent-ils conserver jusqu'au matin leur raison à travers des horreurs de cet épouvantable séjour !

« À travers la porte, le gardien dit respectueusement à M. le juge Dugas, en montrant une grosse pipe qu'il tenait à la main :

« – Il faut bien fumer, M. le juge, autrement, ce ne serait pas *résistable* à cause de la puanteur.

« M. Dugas hausse les épaules, murmure un : "Pauvre homme !", et nous sortons en grande hâte.

« – Venez voir la Chambre des délibérations des juges maintenant, poursuit mon cicérone.

« Elle est attenante à la salle de police et c'est encore la même pitié qui m'attend : murs dénudés et ternes, plancher froid et sale, nul tapis, une longue table noire maculée de taches d'encre, tailladée de coups de canif, des fauteuils à demi boiteux, et vous avez une idée bien affaiblie des magnificences de la Chambre des délibérations. Et c'est là que l'on loge les représentants d'une redoutable Justice ? Et c'est là cette dignité du Tribunal qui doit s'opposer au vice ? J'en suis même à plaindre les rats qui hantent d'ordinaire la cour de police, et si je faisais partie de la Société protectrice des animaux, je songerais à procurer à ces petits rongeurs un gite plus convenable[79]. »

• • •

Pendant que Robertine profitait de son congé, à Montréal, l'état d'Émile empirait. Il ne voyait pratiquement plus personne, ne dormait plus la nuit et de moins en moins le jour, marchait, des heures durant, de long en large dans sa chambre, parlait seul, vociférait parfois et criait. Même Émilie n'arrivait plus à le calmer. Elle subissait, comme David, les rebuffades de son fils qui en était arrivé à avoir un « mépris total à l'égard de son entourage…[80] » L'ambiance familiale était épouvantable. Pour ses sœurs et ses parents, la vie n'était plus la vie.

Ils faisaient semblant de vivre.

---

79. Françoise. « Chronique du Lundi », 23 mars 1896.
80. P. Wyczynski. *Nelligan. 1879-1941. Biographie*, p. 327.

Parce que les Nelligan étaient désemparés, parce que l'état d'Émile ne s'améliorait pas, parce qu'ils ne savaient plus que faire, parce que leur vie était devenue infernale, ils durent se résoudre à le faire interner. Décision extrêmement difficile à prendre !

L'hôpital psychiatrique était, à juste titre, perçu comme étant l'antichambre du désespoir. Une terrifiante maison du malheur. Émilie trouva peut-être un peu de consolation dans le fait qu'ils avaient suffisamment d'argent pour envoyer Émile ailleurs qu'à l'asile Saint-Jean-de-Dieu, lequel avait fort mauvaise réputation. En 1884, un livre écrit par le docteur Tuke, un aliéniste britannique venu visiter cet asile, « avait suscité un tollé au Québec ». Ce médecin avait écrit que cet asile était surpeuplé, que « les religieuses maintiennent un musée des horreurs sous les combles de l'édifice où elles logent les révoltés, les blasphémateurs et les irréductibles ». Il décrivit ces « prisonniers » comme étant des « malades émaciés, enchaînés dans des cellules sombres, malsaines et pauvrement ventilées[81] ».

Le père Therrien assura aux Nelligan qu'Émile serait bien traité par les Frères de la Charité à l'asile Saint-Benoît-Joseph-Labre. Moyennant vingt dollars par mois, il aurait sa chambre et pourrait aller chaque jour, s'il le voulait, s'asseoir dans le vaste jardin d'où il pourrait contempler le fleuve. Il verrait passer les bateaux qu'il aimait tant voir voguer.

En des jours plus heureux, il était déjà allé à proximité de ce lieu où il serait enfermé : « Nelligan était un grand marcheur. Il voulait faire à pied le tour de l'île de Montréal en suivant le littoral. Il s'est rendu un jour à la Longue-Pointe où il

---

81. R. Viau. « "Quand les anges m'auront sorti de l'hôpital". Grandeur et misère de l'institution asilaire québécoise à l'époque de Nelligan », p. 82.

eut l'idée de son *Vaisseau d'or* à la vue du *Corsican*, un navire qui s'y était échoué plusieurs années auparavant en 1890 ou 1891, et dont l'épave était restée là[82]. » C'était l'époque où il pouvait encore rêver. Époque où il pouvait encore écrire, comme dans l'un des poèmes dédiés à Robertine, qu'il pouvait offrir à une femme « tout un jardin de lys et de soleil ».

Le 9 août 1899, Émile fut interné :

« La voiture file comme une ombre dans le Vieux-Montréal vers l'est, empruntant, après quelques détours, la rue Notre-Dame qui débouche sur une route rurale. Par moments, le cheval va au petit trot. Il faudra ainsi parcourir une dizaine de milles, silencieusement, en regardant d'un œil distrait les maisons qui disparaissent, les champs qui s'allongent. Le ciel pluvieux pèse comme un couvercle de plomb. On s'en va chez les bons Frères de la Charité. L'asile Saint-Benoît-Joseph-Labre est situé à l'extrémité orientale du village de Longue-Pointe, entre la route qui mène à Pointe-aux-Trembles et le fleuve Saint-Laurent[83]. »

Nelligan se laissa conduire, apathique. Lorsqu'il arriva à l'asile, un frère le conduisit à sa chambre, plutôt grande, au deuxième étage où, outre le lit, étaient disposés une table, un lavabo, un fauteuil et une chaise. Considéré comme un patient paisible, il ne fut pas placé avec le groupe des agités.

Les jours suivants, il alla s'asseoir au jardin, sur un vieux banc couvert de mousse : « L'azur se projette dans l'eau et, dans cette eau azurée, la pensée vagabonde et le regard hagard cherche les épaves de quelque bateau naufragé[84]. »

---

82. L. Lacourcière. « À la recherche de Nelligan », p. 50.
83. P. Wyczynski. *Nelligan. 1879-1941. Biographie*, p. 329.
84. *Ibid.*, p. 332.

Pendant que sa vie basculait et qu'il n'avait plus comme horizon qu'un fleuve où il pourrait voir passer un bateau, d'autres, à Montréal, récitaient de mémoire son magnifique *Vaisseau d'or* : « Ce fut un grand Vaisseau taillé dans l'or massif / Ses mâts touchaient l'azur, sur des mers inconnues / La Cyprine d'amour, cheveux épars, chairs nues / S'étalait à sa proue, au soleil excessif / Mais il vint une nuit frapper le grand écueil / Dans l'océan trompeur où chantait la Sirène / Et le naufrage horrible inclina sa carène / Aux profondeurs du Gouffre, immuable cercueil / Ce fut un Vaisseau d'Or, dont les flancs diaphanes / Révélaient des trésors que les marins profanes / Dégoût, Haine et Névrose, entre eux ont disputés / Que reste-t-il de lui dans la tempête brève ? / Qu'est devenu mon cœur, navire déserté ? / Hélas ! Il a sombré dans l'abîme du Rêve ! »

Pour Émilie, ce fut l'effondrement. Un effondrement intérieur que seuls peuvent comprendre ceux qui ont été frappés par une grande tragédie. En plus de souffrir à l'idée de ce qu'endurait Émile, elle avait terriblement peur pour lui. On parlait si souvent alors de ces gens qui étaient morts quelques jours après leur enfermement. Le choc, terrible, de se retrouver parmi les fous les avait tués.

Émilie vivait un grand deuil. Elle savait bien que la folie de son fils était une forme de mort, comme l'a écrit Maupassant dans sa nouvelle *Le fou* : « La pire mort c'est cette mort de toutes les heures, où un pauvre corps sans âme s'épuise à chercher inutilement dans des efforts inconscients le trésor qu'il a perdu. »

Quand Robertine revint de La Malbaie, chaque jour elle visita Émilie, lui apportant le réconfort d'une présence amie. Elle la trouvait le plus souvent en larmes, assise près de la grande fenêtre donnant sur la rue, comme si elle espérait y voir apparaître son fils, semblable à ce qu'il était avant la maladie. Souvent, elle lisait les poèmes d'Émile, ce qui ne faisait que raviver sa peine. Des vers comme « S'écroulent nos bonheurs comme des murs de briques » ou « Comme des larmes d'or qui de mon cœur s'égouttent » étaient encore plus lourds de sens tragique depuis qu'il était interné.

Non seulement le soutien de Robertine consolida leur amitié, mais il fut essentiel pour Émilie. Elle l'aida à traverser cette terrible épreuve.

L'internement de celui dont elle avait été l'égérie affectait Robertine, même si elle avait rompu tout contact avec Nelligan depuis quelques mois. Elle se sentait peut-être coupable de l'avoir fait, se demandant si son amitié et son soutien auraient pu l'aider et changer le cours de sa destinée. Elle savait qu'il suffit parfois d'une rencontre et qu'une personne peut faire une grande différence dans la vie d'une autre.

Quand elle allait à la librairie Beauchemin, où elle faisait presque tous ses achats de livres, elle pensait certainement à Émile et au plaisir qu'ils avaient eu à bouquiner ensemble et à discuter littérature. Il lui manquait. Elle se sentait infiniment triste. Dans sa chronique du 18 septembre, elle écrivit : « Aux jours d'automne quand il souffle sur mon âme un triste vent qui la fait pleurer », ce qui n'est pas sans rappeler le sonnet de Nelligan intitulé *Le vent, le vent triste de l'automne*, qu'elle gardait caché dans ses tiroirs et qu'elle ne publia que le 5 décembre 1908 :

> *Avec le cri qui sort d'une gorge d'enfant*
> *Le vent de par les bois, funèbre et triomphant,*
> *Le vent va, le vent court dans l'écorce qui fend*
> *Mêlant son bruit lointain au bruit d'un olifant.*

Puis voici qu'il s'apaise, endormant ses furies
Comme au temps où jouant dans les nuits attendries,
Son violon berçait nos roses rêveries
Choses qui parfumiez les ramures fleuries !

Comme lui, comme lui qui fatal s'élevant
Et gronde et rage et qui se tait aussi souvent
Ô femme, ton amour est parallèle au Vent :

Avant de nous entrer dans l'âme, il nous effleure ;
Une fois pénétré pour nous briser, vient l'heure
Où sur l'épars débris de nos cœurs d'homme, il pleure !

Nelligan avait écrit en exergue une pensée de Verlaine : « Beauté des femmes, leur faiblesse et ces mains pâles. Qui font souvent le bien, et peuvent tout le mal. »

• • •

Les mois suivants, Robertine tenta souvent de distraire Émilie. Elle lui rappelait ces soirées magnifiques où, après le théâtre, elles allaient au restaurant et se partageaient ensuite les fleurs qui ornaient la table, car il était d'usage que le repas et les fleurs soient payés au moment de la réservation.

Robertine essayait de l'appâter en lui rappelant leurs conversations dans la calèche qui les ramenait chez elles, suivies de moments de silence chargés d'un délicieux sentiment de bien-être. Elle lui rappelait aussi leurs fous rires quand elles évoquaient la façon dont les censeurs avaient rebaptisé certaines pièces de théâtre afin de ne pas heurter les dévots. *Amant* et *maîtresse* était nommé *Ami* et *fiancée*. *Les surprises du divorce* était devenu *Les surprises du mariage*.

Mais Émilie n'avait plus le cœur à rire.

Montréal était une ville de plaisirs pour qui savait ou pouvait, s'il en avait les moyens, en profiter. On pouvait aller au cinéma et les Montréalais étaient fiers que la première salle dans toute l'Amérique du Nord ait ouvert ses portes à Montréal en 1896. On pouvait aussi s'envoler en montgolfière, dévaler des chutes artificielles, se distraire dans les multiples « jardins de plaisir » qui avaient essaimé en plein champ et où l'on pouvait entendre des concerts gratuits ou voir des jongleurs et des animaux de cirque ou encore, à la nuit tombante, de magnifiques feux d'artifice.

Robertine, qui ne ratait pas souvent les occasions de se divertir, les énumérait à Émilie, espérant la tenter.

En vain. Émilie refusait toutes les invitations. Son existence était toute entière transformée. Elle restait cloîtrée dans sa maison, se demandant parfois comment elle arrivait encore à faire les gestes du quotidien.

Durant les premiers mois suivant son internement, nul ne savait où était Émile. David et Émilie n'avaient confié qu'à quelques rares personnes l'endroit où il se trouvait. Ils voulaient sans doute le protéger de la curiosité malsaine de certaines personnes, ainsi que de l'opprobre et de l'ostracisme dont il pourrait être victime quand, guéri, il sortirait de « cet enfer ». Car ils espéraient plus que tout qu'il guérisse.

Si on confiait un secret à Robertine, elle se montrait digne de la confiance qu'on lui témoignait. Lorsqu'on la questionnait au sujet d'Émile, elle prétendait ne pas savoir où il était. Le 3 décembre, toujours sans nouvelles de Nelligan, son ami Arthur Bussières fit même paraître une annonce dans *Les Débats*: « Parmi des annonces de barbiers, de servantes à la recherche d'un emploi, d'amoureux fixant des rendez-vous, l'appel suivant : Poète – Un confrère demande à M. Émile Nelligan de donner de ses nouvelles aux *Débats*[85]. »

Le 23 septembre 1899, Robertine, peut-être pour faire taire les rumeurs sur sa prétendue relation amoureuse avec le poète, publia l'un des poèmes qu'Émile lui avait dédiés et dans lequel il parle d'un désir très pur et la qualifie de sœur d'amitié.

Un psychiatre avait recommandé à Émilie de laisser passer le temps avant d'aller visiter son fils. Le temps qu'il accepte son état. Robertine non plus n'alla pas le voir. Peut-être s'abstint-elle pour les mêmes raisons qu'Émilie. Mais l'explication se trouve peut-être dans l'une de ses chroniques où Robertine écrivit que Sand, si elle avait écouté sa raison, ne serait pas allée visiter Musset lorsqu'il était malade, car la « raison lui eût montré ce qu'il y avait de dangereux à raviver ainsi par sa présence un amour devenu impossible entre eux[86] ».

Et puis, n'avait-elle pas, dans sa course effrénée contre la montre, une excuse toute trouvée ?

• • •

Robertine était de nouveau prise dans un tourbillon d'activités. En plus de son travail et de ses collaborations à d'autres journaux, elle devait s'occuper de publier des feuilles éphémères qui contribuèrent grandement au succès des grandes kermesses au profit de l'Institut des sourdes et muettes et de l'hôpital Notre-Dame.

---

85. A. Gervais. *Poèmes et textes d'asile,* p. 41.
86. Françoise. « Chronique du lundi », 7 décembre 1896.

Le Conseil national des femmes, dont Robertine était maintenant membre, l'avait sollicitée en juillet afin qu'elle fasse partie d'un sous-comité de littérature dont le but était de colliger un ouvrage destiné à être distribué au pavillon du Canada lors de l'Exposition universelle de Paris, au printemps 1900. Les dames du comité s'entendirent sur un titre évocateur : *Les femmes du Canada, leur vie et leurs œuvres.*

Robertine s'était aussi chargée de trouver des femmes qui voudraient bien y collaborer et supervisa, en partie, leur travail. Elle était fière que le comité ait pensé donner la parole à une Iroquoise, la poétesse Pauline Johnson, la première femme autochtone dont les poèmes furent publiés au pays. Tekaiou-coaka, tel était son nom iroquois – qui signifiait « double wampum » – nota dans son article que c'est par la mère, non par le père, que se transmettait le titre du chef, et que c'était là « une éclatante contradiction de l'erreur si répandue qui attribue aux Indiens du mépris pour les femmes ». Qu'on ajoute à cela, écrivit-elle, « le privilège que possèdent les femmes titrées de prendre la parole dans le grand conseil de leur nation, qu'on note la déférence avec laquelle les vieux chefs écoutent, lorsqu'une femme, plus osée que ses sœurs, a jugé nécessaire de se faire entendre sur quelque question publique ; et le lecteur admettra, je crois, que ce n'est pas chez toutes les races civilisées que l'on rend honneur à la femme comme le font ces hommes sévères, les vieux chefs, les guerriers et les braves, chez les Sauvages des Six-Nations ».

Robertine avait réussi à obtenir que toutes celles qui collaboraient à cet ouvrage soient bien payées. Ce qui n'avait pas été facile. Dans l'une des lettres qu'elle écrivit durant l'été à Marie Gérin-Lajoie, elle lui raconta comment elle s'y était prise :

« Je ne lui ai pas ménagé ma façon de penser sur la rémunération que nous devions attendre de ce travail, et en la poussant poliment au pied du mur j'ai su que nous aurions peut-être cinquante dollars de notre étude et à coup sûr, pas moins de trente. Ce qui est assez joli sans être excessif ».

Dans son texte intitulé « Les femmes canadiennes dans la littérature », Robertine expliqua que le rôle effacé des Canadiennes françaises dans le domaine des lettres ne devait pas être attribué à leur manque de culture et de talent, mais « à l'état d'esprit hostile aux travaux littéraires de la femme ». Elle ajouta que l'éducation donnée aux filles dans les couvents les amenait, au nom de l'humilité, à avoir une certaine répugnance à publier et à signer leurs œuvres. Avant de rédiger son article, Robertine avait fouillé le recueil de littérature canadienne, *Le Répertoire national*, où étaient mentionnés tous les auteurs canadiens. Elle n'y avait trouvé que deux noms de femmes. L'une, auteure de deux poésies parues en 1845, avait signé du pseudonyme *Josephte*. L'autre, Odile Charrier, avait traduit des œuvres littéraires anglaises. Robertine écrivit que la littérature féminine était à peu près nulle dans l'histoire du Canada. Elle s'empressa cependant de mentionner que, parmi ses contemporaines, Laure Conan était la première romancière de langue française au Canada. Elle nomma ensuite son amie Joséphine qui, outre des articles et des saynètes, avait publié des contes et avait été la première à fonder une revue féminine. Elle précisa aussi qu'elle avait fondé l'œuvre des *Livres gratuits* au profit des personnes pauvres ou de celles qui, vivant à la campagne, avaient difficilement accès aux livres. Elle signala Anne-Marie Duval qui, sous le pseudonyme de madame Duval-Thibault, avait publié un recueil de nouvelles. Elle nota que les principaux journaux de langue française avaient maintenant leur *Page féminine*. Elle n'oublia pas Adèle Bibeau qui avait publié une nouvelle, ainsi que la poétesse Marie Beaupré. Robertine ne fit aucune mention de sa propre publication, *Fleurs champê-tres*. Accordait-elle peu d'importance à ce qu'elle avait écrit ? Sa mention fut-elle enlevée par quelqu'un d'autre ? Craignait-elle d'être accusée, encore une fois, de n'être pas assez modeste ? On l'ignore, mais il est dommage que les qualités d'écrivaine de Robertine – que l'on avait comparée, lors de la sortie de son livre, à Sand et à Balzac – n'aient pas été mises en évidence dans cet ouvrage, qui fut remarqué à Paris durant l'Exposition universelle de 1900.

• • •

L'année 1899 s'achevait et Robertine attendait avec impatience une lettre venant du cabinet du Premier ministre Wilfrid Laurier. Elle avait sollicité son aide afin qu'elle puisse aller, aux frais du gouvernement, représenter les femmes du Canada lors de l'Exposition universelle de Paris. La lettre arriva, enfin, le 16 novembre.

Elle l'ouvrit au plus vite et lut :

« Chère mademoiselle Barry,

Je vous renvoie votre requête officielle pour que vous y mettiez votre signature. Quand elle aura été complétée, j'aurai beaucoup de plaisir à la présenter au ministre de l'Agriculture. Je crois vous avoir dit déjà que j'aurais bien plus confiance en vous qu'en moi pour convaincre ce vieux garçon revêche, mais si votre modestie persiste à mettre vos intérêts entre mes mains au lieu des vôtres, j'aurai le plus grand plaisir à me faire votre avocat. Du reste, j'abonde dans tout ce que vous me présentez avec tant d'éloquence. Croyez-moi bien, chère mademoiselle Barry, votre tout dévoué.

Wilfrid Laurier. »

Robertine signa sa requête et la retourna dans les plus brefs délais au bureau du ministre de l'Agriculture, Sydney Fisher. Elle rêvait de ce voyage depuis des années. Avec une amie qui en rêvait tout autant, elle avait, trois ans plus tôt, consulté un médium afin de savoir si leur souhait se réaliserait :

« J'allai assister, raconta-t-elle dans sa chronique du 12 octobre 1896, à une séance donnée par un clairvoyant et je pressentais qu'il s'y passerait des choses extrêmement intéressantes. Les sciences occultes ont toujours eu pour effet de m'attirer et de me fasciner. Je n'y comprends goutte, mais c'est égal, hypnotisme, magnétisme et toute chose en isme sont toujours sûres d'exciter mon intérêt au plus haut degré. Avec cela que j'aime à constater de près les phénomènes extraordinaires, et que je ne suis pas prête à prendre à ce sujet le témoignage de qui que ce soit. On a comme ça, vous savez, de ces petites illusions qui consistent à se croire beaucoup plus fin que les autres. Me voilà donc au lieu du rendez-vous, décidée à ne pas me laisser berner […]. Bientôt, le voilà qui entre dans le salon de mon amie. Rien de diabolique dans son apparence, je vous assure, grand, robuste, les cheveux blonds et bouclés, l'œil bleu toujours riant et la physionomie aussi franche, aussi ouverte qu'on puisse désirer. Je constate ici, en chroniqueuse fidèle, un léger désappointement dans l'auditoire. Je ne sais pourquoi, mais toutes nous avions cru à une autre édition de Méphisto : des joues pâles, des cheveux noirs, une moustache en crocs et des yeux couleur de charbon. C'est un singulier préjugé, par parenthèse, de peindre toutes les mauvaises gens avec des yeux noirs, et très désobligeant pour ceux que la nature a gratifiés de cette façon. »

Après avoir expliqué à Robertine et son amie comment il procédait, le clairvoyant sortit du salon, ferma la porte et attendit que les deux femmes aient écrit sur de petits papiers les questions qu'elles se posaient. Elles mirent ensuite ces papiers dans une enveloppe scellée et lui firent savoir qu'elles étaient prêtes. « On voulait savoir, écrit Robertine, si un projet rêvé se réaliserait, si on irait à l'Exposition de Paris et si on vivrait vieux… […]. Le merveilleux, c'est qu'il pût lire ces questions-là à travers le papier. » Robertine l'interrogea sur les causes de cette remarquable clairvoyance : « Je n'en sais rien moi-même, répondit-il. C'est à l'âge de neuf ans, après une forte fièvre, que je me suis aperçu de ce don singulier ; depuis, rien ne m'est caché et je lis aussi clairement dans la conscience des individus que dans un livre ouvert. » Il ne serait pas bon cependant, ajouta Robertine, « que chacun soit doué d'un pareil don : songez à tout ce qu'on éprouverait en entendant une personne s'extasier sur le bonheur de nous voir, et lire dans son cœur comme elle nous déteste cordialement ».

En attendant la réponse du ministre, Robertine s'était souvent remémoré cette consultation, y trouvant chaque fois une raison d'être confiante.

La réponse arriva enfin, lui apprenant que Joséphine Marchand-Dandurand et elle avaient été choisies pour représenter le Canada à Paris « en raison de leurs compétences linguistiques ». Robertine jubilait.

Joséphine et Robertine devaient aussi participer au Congrès international des femmes qui aurait lieu à Paris, ce qui leur donnerait l'occasion d'observer ce qui se faisait ailleurs pour la cause des femmes.

C'était la première fois que le gouvernement déléguait officiellement des femmes pour aller représenter le Canada ailleurs dans le monde, et Robertine n'était pas peu fière d'avoir été nommée.

D'autres amies de Robertine, les sœurs Le Bouthillier, seraient elles aussi du voyage. Éva avait été nommée secrétaire de la commission féminine de l'Exposition universelle et hôtesse au pavillon canadien. Quant à sa sœur Hélène, elle avait reçu une bourse d'études qui lui permettrait de se rendre au Grand Opéra de Paris où un contrat l'attendait.

Avant de partir, Robertine prépara la publication d'un livre regroupant plusieurs « Chroniques du Lundi ». Elle les peaufinait depuis des mois, tant et si bien qu'elle a malheureusement enlevé plusieurs de ses expressions les plus audacieuses et savoureuses, avec comme conséquence malheureuse que certaines de ses chroniques perdirent beaucoup de leur mordant et de leur parfum. Les chroniques portant à controverses ne furent pas publiées. Robertine fit paraître cet ouvrage à compte d'auteur et dut avoir recours à des publicités qu'elle plaça à la fin de son volume. *La Patrie* acheta une page complète, pendant que *La Presse* paya une demi-page de publicité dans laquelle il est mentionné, en parlant de Robertine, que « les témoignages gracieux et flatteurs que reçoit très souvent la chroniqueuse sont une marque tangible de l'intérêt qu'éveillent ces colonnes ». Un *encanteur,* un éditeur de musique, un agent d'immeubles, un dentiste, un commerçant de hacheurs à viande et différents vendeurs – de pianos, de dentifrice, de vin Mariani, de suppléments alimentaires, d'assurances – appuyèrent, eux aussi, la publication des chroniques de Françoise.

Troisième partie

1900

Qu'est-ce que cela peut bien ajouter à l'histoire de la littérature de faire revivre ces scènes d'un caractère tellement intime que les toucher du bout du doigt semble une profanation ? […] On prétend qu'il est impardonnable d'avoir abandonné un homme de génie. Et n'avait-elle pas du génie, elle aussi, cette femme qui fut l'une des plus admirables écrivains de son siècle ? Et ne fut-elle pas abandonnée par Musset non seulement une fois, mais plusieurs fois, au cours de ce fameux séjour à Venise ? […] Il est ennuyeux à la fin d'entendre toujours accuser la femme et la rendre responsable des malheurs qui surviennent aux autres.

FRANÇOISE,
« Chronique du Lundi », 7 décembre 1896

Devant l'inconsolable tristesse d'Émilie, il est probable que Robertine se sentait un peu coupable d'éprouver tant de plaisir à l'idée que, bientôt, elle serait à Paris et qu'elle y séjournerait quelques mois. En attendant, elle faisait ce qu'elle pouvait pour tirer Émilie de son désespoir. En septembre et en novembre, sachant que cela ferait plaisir à son amie, elle avait publié dans *La Patrie* trois poèmes d'Émile : *Saintes au vitrail, Rêve d'artiste* et *Amour immaculé*. Émilie les conserva précieusement.

Sans relâche, Robertine essaya de toutes les façons de distraire Émilie, lui parlant sans doute de cet événement que tout le monde attendait et dont les journaux parlaient abondamment : l'arrivée de l'automobile dans les rues de Montréal. Le titre retenu par le rédacteur de *La Patrie* fait aujourd'hui sourire : « Première expérience du véhicule à Montréal. La voiture sans cheval a fait son apparition à Montréal .» Dans cet article, le journaliste annonce que ceux et celles qui désiraient voir à « l'œuvre le véhicule des temps modernes », conduite par le sénateur Raoul Dandurand et par le maire Préfontaine, n'avaient qu'à se présenter à la Place d'Armes, le 21 novembre 1899 vers quatre heures de l'après-midi. Il expliqua que cette automobile, « la seule du genre qui soit à Montréal, n'était pas mue par l'électricité comme on le suppose généralement », mais était

« une invention américaine qui l'emporte sur l'automobile électrique », et que sa « vitesse ordinaire est de 15 milles à l'heure ».
Visiblement admiratif, il ajouta qu'avant « d'être amenée ici,
la machine, dans un essai, a parcouru 116 milles, faisant la première moitié du trajet en 3 heures 50 minutes et la seconde en
3 heures 42 minutes. La voiture pèse environ 500 livres, les
machines électriques pèsent jusqu'à 2 000 et 3 000 livres ».

L'automobile était devenue le sujet de conversation de
l'heure, détrônant la bicyclette. Pour les uns, elle était le symbole de la vie moderne alors que les autres la pourfendaient
parce qu'elle effrayait les chevaux. Avec l'assurance tranquille
de ceux qui « savent », ses détracteurs ajoutaient que cet engin
n'avait aucun avenir. Le fait que les conducteurs devaient répa-
rer jusqu'à une quinzaine de crevaisons lors d'un déplacement
d'une centaine de milles semblait vouloir leur donner raison.

Émilie ne partageait sans doute pas l'excitation générale,
car elle n'accompagna pas Robertine. Sortir était au-dessus de
ses forces. Elle feuilletait souvent le recueil de textes publié
par les membres de l'École littéraire et qui était tout chaud
sorti des presses. Le livre qui, au départ, devait porter le titre
de *Livre d'Or de l'École littéraire*, s'intitulait *Les soirées du château
Ramezay*. Dix-sept poèmes de Nelligan y figuraient, le classant
ainsi deuxième en nombre. Charles Gill avait demandé à Émilie
et David la cession des droits d'auteur de leur fils. Ce qui lui fut
accordé. Émilie savait combien Émile souhaitait depuis longtemps cette publication, mais elle était profondément triste à
l'idée que celle-ci arrivait trop tard pour lui. L'ouvrage devait
être lancé officiellement au début d'avril et Émilie n'eut pas le
courage de se présenter au lancement. Elle se serait effondrée
d'entendre Charles Gill réciter les poèmes d'Émile, *Un rêve de
Watteau* et *L'homme aux cercueils* :

« Pendant que la voix grave porte magnifiquement les sonnets de Nelligan vers les cœurs sensibles et les esprits attentifs, la pluie et le vent fouettent les vitres, tel un corbeau – spectre de l'ennui, message de malheur –, ailes ouvertes, délire suspendu à la sinistre vitre d'un destin tragique[87]. »

L'aurait-elle voulu que Robertine n'aurait pu, elle non plus, assister à ce lancement, car elle était partie pour l'Europe à la mi-mars. Elle entendait profiter de ce voyage pour prendre une décision quant à son avenir. Elle songeait à quitter *La Patrie*, mais elle hésitait encore. Elle était très attachée à ce journal où elle avait fait ses débuts, mais elle savait qu'elle ne pourrait accéder à un poste plus élevé. Jamais elle ne serait nommée, par exemple, rédacteur en chef, une fonction réservée aux hommes, et rien qu'à eux. Pourtant, dès le début de sa carrière, en 1891, alors qu'elle n'avait que vingt-huit ans, elle effectuait, en plus de rédiger sa chronique, plusieurs tâches qui incombent à un rédacteur en chef. Elle corrigeait des épreuves, traduisait des dépêches, rédigeait des faits divers ou des réclames publicitaires, et décidait même parfois d'interrompre l'impression du journal parce qu'une nouvelle importante de dernière heure devait être publiée.

Mais ce n'était pas seulement cela qui l'incitait à quitter *La Patrie*. Elle était fatiguée, et attristée, par toutes ces lettres mesquines qu'elle recevait. Depuis un an, elle ne répondait plus aux lettres de ses lecteurs et lectrices, mais les publiait et n'omettait pas toujours celles dans lesquelles on la méprisait. Alors qu'au début de sa carrière elle cherchait à donner l'impression qu'elle n'était l'objet de critique ou d'attaque, elle les dévoilait maintenant de plus en plus souvent au grand jour.

---

87. P. Wyczynski. *Nelligan, 1879-1943*. p. 343.

C'est ainsi qu'elle publia des lettres dans lesquelles ses lecteurs l'appelaient *Monsieur*. Certes, les femmes qu'on appelait ainsi n'avaient pas toujours raison de se sentir insultées, car cela pouvait être un grand compliment. Cela signifiait qu'elles écrivaient des choses sensées et qu'elles avaient réussi le tour de force de s'illustrer dans une sphère d'activités masculines. Cela signifiait aussi qu'elles avaient une plume virile, donc une pensée logique. Lorsque Balzac revenait de chez Sand et disait « J'ai causé avec un camarade », le ton n'était pas méprisant mais admiratif. Admiratif, Flaubert l'était aussi lorsqu'il appelait cette écrivaine, « cher maître » et qu'à sa mort il déclara : « Il fallait la connaître comme je l'ai connue pour savoir tout ce qu'il y avait de féminin dans ce grand homme[88]. » Sand adorait qu'on l'appelât Monsieur et Robertine en tirait peut-être aussi parfois une certaine fierté.

Mais être appelée *monsieur* lorsqu'on est une femme avait aussi un sens péjoratif et pouvait être une insulte. Le ton de quelques lettres que recevait Robertine dévoile qu'on la méprisait parce qu'elle n'était plus, selon leurs auteurs, une vraie femme. Non seulement à cause du métier qu'elle exerçait, mais aussi à cause des idées qui allaient, disait-on, transformer les femmes en hommes. Le fait aussi qu'elle avait un ton autoritaire explique en partie pourquoi on disait qu'elle agissait comme un homme.

Un de ses lecteurs lui écrivit :

« Ne faites plus de polémiques dans les journaux, notre faible cerveau ne peut vous suivre dans votre course vertigineuse et incohérente. Nous y perdons tous notre latin ! Dans

---

88. A.-L. Maugue. « L'ère nouvelle et le vieil Adam. Identités sexuelles en crises », p. 631.

votre chronique de lundi dernier, par exemple, quelle gymnastique ! On vous savait bien pugiliste, mais pas acrobate à ce point-là… Évidemment, vous avez affaire à un public ingrat. Votre esprit trop robuste pour nos cerveaux étiolés gravit des hauteurs que nous ne saurions atteindre. Alors, ne pouvant vous comprendre, nous interprétons, sans doute stupidement, votre état. Vous savez, ces natures "terre-à-terre" ? On dit bêtement, mais qu'est-ce qu'elle a donc ? Quelle mouche la pique ? Et quelqu'un de répondre : "Bah, c'est le dépit !… et puis…, c'est « l'état », tu comprends…" Et là-dessus, une bonne vieille d'ajouter sentencieusement : "Elle a déraillé, quoi ! Ça arrive quelques fois." Je vous sais si pointilleuse sur la manière dont on vous parle. Avec vous, il faut se tourner la langue sept fois dans la bouche avant d'oser exhaler un son. […] Je sors de vos chroniques dans l'état le plus pitoyable. Vous me promenez dans un monde de mystères[89]. »

Ce qui avait provoqué cette fois la hargne de plusieurs de ses lecteurs était le simple fait qu'elle avait parlé, dans sa chronique du 16 octobre, d'un homme, Louis Veuillot qui, avait-elle écrit, n'était guère un bon mari puisqu'il était parti en vacances, seul. Elle avait ajouté : « Bien que mes chroniques ne soient pas précisément des homélies, bien que je ne jeûne pas en public, ni ne prie au coin des rues, une foi sincère m'enseigne que la religion bien entendue donne une force d'endurance dont la femme, la femme mariée surtout, a besoin pour l'aider à supporter les épreuves de sa vie. Mon Dieu que cette discussion est inutile ! Changeons-nous jamais par les plus forts arguments les dispositions naturellement égoïstes du meilleur des hommes. »

---

89. Françoise. « Le Coin de Fanchette », *La Patrie,* 28 octobre 1899.

Il y avait aussi certains aspects de la vie de Robertine qui choquaient. Sa vie libre s'apparentait à celles des « vierges jurées » qui, en Albanie, menaient leur vie comme des hommes dans une société hautement patriarcale. Comme l'explique la journaliste Marion Quillard, « dans ce coin du monde, on est habitué à ces êtres curieux qui, en vertu d'une vieille tradition, ont "socialement" changé de sexe ». Elles ne s'habillent pas nécessairement comme les hommes mais, sans être lesbiennes ou avoir changé de sexe, elles vivent comme eux. Elles restent vierges toute leur vie. La journaliste explique que dans cette société patriarcale, les rôles sociaux de l'homme et de la femme sont si distincts que cette dernière n'avait guère le choix de se travestir et de renoncer à la sexualité et à la maternité. C'était le prix à payer pour avoir une existence sociale et pour jouir des mêmes droits que les hommes.

Une « vierge jurée » a confié à M. Quillard qu'aucune « situation ne l'a obligée à devenir un homme : Quand j'étais petite, je ne voulais être soumise à personne. Voilà tout[90]. » Comme Robertine.

Outre les jugements dont elle était l'objet et qui l'accablaient, Robertine était lasse, aussi, de lire ses « Chroniques du Lundi » qui, mal corrigées, avait été publiées, « émaillées de fautes d'impression qui les rendent tout à fait incompréhensibles ». C'est moi qui les signe, se défendait-elle, en colère; « c'est moi qui porte le blâme, la honte du travail mal fait[91] ».

Elle songeait donc très sérieusement à quitter *La Patrie*, d'autant plus qu'un projet lui trottait dans la tête depuis quelques années. Même si elle n'était pas certaine de pouvoir le

---

90. M. Quillard. « Elles sont devenues des hommes ». *Châtelaine*, p. 102 à 108.
91. Françoise. « Chronique du Lundi », 27 novembre 1899.

réaliser, elle savait que sa vie devait prendre un nouveau tournant. Elle voulait rester à Paris plus longtemps que sa fonction de déléguée l'exigeait. Elle avait le sentiment que s'éloigner lui permettrait, à son retour, de voir plus clairement à quoi elle voulait que son avenir ressemble.

Même si elle s'absentait quelques mois, elle n'abandonnait pas pour autant brusquement ses fidèles lecteurs et lectrices, car elle avait proposé au rédacteur en chef d'envoyer des lettres de Paris qui pourraient être publiées dans *La Patrie*. Celui-ci avait accepté sans hésiter. Il savait que ces lettres avaient d'autant plus d'intérêt pour le lecteur que très peu de journalistes devaient couvrir l'Exposition universelle.

Au moment de faire ses adieux à ses lecteurs, elle oublia ceux qui la méprisaient pour ne penser qu'aux autres, sans doute plus nombreux, qui l'estimaient beaucoup. Le 10 mars 1900, quelques jours avant son départ, c'est à eux qu'elle pensait lorsqu'elle écrivit :

« Je n'ai jamais senti, comme au moment où je dois la quitter, la place que cette page a tenue dans ma vie. C'est ici que se sont révélées à moi tant de bonnes et chaudes sympathies, que j'ai pu juger de leur beauté et de la noblesse de tant de cœurs. »

Elle était fière d'avoir osé faire ses débuts en journalisme pour le journal qu'on disait le plus radical de Montréal.

• • •

Robertine vérifiait le contenu de ses malles afin de s'assurer qu'elle n'avait rien oublié. Jupons, robes, robes d'intérieur en mousseline et une quantité impressionnante de voilettes, dont certaines nous paraîtraient bien excentriques aujourd'hui, comme celle brodée de grosses araignées donnant l'impression que le visage de la femme qui la porte est emprisonné dans une toile. Robertine adorait porter des voilettes, car elle masquait une partie de son visage qui, croyait-elle toujours, n'était pas beau. La voilette rendant flous ses traits, elle avait le sentiment que tout ce qu'elle offrait aux regards n'était que beauté, car elle aimait de plus en plus porter de beaux et très élégants vêtements. En pliant soigneusement ses belles robes dans sa valise, elle eut une pensée pour cette pauvre jeune fille qui, à la fin septembre de cette année-là, était tombée de voiture dans une rue de Montréal et s'était fait mutiler la figure sous les sabots d'un cheval. Robertine savait que les marques que la jeune fille garderait de ce triste accident attireraient les regards curieux où elle ne pourrait lire, le plus souvent, que la pitié ou l'effroi.

Robertine soupira en pensant qu'on se lève le matin, insouciant, ignorant ce qui pouvait, quelques heures plus tard, faire basculer tragiquement une vie. Cette vie, si fragile. Elle chassa ses mornes pensées et regarda la pile de chapeaux qu'elle avait étendus sur son lit. Elle ne savait lequel choisir, tant elle en avait. Des petits, qui lui cachaient à peine le dessus de la tête, ou des grands, dont les larges rebords la protégeaient des rayons du soleil. Elle les avait tous apportés chez le teinturier afin qu'il nettoie et teigne les plumes qui les ornaient et qui, au fil du temps, avaient perdu de leur éclat. Elle n'oublierait certainement pas celui avec la grande plume d'argent. Certes, il était énorme, lourd à porter, très chaud, mais elle l'adorait. C'était son préféré. C'est avec une joie fébrile qu'elle finit de préparer ses bagages. Elle avait si hâte de partir. Paris l'attendait.

• • •

New York, mars 1900 : Robertine discutait avec Joséphine Marchand-Dandurand et son époux en attendant d'embarquer sur le *Léviathan*. Ayant le pied marin et adorant naviguer, elle était impatiente de se trouver en mer. Durant les traversées qu'elle avait faites par le passé, les vagues avaient beau être si grosses que la majorité des passagers en tombaient malades ; Robertine, elle, se tenait toujours droite sur la passerelle, ravie de contempler l'immensité qui s'offrait à elle et de goûter les embruns qui picotaient délicieusement ses lèvres d'infimes parcelles d'eau salée.

Enfin, l'attente se termina :

« Les derniers serrements de main sont donnés. Adieu, va ! Non, pas adieu, mais au revoir. On se redit le mot, on se le répète avec persistance, afin de suggestionner le sort. Au revoir, n'est-ce pas d'ailleurs le mot le plus doux quand on prend congé de ceux qu'on aime ? Le paquebot, lentement, comme à regret – lui aussi ! – s'éloigne. Le *Léviathan* est mal à son aise dans la rade étroite ; il hésite un peu comme pour trouver sa voie, mais une fois le fleuve libre, devant lui, il s'élance, il prend sa course, et bientôt les blancs mouchoirs qui, là-bas s'agitent encore, signaux d'amitié, signaux de souvenir, ont disparu à l'horizon. Les yeux, alors, n'ayant plus besoin d'interroger la rive, se reportent sur la maison mouvante qui porte nos fortunes sur les abîmes des mers. Quels en sont les hôtes ? Qui sont-ils ces compagnons de route auxquels pendant huit jours, ou davantage, notre vie sera intiment liée ?

« D'abord, ils nous apparaissent tous d'une façon confuse, embrouillée ; jamais on ne pourra, il me semble, les différencier, tel un groupe de Chinois – les comparaisons, je le sais, sont odieuses –, de prime abord, sont, pour le blanc, tous les mêmes. Peu à peu, l'œil saisit tout, surprend les nuances. Au bout de vingt-quatre heures, on sait fort bien que ce premier complet gris n'est pas le même que cet autre pourtant de même teinte et qu'entre ces deux monocles, il y a une différence d'arcades sourcilières qui bannit toute erreur possible. On sait aussi que le monsieur à la cravate rouge porte mille attentions à la dame au costume bleu, que la petite au nez retroussé a déjà changé trois fois de toilette et arrive très tard au dîner, sans doute pour faire plus d'effet. Nous sommes des voyageurs de toutes les parties du monde. Il y en a des Indes, de la Nouvelle-Orléans et d'Europe. Peu ou point se connaissent. On interroge, sur carton de luxe, la liste des passagers dont on vous a fait cadeau, afin de mettre un nom sur tous ces visages. Et cependant, tandis même que nous voguons dans les eaux de l'océan, nous sommes renseignés sur chacun d'eux. Tout, vous dis-je !

« D'où viennent ces bruits, ces indiscrètes révélations ? Nul ne peut en indiquer la source. Pourtant, à quelque partie du globe qu'ils appartiennent, nous savons que ce personnage, à l'air important, voyage sans sa femme parce que celle-ci ne peut le supporter, que la petite au nez retroussé est une attrape-monsieur et que le champ de ses exploits est toujours un paquebot, que… Je vous fais grâce du reste. Le monde, le monde, ses potins, ses malveillances, ses jugements téméraires ! Je me demande si la vigie qui veille seule, là-haut, à mi-mât, en est bien à l'abri. Une jeune mariée s'en plaint à moi :

« – Comment se fait-il, gémit-elle, que l'on sache que je fais mon voyage de noces ? Voyez, j'avais pourtant mis ma plus vieille robe.

« Mais elle avait oublié de mettre l'éteignoir sur le flambeau de l'amour qui, de son âme, rayonnait à travers son visage et nimbait sa tête trop haut l'éclatante enseigne du bonheur.

Un bruit étrange circula encore. Ce monsieur, en redingote, dès la première heure de la journée, était un médecin voyageant avec un patient dont le mal avait siège dans l'esprit. »

Robertine eut sans doute une pensée pour Émile lorsque, en parlant de ce passager, elle suggéra qu'il n'est pas si aisé de discerner qui est normal et qui est *fou*. Qui donc déjà a dit : « Le monde est plein de fous et qui n'en veut pas voir ferait mieux de cacher son miroir ?»

Robertine observa à quel point les autres passagers étaient cruels envers cet homme malade :

« Où était ce patient ? Nous avons accusé tous les passagers – hors nous et nos amis –, les uns après les autres, de dérangements cérébraux. Quelqu'un réfléchissait-il seul : "C'est lui", disions-nous. Et le vide s'agrandissait autour du suspect. Quelqu'un d'autre se mouchait-il un peu plus fortement que de raison : "C'est lui", pensait-on, et l'on s'éloignait prudemment.

« Un soir que je faisais les cent pas, sur le pont, à la lueur des étoiles, admirant la traînée phosphorescente des eaux dans le sillage du navire, un passager s'approcha de moi, et d'une voix douce, mélancolique, me demanda :

« – Avez-vous vu l'iceberg ? Il vient de passer.

« – Vraiment, fis-je, surprise ; je ne l'ai pas aperçu et je le regrette. Le spectacle devait en valoir la peine.

« – Il n'y a que moi qui en ai connaissance, continua l'inconnu en baissant la voix. Il y avait des ours blancs, beaucoup d'ours blancs. Je leur demanderai de revenir, mais ne le dites à personne.

« J'étais fixée. Je gardai cependant le secret de mon malheureux compagnon de voyage, que je ne revis plus d'ailleurs, et les soupçons continuèrent de s'égarer sur toutes les excentricités autour de nous.

« Chose curieuse, le médecin n'avait aucune sympathie ; il mangeait trop.

« – Figurez-vous, dit quelqu'un, qu'il promène son patient à travers toutes les parties du monde qu'il n'a pas vues et qu'il désire visiter. Il fait croire aux parents que c'est le meilleur moyen d'effectuer une cure. »

Robertine, compatissante, ajouta :

« Constamment, j'ai devant moi cette tête triste, aux yeux voilés, à l'âme absente, qu'on tourmentait inutilement de changements de scène et de distractions trop fortement renouvelées. »

• • •

Robertine aimait observer ses compagnons de voyage. Elle qualifiait les uns de grognons ou de fanfarons, donnant aux autres un esprit missionnaire. Elle se moqua aussi d'une « grosse Allemande » qui, lors d'une tempête, « glissa de sa chaise terrassée par les grosses vagues ».

Elle avait parfois tellement hâte d'être à Paris qu'il lui semblait que le navire n'avançait pas assez vite. Ces jours-là, elle s'ennuyait, trépignait d'impatience et trouvait à redire sur tout :

« Les jours s'écoulent ; ils sont longs et monotones, en somme. On tente tout pour se distraire ; les cartes, la lecture, la musique. On écoute, le soir, au piano, d'interminables lamentations anglaises dans l'espoir secret que le sommeil en sera plus hâtif et plus profond.

« Et la mer, vous demanderiez-vous ? C'est beau, c'est grandiose et sublime, mais la grande bleue manque parfois de bienveillance, et on lui en veut pour les émotions pénibles qu'elle donne. Mais on peut la haïr, jamais on ne la méprise. Elle

impose, elle subjugue ; on croit ne pas l'aimer ; vite, on se reprend, on l'adore. Si elle vous secoue parfois comme une ma-
râtre, elle sait aussi vous bercer comme une mère ; jamais on
n'a pu, comme elle, être à la fois si belle et si terrible, si câline
et si sévère, si chantante et si hurlante, si caressante et si
cruelle… La mer, c'est le mystère de la création.

« Un jour vint où l'on annonça : terre. C'est le beau moment et, pour plusieurs d'entre nous, le meilleur du voyage. Ce
ne fut, cependant, qu'à travers les voiles du soir que l'on entra
dans les eaux de la mer d'Irlande, et nos yeux ne purent se reposer, ni sur les verts shamrocks ni sur les sommets imposants
de la Chaussée des géants. Liverpool brumeux se dresse devant
nous. Aujourd'hui, ce sera Londres, stoïque, gris et lourd.
Demain, le gai, le lumineux Paris. Enfin !

« Paris, le magnifique, le merveilleux, l'artistique Paris.
Les rêves se réalisent donc quelquefois ? »

• • •

À la gare de Saint-Lazare, Robertine retrouva les sœurs
Le Bouthillier qui comptaient sur elle pour les guider dans
Paris et leur présenter des gens de lettres, des artistes et des
femmes illustres.

Dans toutes ses lettres, intitulées tantôt *Lettre de Française*,
tantôt *Lettre de voyage*, qui furent publiées dans *La Patrie* entre
le 14 avril et le 30 septembre 1900, Robertine décrivit son séjour comme étant un pur enchantement. Elle aimait tout de
Paris, sauf les cochers parisiens qui sont, écrit-elle, la « plus
désagréable engeance qui soit au monde ». Elle n'a sans doute
pas rencontré, sinon elle en aurait certainement parlé, l'insoumise madame Decourcelle, une femme cochère qui, malgré

toute l'hostilité qu'elle devait subir quotidiennement, persévéra courageusement dans ce travail traditionnellement réservé aux hommes. Malgré une violente opposition, elle devint même, en 1908, la première femme chauffeur de taxi.

Robertine parla des victoires du féminisme, personnifiées par la première femme, une Autrichienne, à être docteur en mathématiques, ainsi que par la Française Jeanne Chauvin, docteur en droit. Elle mentionna aussi l'inauguration d'un bateau ambulancier destiné au transport des blessés en temps de guerre et sur lequel se dévouaient des ambulancières. Elle nota combien ce fut un ravissement d'entendre un orchestre uniquement composé de musiciennes.

Elle décrivit comment l'ouverture de l'Exposition universelle de Paris, le 14 avril 1900, se fit solennellement, et détailla les somptueuses toilettes des dames. Elle raconta que, durant une soirée de gala, une balustrade céda sous le poids de curieux, faisant plusieurs victimes. Elle se dit ravie d'avoir été invitée à une répétition générale des fêtes de l'Exposition au profit des caisses de secours de la Société des gens de lettres et de l'Association des journalistes parisiennes. Elle déplora que le pavillon canadien paraisse si piètre à côté du temple égyptien aux colonnes colossales et du palais hindou aux murs découpés comme à la dentelle. Robertine, qui passait ses journées à marcher afin de ne rien manquer de cette Exposition universelle, fut ravie de monter sur le trottoir roulant à deux vitesses qui faisait le tour de l'Exposition et menait jusqu'au bord de la Seine. C'était un véritable cadeau pour ses pieds endoloris.

Elle admira aussi le volcan artificiel, mesurant trente-deux pieds de haut et cent quatre-vingt-cinq pieds de diamètre qui avait été construit au bord de la Seine spécialement pour cette grande Exposition.

Elle nota le plaisir qu'elle eut de voir la pièce *L'Aiglon,* écrite par Edmond Rostand, et dans laquelle Sarah Bernhardt avait le rôle principal. Elle ajouta que la grande comédienne pourrait bien y laisser sa vie, « car la personnification de son personnage est rude à soutenir ». Il s'est avéré que Bernhardt perdit connaissance sur scène à quelques reprises durant les représentations de cette pièce.

• • •

Au cours du Congrès international des femmes, Robertine revit Lady Aberdeen, venue spécialement d'Écosse. C'était en partie grâce aux efforts de cette lady que ce congrès annuel se tenait à Paris en même temps que l'Exposition universelle, permettant ainsi de mettre en contact tous les conseils nationaux des femmes, tant canadiens que français.

Robertine constata qu'en France le mot féminisme ne faisait presque plus peur et que les Françaises étaient bien en avance sur les Canadiennes. Depuis 1789, écrivit-elle, elles réclamaient une meilleure éducation, des lois sur le divorce et le droit de siéger à l'Assemblée nationale. En 1900, elles en étaient venues à réclamer le droit à l'avortement et à l'amour libre. Malgré leur avance sur les Canadiennes françaises, il leur restait beaucoup à accomplir, quoi qu'en pensât le démocrate Anatole France qui écrivait alors que « l'émancipation de la femme est aujourd'hui suffisante ».

Robertine rencontra des Françaises avec qui elle parla de ces femmes qui, en 1832, avaient fondé une revue où les journalistes – toutes des femmes – ne signaient qu'avec un prénom féminin afin de montrer qu'elles rejetaient tout héritage masculin.

Depuis qu'elle avait débuté sa carrière de journaliste, il ne se passait pas une semaine sans que Robertine ne songe à

Séverine, celle-là même qui l'avait tant inspirée lorsqu'elle était jeune fille. Elle n'avait jamais cessé de lire tous les articles de cette grande journaliste française et se sentait toujours autant de complicité avec elle. Même si Séverine avait la réputation d'être une libertine, Robertine ne se privait pas de la citer dans ses chroniques. Certains de ses lecteurs, tout aussi admiratifs qu'elle-même envers Séverine, glorifiaient sa sensibilité. Sensibilité qui, disaient-ils, rendrait le monde moins dur et âpre si elle était plus répandue.

Robertine rencontra enfin Séverine durant son séjour à Paris. On ignore si cette rencontre eut lieu durant le Congrès des femmes ou bien chez Juliette, qui était une grande amie de Séverine. On sait cependant que Robertine sympathisa aussitôt avec celle qui, pour reprendre l'expression d'Évelyne Le Garrec, était née la « liberté au cœur ». Tout comme Robertine.

Même si elle craignait de retrouver chez les féministes le même esprit dogmatique que chez certains politiciens mâles qu'elle connaissait, Séverine écrivit, entre autres, pour le journal *La Fronde*, un mensuel féministe où seulement des femmes travaillaient. Séverine ne pouvait supporter quelque forme d'embrigadement que ce soit. Comme Virginia Woolf, elle aurait pu dire : « Je continuerai à être aventureuse, à changer, à suivre mon esprit et mes yeux, refusant d'être étiquetée et stéréotypée. L'affaire est de se libérer soi-même : trouver ses vraies dimensions, ne pas se laisser gêner. »

De cette rencontre avec Séverine, Robertine ne dit presque rien dans ses chroniques, même si, dans les faits, les deux femmes se lièrent d'amitié[92]. On peut comprendre son silence. De par la mission qu'on lui avait confiée de représenter les Canadiennes,

---

92. G. Chassé. *Biobibliographie de Françoise*, p. 2.

Robertine ne pouvait se permettre de parler de son amitié avec une femme qui était jugée de mœurs légères. Comme le nota Chantale Savoie : « On conçoit aisément l'obligation de moralité imposée par l'époque. Difficile de faire admettre ses contacts, mais encore plus d'accroître sa crédibilité, en s'affichant liée à des femmes de lettres dont les mœurs pourraient être vues comme suspectes ou subversives. Les déléguées canadiennes à l'Exposition semblent avoir trouvé, et dans les salons et dans certains regroupements qui constituent des espaces intermédiaires, certaines alliées qui défendaient la même cause qu'elles, et ce sans causer trop de remous sur la scène mondaine[93]. » Robertine se limita donc à parler des idées de Séverine, sans plus.

Le réseau de contacts que Robertine a créé à Paris était constitué de femmes illustres qui, pour la plupart, se sont liées d'amitié avec elle et dont les noms reviendront à quelques reprises sous sa plume jusqu'à la fin de sa vie. Durant son séjour, elle fréquenta souvent leurs salons, dont celui de la baronne Grellet de la Deyte et celui de la comtesse de Martel, que tous appelaient *la pétulante Gyp,* pseudonyme avec lequel elle s'illustra en littérature. Arrière-petite-fille de Mirabeau[94], Gyp s'était fait reprocher durant toute son enfance de n'être pas ce garçon qui aurait pu continuer l'illustre lignée. Écrivant la nuit, elle a pourtant publié plus de cent vingt ouvrages. Journaliste au *Figaro,* Gyp était une femme à l'esprit frondeur, aussi belle que charmante. Grâce à elle, Robertine fut présentée à toute l'élite

---

93. C. Savoie. « L'exposition universelle de Paris », p. 23.

94. Mirabeau (1749-1791) est un écrivain, journaliste et homme politique français. Franc-maçon et révolutionnaire, il fit aussi parler de lui à cause de son apparence. Comme l'a écrit Victor Hugo, Mirabeau était d'une « laideur grandiose et fulgurante ».

intellectuelle de Paris. Robertine fut reçue dans la somptueuse demeure de cette femme anticonformiste qui se moquait de la bonne société et dont les titres de ses livres révèlent sa volonté d'émancipation et son esprit frondeur : *Ce que femme veut* et *Autour du divorce*. Peut-être que Robertine rencontra les illustres amis de Gyp, dont l'écrivain Marcel Proust et le peintre Edgar Degas dont elle aimait tant les œuvres. Ou encore le comte et homme de lettres Robert de Montesquieu, ainsi que le philosophe, écrivain et critique littéraire Anatole France.

Lorsque Robertine fit ses adieux à Gyp, celle-ci lui autographia sa photo et lui donna aussi sa plume d'oie. Sachant qu'on la surnommait *La dame à la plume d'argent,* plusieurs personnes lui donnaient une plume.

Robertine fut aussi invitée chez Thérèse Bentzon, qu'elle avait accueillie en 1897 à Montréal et qui était devenue, depuis, une bonne amie. Thérèse obtenait beaucoup de succès avec son livre intitulé *La condition des femmes en Amérique.* Elle et Robertine parlèrent de leur passion commune pour les voyages.

Robertine fut reçue chez la « délicieuse cousine Yvonne » Sarcey, qui signait des chroniques dans la revue *Les Annales politiques et littéraires* qu'elle avait fondée avec son mari, Adolphe Brisson.

La professeure de littérature et femme de lettres Thérèse Vianzone lui ouvrit toutes grandes, elle aussi, les portes de son salon fréquenté par des savants, des hommes d'État et des diplomates.

Celle dont Robertine parla le plus souvent après ce voyage à Paris fut son amie Juliette Adam, avec qui elle avait des liens épistolaires depuis plusieurs années et qui signait ses ouvrages de son nom de jeune fille, Juliette Lambert. Robertine assista à une soirée musicale donnée chez Juliette et celle-ci la fit admettre, ainsi que Joséphine, à la Société des gens de lettres.

Durant cette soirée musicale, Juliette – dont on disait qu'elle était la plus belle femme d'Europe – célébra son retour à la santé et, par la même occasion, son rôle de salonnière qui lui avait valu le qualificatif méprisant de *caillette,* un vieux terme français désignant une femme bavarde. Mais le fait que son salon était l'un des cercles les plus en vue suscitait la jalousie. Jusqu'à leurs décès survenus respectivement en 1876, 1880 et 1882, elle y avait reçu sa grande amie George Sand, ainsi que l'écrivain Flaubert et l'historien et homme politique Louis Blanc. Elle avait aussi ouvert toute grande sa porte aux frères Goncourt, à l'époque où, écrivit Robertine, « ils subissaient le poids des critiques révoltés devant le réalisme de *Germinie Lacerteux*[95] ». Robertine et Juliette admiraient le réalisme de cette œuvre dans laquelle une jeune femme, abusée sexuellement durant sa jeunesse, devient alcoolique. Comme Zola, qu'on accusa d'ailleurs d'avoir plagié Édouard de Goncourt, l'écrivain montre que les richesses qu'on admire naissent souvent de l'exploitation des gagne-petit.

On peut imaginer que Guy de Maupassant, Victor Hugo et Camille Flammarion avaient parlé abondamment de spiritisme lorsqu'ils étaient réunis dans le salon de Juliette. Des trois, seul Flammarion était encore vivant en 1900 et peut-être que Robertine le rencontra chez Juliette. Si ce fut le cas, ils s'amusèrent peut-être du fait qu'ils étaient nés tous les deux un 26 février et qu'ils avaient en commun cette fascination à la fois pour la science et pour le spiritisme. Flammarion avait beau être un astronome réputé et un vulgarisateur scientifique estimé

---

95. Françoise. « Mme Adam », *Le journal de Françoise,* 21 octobre 1905.

par ses pairs, il s'était aussi fait connaître du grand public en publiant des ouvrages sur les maisons hantées et les communications avec les morts.

Comme Robertine, Juliette recevait dans son salon des personnes aux idées parfois opposées et aux goûts divers dont la compagnie était recherchée par les gens de lettres autant que par les hommes politiques. Femme d'influence, Juliette avait encouragé les débuts littéraires d'Alexandre Dumas et de Léon Daudet. Comme le nota Robertine dans sa lettre publiée le 26 mai, cette femme charmante exerçait un certain pouvoir politique :

« C'est dans son salon que se formaient les gouvernements ; c'est là aussi qu'ils tombaient quand les ministres ne répondaient pas à l'attente générale ; là que s'est préparée cette fameuse alliance franco-russe. »

C'est dans le magnifique hôtel de la rue qui porte son nom de jeune fille, la rue Juliette-Lambert, que celle-ci demanda à Robertine de lire devant l'assistance des extraits de *Fleurs champêtres*. Les Français, charmés, l'applaudirent chaleureusement, ce qui était, pour cette bourgeoisie française un peu guindée, une haute marque d'appréciation.

Juliette avait accroché dans son salon quelques-unes des peintures de sa grande amie Rosa Bonheur qui, jusqu'à sa mort survenue l'année précédente, avait elle aussi fréquenté son salon. Cette peintre animalière, que Nelligan adorait, avait réussi à se tailler une place dans le monde des arts, occupé de façon prépondérante par les hommes, parce qu'elle s'était spécialisée dans un style de peinture à la fois original, inusité et marginal. Rosa avait dû obtenir des autorités policières « l'autorisation de travestissement », afin de pouvoir porter le pantalon lorsqu'elle fréquentait les foires aux bestiaux où elle observait les animaux et dessinait ses croquis. Robertine ne fut certainement pas insensible à la beauté d'une des toiles de Rosa Bonheur, *Le marché aux chevaux*, où l'artiste avait su les représenter dans toute leur majestueuse beauté. Lesbienne, Rosa vivait avec son amante. Même si les deux femmes ne cherchaient pas à cacher leur orientation sexuelle, la majorité des gens les voyait simplement comme deux très bonnes amies. Leur cohabitation ne scandalisait donc pratiquement personne.

Juliette Adam prenait son rôle de salonnière très au sérieux. Comme Robertine, elle n'aimait pas parler de banalités. Elle informait donc chacun de ses invités du sujet dont il serait question lors de leur visite. Ainsi, ils avaient beau être ses amis, Sand, Hugo et Flaubert avaient toujours pris le temps de bien réfléchir à leurs arguments sur tel ou tel sujet lorsqu'ils étaient invités pour un « *tea o'clock* » chez Juliette, car ils savaient que leur hôtesse détestait que les gens parlent sans être informés. C'était un autre point commun qu'elle partageait avec Robertine.

C'est dans le salon de Juliette que Robertine fit la connaissance de Julia Allard, l'épouse de l'écrivain Alphonse Daudet, décédé trois ans plus tôt. Julia affirmait ne rien comprendre au féminisme et se contentait de la gloriole de son mari qui, croyait-elle, rejaillissait sur elle.

Robertine séjourna quelque temps à l'autre demeure de Juliette, son abbaye, à Gif-sur-Yvette, située dans la vallée de Chevreuse, « la plus historique et la plus belle de toutes les vallées de France ». Les deux femmes prirent le thé dans le pavillon où résidait autrefois l'abbesse de l'ordre des Bernardines. Robertine aima l'ambiance créée par la longue table du salon chargée de magazines et de livres récents, la grande cheminée, le rouet alsacien, les meubles de prix, les tableaux signés d'artistes fameux et tous les souvenirs que Juliette avait rapportés de ses voyages à travers le monde. Dans ce lieu à la fois somptueux et chaleureux, où vibrait « l'âme des choses anciennes », Robertine et Juliette parlèrent littérature.

Robertine aimait marcher avec Juliette dans l'immense jardin où s'élevaient encore les ruines d'une petite chapelle, autrefois si belle avec ses fenêtres aux formes ogivales. Juliette lui raconta que c'était précisément là que Mounet-Sully récita ses vers.

« Pour moi, écrivit Robertine, qui ai eu la faveur de connaître et d'apprécier cette grande Française, de l'entendre, de la voir dans son cadre familier, je remercie Dieu d'avoir mis dans ma vie mes chers et précieux souvenirs. »

L'une des qualités que Robertine appréciait chez Juliette, comme chez toutes les personnes qui en étaient dotée, c'était la bonté. « Bonne, Mme Adam l'est jusqu'au domaine du possible », écrivit-elle. Cette bonté qui était, aux yeux de cette Française, indissociable de la gaieté, lui avait valu bien des protestations de ceux pour qui être joyeux « entamait la dignité ». Autrement dit, avoir l'air bête donnait un air digne. Ce à quoi Juliette répondait : « L'intelligence sans la bonté fait des brutes, plus brutes que mon chien Fadet qui est bon[96]. »

Les moments passés auprès de Juliette Adam figurent parmi les plus beaux souvenirs que Robertine rapporta de son voyage à Paris. Comme Juliette le mentionnera plus tard dans la préface de la troisième édition de *Fleurs champêtres,* ce fut entre elles une belle amitié qui ne se démentit jamais.

• • •

---

96. Françoise. « Mme Adam », *Le journal de Françoise,* 21 octobre 1905.

Joséphine et Robertine, en tant que membres de la Société des gens de lettres, étaient parrainées par quatre membres de l'Académie française : monsieur Herbette, qualifié par Robertine « de dévoué et infatigable ami des Canadiens », messieurs le comte de Larmandie, de Maistre et Paul Hervieu. Une semaine après la réception donnée chez Juliette, Robertine et Joséphine furent invitées par monsieur Hervieu à la réception de l'Académie. Réception qui était fort courue :

« Autrefois, on assiégeait l'Institut dès 5 heures du matin puis, une fois qu'on avait choisi son siège, on y installait un pauvre gueux quelconque qui, pour une pièce de 5 francs, consentait à occuper la place jusqu'à l'heure de la séance. Aujourd'hui, on ouvre les portes à une heure de l'après-midi, de sorte que c'est l'affaire d'une couple d'heures de patience. »

Robertine nota avec regret que pas une femme n'était membre de l'Académie française, alors qu'aux XVIIe et XVIIIe siècles, elle comptait une quinzaine de femmes parmi ses membres. Elle précisa que « la première admise fut Catherine Duchemin, élue le 14 avril 1663 ».

À côté du siège à corbeille qu'on lui avait réservé était assise madame Dieulafoy, une archéologue et écrivaine dont l'esprit aventureux plut à Robertine. L'habit masculin qu'elle portait, écrivit-elle, « n'a rien changé de l'esprit et du goût de la femme ».

Chacune des assemblées du Congrès des femmes à laquelle assistèrent Robertine et Joséphine était présidée par un homme. Dans sa « Lettre de Françoise » du 10 juillet, Robertine écrivit que, lors d'une assemblée, une femme fut huée parce qu'elle avait fait une sortie assez violente sur les prostituées. Elle se retira dans le brouhaha le plus total et, plutôt que de se soumettre s'était écriée : « Au bagne ! Au bagne ! » Car c'est là qu'elle voulait envoyer les péripatéticiennes. Idée que ne partageait pas du tout Robertine qui, disons-le, dans une vision plutôt manichéenne, voyait surtout les hommes comme étant les principaux responsables du marché du sexe. À la Société protectrice pour les femmes, les enfants et les vieillards de Montréal, où elle s'arrêtait parfois, Robertine avait rencontré des femmes que la misère avait conduites à vendre leur corps. Il lui fallait une audace remarquable pour se permettre de prendre publiquement la défense des prostituées, celles-ci étant très mal jugées par la grande majorité des gens.

Lors de ce congrès, Robertine applaudit de tout son cœur lorsque fut abordée la question de l'accès des femmes aux études supérieures et aux professions libérales, qu'elle-même revendiquait depuis ses débuts dans le journalisme. Elle prit grand plaisir à discuter avec une féministe de la question des droits égaux du père et de la mère vis-à-vis de leurs enfants.

Dans les lettres qu'elle envoyait à *La Patrie*, Robertine ne ratait jamais une occasion de mentionner le succès remporté par les Canadiens à l'Exposition universelle de Paris, dont celui, entre autres, des peintres d'origine canadienne tels que Suzor Coté et William Blair-Bruce. Leurs toiles exposées à l'Exposition leur avaient valu le troisième prix en peinture.

Robertine voulait profiter au maximum de son séjour à Paris. Désirant tout voir et tout connaître, elle marchait jusqu'à l'épuisement dans les rues avec une amie, séduite par l'abondance des vieilles demeures qu'elle adorait. Elle était éblouie par la beauté du nouveau pont Alexandre III jeté sur la Seine et dont les pylônes étaient surmontés de Pégases d'or. Elle retourna souvent, rue de Sèvres, devant l'abbaye-aux-Bois qui devait être, hélas, bientôt démolie :

« Quelle tristesse ! Elle est magnifique avec ses toits en tuile verte, surmontés de clochetons qui se dressent fièrement vers le ciel, comme s'ils l'imploraient de les sauver de la destruction. Plusieurs murs extérieurs sont tapissés de lierre et l'épaisse grille de fer se lamentait quand je l'ai ouverte, comme si elle pleurait la mort de la vieille demeure qu'elle protège des intrus depuis si longtemps. J'ai respiré le parfum des roses qui entourent la vieille demeure et j'ai longtemps regardé vers l'aile gauche de cette vieille maison, car c'est là que Juliette Récamier tenait salon, recevant les plus illustres personnages. J'ai marché dans les corridors voûtés, émue à l'idée que je marchais dans les pas de cette femme et de Chateaubriand avec qui elle vécut une belle histoire d'amitié. Toute leur correspondance est empreinte de tendresse[97]. »

Les jours où son rôle de déléguée ne la retenait pas dans la ville-lumière, elle allait visiter d'autres villes françaises en province et s'arrêta à l'église de Rouen dont elle souligna la beauté. Dans une carte postale qu'elle fit parvenir à sa mère, et sur laquelle est reproduite *La Tour de l'horloge*, elle écrivit qu'elle allait le soir même visiter le tombeau d'Agnès Sorel, cette « dame de Beauté » qui avait été la favorite de Charles VII :

« Puis nous rentrerons à Paris en visitant Amboise, Blois et Chambord. Le tour de la Loire au complet. Le pays est gai, la compagnie plaisante, les gens aimables et accueillants. De ce pas, nous allons déposer notre carte chez madame Faquet. Je vous quitte, mais ma pensée reste auprès de vous[98]. »

97. Françoise. « L'abbaye-aux-Bois ». *Le journal de Françoise*, 1er décembre 1906.

98. R. des Ormes. *Robertine Barry, en littérature Françoise*, p. 96.

Durant son séjour à Paris, Robertine se lia aussi d'amitié avec la baronne Grellet de La Deyte, la petite-nièce de Montcalm, le héros des plaines d'Abraham :

« Tout de suite, écrivit-elle, nous fûmes amies. Elle m'aima sans doute parce que j'appartenais à ce sol qui a bu le sang de son aïeul qui a donné sa vie pour le défendre ; moi, parce qu'elle est l'incarnation de la bonté, de la grâce toute française, et qu'elle répondait au besoin qu'éprouvait mon cœur de rencontrer sur la terre étrangère une âme sympathique, qui me parla de la patrie absente, et qui m'en fit parler beaucoup[99]. »

Robertine fut invitée aussi chez une autre salonnière, Hélène Vacaresco, une poétesse française d'origine roumaine qu'elle se proposa d'inviter à Montréal et avec qui elle correspondit régulièrement par la suite. Hélène avait été la demoiselle d'honneur d'une autre amie de Robertine, Carmen de Sylva, reine de Roumanie, atteinte depuis peu d'une maladie mortelle.

L'élite parisienne que Robertine fréquentait ne badinait pas avec les questions d'étiquette. C'était du plus grand sérieux, oui monsieur ! Comme le nota Robertine, une femme s'était singularisée en *s'américanisant* et avait fait jaser tout Paris simplement parce qu'elle avait gardé son chapeau au déjeuner donné par le tsar Nicolas. Voilà donc le genre d'incidents qui faisait jaser tout Paris et dont Robertine ne manquait certainement pas de se moquer en privé, même si elle eut à rougir quelquefois de certains manquements à l'étiquette des Canadiens français. Elle raconta que les Français, lorsqu'ils goûtaient au sucre d'érable, jamais n'en prenaient une seconde

---

99. Françoise. « *Une arrière-nièce de Montcalm* ». *Le Journal de Françoise,* juin 1902.

fois. Quand on leur demandait pourquoi, ils disaient : « C'est un sucre riche et plein de saveur, mais il nous semble encore imparfaitement raffiné, car il laisse, après l'avoir mangé, un goût âcre dans la gorge. « Notre sucre manque peut-être de raffinement », conclut Robertine, avant d'ajouter : « comme certains d'entre nous ».

De « cet honneur périlleux », comme elle dit, de devoir représenter les Canadiennes à Paris, elle retint cependant que l'Exposition universelle avait favorisé les relations et, d'une « manière plus tangible », avait prouvé « la richesse de nos productions, le degré de notre civilisation, ce dont on doutait bien un peu en certains milieux ». « Ah ! s'exclama-t-elle en faisant référence à Voltaire, si nos arpents de neige étaient de nouveau aux enchères publiques, la possession en serait, cette fois, chèrement disputée. Je me donnai, pour ma part, le doux orgueil de faire visiter le pavillon canadien à Mme de la Deyte. » Cette baronne admira toutes les ressources minières du Canada, le quartz aurifère du Klondike, les pianos où elle mit à « l'épreuve la sonorité des instruments en jouant sur l'un d'eux, avec une virtuosité rare, ces vieux airs français, doux et tendres[100] ».

• • •

Robertine ne dit pas tout dans les lettres qu'elle publie. Elle ne donne de son séjour que la version qui ne heurte pas les rigides normes morales de l'époque victorienne. Certes, elle fréquentait les personnes les plus illustres, voire les plus guindées, et elle était alors soucieuse des codes mondains, mais elle

---

100. Françoise. « Une arrière-nièce de Montcalm ». *Le Journal de Françoise*, juin 1902.

pouvait être aussi, en d'autres occasions, une femme qui aimait transgresser bien des interdits et se ficher éperdument des convenances. Éva et Hélène Le Bouthillier, à qui Robertine a présenté de nombreux artistes et avec qui elle sortait régulièrement le soir à Paris, racontèrent que « la journaliste se maquille et se teint les cheveux comme une véritable Parisienne et placarde les murs de son studio d'affiches de nus, au grand dam des commères québécoises[101] ». Il fallait du culot pour afficher ainsi des nus, à une époque où même les femmes qui étudiaient dans les écoles d'art plastique n'étaient pratiquement jamais autorisées à suivre des cours d'anatomie ou à travailler le nu. En ce temps, « les mœurs bourgeoises interdisaient la représentation de la nudité masculine par les femmes et considéraient comme anormal le désir sexuel féminin[102] ». Ces tabous, il semblait plus facile à Robertine de les transgresser à Paris, la ville des mille plaisirs.

L'année 1900 marque un tournant dans sa vie. On sent chez elle un désir de plus en plus criant de se libérer de cette morale étouffante du Montréal ultra-catholique d'autrefois. Bien qu'elle fut très attachée à son pays, Robertine était infiniment séduite par Paris, « ce lieu de perdition par excellence », comme le disaient alors les Montréalais. Elle enviait la faune des artistes qui fréquentait les cafés et qui affichait une grande liberté de mœurs. Il n'est pas impossible qu'elle se permit à Paris ce qui, à Montréal, aurait été jugé comme étant d'impardonnables écarts de conduite.

Robertine ne rata évidemment pas l'occasion de consulter la célèbre voyante française, madame de Thèbes, dont la

---

101. H. Pelletier-Baillargeon. *Olivar Asselin*, p. 177.
102. A. Higonnet. *Histoire des femmes en Occident*, p. 374.

réputation s'étendait bien au-delà de l'Atlantique. Dans un article qu'elle publiera cinq ans plus tard, elle écrira :

« Craignant les moqueries de ceux de nos compatriotes, en visite comme nous à Paris, nous ne dîmes à personne la démarche que nous devions faire ce jour-là. Je n'ai guère la mémoire des chiffres, et, pourtant jamais je n'oublierai le numéro 29 de l'avenue de Wagram. Au troisième est l'appartement de Mme de Thèbes. La domestique nous introduisit dans un salon Louis XV, où l'on nous laissa seules quelques instants. »

Sur une table, la « devineresse » avait déposé un coussinet de velours rouge sur lequel reposait une main recouverte d'un globe en verre. Cette main avait été moulée sur celle d'Alexandre Dumas. Cet écrivain français avait aussi donné des photos de lui en reconnaissance de « quelques prophéties réalisées » par madame de Thèbes qui n'était nulle autre que sa nièce. Robertine ne dit pas ce que la voyante lui déclara ce jour-là, mais elle mentionne qu'elle prédit à mademoiselle Le B. – nous devinons qu'il s'agit d'Hélène Le Bouthillier – qu'elle deviendrait une grande cantatrice[103].

Robertine était d'une loyauté sans failles envers ses amis des deux sexes et elle se faisait un plaisir de les encourager et de les aider du mieux qu'elle pouvait. Elle avait déjà mentionné dans l'une de ses chroniques combien la voix d'Hélène savait si bien parler à l'âme[104]. À son retour de la Ville-lumière, elle écrivit que « Mademoiselle Le Bouthillier, une charmante compatriote actuellement à Paris, vient d'obtenir un engagement au Grand Opéra où elle débutera d'ici un an. M. Koenig, maître

---

103. Françoise. « Chez Mme de Thèbes ». *Le Journal de Françoise,* 21 janvier 1905.
104. Françoise. « Chronique du Lundi », 21 novembre 1896.

de chant au Grand Opéra, en fait les plus grands éloges et déclare que c'est une étoile qui se lève, une étoile de première grandeur et d'un éclat incomparable[105] ».

• • •

Joséphine Marchand-Dandurand ayant dû rentrer précipitamment à Montréal à cause du décès de son père, alors premier ministre libéral du Québec, Robertine, elle, prolongea son voyage bien au-delà de ce qu'exigeait son travail de représentante des femmes canadiennes.

De Paris, Robertine écrivit ses dernières lettres qui étaient généralement publiées dans *La Patrie* trois à quatre semaines plus tard. Elle a aussi continué, durant tout son séjour dans la Ville lumière, à s'occuper, à distance, de sa page féminine. Elle n'y parlait pratiquement plus que de la mode – ce qui demandait peu de recherches – et de littérature, publiant plusieurs textes d'écrivains français, dont l'un de Marcel Prévost. Celui-ci s'amusait à imaginer de quelle façon serait accueillie la femme nouvelle dans le nouveau siècle. Il présumait qu'il y aurait le citoyen irrité qui clamerait :

« – Je leur en ficherai des femmes nouvelles ! Voulez-vous bien aller torcher les enfants et écumer le pot ! »

Il croyait qu'il y aurait aussi des hommes qui déploreraient « la transformation de l'objet aimé », argumentant qu'à vouloir s'égaler aux hommes la femme perdrait tout son charme. « Cette déchéance esthétique de la femme, corrélative de son progrès social, est même devenue un lieu commun. Toute

---

105. H. Pelletier-Baillargeon, *Olivar Asselin*. p. 167.

femme nouvelle serait, a priori, une laissée-pour-compte du désir masculin[106] », conclut Marcel Prévost.

Il est bien possible que Robertine rencontra cet écrivain, qui avait presque le même âge qu'elle, dans l'un des salons parisiens qu'il fréquentait. C'était un auteur prolifique dont le roman le plus célèbre s'intitulait *Les Demi-Vierges*, expression qui désignait les femmes émancipées et affranchies, mais toujours vierges. Comme Robertine l'était peut-être encore. On peut même se permettre d'imaginer que c'est elle qui inspira à cet homme le titre de son autre livre, *Lettres à Françoise*, dont le thème était précisément ce qui préoccupait Robertine depuis plusieurs années : le programme idéal d'éducation des jeunes filles.

Avant de rentrer à Montréal, il est fort probable que Robertine en profita pour visiter l'Irlande, où était né son père, car c'est sur le quai de Liverpool, juste en face, qu'elle embarqua sur l'*Océanic* qui devait la ramener au pays.

• • •

À son retour, Robertine trouva des dizaines de lettres sur le secrétaire de sa chambre. Dans les plus récentes, on l'invitait à dîner, à souper, à prendre le thé, à aller au théâtre, à un mariage. On voulait tout savoir sur son voyage. Robertine n'avait pourtant qu'une envie, se reposer. Les derniers mois ne lui avaient laissé aucun répit et elle se sentait épuisée. Mais il lui fut bien difficile de trouver des moments de solitude. Les membres de sa famille avaient bien des choses à lui raconter. Durant son séjour à Paris, son frère David s'était marié, à

---

106. M. Prévost. « Le Coin de Fanchette », 24 novembre 1900.

l'étonnement de tous ses collègues de travail qui croyaient que ce célibataire de quarante-huit ans allait mourir « vieux garçon ». Aglaé raconta à Robertine comment s'était déroulée la cérémonie de mariage, qui avait eu lieu le 18 avril à Valleyfield, et combien était jolie la mariée, Caroline-Ellen Grace. Elle lui parla de ce qu'elle avait lu dans *La Patrie*, et Robertine ne fut pas surprise d'apprendre que Mgr Bruchési faisait des misères à celui qui, depuis trois ans, en était propriétaire, le notaire et homme politique Joseph-Israël Tarte.

Comme le souligna Jean de Bonville, tout au long de son épiscopat l'évêque de Montréal insista avec « assiduité sur la moralité des reportages [...]. Mises en garde, admonestations, reproches et réprimandes, les lettres de Bruchési aux journaux de Montréal constituent un exemple de la relation d'un évêque avec la presse. À de multiples occasions, il intervint auprès de Berthiaume, de Dansereau, de Louis-Joseph Tarte, de Raoul Dandurand et même de Wilfrid Laurier. Il s'agit tantôt de faire modifier une annonce publicitaire de gin, tantôt de protester contre le fait que les comptes rendus de mariage, cette "auguste cérémonie religieuse", soient classés sous la rubrique "Notes mondaines". Il insistait aussi pour qu'on cesse la publication d'une rubrique de conseils médicaux qui, selon lui, « pourraient porter atteinte à la décence et à la modestie ». Il demandait « qu'on introduise une page religieuse dans l'édition du samedi ». Advenant le cas où un éditeur de journaux n'en continuait pas moins de « publier des articles jugés inconvenants malgré les mises en garde de l'évêque, celui-ci disposait alors de différents moyens pour faire pression sur le directeur. Cette année-là, excédé par le manque d'expérience des reporters de *La Presse*, Mgr Bruchési avait refusé désormais de les recevoir. Il tenait à ce qu'on lui envoie un rédacteur expérimenté pour recueillir ses propos. L'année précédente, il avait même exigé et obtenu la démission des journalistes de ce journal parce qu'ils avaient autorisé la publication du portrait d'un meurtrier[107] ».

• • •

Émilie n'eut pas à attendre longtemps avant de recevoir la visite de Robertine. Celle-ci avait souvent pensé à son amie durant son séjour à Paris et, connaissant sa détresse, elle voulait lui manifester sans tarder son soutien et son amitié. Elle la trouva amaigrie et le regard infiniment triste.

Émilie ne parlait que d'Émile. Bien sûr, elle avait sans doute eu la délicatesse de demander à Robertine comment s'était déroulé son voyage, mais la journaliste sentait que plus rien n'était comme avant. Émilie ne l'écoutait qu'à moitié.

Émilie raconta à Robertine que Louis Dantin était allé voir Émile à Longue-Pointe. Elle connaissait donc dans quel état était son fils. Comme le précise Wyczynski, Émile « le plus souvent restait inerte, à moitié endormi dans une existence végétative tranquille, perdu comme autrefois dans une rêverie, mais plus lointaine et sans attaches avec les réalités de la vie ». Après le départ de son visiteur, Émile « fit une crise violente, terrible, qui effraya tout le monde ». Le docteur Villeneuve « défendit alors ces entretiens qui, en rappelant trop vivement à l'infortuné poète les succès et les promesses de son passé, lui faisaient du mal, l'exaltaient et le mettaient hors de lui ». La réaction du poète avait été tellement forte que les médecins interdirent toute visite pendant plusieurs mois. Avant de rendre

---

107. J. de Bonville. *La presse québécoise de 1884 à 1914*, p. 178.

visite à Émile, Dantin était angoissé à l'idée que la maladie du jeune poète ait pu affecter son intelligence. Ses craintes, hélas, furent confirmées : « L'homme semblait à jamais perdu dans le chaos de son intelligence ébranlée. » Pour Dantin, c'était comme si Émile était mort. Il décida donc de sauver sa poésie. Il alla voir Émilie et lui confia son désir de publier les meilleures poésies de son fils. « Renfermée dans son chagrin », elle ne voulut d'abord rien entendre, mais Dantin insista et elle finit par céder et lui confier les précieux manuscrits.

Robertine cacha à Louis Dantin l'existence des poèmes qu'elle gardait dans ses tiroirs. Il en résulta, comme le souligne Wyczynski, que Dantin publia *Rêve d'artiste*, dans lequel « la sœur d'amitié » est « angéliquement présente », ignorant combien elle est « fustigée sans que ses amis le sachent » dans *Beauté cruelle*.

Pendant qu'elle était à Paris, un article sur Émile avait été publié dans *Les Débats* :

« Longtemps méconnu de ses amis, Nelligan parvint à se faufiler dans le cénacle des jeunes littérateurs qui avaient entrepris de combattre les tendances bourgeoises de notre littérature nationale. C'est lui qui proclamait les théories de l'art pour l'art et brandissait l'oriflamme de la rime millionnaire. Il psalmodiait plutôt ses vers qu'il ne les déclamait : puis, tout à coup, il s'interrompait brusquement, roulait une cigarette et jetait sur l'auditoire un regard méfiant et circulaire. La plupart le trouvaient trop rêveur, et tous déchiffraient avec peine le sens de ses tirades accompagnées toujours de gestes très larges. Mais personne, cependant, ne se rendait compte du travail d'orientation qui se faisait alors chez le jeune poète. »

Le journaliste avait ajouté – et Émilie avait sans doute eu le cœur serré en lisant cela – que les vers d'Émile seraient oubliés parce qu'il possédait trop le culte du mot et se laissait berner par sa musique.

Émilie était cependant réconfortée à l'idée que, grâce à Dantin, son fils serait sauvé de l'oubli. Mais chaque fois qu'elle lisait sa poésie ou ce qu'on écrivait sur Émile, elle ne pouvait s'empêcher de pleurer.

Robertine, touchée par sa détresse, lui rendit visite tous les jours. Elle le fit jusqu'à ce que la maladie vienne la foudroyer.

Quatrième partie

1901

Si tu t'appliques à rendre ton esprit indépendant, tu n'en seras que moins vulnérable aux offenses extérieures.

PLATON

Depuis les fêtes, Robertine se sentait très fatiguée, avait souvent des maux de tête, souffrait d'insomnie et saignait du nez. Au début janvier, son état avait encore empiré. Elle avait souvent la diarrhée et son abdomen était si enflé que les mauvaises langues qui cherchaient toutes les occasions de se délier quand il s'agissait de Robertine n'auraient certes pas manqué, si elles l'avaient vue, de faire courir la rumeur qu'elle était enceinte. Mais pratiquement personne ne la voyait, Robertine restant claquemurée chez elle. Elle avait perdu le goût de tout, même de lire et de manger. Ce qui était, dans son cas, vraiment inquiétant. Aglaé était d'autant plus inquiète qu'elle avait déjà eu la douleur d'enterrer plusieurs enfants. Non seulement trois d'entre eux étaient décédés en bas âge, mais Jacques-Robert, son benjamin, était mort avant qu'il n'ait eu le temps de devenir véritablement un homme[108]. Superstitieuse, Aglaé était d'autant plus inquiète que la parenté de leurs prénoms respectifs, Robert et Robertine, lui apparaissait comme un bien mauvais présage.

---

108. Il a été impossible de trouver la date exacte de son décès, mais les recensements tendent à démontrer qu'il est mort avant 1901. De plus, la dernière photo sur laquelle il apparaît date de 1900. S'il est effectivement mort à cette date, il n'était alors âgé que de vingt-sept ans.

D'après ce que l'on sait de la typhoïde, on peut imaginer que Robertine fut prise de violents étourdissements, que son pouls devint extrêmement rapide et qu'elle ressentit une douleur à la tête comme elle n'en avait jamais connue. Aglaé téléphona sans doute immédiatement au médecin. Une fois au chevet de Robertine, il soupçonna qu'elle était atteinte de la fièvre typhoïde. Aglaé blêmit. Cette maladie faisait beaucoup de morts et, parfois, les malades mouraient quelques jours à peine après l'apparition des premiers symptômes. Parmi ceux qui en réchappaient, plusieurs gardaient de graves séquelles découlant de complications pouvant atteindre tous les organes du corps, dont le cerveau. Il ne se passait pratiquement pas une journée sans que l'un des journaux de Montréal ne parle de la fièvre typhoïde, cette maladie étant considérée comme l'une des plus dangereuses. L'hospitalisation s'imposait.

Une demi-heure plus tard, l'ambulance, tirée par deux chevaux vigoureux, s'arrêtait devant la maison des Barry. Robertine, qui tremblait de tous ses membres, fut transportée à l'hôpital Royal Victoria qui était compétitive au plan international, car on y avait fait usage des rayons X seulement quatre mois après leur découverte en 1895.

L'analyse sanguine, le test Widal, montra qu'il s'agissait bel et bien de fièvre typhoïde, appelée aussi typhus abdominal, une maladie infectieuse décrite en 1818 par Pierre Bretonneau. Ainsi, ce que Robertine avait pris au début pour une très mauvaise grippe se révélait plus grave.

Avant la fin du XIXe siècle, la fièvre typhoïde était appelée simplement « fièvres » ou « peste », et on connaissait depuis peu l'existence de la bactérie qui causait cette maladie. C'est Eberth qui l'avait découverte en 1880. D'autres bacilles avaient été découverts à la même époque. Koch avait découvert celui de la tuberculose en 1882, Klebs celui de la diphtérie en 1883, Nicolaër celui du tétanos en 1885, Neisser celui du gonocoque en 1879.

Robertine a pu être une porteuse asymptomatique de cette bactérie pendant plusieurs années avant que la maladie ne se déclare. Mais ce n'est pas nécessairement le cas, car cette maladie se transmet facilement. Lorsqu'une personne en décédait, on estimait que de cinq à dix personnes avec qui elle avait été en contact l'avaient aussi attrapée. Les principaux facteurs de propagation étaient le lait et l'eau infectés par le bacille.

Il est intéressant de savoir qu'il existe un lien « entre le patrimoine génétique et la résistance à tel ou tel agent infectieux », et que la typhoïde est plus fréquente chez les personnes dont le groupe sanguin est O. On peut ainsi présumer que ce pourrait être le groupe sanguin de Robertine.

En ce temps, on traitait les malades atteints de fièvres typhoïdes avec des bains froids et avec une diète stricte et des stimulants tels que l'alcool et l'opium.

Robertine passa les premières semaines de son hospitalisation dans une semi-léthargie. Elle ressentait beaucoup de douleur aux yeux et à la tête. Au fil des jours, son état, loin de s'améliorer, empira. Elle fit une pneumonie. Elle eut sans doute peur de mourir. Elle savait qu'il était inutile de questionner le vieux médecin qui était à son chevet. La plupart des médecins dénonçaient cette nouvelle habitude qu'avaient leurs jeunes confrères d'annoncer à leurs patients leur mort prochaine[109]. De toute façon, elle savait aussi qu'ils se trompaient aussi dans leurs pronostics : « Si tous ceux que l'on a dit marqués du destin

---

109. J. Germano. « Médecins et malades ». *Le Journal de Françoise*, 21 novembre 1903.

avaient succombé, la Terre serait presque déserte en ce moment », lui avait dit un jour l'un d'eux.

Durant son séjour à l'hôpital, Robertine pensa certainement à Émile qui avait souffert de la même maladie. Peu de temps après son internement, il avait en effet subi le traitement de pyrétothérapie qui consistait à provoquer une forte fièvre en l'infectant avec la bactérie de la typhoïde. Le frère Romulus, qui travaillait à cet asile, confiera des années plus tard que les médecins avaient cru que ce traitement avait fonctionné parce qu'Émile était « redevenu lucide, de conversation très intéressante avec ceux qui le visitaient ». Hélas, ajoutera-t-il, « on croyait qu'il était guéri. Mais il est retombé[110] ».

Les parents d'Émilie avaient eux aussi contracté cette maladie lors de l'épidémie de fièvre typhoïde survenue en 1871 à Rimouski. Robertine savait que le maire et sa femme avaient ressenti longtemps les effets de cette maladie. Peut-être même était-ce parce qu'ils avaient été affaiblis par elle que Magloire Hudon décéda subitement en 1873 et sa femme, Émilie Julie Morissette, en 1874. Tout cela n'avait guère de quoi rassurer Robertine. D'autant moins que les rayons X montrèrent que la fièvre typhoïde et la pneumonie lui avaient laissé une lésion au poumon gauche.

Les infirmières, vêtues de longues robes blanches évasées aux grosses manches bouffantes, étaient au petit soin avec cette journaliste qui avait défendu leur réputation dans ses articles. Robertine ne voulait pas de traitement de faveur. Elle avait d'ailleurs horreur que des gens soient mieux traités que d'autres à cause de leurs conditions sociales. Mais Robertine avait beau leur dire qu'elle voulait être traitée comme tout le monde, les

---

110. P. Wyczaynski, *Nelligan, Biographie,* p. 389.

infirmières n'en faisaient qu'à leur tête. Leur attitude ne déplaisait pas à Robertine. Elle aimait les gens qui ne s'en laissent pas imposer. Depuis que l'Hôpital Général de Montréal avait créé en 1890 une école d'infirmières, quelques jeunes filles avaient osé s'y inscrire. Il leur avait fallu du courage pour le faire, car ce métier était encore, dans l'esprit de plusieurs, réservé aux prostituées et aux alcooliques, comme il l'était au Moyen Âge durant lequel c'étaient les femmes de « mauvaise vie » qui soignaient les lépreux. Trois ans avant la naissance de Robertine, Florence Nightingale avait fondé à Londres la première véritable école d'infirmières et elle avait grandement contribué à combattre les préjugés entourant ce métier. Mais auparavant, d'autres infirmières s'étaient fait remarquer, dont Dorothea Dix qui, en 1844, avait fait un témoignage percutant et émouvant sur les mauvais traitements infligés aux patients dans les hôpitaux psychiatriques, et Jensey Snow, une ancienne esclave, qui avait fondé en 1820 un hôpital en Virginie. Avant elles, Charlotte Brown avait été nommée infirmière en chef dans la British Army en 1755.

Mais Nightingale, en publiant le premier ouvrage sur la pratique infirmière, fut celle qui encouragea le plus les jeunes filles à embrasser cette profession.

• • •

Lorsqu'elle se sentit mieux, Robertine recommença à lire les journaux. Elle lut d'abord *La Patrie* dans laquelle Madeleine Gleason-Huguenin tenait maintenant, à sa place, la page féminine. Le dernier « Coin de Fanchette » rédigé par Robertine avait été publié le 19 janvier 1901. La semaine suivante, la page féminine s'intitulait « Musée féminin », et Robertine ignorait qui s'en était chargé. Le rédacteur en chef avait par la suite fait appel à Madeleine qui, ravie de travailler pour *La Patrie*, avait nommé sa page « Le Royaume des femmes ». Madeleine se défendait bien d'être féministe. Elle prônait plutôt une « sorte d'évangélisation des masses féminines et prêchait les bonnes lectures, la tempérance, le soutien aux œuvres de charité, la diligence au travail, le patriotisme, en un mot les causes "justes". De plus, elle ne prêchait pas dans le désert, si l'on en juge par sa volumineuse correspondance. Son public l'obligea à aborder fréquemment des questions touchant à la vie du cœur. Elle publia alors un grand nombre de récits attendrissants et moralisateurs, dans un style qui frôle parfois la mièvrerie[111] ».

Bien qu'elle eût de l'amitié pour Madeleine, Robertine ne trouvait rien dans la chronique de sa remplaçante qui la réjouissait. Elle avait espéré que celles qui la suivraient dans la voie du journalisme seraient aussi féministes qu'elle-même. Les propos de Madeleine pouvaient être interprétés comme un retour en arrière, comme si tout ce que Robertine avait revendiqué était mis sous le boisseau, cachant ainsi ce qu'il était pourtant si urgent, pour les femmes, de révéler au grand jour.

Bien qu'elle fût entourée par beaucoup d'amis qui l'aimaient sincèrement, Robertine pouvait parfois se sentir bien seule. Les autres femmes canadiennes-françaises qui écrivaient ne défendaient guère les idées féministes. Éva Circé « publie des articles de la plus grossière misogynie. En 1900, sous le couvert des "révélations d'un brave célibataire", Éva Circé se livre à une exécution en règle du féminisme, des droits de la femme et de celles qui les revendiquent, ces quelques "cerveaux malades,

---

111. A. Boivin et K. Landry. *Françoise et Madeleine, pionnières du journalisme féminin au Québec*, pp. 238-239.

avides de popularité" ». Éva disait ouvertement qu'elle faisait la guerre au féminisme[112]. La femme qui voulait s'instruire devait le faire, selon elle, non pas « pour faire parade de son savoir, mais pour resserrer l'étreinte autour de votre cou, messieurs[113] ». Ce n'est qu'un peu avant la Première Guerre mondiale qu'elle parla de l'indépendance financière des femmes, idée que défendait Robertine depuis 1891.

Éva parlait aussi contre les bourgeoises qui travaillent sans en avoir besoin. Elle les appelait les « faux bourdons qui freinent les syndicats » et proposa même une loi qui « contraindrait les parents à garder leurs filles à la maison au moins jusqu'à leur majorité, où elles s'occuperaient du ménage et aideraient leur mère à élever leur dizaine d'enfants[114] ». Elle encouragea les patrons à exploiter les filles qui n'ont pas « besoin » de travailler en leur versant un petit salaire.

Éva estimait aussi que les jeunes filles harcelées par leurs patrons étaient responsables de ce harcèlement. Il fallut bien du temps avant qu'elle n'admette que les femmes puissent exercer les mêmes professions que les hommes. En 1914, elle croyait encore que la profession d'avocat n'était pas faite pour les femmes, car ces dernières pouvaient séduire les juges[115].

Dans un article publié en 1900 à l'occasion de la Sainte-Catherine, Éva montrait qu'elle avait bien des préjugés envers les femmes qui, disait-elle, sont « égoïstes par choix » : « Riez-en bien fort de celle-là (la vieille fille égoïste), vous ne blesserez ni susceptibilité ni fierté... elle n'en a pas... Mettez-la en

---

112. A. Lévesque. *Éva Circé-Côté*, p. 303.
113. *Ibid.*, p. 305.
114. *Ibid.*, pp. 364 et 358.
115. *Ibid.*, pp. 337-338.

comédie, en vaudeville, etc., c'est un des grands ridicules de la race anglo-saxonne. » La femme célibataire était souvent la cible d'Éva.

On peut imaginer Robertine, songeuse, dans sa chambre d'hôpital, *La Patrie* sur ses genoux, regardant les nuages que le vent bousculait tout en songeant au projet qu'elle avait toujours repoussé à plus tard et qui lui trottait dans la tête depuis que Joséphine Marchand-Dandurand avait abandonné la publication du *Coin du Feu*. Elle savait que ce qui avait tué chez Joséphine la motivation d'écrire, c'était tout ce qu'on avait dit contre elle. Comme l'a écrit Marie Gérin-Lajoie, Joséphine « songe presque à rentrer dans une vie très obscure et soupire après le calme. Elle osa me dire qu'elle voudrait biffer d'un trait tout son passé d'écrivain et revenir à la vie simple d'une bonne bourgeoise. Je crois que les derniers articles lancés contre elle dans les journaux l'ont impressionnée trop fort. Quel malheur si des coups maladroits avaient tué l'écrivain, si on avait éteint en elle le feu sacré[116] ».

Mais Robertine n'avait pas l'intention de laisser quiconque tuer en elle cette passion, ce feu sacré, cette raison de vivre qu'était l'écriture. L'envie de concrétiser son rêve d'avoir son propre magazine était revenue avec force depuis qu'elle avait participé, à Paris, au Congrès des femmes journalistes. Ce désir était encore plus vivace depuis qu'elle avait côtoyé, à Paris, toutes ces femmes fort heureuses de diriger leurs propres revues.

Mais surtout, l'urgence de concrétiser ce rêve était encore plus forte depuis que la maladie lui avait envoyé ce message : « Fais ce que tu dois avant de mourir ! » ou, pour reprendre les mots de Nietzsche : « Deviens ce que tu es. »

---

116. Anne-Marie Sicotte. *Marie Gérin-Lajoie*, p 108.

Les médecins et les infirmières avaient rarement vu une patiente aussi gâtée que ne l'était Robertine. Chaque jour, elle recevait de nombreuses lettres et des bouquets de fleurs embaumaient sa chambre. Ces marques d'amitié qui touchaient Robertine révélaient aussi l'impressionnant réseau d'amis qu'elle s'était constitué au fil des ans. Tous ces contacts qu'elle avait établis à Paris lui permettraient aussi de s'assurer la collaboration d'auteurs prestigieux.

• • •

Les jours s'écoulaient trop lentement au goût de Robertine, peu habituée à rester inactive. Heureusement, elle avait de nombreux amis des deux sexes qui venaient la visiter, les uns les bras chargés de fleurs, les autres apportant du chocolat ou des bouteilles de Coca-Cola qu'elle adorait. « Les meilleures amitiés, écrivit-elle, les plus longues et les plus durables se forment au pensionnat. Ce sont de vieilles amitiés sûres et sincères[117]. » Celle qui comptait parmi ces amitiés-là et dont le nom revient souvent sous sa plume est Marie-Louise Marmette. Après avoir étudié chez les Ursulines, Marie-Louise avait fait des études littéraires à Paris où sa famille avait séjourné pendant quelque temps. Elle avait ensuite épousé l'avocat Donat Brodeur et avait donné naissance à huit enfants.

Depuis qu'elle vivait à Montréal, Marie-Louise et Robertine se voyaient souvent :

« Que de fois le dimanche après-midi, écrivit Marie-Louise après la mort de Robertine, j'allais sonner à sa porte et à peine installées dans son joli salon, rayonnant d'un charme

---

117. Françoise. « Chronique du Lundi », 18 avril 1898.

tout parisien, nous causions longuement la main dans la main, les yeux dans les yeux, l'âme dans l'âme ; et les heures passaient si doucement que la brunante nous enveloppait en nous isolant encore davantage du reste du monde, loin, si loin de tout importun... en voyage délicieux dans le pays du rêve et du merveilleux ; dans l'appel et la vision des troublants problèmes des affinités intellectuelles et spirituelles. Et je sortais imprégnée d'elle, la joie dans les yeux, le cœur plus fort, l'âme plus élevée et, dans l'indulgente bonté qu'elle m'avait communiquée, j'aurais voulu avoir les bras grands comme le monde pour étreindre l'humanité et l'embrasser. Hélas ! C'est fini, car rares sont les affections hautes, sincères et nobles, qui ne mentent pas aux devoirs pourtant sacrés de l'amitié. »

Dans les salons où les deux femmes étaient invitées, Marie-Louise observait que tous et toutes étaient sous le charme aussitôt que Robertine arrivait :

« Dès qu'elle entrait, nous lui remettions d'un commun accord la direction des conversations. Pour ma part, je jubilais d'aise dès qu'elle faisait son apparition, car je savais que les non-initiées, les timorées ou les routinières du préjugé allaient recevoir quelques franches et énergiques coudées de sa façon ou passer par le feu de ses plaisanteries piquantes ou satiriques[118]. »

Robertine lui parla de son projet de fonder un magazine et lui proposa d'y collaborer. Ce serait la première fois que Marie-Louise serait publiée, et elle accueillit l'offre de Robertine avec joie et gratitude.

Marie-Louise était la petite-fille de l'historien François-Xavier Garneau et la fille de l'archiviste et écrivain Joseph-Étienne Marmette. C'est le titre de l'un des livres de celui-ci,

118. L. de Bienville. *Figures et paysages*, p. 124 à 126.

Françoise de Bienville, qui lui inspira son nom de plume : Louyse de Bienville. C'est elle aussi qui, dans *Le Journal de Françoise,* signera *Domino Noir.*

• • •

Les médecins de l'hôpital, séduits par le côté attachant de Robertine, aimaient s'attarder auprès d'elle. Ils avaient rarement vu quelqu'un d'aussi curieux et qui, bien que malade, riait autant.

Robertine, habituée à avoir des journées bien remplies, s'ennuyait de devoir les passer couchée. Aussi cherchait-elle à retenir auprès d'elle le personnel soignant aussi longtemps qu'elle le pouvait. Elle savait que la meilleure façon de maintenir l'attention de quelqu'un était de lui parler de ce qu'il aimait. Aussi questionnait-elle les médecins sur leur travail. Son intérêt n'était pas feint. Elle avait beau consulter des voyantes et s'intéresser au spiritisme, la science et la médecine la fascinaient.

Clouée sur son lit d'hôpital, elle ne se doutait pas encore que sa maladie était le premier événement qui, suivi de beaucoup d'autres, allait faire d'elle l'une des rares personnes, à Montréal, à défendre les idées de Pasteur. Ce sont ses discussions quotidiennes avec les médecins de l'hôpital qui la motivèrent à le faire et ce, même si certains de leurs confrères résistaient à admettre la valeur des récentes découvertes scientifiques.

Contrairement à Robertine, peu de gens acceptaient l'idée que des maladies, dont la fièvre typhoïde qu'elle avait contractée, pouvaient être enrayées par un meilleur système d'égout et un plus grand contrôle de la qualité de l'eau et du lait. Beaucoup de personnes, même parmi le corps médical, persistaient à croire que les maladies infectieuses étaient causées seulement par l'air rempli de miasmes. Au début des années 1900, les idées de Pasteur commençaient à peine à pénétrer les mentalités et à briser la dure coquille des préjugés. Il n'était pas rare d'entendre encore des médecins déclarer qu'avec toutes les « idées fausses » de Pasteur, « vous verrez maintes gens timorés trembler en passant devant des bouches d'égout[119] ». Ne croyant pas en ce qu'ils appelaient des « histoires de microbes », ils « se refusaient à faire intervenir les antiseptiques dans le traitement des déjections, locaux infectés et linges » et ce, à cause de « l'odeur désagréable du chlore, et de la mise en scène des pratiques de désinfection ». Il n'en demeure pas moins que, malgré la résistance envers les mesures préventives – résistance de la part de quelques médecins, mais aussi de la part d'une bonne partie de la population qui préférait croire les charlatans –, ce fut la typhoïde qui « traça le chemin vers les réformes sanitaires et l'importance de la prévention[120] ».

Cela, Robertine l'apprit en discutant avec les médecins de l'hôpital. Lorsqu'ils quittaient son chevet, elle songeait combien il était important que soient diffusées les découvertes les plus récentes en médecine. Elle se disait qu'elle contribuerait peut-être à sauver des vies si elle publiait des articles à ce sujet dans son magazine. Depuis qu'elle avait frôlé la mort, Robertine était encore plus convaincue de l'importance des mesures préventives. Elle croyait qu'elle n'aurait aucun mal à convaincre des médecins et des infirmières d'écrire des articles dans lesquels ils donneraient des conseils d'hygiène et des soins à donner aux enfants. Dans l'éditorial du premier numéro de son magazine, elle écrivit :

---

119. J. Marc Farlane. « Les miasmes, les microbes et la médecine », p. 70.
120. R. Sournia. *Les épidémies dans l'histoire de l'homme*, p. 51.

« Nous sommes en mesure de promettre la collaboration de médecins éminents qui viendront, de temps en temps, faire la causerie médicale en ces colonnes. »

Robertine n'hésita pas à prendre elle-même la plume pour dénoncer ce qui mettait en danger la santé publique :

« Un des grands facteurs qui compromet, à Montréal, la santé publique, c'est le mauvais lait. […] Il n'y a pas dans toute la ville un laitier absolument irréprochable. N'est-ce pas épouvantable que d'y songer seulement ! Ces derniers jours, toute une famille, dans la rue Saint-Denis, a été empoisonnée par un lait où pullulaient les pires microbes, et tellement contaminé que deux jeunes enfants ont été pris de convulsions terribles, et que l'un de ces chers petits, n'ayant pas la force de résister, est mort dans d'atroces souffrances. […] Il est grand temps que des démarches soient tentées, que des moyens soient employés. […] La santé publique est en danger. Elle l'est depuis longtemps. Secouons notre apathie et réveillons-nous. Je suis toujours stupéfaite de l'inertie que montrent les autorités en pareille occurrence. Elles connaissent le mal, elles le déplorent, et cependant, elles ne font rien pour l'enrayer. On se contente de parler en arrière, ce qui est par trop canadien, et personne n'ose élever la voix. A-t-on peur de la vindicte des coupables ? Craint-on les représailles, qu'on n'ose pas hautement accuser les délinquants ? On le dirait. Quels tristes temps que les nôtres, et jusqu'à quand le mot devoir doit-il rester exclu de la conscience de ceux qui se sont constitués les protecteurs et les défenseurs des intérêts publics[121] ? »

En un temps où la tuberculose causait énormément de décès, Robertine critiqua les conducteurs de tramways qui

---

121. Françoise. *Le Journal de Françoise*, 16 mars 1907.

crachaient sans retenue et insista sur le fait que les pancartes posées dans chaque tramway rappelaient à tous qu'il était strictement interdit de cracher[122].

Dans une chronique médicale publiée dans *Le Journal de Françoise*, le docteur Aurèle Nadeau écrivit que les planchers servent de « dépotoirs à cette abomination par excellence qu'on nomme les crachats ». Il nota qu'on se permettait « pareille ignominie dans les églises » et qu'il avait vu un tuberculeux qui « crachait à bouche que veux-tu, et dans l'allée et dans son banc ». Il déclara que « si tous les médecins avaient fait leur devoir, il y a bien des années que tout le monde saurait ce qu'un crachat comporte de dangers. Et qu'il en résulterait cette crainte salutaire qui est le commencement de la sagesse ». Il ajouta qu'un bactériologiste aurait des émotions fortes à la première analyse qu'il ferait de l'eau des bénitiers, celle-ci étant un véritable réservoir de microbes de toutes sortes. Quant aux statues dont on baise les pieds et les reliques que l'on embrasse, elles « sont autant de sources de dangers graves et indéniables ». Il s'en prenait à quelques-uns de ses confrères qui utilisaient « leur thermomètre de bouche en bouche sans jamais les laver, encore moins les désinfecter[123] ».

• • •

Les réformes sanitaires que Robertine revendiqua dans son magazine s'ajoutèrent aux nombreuses autres réformes sociales qu'elle y proposait.

---

122. Françoise. « On demande des inspecteurs ». *Le Journal de Françoise,* 21 mai 1904.

123. A. Nadeau. « L'hygiène dans nos églises ». *Le Journal de Françoise,* 20 mai 1905.

On peut imaginer que cette travailleuse acharnée profita de son séjour à l'hôpital pour écrire le programme de son futur magazine et, ce faisant, tracer à gros traits les réformes les plus chères à son cœur.

Assise près de la fenêtre que caressaient les branches d'un peuplier, elle nota en grosses lettres :

RÉFORMES AU NIVEAU DE L'ÉDUCATION. Cela, elle le revendiquait depuis longtemps, mais elle le ferait encore et encore, tant qu'elle ne verra pas naître une éducation laïque et universelle, ainsi que l'accès des femmes aux universités. Et aussi l'ouverture de cette chère bibliothèque publique qu'elle souhaitait tant voir ériger.

RÉFORMES SOCIALES ET POLITIQUES. Elle revendiquera, comme on le verra plus loin, le droit de vote pour les femmes.

RÉFORMES MORALES. En demandant à cor et à cri de l'aide pour les filles tombées, en lieu et place des discours moralisateurs ; en revendiquant une plus grande liberté de parole critique envers le clergé ; en dénonçant la corruption politique qui régnait en maîtresse.

Elle fera bien sûr une large place à tout ce qui touchait au féminisme, celui d'avant-garde, bien sûr.

Au fil des rencontres qu'elle avait faites depuis le début de sa carrière, Robertine avait souvent constaté qu'on attendait d'elle qu'elle soit l'élément déclencheur des changements souhaités dans tel ou tel domaine. Ce n'était nullement prétentieux de sa part de le penser. Robertine était effectivement le « pivot d'une multitude de causes et de combats[124] ».

Elle voulait que son magazine prenne parfois le ton des conversations qu'elle avait avec ses invités lors de ses « *tea*

---

124. C. Savoie. « Des salons aux annales », p. 248.

o'clock ». On y causerait d'actualité et de tout ce qu'il y avait à changer pour qu'advienne un monde meilleur. On y parlerait de littérature, de théâtre, de concerts, de mode. Mais pas question de chroniques mondaines décrivant, par le menu détail, qui s'est cassé une jambe ou un bras ; comment était habillée telle dame à telle soirée ; qui épouse qui et quand ; quel enfant est né et quand surtout, afin que les commères vérifient s'il n'était pas né quelques semaines trop tôt, révélant ainsi, ô scandale !, que le mariage avait été consommé avant l'heure. Non, pas de commérages, songea Robertine qui en était trop souvent victime. À l'instar d'Eleanor Roosevelt, elle aurait pu dire : « Les grands esprits discutent des idées ; les esprits moyens discutent des événements ; les petits esprits discutent des gens. »

Robertine leva les yeux vers la fenêtre et vit, au loin, des femmes et des hommes qui marchaient d'un pas pressé. Comme elle avait hâte d'être rétablie et de réaliser son rêve ! Le désœuvrement, répétait-elle souvent, est la pire chose qui soit.

Une infirmière entra dans la chambre avec un magnifique bouquet de fleurs mauves, semblables à celles que Robertine ramassait lorsqu'elle revenait de ses belles promenades. Aux alentours de Montréal, raconta-t-elle dans une chronique, il y a de « délicieux endroits et des paysages qui séduiraient le pinceau de plus d'un artiste. J'y suis allée y passer le dimanche, il y a une quinzaine, alors que les arbres étaient en pleine frondaison et qui m'attendaient, pour y rendre mon séjour plus doux. Est-elle assez jolie, un peu, la montée Côte-des-Neiges ? Ce n'est, il me semble, qu'une longue avenue bordée d'arbres, se rejoignant, par intervalles au-dessus de nos têtes. À perte de vue s'étendent des forêts pleines d'ombrages où se détachent de temps en temps de splendides résidences, de vastes serres, de jolis cottages ou des ruines pittoresques restées debout malgré le vent et les hivers. Nous montions lentement. Le soleil couchant derrière cette double haie de verdure et de fleurs, illuminait encore l'horizon ; mais ses rayons se faisaient moins ardents et l'air ambiant apportait avec plus de force les émanations embaumées qui s'exhalaient de l'espace. Tout était calme dans la nature, les vains bruits de la ville allaient s'affaiblissant dans la distance à mesure que nous la laissions derrière nous. Un vieux Jean-Baptiste revenant du marché nous précédait. Assis sur le devant de son véhicule, il laissait flotter les guides sur le dos de son cheval qui marchait au pas, tandis que ses mains et toute son attention étaient employées à compter le grain de sa journée. Notre automédon fit tout à coup claquer son fouet dans l'air. Brusquement arraché à son rêve d'argent, le bonhomme sursauta, ramassa hâtivement dans une vieille housse en cuir les mêmes pièces de monnaie, fit disparaître le tout dans un des pans de sa vaste houppelande et s'éloigna aussi rapidement que le lui permettait le trot de sa maigre haridelle. De temps en temps, nous croisions des duos de jeunes filles qui redescendaient après avoir passé une journée sous les bois, les mains chargées de fleurs destinées à continuer, dans les salons, l'illusion de la campagne jolie. Elles sont gentilles les éclosions sylvestres que l'on cueille sur notre Mont-Royal. Michaud, le grand botaniste français qui vint dans notre pays après Kalm, son savant confrère suédois, y a trouvé des plantes qui sont particulières à notre climat et qu'il n'a rencontrées nulle part dans toutes les contrées de l'ancien continent qu'il a explorées. C'est lui qui a donné le nom de *Trillium grandi florum* à cette fleur blanche en forme de lis qui tapisse à profusion le gazon de la montagne ».

Dans sa chambre d'hôpital, Robertine revit en pensée « la frêle hépatique avec son calice en forme d'étoile, blanches, bleues et roses, dont la tige enveloppée de longs poils » la protégeait des froidures de l'hiver.

Elle avait hâte de faire encore des pique-niques, tantôt au bord du fleuve, tantôt au cimetière et de revoir « les équipages élégants » qui passent et repassent dans les allées du parc :

« C'est le jour par excellence, qui met de la vie et un air de fête, où la recette est bonne dans les petites boutiques pour les vendeuses de petite bière et de chocolats, qui débitent des marchandises jusqu'aux portes même du cimetière. »

Là, elle y avait observé aussi « cette longue procession d'hommes, de femmes et d'enfants ; chacun muni de son petit panier de provisions » espérant oublier, l'espace trop court de quelques heures, « les fatigues d'une rude semaine de labeur, qui dans les bois, qui dans le cimetière, à l'ombre des saules pleureurs. Ah ! Le cimetière, le cimetière avec ses noirs cyprès, ses fleurs de la mort, son long calvaire, son Christ agonisant et ses dalles funéraires. Immense république, la seule encore où se sont réalisées les creuses utopies d'égalité et de fraternité[125] ».

Touchée par la misère des ouvriers, elle ne renonçait pourtant pas à ses utopies. Celles-ci prenaient au contraire plus de vigueur lorsque Robertine côtoyait, comme ces dimanches où elle pique-niquait avec des amis, cette masse de gagne-petits venus profiter de ce court moment de répit qui ponctuait trop rarement leur vie. Les traits tirés des femmes, la maigreur de leurs enfants, l'air renfrogné de plusieurs pères de famille harassés de fatigue, la touchaient profondément.

Durant un pique-nique où une petite brise rendait la chaleur plus supportable, une famille avait trouvé près d'eux un

---

125. Françoise. « Chronique du Lundi », 27 juin 1892.

endroit ombragé où déposer leur panier. Robertine les avait gratifiés d'un immense sourire. Elle aimait que les « gens du peuple » sachent qu'elle n'était pas de ces bourgeoises hautaines qui n'avaient jamais une pensée ni un regard pour les pauvres.

Couchée dans son lit d'hôpital, Robertine se disait qu'en étant directrice de son magazine, et donc seule maîtresse à bord, elle pourrait réclamer l'amélioration des conditions de vie des ouvrières et des ouvriers et publier, aussi souvent qu'elle le voudrait, des articles revendiquant avec force plus de justice sociale[126].

• • •

Presque tout l'hôpital était rempli des échos des éclats de rire de Robertine. Elle avait enfin reçu son congé. Deux longs mois, enfermée entre quatre murs, étaient une grande épreuve pour cette femme active éprise de liberté. Après cette « douloureuse et grave maladie, écrivit-elle, les médecins, jugeant mes poumons encore trop affaiblis pour leur permettre de respirer les brises fraîches et salines de la mer, ordonnèrent le calme le plus complet, dans une atmosphère à la fois tranquille et tiède. Rien ne pouvait donc mieux convenir que l'hospitalité qui m'était offerte, à Détroit, au couvent des Dames du Sacré-Cœur de Grosse-Pointe[127] ». Elle sait qu'il lui faudra supporter vingt-quatre heures de chemin de fer avant d'y être. Mais qu'importe puisque c'est dans ce couvent que sa sœur Évelyne

---

126. Ce qu'elle fit, entre autres, en publiant *Pitié pour eux,* dénonçant l'exploitation des enfants et lorsqu'elle encensa le livre *Le travail à bon marché* de G. Mény.

127. Françoise, « Fleur du cloître ». *Le Journal de Françoise,* 17 décembre 1904.

enseigne à des jeunes filles. Évelyne qui, en vieillissant, ressemblait de plus en plus à sa grand-mère, l'Irlandaise Mary Flynn. Évelyne, dont la présence lui manquait souvent.

Durant la longue convalescence de Robertine, les deux sœurs passèrent le plus de temps possible ensemble, marchant bras dessus, bras dessous dans le grand parc entourant le couvent, protégées des chauds rayons du Soleil par les arbres centenaires qui leur jetaient de l'ombre. Évelyne accordait ses pas à ceux, étonnamment lents, de Robertine. Elle avait les larmes aux yeux, rien qu'à penser que celle-ci avait frôlé la mort. Cela lui crevait le cœur de la sentir encore si fragile, habituée qu'elle était de la voir marcher à grandes enjambées, tapant du talon comme un militaire, ce qui, jadis, exaspérait tant leurs parents. Évelyne chassa ses pensées moroses. La plupart du temps, les deux sœurs attiraient les sourires des autres religieuses, qui s'amusaient de les voir rire comme des gamines lorsqu'elles se remémoraient toutes les espiègleries de leur enfance.

« Les jours ensoleillés que j'ai passés dans cette gracieuse retraite, sur les bords merveilleux du grand lac Sainte-Claire, ont marqué, dans ma vie, une époque charmante dont l'évocation me sera toujours chère », écrivit Robertine des années plus tard, ajoutant que c'est là, près de ce lac, qu'elle fit la connaissance d'une *Fleur du cloître,* une « jeune religieuse professe qu'une faiblesse extrême empêchait de suivre les exercices réguliers de la communauté ». Lorsque la jeune religieuse confia à Robertine qu'elle était belge, elle lui répondit en riant :

« – Faisons donc du béguinage. Je connais la Belgique et je garde de ma visite chez vous la plus agréable impression.

« – Quel bonheur ! fit-elle, rayonnante. Vous avez visité Bruxelles ? Et la cathédrale de Sainte-Gudule ? Le parc ?

« – Ainsi que l'Allée verte.

« – Ah !, répondit-elle avec fierté, Bruxelles est un petit Paris. Vous avez vu notre hôtel de ville ?

« – Sans oublier le Manneken, risquai-je en reluquant, du coin de l'œil, sur son visage, l'effet de mon impertinence.

« – Ah ! Le Manneken, s'écria-t-elle, en frappant des mains avec un rire d'enfant, il y a dix ans que je n'en ai entendu prononcer le nom. »

En dialecte flamand de Bruxelles, *Le Manneken Piss* c'est « le petit homme qui pisse ». La statue de bronze, connue aussi sous le nom de *Petit Julien*, est en fait une fontaine représentant un petit garçon en train d'uriner.

• • •

Robertine occupait une partie de ses journées à écrire des lettres aux membres de sa famille et à ses connaissances de Montréal et de Paris. Souvent, elle allait s'asseoir, seule, dans le petit bosquet, en arrière du couvent. À l'ombre des arbres, admirant le « soleil miroitant sur les eaux du lac, réfléchissant des rayons aveuglants et trop chauds », elle songeait qu'elle avait bien failli mourir sans avoir réalisé tous ses rêves et sans être allée au bout de ses possibilités. Quand elle aurait cinquante ans et qu'elle aurait amassé suffisamment d'économies, elle se promettait bien d'écrire ce roman historique dont elle rêvait. Ce serait « un livre capital », comme elle l'avait confié à son amie Marie-Louise[128]. Mais avant, elle allait réaliser son autre grand rêve et lancer son magazine.

Elle se releva et marcha sur les bords du grand lac Sainte-Claire qui affleurait une partie des terres des religieuses. Elle

---

128. L. de Bienville. *Figures et paysages,* p. 126.

sortit de sa poche une poire qu'elle avait prise dans le verger des religieuses, lequel regorgeait aussi de pommes et de pêches.

Elle imagina à quoi pourrait ressembler son avenir lorsqu'elle dirigerait enfin son magazine. Elle lui cherchait un nom quand, tout à coup, il s'imposa à elle : *Le Journal de Françoise*. Un sourire de défi se dessina sur ses lèvres. On la traiterait certainement encore de prétentieuse à s'afficher ainsi, car pratiquement plus personne n'ignorait qui était Françoise. Au diable la modestie qu'on voulait imposer aux femmes ! Ce nom montrait bien qu'elle serait seule maîtresse à bord.

Robertine sentait des ondes de bonheur l'envahir, rien qu'à l'idée que, désormais, ce serait elle qui déciderait de tous les sujets qui seraient publiés dans son journal.

Cette idée la stimulait au point qu'elle reprit des forces rapidement. Bien sûr, parfois, elle se demandait si elle ne s'aventurait pas dans une folle entreprise. Elle ne pouvait s'empêcher de penser à Joséphine Marchand-Dandurand, qui avait quitté le monde du journalisme avec une certaine amertume :

« Au point de vue égoïste, avait écrit Joséphine, j'ai eu bien tort de laisser mes petites écritures intimes pour faire du journalisme public, besogne aride qui m'a asservie à un labeur ingrat, m'a détournée de mes lectures, de mes études favorites et, pendant que je cherchais à instruire les autres, m'a empêchée de m'instruire[129]. »

Robertine ne voyait pas les choses de cette façon. Le journalisme était pour elle à la fois une passion, un gagne-pain et une mission dont elle ne pouvait se passer. Elle écrivait non seulement parce qu'elle aimait profondément ce métier qui lui permettait de gagner sa vie, mais aussi parce que sa plume

---

129. J. Marchand-Dandurand. *Journal-Mémoires,* 15 novembre 1897.

lui permettait de défendre les causes qui lui tenaient à cœur. Elle n'était pas quelqu'un d'égocentrique qui ne pensait qu'à son avancement personnel. Elle avait réussi à mener une vie libre et indépendante, mais elle ne pouvait se sentir totalement satisfaite d'y être arrivée alors qu'autour d'elle les autres femmes ne pouvaient accéder à cette liberté et à cette indépendance. Elle ne pouvait jouir pleinement de son confort tout en sachant que d'autres étaient privées de l'essentiel. Elle était véritablement tournée vers les autres et savait bien que les mots peuvent être une arme ayant le pouvoir de changer les choses. Une arme fragile, mais une arme tout de même.

Avant de quitter le Michigan, Robertine visita la ville de Détroit, considérée, dit-elle, comme l'une « des plus jolies villes des États-Unis », avec ses rues larges et propres, ses édifices, aussi solides que magnifiques.

• • •

Lorsque Robertine revint à Montréal, un nouveau membre s'était ajouté à la famille Barry. Le premier petit-enfant d'Aglaé était né. Elle avait maintenant soixante-dix ans et désespérait d'être un jour grand-mère, lorsque son fils David lui avait appris que sa femme était « grosse ».

Dès qu'elle posa ses yeux sur le nouveau-né, Robertine eut le coup de foudre pour cet enfant. Elle le promenait dans la maison, lui montrant, en les nommant, tous les objets. Quand il dormait, elle restait près de son ber et le regardait, émerveillée. Elle songeait alors à la petite-fille d'une amie qui aurait préféré avoir eu un garçon. Après lui avoir rendu visite, elle avait pris la plume et avait écrit ce que cette belle enfant lui avait inspiré :

« Toute mignonne, un peu frêle dans son petit berceau garni de dentelles, on dirait un oiseau frileux, douillettement à l'abri des froidures, dans le duvet soyeux d'un nid charmant. Longtemps je l'ai regardée dormir, hier, de ce petit sommeil d'enfant, si doux, si léger, que son souffle ne ferait pas frissonner une plume de l'aile d'un ange, et j'ai songé, penchée ainsi sur son gentil oreiller, qu'une âme de femme avait pris son éclosion dans cette délicate enveloppe de chair blonde et rose. [...] Gentils bébés, à quoi rêvez-vous, dans vos blanches robes, quand vos yeux si graves, si sérieux semblent fixer l'infini ? Regrettez-vous le néant d'où l'on vous a tirés ? Sentez-vous s'éloigner, avec les semaines, avec les mois, cette terre promise où vos âmes d'enfants espéraient d'ineffables délices ? Avez-vous l'intuition vague des luttes de l'avenir ? Qui peut dire ? Qui saura jamais ce qui se passe derrière vos petits fronts[130] ? »

Sur la pointe des pieds, sa sœur Clara-Blanche entra dans la chambre. Robertine lui sourit. Elle avait souvent observé combien sa cadette était heureuse auprès des enfants. Lorsqu'elle leur racontait des histoires, elle s'adressait toujours à eux avec une exquise tendresse. Clara-Blanche avait maintenant trente-deux ans et n'était pas mariée mais contrairement à ses sœurs célibataires, elle souhaitait ardemment rencontrer l'âme sœur et enfanter. Robertine l'observa pendant qu'elle replaçait doucement la couverture de son neveu. Il lui vint alors l'idée de lui confier la responsabilité de la page qu'elle voulait, dans son magazine, consacrer aux enfants. Elle le lui proposa et Clara-Blanche accepta sans hésiter. Dès le lendemain, elle confia à Robertine que *Tante Ninette* serait son pseudonyme. Elle espérait ainsi donner le sentiment à ses jeunes

130. Françoise. « Chronique du Lundi », 20 novembre 1893.

lecteurs qu'elle faisait partie de leur famille. Une tante bienveillante, voilà ce qu'elle voulait être à leurs yeux.

Marie[131], qui aimait écrire, offrit à Robertine de rédiger, à l'occasion, des articles. Celle-ci accepta, mais ajouta qu'elle serait aussi exigeante envers elle qu'avec ses autres collaborateurs. Marie, pour la taquiner, leva les yeux au ciel. Robertine éclata de rire. Les membres de sa famille savaient qu'elle cachait une main de fer dans un gant de velours, ce que ne tarderaient pas d'ailleurs à découvrir tous ceux et celles qui écriraient pour son magazine. Dans le premier numéro du *Journal de Françoise*, Cigarette, qui signa la chronique « Mode et Modes », eut même l'audace de noter :

« Depuis un mois que je fouille à votre intention, mesdames, tous les journaux où il est question de cotillons, afin d'en retirer ce qui peut vous plaire, vous être utile, ou fixer votre goût sur la coupe encore incertaine de votre toilette. C'est assez vous dire que la directrice de ce journal m'a confié le soin de ce département et que je devrai m'acquitter de mes fonctions sous les peines les plus sévères, du moins d'après les menaces de Françoise qui, plus habituée à commander qu'à prier, entend que tout marche au doigt et à l'œil, et ne se gêne pas pour vous le dire. »

---

131. Marie Barry signa des articles à quelques reprises, simplement de son prénom. Il est probable qu'elle utilisa des pseudonymes. Peut-être qu'Hilda le fit aussi. Étant donné le grand nombre d'articles (le *Journal de Françoise* contient plus de 3 000 textes), il aurait été fastidieux, voire impossible, de retracer toutes les personnes se cachant derrière les pseudonymes, et ce d'autant plus que certaines d'entre elles utilisaient le même.

Cinquième partie

1902

« *Ma fille, disait le vieux missionnaire à Atala mourante, connaissez-vous le cœur de l'homme, et pourriez-vous compter les inconstances de son désir? Vous calculeriez plutôt le nombre de vagues que la mer roule dans une tempête.* » *Qui a écrit que l'amour était toute la vie d'une femme et qu'il n'était qu'un incident dans la vie d'un homme? Rien n'est plus vrai. Quand une fois la femme aime sincèrement, elle ne respire plus que pour l'être aimé; les attentions qui lui viennent d'autre part l'irritent le plus souvent; elle ne veut rien accepter ni rien donner qu'à celui là seul qui a reçu sa foi et qui l'absorbe tout entière. L'homme, lui, distrait par les mille occupations qui l'attirent au dehors, est loin d'être aussi exclusif. D'ailleurs, ce n'est pas dans sa nature; même tout en restant fidèle, son esprit se laisse facilement prendre à un sourire engageant, à un beau minois qui passe. Et quand surtout on flatte sa vanité, comme il se laisse facilement engluer!, car ce n'est au fond qu'un grand enfant.*

FRANÇOISE,
« Chronique du Lundi », 22 octobre 1894

N'ayant pas de bailleurs de fonds, Robertine voulait sortir au plus tôt le premier numéro de son magazine, car elle espérait avoir bien vite des revenus. Du moins espérait-elle que ce serait le cas dans un avenir assez rapproché. Elle travaillait jour et nuit, sourde aux conseils de sa mère qui la suppliait de se reposer. Aglaé haussait les épaules en soupirant. Depuis sa tendre enfance, Robertine n'écoutait les conseils de personne.

Robertine trouva la perle rare qui deviendrait sa secrétaire, mademoiselle Charbonneau. Elle visita ensuite quelques imprimeurs avant de fixer son choix sur l'imprimerie Pigeon, rue Ontario. Après avoir passé quelques jours à arpenter les rues les plus achalandées de Montréal, elle trouva un local au 80, rue Saint-Gabriel. Lorsqu'elle le visita, elle dut s'arrêter plusieurs fois en montant le long et abrupt escalier qui y menait. Essoufflée, elle réalisa combien la lésion qu'elle avait au poumon gauche pouvait être handicapante. La belle santé qu'elle avait avant, et dont elle se vantait avec humour en disant qu'elle faisait insulte aux médecins, s'était envolée. Cette perte n'était pas facile à accepter. Il n'est pas facile de se sentir diminuée physiquement avant même d'avoir atteint quarante ans.

Autre chose l'avait fatiguée – peut-être même bien plus, tout compte fait, que sa lésion au poumon – lorsqu'elle cherchait ce local : c'était de rencontrer tous ces gens qui, connaissant son projet, lui prodiguaient moult conseils. Certains lui recommandèrent même de s'associer à un homme, tant il allait de soi, dans leur esprit, qu'une femme qui voulait s'occuper, seule, de la gestion d'un magazine courait tout droit, et à une vitesse vertigineuse, à sa perte. Robertine sentait la moutarde lui monter au nez en les écoutant. Surtout lorsqu'ils se mêlaient de lui dire quel devrait être le contenu des articles qu'elle publierait. Avec une pointe d'agacement dans la voix, qu'elle ne cherchait pas à dissimuler, elle rétorquait qu'elle avait une idée bien claire de ce qu'elle voulait faire de son magazine et coupait court à ces discussions aussi inutiles qu'exaspérantes. Ces interlocuteurs, qu'elle quittait plutôt brusquement, se disaient qu'elle était bien têtue en plus d'être prétentieuse. Réputation qui la suivit au-delà de la mort, comme en témoigne ce qu'écrivit l'auteur des *Portraits d'écrivains canadiens*, trois ans après le décès de Robertine : « Françoise n'aimait pas les conseils. Sa fierté un peu outrée fut sans doute la cause des critiques qu'il lui fallut parfois subir[132]. »

• • •

La veille de la publication du premier numéro du *Journal de Françoise*, Robertine n'arriva pas à trouver le sommeil. Elle se leva et écrivit sur une feuille volante :

« Dieu soit béni ! J'ai atteint mon but ; ce n'est pas encore le bonheur, mais une satisfaction bien douce qui fait oublier les amertumes de la vie. Sans doute l'existence de ma chère revue est encore bien précaire, mais j'espère tant de l'avenir[133]. »

---

132. *Biographies et portraits d'écrivains canadiens*, p. 126.
133. Citée par R. des Ormes. *Robertine Barry, en littérature Françoise*, p. 105.

Robertine ressentait un mélange de bonheur, d'excitation et d'anxiété. Elle ne pouvait s'empêcher de penser au tollé que ne manquerait pas de susciter la publication, par une femme, d'un journal. Les antiféministes crieraient au scandale, comme ils l'avaient fait lors de la parution du *Coin du feu* de son amie Joséphine. Elle croyait qu'ils crieraient encore plus fort, car elle réclamerait bien plus de réformes que Joséphine ne l'avait fait.

Robertine s'inquiétait aussi pour sa chère indépendance financière qu'elle avait acquise si durement. Elle avait mis toutes ses économies dans ce nouveau projet. Que ferait-elle si elle faisait faillite ?

Ayant à peine fermé l'œil, elle se leva à l'aube et se rendit à son bureau. Un peu plus tard, de la fenêtre, elle observa le petit vendeur de journaux qui, à quelques pas, tenait *Le Journal de Françoise* à bout de bras. Il avait à peine cinq ans. Elle l'imagina, l'hiver prochain, complètement transi de froid, misérable, mal habillé, probablement mal nourri. Elle se promit de publier des articles démontrant l'urgence de réglementer le travail des enfants. Elle ouvrit la fenêtre et l'entendit qui hurlait : « Achetez *Le Journal de Françoise*. La gazette canadienne de la famille fondée par une femme, Françoise, notre illustre journaliste et femme de lettres ! »

Quelques hommes l'achetèrent alors que d'autres passèrent leur chemin, indifférents. Peut-être ne savaient-ils pas lire ? Peut-être, se dit Robertine, pourrais-je faire comme en Russie où des lecteurs publics lisent au coin des rues, moyennant un kopeck ? Si elle avait dit cela à Aglaé, celle-ci n'aurait sans doute pas manqué de lui rétorquer : « Tu auras toujours de bien drôles d'idées, ma fille ! »

Robertine retourna s'asseoir à son bureau et relut son éditorial, anxieuse à l'idée que le prote avait peut-être oublié de corriger des fautes qu'elle-même n'aurait pas repérées malgré ses nombreuses relectures, concentrée qu'elle était sur le contenu. *Notre programme*, tel était le titre de l'éditorial : « Au moment où l'article politique et financier, dans notre presse, n'a guère d'autre concurrent que la littérature de l'annonce et du fait divers, il nous a semblé qu'un journal littéraire, instructif et récréatif à la fois, trouverait naturellement sa place et recevrait du public un bon accueil. »

Elle arrêta sa lecture et tendit l'oreille. Quelqu'un montait les marches menant à son bureau. Elle était certaine qu'il ne s'agissait pas de sa secrétaire : celle-ci marchait avec autant de délicatesse et de lenteur que les grands hérons qu'elle avait observés, enfant, au bord du fleuve. Ce n'était effectivement pas mademoiselle Charbonneau, mais son ami Louis Fréchette qui, un immense bouquet de fleurs à la main, venait lui souhaiter un bon départ dans sa nouvelle vie de directrice d'un magazine. Robertine l'embrassa chaleureusement. Cette marque de confiance, ce matin-là où elle se sentait si anxieuse, lui était essentielle. Ce ne fut pas la seule fois que Fréchette la lui manifesta. Combien de fois, écrira-t-elle des années plus tard, « monta-t-il les longs escaliers qui conduisent à mes bureaux, pour m'apporter sa poésie, sa prose, ou pour me témoigner simplement l'intérêt qu'il prenait à mon œuvre[134] ».

La secrétaire, que ni l'un ni l'autre n'avaient entendue venir, arriva sur ces entrefaites et se chargea de trouver un pot pour y mettre les fleurs. Louis les quitta et Robertine retourna à la relecture de son éditorial. La visite de Louis l'avait si émue qu'elle ne se rendit pas compte qu'elle avait sauté quelques paragraphes : « Nous désirons que ces pages aillent au foyer de

---

134. Françoise. « Notre poète national ». *Le Journal de Françoise*, 6 juin 1908.

chacune comme des amies des bons et des mauvais jours ; qu'elles soient les confidentes des unes, la consolation des autres, les conseillères discrètes de toutes ; que nos lectrices retrouvent ici, pour la redire à d'autres, la parole qui éclaire, qui ranime et qui délaisse, la parole qui fortifie l'esprit et fasse du bien au cœur. »

Elle mettait des gants blancs. Elle mentait un peu même, car elle ne laisse rien voir, dans ce premier éditorial, de ce que seront souvent les pages de son magazine : militantes, provocantes et subversives.

Sa secrétaire arriva avec les fleurs et demanda à Robertine où elle devait les placer. Robertine se leva, regarda autour d'elle et décida de les mettre sur le rebord de la fenêtre. Au loin, elle vit un homme dont la démarche ressemblait étrangement à celle d'Émile. Elle eut un pincement au cœur. Elle aurait aimé qu'il s'arrête lui aussi à son bureau. Elle s'ennuyait de leurs discussions sur la littérature, de leurs promenades dans les vieilles rues de Montréal, de leurs visites dans les galeries d'art. Elle n'arrivait pas à se faire à l'idée qu'il soit à jamais interné. Elle soupira, revint s'asseoir à son bureau et lut rapidement le chapitre où elle parlait des noms illustres qu'elle avait l'honneur d'accueillir dans les pages de son journal. Elle relut la conclusion de son éditorial, se demandant si elle avait trouvé le bon ton :

« *Le Journal de Françoise* sera heureux de favoriser la diffusion de toute théorie juste et de toute idée généreuse qui tendraient à l'intérêt public et au progrès national. Et ce programme, nous travaillerons constamment à le remplir en demeurant loyales à notre devise : *Dire vrai et faire bien.* »

Les premiers numéros du *Journal de Françoise* furent élogieusement commentés dans d'autres journaux, et Robertine reçut de nombreux messages de félicitations venus de partout. Une de ses collaboratrices d'Ottawa lui écrivit même que son magazine était entre toutes les mains et qu'elle pouvait être fière d'avoir séduit non seulement la députation, mais tous les membres du gouvernement.

...

Le Journal de Françoise avait de quoi séduire et pouvait satisfaire tous les goûts par la diversité des articles et l'avant-gardisme de sa directrice. On pouvait même y lire une nouvelle ou des extraits d'œuvres littéraires. Les lecteurs de journaux, Robertine le savait, adoraient lire les feuilletons.

Plus d'un abonné était impressionné par le prestige de certains collaborateurs[135] et par le fait que plusieurs articles étaient rédigés par des femmes[136]. Grâce à son impressionnant réseau de contacts, Robertine pouvait compter aussi sur la collaboration de gens de lettres, de journalistes, de notaires, de juges, de médecins et d'hommes politiques. Durant les sept années de sa publication, de 1902 à 1909, plus de cinq cents collaborateurs signèrent des textes dans *Le Journal de Françoise*.

On trouvait aussi dans son magazine des rubriques sur la cuisine, les jeux d'esprit, les convenances, la mode et la page des enfants.

---

135. Mentionnons, entre autres, Thérèse Bentzon, Juliette Adam, Hélène Vacaresco, Carmen Sylva, Jules Claretie, le critique littéraire français Charles ab der Halden, Thérèse Vianzone, Mme Alphonse Daudet, Louis Fréchette, Olivar Asselin, Edmond de Nevers, Albert Lozeau, Laurent-Olivier David et des membres de l'École littéraire.

136. Dont Laure Conan, Gaëtane de Montreuil, Madeleine, Marie Gérin-Lajoie, Joséphine Marchand-Dandurand, Éva Côté et Sophie Cornu, professeure à l'École Normale McGill, pour ne nommer que celles-là.

Ce que beaucoup de lecteurs aimaient aussi, c'était la diversité des sujets et des points de vue abordés dans ce magazine. Plusieurs furent ravis de constater que Robertine publiait toujours son *Coin de Fanchette* et qu'elle avait recommencé à répondre aux lettres de ses lecteurs. Ils appréciaient aussi la grande place qu'elle faisait à la littérature.

Robertine avait comme « projet de créer une colonne où sera faite une appréciation, impartiale, désintéressée et sincère » des œuvres qu'on lui soumettait. « Et pour m'aider dans cette tâche délicate, ajouta-t-elle, des écrivains consciencieux et compétents m'ont promis leur concours. La critique, telle qu'elle doit être faite, est un genre qu'on ignore dans la presse canadienne trop prolixe en compliments ; tous les ouvrages ne sont-ils pas toujours "admirables", tous les écrivains d'un "génie génial", possédant un style "marqué au coin" de tous les superlatifs aimables. Ou bien – mais ce sont des cas rares – on témoigne dans un accusé de réception d'une malveillance extrême, sans aucun fondement, basée plutôt sur la personnalité antipathique de l'auteur que sur ses écrits[137]. » En cela, elle rejoignait la pensée d'Arthur Buies qui n'avait cessé de déplorer l'absence, à Montréal, de véritables critiques.

Mais les critiques, loin de se faire beaucoup d'amis, suscitent souvent bien des rancœurs. C'est ainsi que les propriétaires du Théâtre des Nouveautés cessèrent d'envoyer des billets de faveur au *Journal de Françoise*, ce à quoi Robertine répondit : « Nous avons fait pour la première fois peut-être dans l'histoire du journalisme canadien, une étude équitable et consciencieuse des théâtres, et quelque désagréable que soit la tâche, nous l'accomplirons jusqu'au bout. Dire vrai restera

---

137. Françoise, « À travers les livres ». *Le Journal de Françoise*, 26 avril 1902.

la devise de nos collaborateurs, quelque ennui que cela puisse leur attirer. »

Robertine voulait aussi faire connaître toutes ces femmes qui réussissaient à percer dans la sphère publique et dont on ne parlait jamais. De cela, elle s'en plaindrait ouvertement dès les premiers mois de la publication de son magazine. Commentant la conférence donnée à l'Université Laval par l'abbé Élie Auclair, et durant laquelle il parla des pionniers en littérature, Robertine demanda pourquoi il avait passé sous silence toutes ces femmes qui « fournissent à la littérature un apport qui ne peut plus s'ignorer[138] ».

Le Journal de Françoise devint le porte-voix d'organisations philanthropiques. Les personnes qui sollicitaient l'aide de Robertine commençaient leurs lettres avec une formule qui masquait à peine leur volonté de la flatter afin d'obtenir ce qu'ils voulaient : « Connaissant votre bon cœur et votre charité proverbiale, voulez-vous être assez bonne pour... »

Robertine ne rata pas une seule occasion d'encourager les initiatives de ses amies ou des femmes qui osaient s'affirmer sur la scène publique, comme le faisait Idola Saint-Jean, entre autres, qui tint un rôle dans deux pièces de Rostand : « Quand je vois Mlle Saint-Jean, si jeune encore, si frêle et si peu habituée, jusqu'à ces dernières années, aux luttes de la vie, se livrer, avec tant d'autres multiples soucis, au labeur de cette mise en scène, je ne lui dis pas tout le bien que je pense d'elle et l'admiration qu'elle m'inspire... [139] »

Lorsque Marie Gérin-Lajoie publia *Le traité de droit usuel*, Robertine mit tout en œuvre pour faire connaître son ouvrage.

---

138. Françoise. « Notre littérature nationale ». *Le Journal de Françoise*, 18 avril 1908.

139. Françoise. « Bloc-notes ». *Le Journal de Françoise*, 7 février 1903.

À ses yeux, le livre de Marie était d'une grande importance, car il expliquait les notions de base du droit civil. Dans une lettre qu'elle écrivit à Marie le 28 août 1902, elle lui dit toute son admiration :

« J'ai eu le loisir de faire plus ample connaissance avec votre livre et je viens vous écrire que la lecture m'a faite deux fois orgueilleuse : d'abord, parce que je suis fière de posséder une amie aussi forte que vous l'êtes, et puis, parce que j'ai compris la lecture d'un bout à l'autre. Il fallait pour cela que ce fût clair comme de l'eau de roche. Je vous félicite avec tout mon cœur. Je vous l'ai dit dans le court accusé de réception (du *Journal de Françoise*) et je vous le répète avec plus d'effusion encore ici, puisque les intimités ne sont pas pour la publicité. »

Robertine aimait la façon, sous forme de questions et réponses, dont Marie avait composé ce traité :

« Question : Énumérez quelques-unes des incapacités dont est frappée la femme pendant le mariage ? Réponse : La femme ne peut être en jugement, c'est-à-dire ne peut plaider sans l'autorisation ou l'assistance de son mari. Elle ne peut disposer de ses biens, ni s'obliger, ni contracter sans le concours du mari[140]. »

Les femmes ont si peu de droits, se plaignait Robertine. Outre qu'elles ne pouvaient être bachelières et n'avaient, par conséquent, pas accès à bien des professions, elles n'avaient pas droit, lorsqu'elles travaillaient, à un salaire équitable. Pas le droit de plaider en cour, de disposer de leurs biens, de faire partie d'une association ou de parler en public sans l'autorisation de leur mari. Elles ne pouvaient légalement se soustraire au devoir conjugal ou faire valoir comme motif de séparation la maladie « honteusement contagieuse » de leur

---

140. A-M. Sicotte. *Marie-Gérin Lajoie*, p. 158.

mari. Celui-ci avait pleine autorité sur la famille, même celle de faire interner un enfant sans l'accord de son épouse. Celle-ci, par contre, devait obtenir son consentement écrit si elle, ou l'un de ses enfants, devait subir une opération chirurgicale.

Aussi, en plus de le louanger dans son magazine, elle parlait aussi souvent qu'elle le pouvait du livre de Marie Gérin-Lajoie. Afin d'illustrer la nécessité, pour les femmes, d'être informées de leurs droits, elle écrivit qu'elle connaissait une « malheureuse » à qui son mari faisait signer les actes qui la dépossédaient sans qu'elle se méfie, « ne connaissant rien des termes baroques ou des subtilités de sens[141] ».

Quelques années plus tard, Robertine assistera à une séance où les maîtresses « d'une des maisons d'éducation les plus en vue de Montréal » faisaient un résumé du *Traité de droit usuel*. « Elles ont dialogué, écrira-t-elle dans *Le Journal de Françoise*, avec une remarquable intelligence, les principaux chapitres du *Traité*. Le droit constitutionnel, le droit civil et les différents chapitres qu'il embrasse. »

Mais les écrits de Marie n'étaient pas bien reçus partout. Robertine n'en crut pas ses yeux lorsque Marie lui montra ce que l'on avait ajouté au texte de sa conférence qui avait été publié dans *L'Enseignement primaire*. Dans cet article, Marie parlait de l'importance pour les jeunes filles de connaître leurs droits. Or, sans même la consulter, la rédaction avait ajouté :

« Les femmes ne s'aperçoivent pas du joug de la loi, chez nous : 1. Parce que, dans son ensemble, elle est juste à l'égard du sexe faible. 2. Parce que les pères, les maris et les frères, règle générale, ne commettent pas d'injustice à l'égard de l'aimable moitié de notre population.

---

141. Françoise. « Le traité de droit usuel ». *Le Journal de Françoise*, 2 mai 1903.

« Les femmes au Canada, notamment dans la province de Québec, jouissent de la plus grande somme de liberté possible. Grâce à leurs vertus chrétiennes, à leur bonne éducation et à leurs charmes hautement appréciés des Canadiens, elles gouvernent notre petite société. Qu'ont-elles besoin de plus ? Le féminisme qui tend à faire de la femme un homme embelli est un féminisme dangereux[142]. »

• • •

Les lecteurs du *Journal de Françoise* étaient friands des études graphologiques que Robertine publiait occasionnellement. La graphologie était l'une des grandes modes de ce temps et Robertine s'y adonnait depuis qu'elle était jeune fille. Dès le début de sa carrière de journaliste, elle en avait publié quelques-unes dans des journaux[143].

Robertine s'était liée d'amitié avec Henriette Dessaulles, une passionnée de graphologie qui, à partir de 1904, signa des chroniques dans *La Patrie* sous le pseudonyme de Jean Deshayes. Pour jouir de plus de liberté dans ses écrits, Henriette multipliait les pseudonymes, signant tantôt Fadette, tantôt Marc Lefranc, Hélène Rollin, Danielle Aubry, Claude Ceyla. Elle publia même des articles dans le magazine de Robertine en utilisant le pseudonyme de celle-ci, Françoise.

Henriette était la fille de Georges-Casimir Dessaulles qui avait été seigneur de Saint-Hyacinthe et qui avait continué, des années après l'abolition du régime seigneurial, à tirer des revenus de sa seigneurie, offrant ainsi à sa famille un train de vie

---

142. Cité par A-M. Sicotte. *Marie Gérin-Lajoie*, p. 167.

143. Dans *Le Canada* du 5 janvier 1907, elle publia notamment l'étude de Louis Laframboise (1848-1922), avocat et copropriétaire, avec L.O. David du *National*.

fort confortable. Henriette avait toujours vécu entourée d'un grand nombre de domestiques. Après la mort de sa mère, survenue alors qu'elle n'avait que quatre ans, elle s'était beaucoup attachée à sa nounou irlandaise. L'Irlande était, pour elle et Robertine, l'un de leurs sujets de conversation favoris. Elles avaient aussi en commun un grand amour de la musique et de la littérature. Elles évitaient de parler d'Henri Bourassa, le cousin d'Henriette, car cela rendait Robertine de méchante humeur. Elles n'étaient pas non plus d'accord sur tout. Henriette n'était pas féministe et croyait, contrairement à Robertine, que la femme avait pour mission d'élever des enfants. Étant tombée follement amoureuse, à l'orée de la vingtaine, de l'avocat Maurice Saint-Jacques, elle était plus que favorable au mariage.

Leurs divergences de vues n'empêchèrent pas Robertine d'être la première à lui donner l'occasion d'être publiée et, mieux encore, d'être payée pour écrire des articles dans *Le Journal de Françoise*. Les deux femmes, devenues de bonnes amies, sortaient parfois ensemble. Elles allaient au théâtre, au concert, et se promenaient dans les rues de la ville tout en papotant de choses et d'autres. Parfois, elles parlaient de l'abbé Michon, un « spécialiste » en graphologie, ou de ce qu'elles lisaient dans les revues françaises dont c'était le seul thème.

Un jour de grande chaleur où elles passaient devant chez Dupuis Frères, Robertine lui avait dit :

« – Entrons !

« – Vous avez des emplettes à faire ? demanda Henriette.

« – Non, mais les petites vendeuses doivent être exténuées ; nous leur dirons un mot amical. La sympathie fait du bien, elle réconforte[144]. »

---

144. R. des Ormes. *Robertine Barry, en littérature Françoise*, p. 75.

Robertine connaissait la valeur de la sympathie. Elle en avait souvent besoin pour supporter les mots ou les regards méprisants dont elle était l'objet. Elle croyait profondément à cette règle d'or : « Fais aux autres ce que tu voudrais qu'on te fasse. »

Henriette connaissait Robertine depuis plusieurs années lorsqu'elle fit l'étude graphologique de son écriture. Cette étude présente d'autant plus d'intérêt qu'on peut supposer que ce n'est pas tant ce qu'elle déchiffra dans les pattes de mouche de Robertine qu'elle décrivit, mais plutôt ce qu'elle-même et tous ses amis pensaient de la journaliste :

« Elle est très intelligente : l'esprit ouvert, curieux, actif, large, original et primesautier. Est cultivée ; ce qui fait d'elle une personnalité remarquable. Les intuitions, chez elle, sont rapides et justes.

« Nature aimante, capable de passion, elle est bonne, généreuse et franche. Rien de mesquin ne trouve grâce devant elle qui a l'esprit et le cœur larges ; elle est toujours disposée à protéger.

« L'activité est ardente, énergique et courageuse. Optimiste, gaie, bienveillante.

« Cependant, ses enthousiasmes et son impressionnabilité l'exposent à des tristesses fréquentes en face des déceptions inévitables, mais les réactions sont rapides.

« Si loyale et si bonne, elle prête trop volontiers ses belles qualités aux autres pour n'être pas quelquefois trompée.

« Naturelle, spontanée, elle attire et retient toutes les confiances ; elle est une confidente sagace et discrète.

« La volonté est impulsive, indépendante et combative ; elle ne manque pas, cependant, de la souplesse habile qui fait tourner les obstacles qu'on ne peut enlever de front.

« La grande bonté et l'extrême sensibilité la guident parfois, mais la raison l'empêche toujours de s'égarer.

« Hautaine quand elle est mécontente ou qu'elle veut tenir
les gens à distance.

« Immense besoin de dire la vérité, à tous risques.

« Un cœur d'or, une personnalité sympathique, attirante,
rayonnante[145]. »

Robertine estimait que cette étude graphologique était
bien trop élogieuse et qu'elle révélait « des qualités qu'elle ne
soupçonnait pas et qui, je le crains, sont même inconnues à
ceux qui vivent autour de moi[146] ».

• • •

Pendant un certain temps, Robertine posta Le Journal de
Françoise gratuitement à des personnes qu'elle jugeait être
d'éventuelles futures abonnées. Elle annonça ensuite que celles
qui ne désiraient pas s'abonner devraient le retourner « afin de
nous épargner la désagréable méprise de les confondre plus
longtemps avec les âmes de bonne volonté ». Elle n'hésitait
pas à facturer ceux et celles qui ne retournaient pas son magazine, précisant qu'en « vertu d'un jugement rendu en faveur
des journaux, toute personne acceptant un journal trois fois
doit être considérée comme abonnée et soumise, par conséquent, au supplice du paiement ». Elle ajouta avec humour :
« Nous espérons que la sagesse des hommes ajoutera une
clause aux lois, par laquelle les abonnés d'un journal strictement payable à l'avance devront être pendus, écartelés ou

145. R. des Ormes. *Robertine Barry*, pp. 90-91.
146. Françoise. « Le Coin de Fanchette », *La Patrie*, 25 novembre 1899.

brûlés vifs, s'ils laissent passer plus de deux mois sans payer leur abonnement[147]. »

L'abonnement coûtait huit sous le numéro, un dollar pour six mois et deux dollars pour un an. Quant aux Français, ils devaient débourser quinze francs. Robertine tenait à agir en femme d'affaires avisée. Elle voulait réussir pour elle-même, bien sûr, mais pour les autres femmes aussi. Elle savait que sa réussite avait une portée sociale, car elle prouverait qu'une femme pouvait diriger, seule, un magazine. Si peu de gens croyaient que cela était possible sans l'aide d'un mari, d'un frère ou d'un père ! Malgré la crainte de l'échec, malgré la lourdeur de sa tâche, malgré tout ce que l'on racontait sur elle, Robertine adorait son travail. Mais certains jours, elle avait une peur bleue de la faillite. Aussi essayait-elle de limiter ses dépenses au minimum. Hormis ceux et celles qui écrivaient des articles, dont certains insistèrent, au début, pour le faire bénévolement, elle n'avait à payer qu'une seule employée, sa secrétaire. Tirant la majorité de ses revenus des ventes publicitaires, elle accepta de faire paraître certaines publicités qui, de toute évidence, allaient à l'encontre de ses principes. Il arrivait ainsi qu'un de ses articles décriait ce que l'une des publicités de son journal vantait, comme ce fut le cas, entre autres, pour la cigarette. Robertine jetait l'anathème sur ce fléau qui « s'attaque à l'enfance ». La vente des cigarettes, disait-elle, devrait être légiférée afin qu'on interdise la vente à des mineurs. Les petits fumeurs de cigarettes ont, écrit-elle, la « mine stupide et abrutie de ceux qui s'adonnent à ce dangereux passe-temps ». Pour donner encore plus de poids à son argumentation, elle cita son beau-frère, le juge François-Xavier Choquet, « devant

---

147. L'administration. « Avis important ». *Le Journal de Françoise*, p. 24.

qui comparaissent tant de jeunes délinquants » et qui avait « déclaré que tous les enfants qu'il était obligé de condamner à la prison ou à l'École de réforme, avaient les doigts tachés par l'abus de cigarettes[148] ».

Ceux qui aimaient à prendre Robertine en défaut ne manquaient sans doute pas de lui rappeler que les publicités du *Journal de Françoise* vantaient les mérites de la cigarette, associant « ce vice » aux femmes les plus en vue. *Les dames peuvent fumer*, annonce un encart publicitaire où il est écrit : « La reine Alexandra, lorsqu'elle était princesse de Galles, avait l'habitude de faire servir des cigarettes aux réceptions intimes où elle réunissait les dames de la Cour. Dans les hautes classes de la société anglaise, il n'est pas rare de voir de riches porte-cigarettes parmi les cadeaux de noces faits aux fiancés. Les cigarettes "Diva" faites de pur tabac égyptien sont les favorites de nos mondaines canadiennes. » Des lectrices du *Journal de Françoise* écrivirent à Robertine afin de lui dire que les maris n'embrassent pas les femmes qui fument, ce à quoi Robertine répondit avec humour qu'elle « connaît des femmes qui ne fument pas la cigarette et que les maris n'embrassent pas davantage[149] ».

Certaines publicités font aujourd'hui sourire à cause du double sens que nous pouvons y déceler : « Massages de tous genres », peut-on lire dans la publicité achetée par une certaine madame A.L. Blatch qui se dit une spécialiste diplômée. Robertine publiait aussi les annonces du vin Mariani, dans lesquelles on peut voir le portrait de l'écrivain Émile Zola. Celui-ci était censé avoir dit au sujet de ce vin que non seulement il combattait la débilité chez les hommes, mais « qu'il était une véritable

148. Françoise. « Sauvons l'enfance ». *Le Journal de Françoise*, 18 janvier 1908.
149. Françoise. « Le Coin de Fanchette ». *Le Journal de Françoise*, octobre 1905.

fontaine de Jouvence qui, en donnant la force, la santé et l'énergie, crée une race nouvelle et tout à fait supérieure ».

Présumant que des lectrices du *Journal de Françoise* étaient
favorables aux femmes nouvelles, le mot féminisme était utilisé
comme outil promotionnel. *Le féminisme à Montréal*, tel est le
titre d'une réclame vantant la nécessité pour les femmes actives
de souscrire à une assurance-vie.

Beaucoup de remèdes, dont on n'hésitait pas à affirmer qu'ils
guérissaient les cancers, étaient annoncés. Les annonces de gra-
phologues étaient aussi très récurrentes. Robertine acceptait
toutes les offres vantant les mérites des théâtres et des concerts,
même si plusieurs journaux qui faisaient comme elle avaient
été dénoncés, voire interdits de publication par l'archevêque.

Robertine menait son affaire sans se préoccuper de ce que
penseraient les membres du clergé et les ultramontains, ni
même ses amis. Lorsqu'elle publia les publicités qui utilisaient
l'image de Zola pour donner du crédit à ce qui était annoncé,
elle ne tint nullement compte du fait que son ami Louis Fréchette avait vilipendé cet écrivain en des termes peu nuancés :
« Zola, avait-il écrit, a dépeint son pays comme un cloaque
de vices, et ses compatriotes comme un ramassis de coquins,
de bandits, de sales débauchés sans foi ni loi, sans cœur ni patriotisme. Il est descendu dans toutes les classes de la société
pour en atteindre tout ce que son imagination malade a pu y
trouver de nauséabond et de sordide. Il exploite la curiosité
morbide de la jeunesse et bat monnaie sur les appétits malsains
des rastaquouères. Malheureusement il se trouve encore des
journaux qui n'hésitent pas à mettre à chaque instant son nom
en vedette[150]. »

---

150. S. Marion. *Littérateurs et moralistes du Canada français*, p. 106.

Robertine, qui dessinait très bien, se chargea probablement elle-même parfois d'illustrer son journal. Les photos étaient rares en ce temps. La première avait été publiée dans un quotidien américain en 1897. Comme le souligne Jean de Bonville, l'utilisation de photographies avait suscité une forte opposition chez les dessinateurs, qui affirmaient haut et fort que leur art servait mieux le journalisme « parce qu'il excelle à mettre en valeur les aspects importants, les détails pittoresques, » et que « l'illustrateur peut imaginer ce qu'il ne voit pas ». Ainsi, disaient-ils, « s'il est impossible de faire parvenir des photographies au journal autrement qu'en les y apportant, l'illustrateur peut dessiner, au journal même, la scène d'un événement à partir des renseignements que lui fournit un reporter par téléphone ». Mais leur argumentation ne réussit pas à enrayer l'utilisation progressive des photos. Soulignons, à ce sujet, un fait cocasse survenu à *La Presse*. Ce journal, au début des années 1900, « payait une prime aux journalistes qui fournissaient une bonne photographie illustrant leurs reportages. Mais l'attrait de la prime eut des effets pervers. Par exemple, un reporter n'hésita pas à donner au rédacteur en chef la photo des membres de sa famille, en disant qu'il s'agissait en fait de personnes mortes dans l'incendie dont il parlait dans son article[151] ».

• • •

Aux yeux de bien des gens, tout semblait aller pour le mieux dans la vie de Robertine. Elle aimait son travail, recevait maints compliments sur son magazine et n'avait de comptes à rendre à personne, sinon à elle-même. Ses amis s'arrêtaient

---

151. Jean de Bonville, *La presse québécoise de 1884 à 1914*, p. 225.

à son bureau et elle était libre de prendre une pause quand elle le désirait, sans avoir dans son dos les yeux réprobateurs d'autres journalistes ou d'un rédacteur en chef. Ses « *tea o'clock* » du jeudi se tenaient maintenant assez souvent à son bureau, et non plus dans la maison des Barry où elle ne pouvait échapper à la présence, parfois accaparante, de ses frères, de ses sœurs, de sa mère et de la vieille Cécile.

Pourtant, Robertine se sentait souvent angoissée. Elle avait le sentiment qu'une catastrophe allait s'abattre sur elle. Ce sentiment atteignit son paroxysme lorsqu'elle reçut une lettre de deux amis, Robert et Hélène, dont nous ne savons du nom de famille que la première lettre : P. Ceux-ci lui annonçaient qu'ils viendraient la voir à Montréal après leur voyage à l'île de La Martinique, et qu'ils lui raconteraient alors leur escapade au sommet de la montagne Pelée qui chapeautait un volcan. Dès lors, Robertine fut obsédée par l'idée que, là, un danger les guettait et qu'elle ne les reverrait jamais. Elle avait beau se raisonner, l'angoisse l'étreignait dès que sa pensée s'envolait vers eux. Elle s'efforçait alors de ne penser qu'aux beaux côtés de leur aventure, les estimant chanceux de vivre une telle expérience. Mais rien n'y fit. L'angoisse la taraudait dès qu'elle pensait à ses amis.

Au début du mois de mai, Robertine fut dans tous ses états lorsqu'elle apprit, par les journaux, que la Pelée lançait « vers le ciel son panache de fumée, chaque jour plus épais ». Elle perdit le sommeil, se levant dès l'aurore pour lire les dernières nouvelles. Hélas, les articles étaient de plus en plus alarmants :

« Une pluie de cendres, de sourds grondements ; trois secousses sismiques… La nuit suivante, l'orage se déchaîne et des geysers de feu répondent aux éclats de la foudre. À la lueur des éclairs, on entrevoit des malheureux affolés, perdus, qui cherchent un refuge contre la mort. Le 5 mai, un fleuve de boue brûlante sort des flancs de la montagne, enlise l'usine Guérin, sème la dévastation. Pourtant, l'on espère encore ; la lave se canalise et descend vers les vallons incultes. Le 6 mai, le volcan gronde encore ; de nouveau les cris d'alarme s'élèvent, sinistres. C'est un sauve-qui-peut général. Le bateau *Topaze*, qui fait le service entre Saint-Pierre et Fort-de-France, peut à peine recevoir les passagers affolés. Quelques-uns affectent le calme, mais une angoisse profonde flotte dans l'air, étreint tous les cœurs. Le 7 mai, la pluie de cendres a cessé. Dans le cimetière, un colibri voltige autour d'un palmier. Bon signe, disent les vieux. Le 8 mai, jour de l'Ascension, à sept heures et cinquante minutes du matin, une formidable trombe enflammée jaillit du volcan en fureur et s'abat sur la ville de Saint-Pierre. En cet épouvantable cataclysme qui, brusquement, brise le plus beau joyau des Antilles, 40 000 habitants de la cité créole, y compris le gouverneur et sa famille, passent de vie à trépas[152]. »

Robertine apprit alors la terrible nouvelle : ses amis faisaient partie des victimes. La catastrophe de Saint-Pierre l'affligea d'autant plus que les journaux rapportaient, avec force détails, la façon dont étaient mortes les personnes lors de cette tragédie. Robertine pouvait difficilement chasser de son esprit la fin atroce de ses amis. Elle les imaginait cherchant refuge à travers une pluie de roches et une ville en flamme.

Elle leur en voulait probablement un peu d'avoir été si téméraires. Ils n'avaient pas tenu compte des signes qui laissaient croire que le volcan se réveillerait avec fureur : odeur d'œufs pourris et de souffre, émissions de fumée, petites explosions,

---

152. R. des Ormes, *Robertine Barry*, p. 109. Des Ormes parle de 40 000 habitants alors que ce sont 28 000 personnes qui sont mortes.

masses de vapeur qui surgissaient du flanc de la montagne, détonations souterraines. Ils s'étaient aventurés près du volcan même si, dès la fin avril, les premières cendres tombaient sur les secteurs habités.

Le deuil de Robertine ne transparaît pas dans ses écrits. Lorsqu'elle parla de cette catastrophe, la majorité de ses lecteurs ne pouvaient se douter que cet événement avait tué deux de ses amis. Malgré sa peine, elle trouva le moyen de faire de l'humour :

« Il y a un journal à Montréal qui a battu tous les records, non seulement imaginables, mais surtout inimaginables. Dès le lendemain de la nouvelle de la catastrophe de La Martinique, que nous apportait le télégraphe, ce journal publiait, en première page, la photographie du volcan du mont Pelée, prise à l'instant même où le cratère lançait des torrents de lave et de feu sur la malheureuse île. La peinture était saisissante de réalité. Si le journalisme continue ses progrès, nous aurons bientôt la représentation exacte des accidents avant même qu'ils soient arrivés. »

Les semaines passèrent et Robertine, contrairement à toute attente, était de plus en plus déprimée. « Son cœur semble atteint d'un mal incurable », écrit Renée des Ormes. Sa tristesse alimenta la rumeur qui, depuis l'internement d'Émile survenu trois ans plus tôt, faisait courir le bruit qu'elle souffrait d'une grande peine d'amour. Mais cette fois, les commères ne parlaient pas seulement de Nelligan, mais aussi d'un homme marié.

• • •

Dans ses notes de travail, Renée des Ormes précise qu'elle n'a pu écrire dans sa biographie tout ce qu'elle savait sur

Robertine, entre autres au sujet de ses amours. Ainsi, ce n'est que dans ses notes que l'on peut lire que Robertine a eu un coup de foudre pour un certain juge Robidon et que non seulement il « aimait s'arrêter au bureau de Françoise pour causer », mais qu'il « y oubliait parfois ses paquets et ses papiers ». C'est Clara-Blanche qui lui a fait ces confidences, tout en lui arrachant la promesse qu'elle ne mentionnerait pas cela dans sa biographie.

Mes recherches ne m'ont pas permis de trouver un juge Robidon qui ait vécu à la même époque que Robertine. J'ai repéré en revanche un juge Robidoux qui est probablement celui dont Renée des Ormes parle, car ce juge militait, comme Robertine, en faveur de l'instruction publique. Robertine a même publié dans Le Journal de Françoise un extrait du discours qu'a prononcé le juge sur ce sujet controversé[153].

Avant d'être écarté, en 1900, par Wilfrid Laurier qui le jugeait trop radical, Joseph-Émery Robidoux avait été membre du Conseil de l'Instruction publique de la province. Il a épousé en premières noces Sophie Sancer, puis, en secondes noces, Clara Sancer, la sœur de sa défunte épouse. À l'époque où Robertine aurait eu le coup de foudre pour cet homme, ce que Renée des Ormes appelle un « coup de soleil[154] », il était l'époux de Clara. Sur des photos, on peut voir que le juge était, à cinquante-sept ans, un bel homme. Né en 1843, il avait donc vingt ans de plus que Robertine. Mais cet écart d'âge n'avait sans doute aucune importance, car elle a pu être séduite par les

---

153. J.E. Robidoux. « Instruisons le peuple ». Le Journal de Françoise, 20 juin 1903.

154. Expression utilisée couramment alors pour parler d'un coup de foudre et qu'on trouve souvent, notamment dans la bouche de l'écrivaine Marguerite Yourcenar lors de ses entretiens avec Matthieu Galey, Les yeux ouverts.

qualités d'orateur de cet homme, son intelligence et la vivacité de son esprit.

J'ignore s'il eut lui aussi le coup de foudre pour Robertine, mais il est certain qu'il aimait sa compagnie puisqu'il passait des heures à discuter avec elle. Le fait qu'il oubliait ses paquets à son bureau peut laisser croire que Robertine le troublait au point où, en sa présence, il « n'avait plus toute sa tête ». Le fait est, aussi, que l'épouse du juge était jalouse des liens qui unissaient celui-ci à Robertine. Il est probable enfin que Robertine et lui se virent à Ottawa où elle se rendit à quelques reprises. L'un et l'autre aimaient l'ambiance entourant la vie parlementaire.

À Ottawa, Robertine était invitée à plusieurs thés et réceptions où se jouaient musique et madrigaux. Mais Ottawa avait d'autres charmes. Intéressée par la politique, Robertine assista à plusieurs séances de la Chambre. Elle aimait entendre « ces messieurs nos maîtres discuter les affaires du pays et leur voir sauver la nation. La députation vue de haut, je veux dire de la galerie, n'est pas dépourvue d'intérêt, et je ne sais vraiment pas comment on peut se priver d'une distraction aussi facile qu'attrayante[155] », écrivit-elle de retour d'une escapade à Ottawa.

Yvette, l'une de ses collaboratrices qui demeurait à Ottawa, regrettait que Robertine n'y vienne pas plus souvent : « Depuis que vous nous avez quitté, ce séjour est sans charme[156] », lui écrivit-elle. Robertine manquait-elle au juge autant qu'à son amie Yvette ? Était-il cette âme sœur dont Robertine soupçonna toujours l'existence même si elle apparaît souvent désabusée du mariage et de l'amour ? Car elle n'a jamais totalement abandonné

---

155. Françoise. « Lettre d'Ottawa ». *Le Journal de Françoise*, 16 mai 1903.
156. *Yvette Frondeuse*. « Lettre d'Ottawa », *Le Journal de Françoise*, 28 mai 1903.

l'idée qu'il existe, de par le monde, une véritable âme sœur auprès de qui s'écouleraient des jours heureux. Elle se désolait qu'on puisse ne jamais la rencontrer et raconta que, sur la Côte-Nord, « la croyance générale veut que ceux qui ne sont pas mariés soient des veufs et des veuves, dont le mari ou la femme qui leur était destiné est mort au berceau ou avant l'hymen. Et les vieux garçons et les vieilles filles, ne trouvant plus sur la Terre cette autre moitié d'eux-mêmes, qu'ils cherchent sans cessent, passent leur vie seuls jusqu'au jour des éternelles réunions. Mais à quel signe reconnaît-on l'alliance préméditée de telle âme avec une autre ? Pourquoi ne sont-elles pas marquées là-haut, dès leur départ, d'un sceau indélébile, ou rattachées par quelque lien invisible qui les empêche de s'éloigner trop l'une de l'autre ? De cette manière, on éviterait ces catastrophes déplorables qui s'appellent les unions mal assorties. Il n'y aurait plus de forçats du sort, condamnés à perpétuité à traîner après eux un boulet dont le poids augmente sans cesse. Oh, il y en a qui le portent légèrement, ce boulet; ils trouvent moyen de limer leur chaîne et de s'en débarrasser sans que cela y paraisse. Aussi bien, ce n'est pas de ceux-là que je veux parler ; ils méritent plutôt le mépris que la pitié, mais de ceux qui, ayant reconnu trop tard, hélas !, leur erreur fatale se disent : je serai quand même fidèle à mon devoir et à l'honneur. Combien y en a-t-il, de ménages malheureux ? Leur nombre est infini, et ils sont légion ceux qui dissimulent leur peine et en gardent le secret avec le même courage que ce jeune héros antique, cachant sous sa tunique le renard qui lui rongeait la poitrine ».

De madame Robidoux, Robertine se contenta de mentionner, dans son magazine du 14 juin 1902, la toilette qu'elle portait lors d'un gymkhana, cette fête en plein air comportant des jeux d'adresse à laquelle elle aimait assister : « Mme J.E. Robidoux, costume tailleur (Londres), couleur beige, garni de velours mauve, parements et veste blancs avec dessins brodés en brillants. Chapeau recouvert de violettes. » Robertine ne le faisait pas souvent, mais il était courant à l'époque de décrire les toilettes des femmes qui assistaient à des manifestations culturelles ou à des fêtes de charité. Qu'elle porte une attention spéciale à l'épouse de l'homme pour qui elle avait eu un « coup de soleil » est bien compréhensible.

Encore une fois, le mystère entoure ce qu'il en fut réellement de cette relation peut-être empreinte d'amour réciproque, voire de passion. Comme l'a écrit Renée des Ormes :

« De tous les mystères dans la vie de Françoise, rien ne demeure plus mystérieux que ses amours. Quelques-unes de ses meilleures pages recèlent des secrets, mais elles ne révèlent guère le sens caché de lointaines idylles. »

Pendant dix-huit ans, Renée des Ormes a interrogé à ce sujet des dizaines de personnes qui ont connu Robertine. En vain ! Elle conclut : « On a beau s'enquérir, le mystère demeure intact. Les routes qui conduisent au plus intime de sa pensée nous sont aussi fermées que les chemins du pôle. » Ayant eu le privilège d'avoir en main quelques pages du journal intime de Robertine, elle ajoute : « Quelques lignes pourtant nous révèlent que l'ami mystérieux exista, qu'il fut aimé. » Elle cite Robertine qui a écrit dans son journal intime : « Ô mon Prince, qu'êtes-vous devenu ? »

Renée des Ormes ajoute : « Mais devant le vaste champ des rêveries que ce nom et ce qui s'y attache ouvrent à l'imagination, elle clôt son carnet hermétiquement. La télépathie n'est pas un vain mot ; parfois, elle est puissante. Quelques mois plus tard, l'ami revient, toujours beau, toujours spirituel ! Ces deux épithètes n'ont-elles pas, sous la plume qui les traça, une signification d'emprunt pour élever une barrière devant nos investigations? » Sans mentionner de dates, des Ormes conclut : « Cependant, une autre année passa emportant avec elle bien des choses, effaçant l'impression profonde. Un feuillet jauni par le temps révèle ceci : "Le prince et ses mirages s'éloignent de ma pensée tranquille"[157]. »

Le mystère est d'autant plus difficile à percer que Robertine n'était pas du genre à s'épancher et à afficher sa peine. Cette année-là, en 1902, elle écrivit :

« Sourire, c'est une habitude à prendre. Ne vous récriez pas, ne dites pas : "Comment les lèvres peuvent-elles sourire, quand au-dedans de vous tout sanglote et tout pleure ?" Le sourire est souvent le fils des larmes. C'est pour cacher des pleurs, pour jeter un voile sur des intimes douleurs qu'il a été créé. L'âme, ce n'est pas l'étalage vulgaire où le boutiquier fait montre de sa marchandise. L'âme, c'est la retraite inviolable et sacrée où l'on est à l'abri des indifférents et des envieux ; c'est le sanctuaire dont l'entrée est défendue au profane, c'est la cité inexpugnable qui ne se rend jamais et dont la meilleure arme est encore le sourire. Si la vie vous maltraite, pourquoi imposer votre mélancolie à ceux qui vous entourent ? C'est parce que la vie est dure, c'est parce qu'elle est triste qu'il faut y mettre ce rayon lumineux qu'est le sourire[158]. »

Cacher sa peine n'est pas facile pour autant. Plus tard, dans un article publié le 17 décembre 1904, elle note :

« Elle est bien heureuse, elle, la princesse Marie… Elle peut pleurer librement, sans contrainte, devant cette tombe à peine refermée. Son malheur fait autour de cette jeune tête

157. R. des Ormes. *Robertine Barry*, p. 77.
158. Françoise. « Sourire ». *Le Journal de Françoise*, 16 mai 1908.

une auréole sacrée devant laquelle on s'inclinera en passant. Tous respecteront sa douleur, et ses yeux rougis par les pleurs ne seront point le sujet de sarcasmes malveillants ou d'indiscrètes curiosités. » Robertine, elle, ne pouvait afficher sa peine d'amour sans être l'objet de malveillants sarcasmes ou d'indiscrètes curiosités.

Même si, pour Robertine, le célibat était presque une condition essentielle à l'émancipation de la femme, ce qu'elle écrit dans ce même article laisse croire qu'elle a connu l'amour passion : « Elle ignorait, d'un autre amour, la douceur et la force, les ivresses et les tourments. »

Lorsqu'une de ses lectrices l'interroge sur l'amour, elle répond :

« On aime de trois façons différentes : on aime d'un amour de tête, calculé, froidement raisonné, en mettant toutes les chances de bonheur de son côté. Celui-là est heureux, mais d'un bonheur tranquille. C'est peut-être le fait d'un sage, mais pas celui d'un héros ! On aime avec son cœur dans lequel on a mis un peu de sa tête. C'est l'amour bien entendu, bien compris, mais il se rencontre difficilement, rarement… On aime ensuite à la passion, à la folie, sans calcul, sans raison. Cela mène au ciel comme à l'enfer… [159] »

Cet enfer, il semble bien que personne ne sache actuellement si elle l'a traversé à cause de Nelligan ou à cause du juge, ou des deux, ou peut-être même à cause d'une autre personne dont nous ignorons tout.

Nous savons cependant qu'en 1902, en l'espace de quelques semaines, Robertine a vécu simultanément trois deuils. Celui de ses deux amis décédés et celui d'un amour impossible

---

159. R. des Ormes, *Robertine Barry*, p. 106.

avec le juge Robidoux, car tout porte à croire qu'elle se refusait à vivre une idylle dans la clandestinité. Alors que sa vie professionnelle est couronnée de succès, sa vie affective la tourmente. C'est dans le travail que Robertine noie sa peine d'amour et fait le deuil de ses deux amis décédés. Et qu'elle arrive à surmonter les affres de la dépression qui l'assaille pour la deuxième fois dans sa vie. « À tous les maux de l'âme et de l'esprit, le travail est encore la meilleure distraction », dit-elle souvent.

La majorité des gens de ce temps croyaient que la neurasthénie, ainsi qu'on appelait alors la dépression, se guérissait à coup de volonté et que ceux qui ne s'en sortaient pas ne méritaient guère de compassion, car ils ne faisaient que s'apitoyer sur eux-mêmes. Comme l'écrivit l'un des collaborateurs du *Journal de Françoise,* il faut « surtout détourner presque entièrement sa pensée de soi-même ; ne pas s'écouter, c'est-à-dire ne pas se plaire à analyser ses souffrances physiques et morales, ne pas s'appesantir sur ses maux de quelque ordre qu'ils soient. Il est encore indispensable d'éviter les discussions inutiles, oiseuses, et il serait bon de voir la vie sous ses beaux côtés, de s'occuper du prochain, de penser à être utile ou même seulement agréable à autrui ; il n'est pas de plaisir plus sain ni meilleur. Si chacun voulait écouter cet humble conseil, le mal disparaîtrait de la Terre[160] ».

• • •

Robertine avait beau faire des efforts pour éviter de penser au juge Robidoux, la vie se chargeait souvent de lui rappeler qu'autour d'elle on célébrait l'amour. Cet été-là, plusieurs de ses amis se marièrent.

---

160. B.S. « Les personnes nerveuses ». *Le Journal de Françoise,* 16 juillet 1904.

Il y eut d'abord son amie Gaëtane de Montreuil qui épousa Charles Gill. Gaëtane avait été séduite par la beauté et le talent de ce peintre et poète ainsi que par ses idées peu conformistes. Gaëtane était convaincue qu'elle et Charles formeraient un couple des plus modernes. Hélas, elle déchanta lorsqu'elle prit conscience que cet homme, qui avait pourtant bien des idées avant-gardistes, était aussi conservateur que la majorité lorsqu'il s'agissait du travail des femmes. Quelques années après leur mariage, il la harcela même afin qu'elle abandonne son travail, car il ne pouvait supporter qu'on compare ce qu'il écrivait avec ce que publiait Gaëtane. Il le supporta encore moins lorsqu'elle commença à rédiger un roman. Gill ne fut donc pas le bon mari que Gaëtane croyait qu'il serait lorsqu'elle l'épousa. Il fut souvent infidèle, fréquenta des prostituées, fut violent avec elle et finit par l'abandonner alors qu'elle n'était pas tout à fait remise de l'hystérectomie qu'elle venait de subir. Personne, au départ, pas même Robertine, pourtant sceptique quant aux chances de bonheur des couples, n'avait soupçonné que cette alliance entre ces deux êtres finirait ainsi.

Deux autres amis de Robertine se marièrent cet été-là. Sa grande amie Alice Le Bouthillier épousa, à l'Anse-au-Griffon, celui qui était, depuis quelques années, le protégé de Robertine, Olivar Asselin.

Olivar n'était pas de ces hommes qui font tomber les femmes en pâmoison rien qu'en apparaissant dans une pièce. Il n'était pas particulièrement beau, était de très petite taille et pesait à peine cent vingt livres. Mais il était intelligent, fougueux et séducteur, et c'est ce qui avait conquis le cœur d'Alice.

Olivar savait qu'il avait, en quelque sorte, pris la place de Nelligan dans la vie de Robertine ; ce Nelligan pour qui, raconte Hélène Pelletier-Baillargeon, il avait beaucoup d'admiration et à qui il songeait quand il bavardait avec les itinérants, qu'il voyait comme de « vieux sages qui auraient renoncé à la richesse et aux ancrages matériels pour mieux s'approprier une vérité mystérieuse qui lui échappe. [...] Aux abords de la chapelle Notre-Dame-de-Bonsecours où ils se côtoient, Asselin a retrouvé son étrange complicité avec les marginaux de la pauvreté urbaine. Et lorsqu'il songe aux errances et à l'enfermement de Nelligan, il arrive qu'un vertige le saisisse ».

Robertine, parfois, craignait pour l'équilibre mental de son nouveau protégé. « Lui qui passe, parfois sans transition, du feu jubilatoire de l'action à la déréliction la plus profonde, n'évoque pas sans angoisse la geôle de la pensée et du corps dont leur ami s'est si jeune constitué prisonnier... Que de fois la solide Alice devra secouer de toutes ses forces le dormeur éveillé, pour le délivrer de ses cauchemars et de sa hantise du naufrage de l'esprit[161]. »

· · ·

Robertine visitait presque quotidiennement Émilie qui s'enfonçait de plus en plus dans la mélancolie. Plus le temps s'écoulait, plus l'espoir qu'elle avait mis dans la guérison de son fils s'amenuisait. Émilie qui, jadis, passait ses étés à Cacouna, ne voulait plus maintenant y mettre les pieds. Il lui aurait été trop pénible de vivre, ne serait-ce que quelques semaines, dans ce village que son fils aimait tant et dont il était maintenant privé. Peut-être pour les mêmes raisons, Robertine, qui avait séjourné autrefois à quelques reprises chez les Nelligan à

161. H. Pelletier-Baillargeon. *Olivar Asselin et son temps*, pp. 173 et 233.

Cacouna, n'y allait plus, elle aussi, et ne s'y arrêtait même pas lorsqu'elle se rendait à L'Isle-Verte et à Trois-Pistoles. Ses amies s'en plaignaient dans des lettres :

« Ma chère Françoise. Depuis si longtemps que nous vous attendons et que vous ne venez pas, cela commence à impatienter vos amies. Montréal est-il donc si captivant cette année que vous ne puissiez vous arracher aux délices de la métropole ? Et pourtant, ma chère, vous manquez des spectacles et des scènes qui vaudraient bien l'honneur d'une relation imprimée. Plus d'une fois, j'ai songé au plaisir que vous éprouviez à être témoin des intrigues coquettes et rusées de Cupidon, qui est venu, lui aussi, passer la belle saison à Cacouna[162]. »

Robertine profita plutôt des beaux jours de septembre pour se reposer dans un club de pêche, le club Winchester, à « une altitude de plus de huit cents pieds au-dessus de Montréal ». C'est moins pour y attraper des poissons qu'elle y va que pour être au cœur de la nature :

« C'est dans les bois, toujours aimés et qui me rappellent de lointains souvenirs, que le sort clément me permet de vivre quelques jours. La maison du club et ce lac qui la jouxte, – le lac si paisible aux dormantes feuilles de nénuphars – seuls me séparent des lisières boisées où la lumière s'enténèbre, où le sapin mêle sa *branchure* sombre aux cimes rougeoyantes des érables, aux frissonnantes feuillées de bouleaux. Dans ces profondeurs crépusculaires, le hibou *houlloulera* quand viendra le soir et la brise des nuits, passant sur les eaux, bruira étrangement. Je l'ai entendu ce bizarre colloque du vent et de la ramure, alors que la lune, froide et calme, refusait de l'écouter ; j'en ai eu un grand frisson, un frisson d'épouvante comme celui

---

162. « Lettres de Cacouna ». *Le Journal de Françoise*, 15 août 1902.

qu'on doit éprouver en face d'un mystère, d'un mystère attirant et sublime en sa terreur. Comme on se sent près de cette nature sauvage et grandiose qui nous domine en un dédain superbe ! Je songerais à m'excuser de ma présence auprès d'elle, si je ne comprenais la raison de son mépris et combien peu mon insignifiance peut la troubler. Les blonds asphodèles eux-mêmes, croissant à travers le velours des mousses, restent indifférents aux éclats de la voix ; ils attendent, résignés, cette mort lente qui plane sur toutes choses et qui fane déjà l'extrémité de leurs fines dentelles. Puis, quand le Soleil glisse ses rayons à travers les arbres aux tons monochromes, reluisant alors comme autant "d'ostensoirs d'or", ou qu'il allume d'une flambée de pourpre les feuilles saignantes de nos érables, l'extase me revient et j'oublie tout souci en la contemplation de ces harmonies d'automne. »

Lorsqu'elle accompagnait ses amis, des mordus de la pêche, il lui arrivait de remettre « subrepticement les perchaudes dans les eaux du lac ». Elle aimait suivre, avec délice, « la vie qui renaît peu à peu dans leurs poumons asphyxiés, les mouvements incertains de leurs nageoires, le frémissement des ouïes aspirant l'onde, puis leur course rapide pour regagner leurs humides demeures. Je crois bien qu'ils ne me gardent aucune reconnaissance, les petits poissons – tout ce qui a vie est si ingrat ! –, mais je suis intérieurement satisfaite de ma bonne action, car nous ne pouvons vraiment être heureux sans désirer que tout le soit autour de nous[163] ».

Le soir, elle passe des heures avec ses amis à discuter et à rire devant un feu en plein air. Lorsqu'elle revient à Montréal, elle

---

163. Françoise. « Sous les bois. Club Winchester ». *Le Journal de Françoise,* septembre 1902.

est toute ragaillardie. Et c'est tant mieux, car elle doit mettre les bouchées doubles ! En plus de s'occuper, seule, de la gestion de son magazine, de rédiger son éditorial, de trouver des collaborateurs, de collaborer à d'autres journaux et revues, Robertine faisait partie, depuis peu, de la section des dames patronnesses de la Société Saint-Jean-Baptiste (SSJB), la plus puissante organisation sociale et communautaire du Canada français. Ses membres avaient fait construire le Monument National, véritable fleuron de la culture montréalaise francophone. Avec sa belle salle où l'on offrait des spectacles à prix très modiques, il était à la fois une ouverture sur le monde et un outil de démocratisation de la culture. Des gens de toutes les classes sociales pouvaient venir y voir des opéras chinois livrés en mandarin, du théâtre yiddish et des troupes venues de plusieurs pays.

Une autre salle du Monument National était réservée à une Caisse nationale d'économie et, dans une autre encore, on offrait gratuitement des cours aux adultes. Robertine encourageait les membres de la classe ouvrière à économiser et à profiter de ces cours, car c'était pour eux deux moyens de s'affranchir de l'exploitation de leurs patrons.

Le Monument National avait beau être un objet de fierté, il était aussi une source de dettes incroyablement élevées. Aussi, les administrateurs demandèrent-ils à leurs épouses d'organiser une collecte de fonds. Afin d'aider leurs maris à sortir cette société de l'impasse financière, elles constituèrent le comité des dames patronnesses de la SSJB.

Joséphine Marchand-Dandurand, Marie Gérin-Lajoie, Madeleine Huguenin, Éva Circé et Gaëtane de Montreuil, ainsi que Robertine, faisaient elles aussi partie de ce comité dirigé par Caroline Béïque, épouse du président de la SSJB.

Conscientes aussi de leur rôle patriotique, les dames patronnesses de la SSJB désiraient aviver le nationalisme canadien-français. La population anglophone augmentant à un rythme soutenu, les Canadiens français se sentaient menacés. Afin de lutter contre l'assimilation et d'obtenir des droits égaux dans tout le pays, ils voulaient protéger leur religion, leur langue et leur culture. L'un des moyens pour y arriver était d'encourager les femmes à mettre au monde beaucoup d'enfants. Robertine, ayant vu dans sa famille ce qu'il en coûtait aux mères d'élever des familles nombreuses, n'était pas totalement d'accord avec cela. Elle partageait cependant quelques-unes des idées nationalistes d'alors qui, en plus de prôner l'autonomie du Canada face à l'Empire britannique, prônaient l'autonomie des provinces face à Ottawa et revendiquaient le respect de la minorité anglophone au Québec et des minorités francophones dans les autres provinces. Robertine parla souvent dans ses chroniques de la nécessité de sauvegarder la langue française. Elle détestait être servie en anglais. « Parlons français », répétait-elle inlassablement. Elle revendiqua aussi à maintes reprises que l'on fête dignement la Saint-Jean-Baptiste le 24 juin afin de célébrer l'amour du pays, les traditions et la langue française[164].

Cependant, Robertine ne se sentait pas tout à fait à l'aise au sein de ce comité. Elle ne ressentait pas le besoin, comme Caroline Béïque, Marie Gérin-Lajoie et Laure Conan, de consulter son confesseur toutes les fois qu'elle avait une décision importante à prendre. Ce malaise, qui ne cessera de grandir au fil des ans, finira par l'éloigner des dames patronnesses et brisera son amitié avec Marie Gérin-Lajoie.

---

164. Françoise. « Bloc-notes ». *Le Journal de Françoise*, p. 96.

Éva Circé, quant à elle, écrivit un article dans lequel elle brossait un portrait des plus positifs sur l'association des dames patronnesses[165].

L'une des revendications communes à Éva et à Robertine était l'ouverture d'une bibliothèque publique à Montréal. Frondeuse, Robertine ne se gênait pas pour écrire qu'elle fréquentait l'institut Fraser, un établissement protestant qui n'était donc pas concerné par l'Index du Vatican :

« Quand le cœur a du chagrin, on le console dans une église. Quand l'esprit a faim, on le rassasie dans une bibliothèque. Je me faisais cette réflexion, hier soir, en entrant à l'Institut Fraser que je revoyais pour la première fois depuis les améliorations que le goût de ses directeurs lui ont dernièrement fait subir. Pour un peu plus, j'étais désorientée sur le seuil de la vaste salle de lecture, et pourtant, l'Institut Fraser c'est un vieil ami, mais je cherchais vainement le salon des dames à son lieu ordinaire. Un coup d'œil circulaire me fit cependant vite retrouver le coin charmant, embelli, décoré de tableaux de toutes sortes, de petites tables rondes très invitantes, sur le tapis desquelles magazines et revues flirtent ensemble. Avant de m'oublier en leur compagnie, j'allai tout d'abord féliciter le bibliothécaire, M. de Crèvecoeur, sur l'*imposance* et la beauté des salles et sur les attentions, tout à fait délicates, qui lui ont fait particulièrement soigner notre cabinet de lecture.

« Il m'annonça alors les heureuses acquisitions qui avaient été faites dans le domaine des livres, mentionnant surtout des monographies de femmes dont l'énumération seule me fit rayonner de satisfaction. M. de Crèvecoeur connaît les livres

---

165. A. Lévesque. *Éva Circé-Côté*, p. 72.

de sa bibliothèque aussi bien qu'un député populaire connaît ses électeurs. Avec son secours, le chercheur voit sa besogne absolument facilitée : je désire, dira le lecteur, consulter les auteurs qui ont traité de tel ou tel sujet. Aussitôt, l'obligeant bibliothécaire va, sans une hésitation, les chercher tous sur différents rayons, il les aligne devant lui, par ordre de date ou de valeur et, si vous l'exigiez, je crois qu'il pourrait ouvrir les volumes à la page précise qui peut vous intéresser. Un homme aussi bien renseigné que M. de Crèvecoeur est un facteur précieux au succès général d'une bibliothèque publique.

« Revenue à mon siège, je voulais lire. Rien d'ordinaire ne dispose plus au recueillement que cette atmosphère douce, presque pieuse, où la pensée nullement distraite peut se concentrer tout entière dans le sujet qui l'occupe. Cette fois, cependant, les yeux ne voyaient pas les lignes du livre ouvert devant eux et l'esprit, absorbé par une idée persistante, malgré les textes, songeait… Il songeait qu'il se passe à Montréal un phénomène inexplicable qui, depuis deux ans et davantage, plonge des gens bien pensants dans des étonnements sans fin. Tout arrive donc en ce monde, même l'invraisemblable ! Qui eût pu prévoir, alors que nous déplorions que Montréal, Montréal la grande, Montréal la métropole la plus importante du Bas-Canada, n'eût pas comme la plus insignifiante ville des États-Unis, sa bibliothèque publique, qui eût pu prévoir, dis-je, que lorsqu'une philanthropie bien éclairée viendrait à lui en offrir une en pur don, on hésiterait plus de vingt-quatre mois avant de l'accepter, avec bien des chances de la refuser ! Cela semble inouï, et vraiment, il n'est pas étonnant que, devant une telle apathie, pour n'employer que la plus douce expression, on éprouve "le besoin de se révolter tout haut", ainsi que le disait naguère une célèbre contemporaine. Les générations qui nous suivront auront peine à croire que, quand les milliers de dollars surgissaient devant leurs pères comme sous l'effet d'une baguette magique, ils ont délibéré – oh, pendant combien de saisons – pour savoir s'ils ne devaient pas les refuser.

« Et pourtant, une bibliothèque publique est un édifice dont la construction s'impose à tous égards. Oui, messieurs de l'édilité, il était toujours quand même de votre devoir de nous donner une bibliothèque et, si le sort heureux vous en facilite la tâche, remerciez-le de vous permettre de prouver plus tôt que nous n'avions pu l'espérer, l'intérêt que vous devez porter à l'avancement intellectuel de votre pays.

« Malheureusement, le mouvement intellectuel ne trouble pas le sommeil de quelques-uns de nos chers compatriotes. C'est une quantité si négligeable ! S'il fallait, par exemple, s'entendre sur le placement à la Bourse de quelques bonnes actions, la décision serait vite prise, allez ! Je ne sais aussi pourquoi cette question de bibliothèque publique semble frapper de mutisme tous ceux qui devraient s'y intéresser. Voyons les journaux, par exemple ; c'est la presse qui doit seconder ou même décider des bons mouvements. Eh bien !, dans le cas actuel, elle n'a rien à dire. *La Patrie* a eu quelques timides articles que, pour des raisons qui demeurent à l'état de mystère, elle n'a pas répétés depuis… Quant à *La Presse* et au *Journal*, on ne sait au juste s'ils sont ou non en faveur de la chose. Ils s'attardent dans la discussion d'accessoires qu'il conviendrait de régler seulement dans le cas où le point essentiel, la bibliothèque, serait décidé. Pauvre bibliothèque publique !

« Il y a quatre ou cinq ans, il s'était fait un mouvement en faveur. Un bon matin, on s'était dit : "C'est honteux de songer que Montréal n'a pas de bibliothèque !" Que de beaux projets alors, je m'en souviens, avaient été élaborés en petits comités, pour sa construction ! Que de dévouements féminins promettaient de consacrer le meilleur d'eux à la réalisation d'une si louable entreprise ! Le rêve ne devait pas être réalisé... Mais aujourd'hui que "les temps sont accomplis", on ne doit plus garder le silence. À Montréal, on tolère les maisons équivoques et les *bucket-shops,* et les pudibondes consciences s'effarouchent d'une bibliothèque publique ! Oh ! Mœurs vertueuses, combien vous êtes admirables. »

Depuis qu'elle avait publié cet article, Robertine était revenue souvent à la charge, martelant qu'il était inconcevable qu'une ville comme Montréal n'avait pas encore sa bibliothèque, alors que « les plus humbles bourgs des États-Unis en ont ». Robertine avait honte de l'indigence culturelle des francophones : « Les gens de Westmount, écrivit-elle, ont leurs bibliothèques depuis 1899 [...]. Il y a parmi nous des gens qui ont peur de se décrasser l'intelligence, comme il existe de ces malpropres qui, par aversion innée, redoutent, sur leur personne, les trop fréquentes ablutions d'eau pure[166]. »

En revendiquant l'ouverture des bibliothèques publiques accessibles à toute la population, c'est la démocratisation de la culture et de l'instruction qu'elle valorisait. Elle heurtait ainsi les valeurs des élites conservatrices qui, pour la plupart, ne tenaient guère à cette démocratisation. Maintenir les gens dans l'ignorance permet de mieux les exploiter.

Défiant encore ouvertement le clergé, Robertine osa aussi écrire qu'il était déplorable que celui-ci mène des campagnes contre la lecture, dans un pays où l'on devrait plutôt déplorer le fait que presque personne ne lit. Elle était indignée de

---

166. Françoise. *Le Journal de Françoise,* 4 juillet 1903.

constater « l'insipidité des bibliothèques paroissiales[167] ». Elle osa défier encore l'autorité cléricale en écrivant qu'au lieu de léguer des sommes d'argent aux communautés religieuses, qui n'en avaient pas besoin, il valait mieux les céder à la création de bibliothèques ou de musées, ainsi qu'aux universités.

Non seulement Bruchési s'opposait, au nom de l'autorité paternelle, à la scolarisation obligatoire des enfants, mais il s'opposait aussi à l'ouverture de bibliothèques qu'il jugeait être des outils de propagande anticléricale. Avec l'œuvre des « bons livres » des bibliothèques paroissiales, Bruchési était convaincu que « la vérité et la morale seraient enseignées, la vertu exaltée, le mal et l'erreur flétris ».

Malgré les objections du clergé et des élites conservatrices, une petite bibliothèque ouvrit ses portes, en 1903, dans les locaux du Monument National. Appuyée par les dames patronnesses, Éva Circé fut nommée bibliothécaire et première conservatrice. Robertine mentionna dans son magazine qu'on ne pouvait « reconnaître plus tangiblement les connaissances et le mérite d'une de nos meilleures femmes de lettres[168] ».

Ce n'était là qu'une demi-victoire aux yeux de Robertine, car la bibliothèque ne comprenait que des ouvrages techniques et scientifiques. On avait décrété, en effet, qu'il était impossible de censurer tous les autres ouvrages d'une grande bibliothèque publique. Ouvrages qui, aux dires de Bruchési, étaient une « voie de perdition pour ses ouailles ».

Ne se laissant pas décourager par cette censure, Robertine mena des campagnes pour la création d'autres bibliothèques et aida concrètement à l'ouverture de la section française de la

---

167. La directrice. « À propos des bibliothèques ». *Le Journal de Françoise*, 25 octobre 1902.

168. Françoise. « Bloc-notes ». *Le Journal de Françoise*, 5 septembre 1903.

bibliothèque de Waterloo, fondée par Mme de Varennes, ainsi que celle de Beauharnois, fondée par Mlle Surveyer. Robertine demandait à ses lecteurs de faire parvenir des livres à l'adresse du *Journal de Françoise* et elle s'occupait de les remettre aux responsables des bibliothèques. Elle reçut des pleines caisses de France, provenant de personnes exerçant différentes professions dont, par exemple, le docteur Ernest Morin, de la faculté de médecine de Paris. Ses actions en inspirèrent d'autres. C'est ainsi que fut fondée la bibliothèque des dames et des jeunes filles de Saint-Jean, par Rachel Meissier. Le 28 janvier 1906, celle-ci écrivit à Robertine une lettre remplie de gratitude :

« Laissez-moi vous attribuer une large part qui vous revient de droit. C'est dans votre journal que nous avons puisé l'idée première, après l'appel que vous avez fait pour la bibliothèque de Waterloo et que vous avez bien voulu renouveler gracieusement pour nous. »

L'année 1903 vit aussi la concrétisation de ce que Robertine revendiquait depuis longtemps. L'Assistance publique, dirigée par des laïcs, qu'elle réclamait depuis des lustres, ouvrit enfin ses portes. On y offrait des repas gratuits aux pauvres et on mettait tout en œuvre pour trouver des foyers d'adoption aux enfants.

• • •

Quelques mois plus tôt, Robertine avait organisé une grande réception en l'honneur de Laure Conan, sacrée première Canadienne lauréate de l'Académie française. En l'honorant de cette façon, Robertine déjouait cette conspiration du silence entourant les succès des femmes. Le prix que venait de remporter Laure est, écrivit-elle, « un honneur pour toutes les Canadiennes françaises, en même temps que la sanction donnée aux efforts

tentés vers l'Art par les femmes de lettres de notre pays[169] ».
Robertine tenait à ce que ce soit une véritable fête qui conso-
lerait son amie de toutes les mésaventures qui avaient jalonné
sa vie d'écrivaine. Elle fit imprimer des cartes d'invitation et,
aidée de sa secrétaire et de ses sœurs, prépara des dizaines
d'enveloppes. Hélas, par un méchant coup du sort, les cartes
qu'elle envoya à tous les lecteurs et lectrices du *Journal de Françoise*, ou bien furent égarées, ou bien arrivèrent « quatre jours
au moins après avoir été jetées dans les boîtes postales ». Il
fut par conséquent trop tard « pour permettre aux destinataires
de se rendre à la petite fête » et il y eut beaucoup moins de
monde que prévu.

Robertine était d'autant plus déçue qu'elle trouvait vraiment trop injuste que le talent de Laure ne soit pas reconnu
autant qu'elle l'aurait mérité. Elle avait auparavant dénoncé le
fait que l'homme d'Église Camille Roy, considéré aujourd'hui
comme le premier critique littéraire, avait fait une critique du
livre de Laure « où l'on sentait l'animosité d'un homme contre
une femme écrivaine ». Robertine s'était portée à la défense de
son amie, en précisant qu'elle avait parcouru l'œuvre de Laure
« l'esprit déjà embarrassé » par les préjugés du critique mais
que, bien franchement, c'est en vain qu'elle avait cherché « cette
petite bête » et ne l'avait pas trouvée[170].

Quelque temps après cette réception, Robertine publia
une lettre signée par l'écrivaine dans laquelle Laure rappelait
l'exploitation dont elle avait été victime par le passé. Robertine
la réconforta encore lorsque Laure lui confia, découragée, que

---

169. Françoise. « Laure Conan couronnée par l'Académie française ». *Le Journal de Françoise,* 10 janvier 1903.

170. Françoise. « Essais sur la littérature canadienne ». *Le Journal de Françoise,* 6 juillet 1907.

si elle était un homme elle n'aurait pas à faire toutes ces humiliantes démarches afin que ses livres soient distribués dans les écoles. Elle espérait que Wilfrid Laurier, à qui elle avait écrit pour s'en plaindre, puisse y changer quelque chose.

À la mi-septembre, sans doute en partie pour faire plaisir à Émilie, Robertine publia en première page de son magazine un poème de Nelligan, *La bénédictine*[171]. Toutes les fois qu'on disait du bien de son fils ou qu'on appréciait sa poésie, Émilie se réjouissait : la souffrance de sa séparation d'avec Émile « allait en augmentant. Ainsi, saluait-elle chaque souvenir paru dans la presse, tout signe bienveillant venu des amis de son fils[172] ».

De son côté, Dantin écrivit un article dans *Les Débats* dans lequel il glorifiait le talent de Nelligan, affirmant que si précoce soit-il, ce talent n'en était pas moins une ébauche de génie.

Émilie eut soudain l'espoir fou que, peut-être, la grande joie que causerait à son fils la publication de sa poésie pourrait le guérir. Cette bonne nouvelle, elle allait la lui annoncer elle-même. Elle demanda à Madeleine, la journaliste qui avait remplacé Robertine à *La Patrie*, de l'accompagner. Celle-ci accepta et il fut convenu qu'elle attendrait au parloir pendant qu'Émilie se rendrait à la chambre de son fils. On peut imaginer combien ces retrouvailles furent douloureuses. Émilie et Émile ne s'étaient pas vus depuis trois ans. Madeleine proposa à Émilie de publier un compte-rendu de cette visite dans *La Patrie*. Émilie s'y opposa avec force. Or, Madeleine, ne respectant pas le désir d'Émilie de garder secrète cette rencontre entre la mère et le fils, publia un article dans *La Patrie* dans lequel elle fit un récit basé sur la façon dont elle imagina qu'elle s'était déroulée.

---

171. Poème qu'elle publia le 13 septembre 1902 et le 2 mars 1907.

172. P. Wyczynski. *Nelligan, 1879-1941*, p. 354.

Sixième partie

1903-1904

« *Au début du XXe siècle, la « femme nouvelle » est célibataire et fière de sa force intérieure. On célèbre la femme
qui ne sacrifie plus sa vie à l'amour et à la passion. La
plupart des féministes, de quelque tendance qu'elles soient,
sont alors célibataires par choix.* »

ANNE-MARIE KÄPPELI

Robertine avait maintenant quarante ans. Les jours où elle trouvait particulièrement pénible de vieillir, elle songeait que George Sand avait dit au sujet de la vieillesse qu'elle pouvait être un « âge heureux où l'on est détaché de ce qui ne vaut pas la peine, où le recul vous permet de trier les meilleurs souvenirs, ceux qui seuls méritent d'être en relief à une grande distance, où tout vous convie à être bon, où la douce indulgence baigne votre esprit, autrefois toujours irrité, où l'on ne perd rien, si on l'a un peu voulu, de sa gaieté, de sa chaleur de cœur ».

Le Journal de Françoise avait maintenant un an et, tel un bambin précoce, marchait solidement sur ses pattes et était apprécié de plusieurs lecteurs, si l'on en juge par les lettres que Robertine reçut afin de souligner ce premier anniversaire. L'une, élogieuse, est signée par l'un de ses collaborateurs et ami, l'écrivain Edmond de Nevers, et porte la marque d'une sincère admiration mâtinée d'affection. Comme l'a écrit J. P. Warren, même si Edmond était considéré comme l'un des penseurs les plus importants de son temps, il n'en demeure pas moins qu'il estimait que la place de la femme était au foyer et que celles qui travaillaient opposaient un « refus contre nature ». Il concédait néanmoins « qu'il existe des exceptions et que certaines "femmes à barbe" [!] peuvent rivaliser sur le terrain des hommes », mais il songeait « avec effroi à une société où les sexes seraient mêlés et confondus ». Robertine faisait partie de ces rares « femmes à barbe » pour qui il avait de l'estime. Elle a, disait-il, un « charme exquis » et une « imagination gracieuse ». Robertine et Edmond partageaient l'amour des arts et ils fréquentaient assidûment, parfois ensemble, les salles de théâtre et de concert. Ils étaient tous deux soucieux de préserver la culture et la langue française des Canadiens français. Comme Robertine, Edmond estimait que « les livres sont les meilleurs amis », des « objets précieux ». Comme elle, il tenait des « propos frondeurs sur la religion », se liait facilement d'amitié et estimait que la politique corrompt[173]. Bref, leurs nombreux points communs compensaient le conservatisme dont il faisait preuve quand il parlait des femmes. Robertine adorait l'entendre jouer du violon et, douée d'une grande sensibilité, elle comprenait peut-être mieux que quiconque sa souffrance. Edmond était atteint de syphilis, souvent appelée alors la vérole française, et il était affolé par le fait qu'il perdait progressivement la vue. Robertine songea sans doute à toutes ces femmes dont les maris leur avaient transmis la syphilis sans qu'elles le sachent. Souvent, les médecins les maintenaient dans l'ignorance afin de sauvegarder la paix des ménages ou ne les traitaient qu'avec l'autorisation du mari, car le traitement révélait l'infidélité de celui-ci !

Devenu à moitié impotent, Edmond avait des attaques de paralysie. Il savait qu'il n'en avait plus pour longtemps à vivre. Seule la musique, surtout les préludes de Chopin, arrivait à lui faire oublier quelques instants les douleurs fulgurantes qui l'assaillaient. Robertine lui en jouait souvent au piano.

---

173. J. P. Warren. *Edmond de Nevers*, pages 26, 40, 66, 97, 225, 261.

Le *Journal de Françoise* aussi le divertissait momentanément de ses malheurs. Il appréciait l'humour contenu dans les lettres des lecteurs. Ceux-ci ne manquaient pas d'esprit comme en témoigne la lettre d'un autre ami de Robertine, l'auteur et journaliste Ulric Barthes :

« Un homme s'abonner à un journal de femmes ! C'était presque une profession de foi féministe, presque une défaillance, autant renier ses dieux et passer tout de suite à l'ennemi. Mais le premier pas, celui qui coûte est fait, je veux dire que le *Journal* a triomphalement accompli sa première étape annuelle. Votre journal, Françoise, est plus qu'une tribune ordinaire ; c'est une nécessité sociale. Qui n'entend qu'une cloche n'entend qu'un son. Dieu n'a certainement pas noté la voix d'Ève une octave au-dessus du diapason d'Adam pour qu'elle se tût, et le concert humain sans soprano serait un fiasco. Sous une direction éclairée comme la vôtre, sachant éviter la sensiblerie, la pruderie, la préciosité, le *tatillonnage*, le chauvinisme, et autres écueils communs en ces latitudes, votre valeureuse publication a la vie assurée, car elle a l'attrait de l'unique et de l'original, et on est forcé de la lire pour y trouver des choses qui ne se disent point dans les journaux de main d'homme[174]. »

• • •

C'est avec grand plaisir que Robertine se rendit à Québec le 12 mai, afin de participer à la fête donnée aux anciennes élèves du monastère des Ursulines de Québec. Elles étaient près de huit cents venues de partout dans la province et même de New York, et c'est avec beaucoup d'émotion que Robertine retrouva certaines d'entre elles :

---

174. « Ma chère directrice ». *Le Journal de Françoise*, 18 avril 1903.

« Au sortir de la salle de réception, je tombai dans les bras d'une compagne qui, au temps jadis m'abandonnait, avec une générosité inlassable, les pommes de son goûter. Là où il n'y a pas de souvenirs, si minimes soient-ils, il ne saurait exister de bonnes et solides amitiés. Le hasard continua de m'être heureux. Entre des centaines de femmes de tout âge, je retrouvai, au cours de mon pèlerinage, la plus grande partie de mes camarades d'autrefois. Et ce furent des cris de surprise et de joie, des questions, des réponses, des informations données et reçues avec un entrain sans pareil.

« – Une telle ?

« – Dominicaine.

« – Cette autre ?

« – Mariée et six enfants. Moi-même j'en ai eu douze en treize ans, ma chère », me disait l'une d'elles dont naguère les boucles blondes flottaient sur les épaules.

« Grand Dieu, que les années vont vite !

« – La petite brune, je gage, au nez retroussé ?

« – Elle-même. Tu sais, c'est de famille, ce nez !

« – Te rappelles-tu, fis-je à une jeune femme tenant par la main une délicate enfant, du temps où tu ne désirais, dans la monde, que la situation de veuve ?

« – Étais-je assez bête, dis ? Comme les goûts changent, hein ! Quand je pense maintenant que ce malheur pourrait m'arriver !

« Braves et vaillantes, je les retrouvais toutes et, bien qu'alourdies par la maternité plus encore que par les années, elles avaient l'humeur sereine et gaie, ne médisant ni du mariage, ni du mari.

« Et nous allions ainsi, nous laissant dans quelques salles, nous reprenant dans les longs corridors.

« Au réfectoire, ce fut une explosion. Sur les longues tables garnies de nappes blanches, on avait servi les goûters d'autrefois ; pains d'épices appétissants, croquignoles croustillantes, galettes savoureuses. Nous retrouvâmes tout – hors peut-être nos robustes appétits. N'importe, nous fîmes honneur à la collation des anciens jours.

« – Es-tu toujours gourmande ?, m'est-il demandé à l'autre extrémité du réfectoire. Quelle quantité de pain d'épices tu pouvais engouffrer !

« Clairement, comme tous mes autres souvenirs, celui de mes méfaits se dressera aussi pour moi.

« Pas un recoin ne reste oublié et partout, nous le constatons, la simplicité règne toujours, suprême. Ne me parlez pas des couvents-boudoirs dont l'élégance amollit l'âme. [...] Le signal du départ est donné dans le cri de *Notre-Dame veillera sur nous* et nous laissons le vieux monastère, les Mères ursulines, l'âme reconnaissante et tout imprégnée de la forte odeur du passé, la seule, disait Lamartine, qui puisse embaumer l'avenir[175]. »

• • •

Robertine caressait doucement la joue du cheval pendant qu'il buvait de l'eau à satiété. Ce magnifique animal était d'autant plus assoiffé que cette journée d'automne était chaude et qu'il venait de transporter une partie du ménage des Nelligan. L'espace d'un instant, Robertine se revit à Trois-Pistoles à l'époque où son père élevait des chevaux. Ah ! Les beaux souvenirs que ces randonnées en forêt durant lesquelles elle rêvait

---

175. Françoise. « Au vieux monastère ». *Le Journal de Françoise*, 6 juin 1903.

à un avenir rempli de promesses ! Elle en avait fait du chemin depuis et avait perdu bien des illusions.

Émilie la sortit de sa rêverie. Robertine remarqua qu'elle avait l'air heureux. Cela faisait si longtemps qu'elle n'avait pas vu la joie sur le visage de son amie. Émilie était heureuse d'emménager dans le logement juste au-dessus des Barry. Non seulement vivre si près de Robertine la réconfortait, mais elle était soulagée de quitter une demeure dont les murs avaient été témoins de tant de souffrances.

Les semaines suivantes, Robertine trouva souvent Émilie en compagnie de Charles Gill et d'Étienne Roby, le secrétaire et trésorier de la librairie Beauchemin[176]. Les deux hommes avaient accepté de l'aider à rendre à terme le livre presque achevé par Dantin, intitulé *Émile Nelligan et son œuvre*. On racontait que Louis Dantin avait dû s'exiler aux États-Unis après que son histoire d'amour avec une femme eut entraîné des démêlés avec la communauté religieuse dont il faisait partie. Avant de quitter le Québec, il avait remis à Émilie les soixante-dix premières pages du volume contenant la précieuse poésie de son fils. Gill et Émilie parachevèrent le travail.

Le temps qu'Émilie avait passé à travailler avec Gill l'avait distraite de sa douleur et avait brisé son isolement. Émilie ne fréquentait presque plus personne. Plusieurs, parmi ceux et celles qu'elle considérait jadis comme ses amis, ne lui avaient plus donné signe de vie depuis qu'Émile était interné. Aveuglés par leurs préjugés et leur étroitesse d'esprit, ils estimaient qu'une famille dont l'un des membres est *chez les fous* n'est plus fréquentable.

---

176. J. Michon. *Histoire de l'édition littéraire au Québec au XXᵉ siècle*, p. 63.

Les Trois Grâces : Clara-Blanche, Robertine et Kathleen, les sœurs Barry.

Clara-Blanche, sœur et collaboratrice de Robertine.

Monseigneur Paul Bruchési, l'archevêque de Montréal, ultramontain et antiféministe.

Le journaliste et historien
Thomas Chapais
et son épouse,
amis de Robertine.

Olivar Asselin
en compagnie
de sa femme.
Robertine Barry
fut la « marraine »
d'Asselin quand
il fit ses débuts
en journalisme.

Le château Ramezay où Robertine lança son premier ouvrage : Fleurs champêtres.

SOUS L'ŒIL DU PUBLIC

MLLE FRANÇOISE

Mlle Barry, plus connue sous le nom de Françoise, et autrefois attachée à la rédaction de la *Patrie*, vient de faire paraître un premier volume de ses jolies hroniques. On dit de plus qu'elle va publier pro-

FRANÇOISE

chainement un journal pour les dames. Cette sympathique écrivain occupe une place à part dans notre littérature. Ses récits et nouvelles ont une note originale qu'aucun de nos littérateurs n'avait encore fait vibrer. Dans le journalisme, elle est la créatrice des

Louis Fréchette, ami et grand admirateur de Robertine, collabora au Journal de Françoise.

Une première critique élogieuse des Fleurs champêtres.

*L'élégance de la femme
à la fin du XIXe siècle.*

Les femmes conduisant la bicyclette n'étaient pas très nombreuses au XIXe siècle.

Les premiers tramways montréalais tirés par les chevaux.

Enfin, le tramway électrique parcourt la rue Sainte-Catherine !

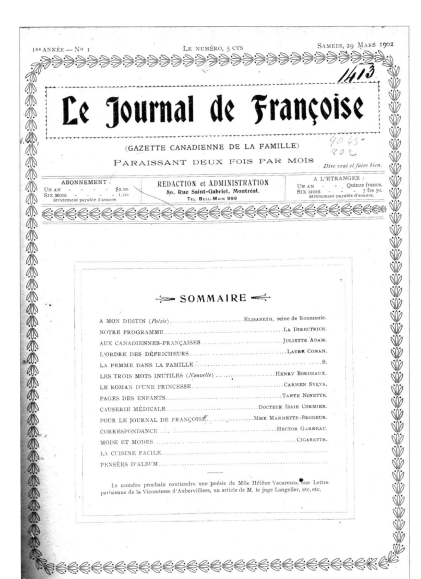

Le Journal de Françoise

(GAZETTE CANADIENNE DE LA FAMILLE)

PARAISSANT DEUX FOIS PAR MOIS

Dire vrai et faire bien.

ABONNEMENT :	REDACTION et ADMINISTRATION	A L'ETRANGER :
UN AN - - - - $2.00	80, Rue Saint-Gabriel, Montréal.	UN AN - - - Quinze francs.
SIX MOIS - - - - 1.00	TEL. BELL: MAIN 999	SIX MOIS - - - 7 frs 50.
Strictement payable d'avance.		Strictement payable d'avance.

⇒ SOMMAIRE ⇐

Le numéro prochain contiendra une poésie de Mlle Hélène Vacaresco, une Lettre parisienne de la Vicomtesse d'Aubervilliers, un article de M. le juge Langelier, etc, etc.

LE COIN DE FANCHETTE

Louis Desaintes. — Reçu l'article de Holyoke. Pourquoi m'avez-vous adressé cela ? J'en ai été amusée mais intriguée aussi bien.

Justine B. — Amitiés sincères. Je suis toujours heureuse de vous lire, mais je vous avoue que votre calligraphie, trop menue, est parfois illisible.

Cécilia. — Il n'y a aucune indiscrétion dans votre demande : la directrice atten l des visiteuses de France, qui, au printemps, passeront à Montréal pour aller à l'Exposition de Saint-Louis ; le thé du JOURNAL DE FRANÇOISE est remis jusqu'à ce moment. 2° Les abonnés ont droit de demander les numéros qui leur manquent des livraisons passées.

Garandot — Je vous conseil'e les Mémoires d'Imbert de St-Amand ; il est, en somme, véridique bien que mielleux. C'est l'avantage qu'il a sur Turquan, qui, lui, semble mettre son plaisir à trouver toutes les femmes de l'Empire malhonnêtes. (2) On reproche au général Marbot de parler trop souvent et trop complaisamment de lui ; ses mémoires n'en sont pas moins très intéressants.

Fantaisie — L'idée de canoniser Jeanne d'Arc remonte à la fin du second Empire. 2° La cour de Rome hésitait, dit-on, à reprendre le procès de la canonisation, de crainte de blesser les susceptibilités anglaises, mais la reine Victoria a noblement fait connaître qu'il ne saurait être désagréable à personne que l'on rendît honneur à la femme héroïque pure et sainte que fut Jeanne d'Arc.

Claude-le-Débonnaire. — Débonnaire ? c'est vous qui le dites. Espérons au moins que l'on fait chorus autour de vous. — Qui sait si le bonheur n'est pas dans la volonté ferme d'être heureux ? Ne croyez-vous pas, Claude, qu'il y a beaucoup de vrai dans cette sentence que je n'ai pas inventée, mais en faveur de laquelle je réclame le mérite de l'à-propos.

La Pensée. — Non, mademoiselle, je n'écris pas seulement à qui me plaît. Vous connaissez les conditions du *Coin de Fanchette* : on ne doit y répondre, autant que possible, qu'aux questions pratiques ou d'intérêt général ; je suis très sensible aux douces choses que vous me dites, archi-touchée des compliments jolis que vous me faites, mais je ne saurais mettre à mon service exclusif l'espace déjà restreint de cette page. Ce qui ne veut pas dire que vous devez cesser de m'écrire. Vous auriez tort, car toutes ces lettres que je dois laisser sans réponse ne me causent pas moins à la lecture un réel plaisir.

Laurette C. — Mathilde Serao est une romancière napolitaine, une contemporaine très célèbre déjà et dont les œuvres ont été traduites en français. 2° La Duse est une grande actrice, qui ne joue qu'en italien. D'aucuns prétendent qu'elle a un plus grand talent encore que Sarah Bernhardt. 3° Gabriel d'Annunzio est un auteur italien dont les œuvres sont connues dans le monde des lettres. Vous savez qu'on l'a accusé d'avoir mis en roman les détails de sa liaison avec madame Duse. Un bien vilain homme, comme vous voyez. Marcel Prévost l'a flagellé de la bonne façon dans un article qui a paru dans le *Figaro*, il y a deux ans.

Mère anxieuse. — Je comprends l'embarras que vous donne un choix judicieux de lectures pour votre jeune fille. J'en suis d'autant plus émerveillée, qu'en général, on ne se préoccupe pas assez de ce souci. Il ne suffit pas pour former le cœur et guider l'imagination d'interdire les romans défendus, il faut de plus leur substituer des livres qui puissent créer une influence salutaire sur l'esprit. Et pour cela, il faut étudier le tempérament de l'enfant. Bien peu se doutent de ce point essentiel. Les toniques se graduent selon l'état plus ou moins robuste des personnes qui doivent s'en servir, et ne conviennent pas

à tout le monde, n'est-ce pas ? Eh bien, il en est de même des lectures. Ainsi, je vais bien vous étonner, en vous disant que je considère *Le Journal d'Eugénie de Guérin*, dangereux pour certaines jeunes têtes. C'est pourtant mon opinion. Cette littérature à beaux sentiments mais sans ressorts, sans énergie, d'une mélancolie que rien ne peut dissiper, a une fâcheuse influence sur de petites rêveuses que leur tempérament a déjà mal disposées aux batailles de la vie. Voilà votre tâche rendue encore plus lourde par cette considération. N'importe, ça devrait être un plaisir aussi bien qu'un devoir pour une mère d'étudier le caractère de ses enfants pour se rendre compte ensuite de ce qui convient à chacun d'eux. — Je ne saurais donc vous donner une liste des romans choisis ; il est essentiel que la mère lise d'abord le livre qu'elle confie à sa fille. Et puis, pourquoi faut-il que ce soit toujours des romans — les bons, j'entends — que l'on doive servir en guise de lectures amusantes à ses enfants ? Pourquoi ne leur donnerait-on pas de préférence des livres plus sérieux traitant de choses historiques, de voyages ou de découvertes, que les jeunes filles viendraient à préférer à tout le reste ? D'ailleurs, pas de formation sans lectures sérieuses, ou "l'esprit reste toujours pâle," a dit Mme de Sévigné, dont les lettres, malgré leur ton badin, indiquent que leur écrivain s'était formé à la lecture des classiques. — Pour donner le goût du livre que vous avez choisi, commencez par en faire faire la lecture à haute voix, puis, la jeune fille, qui s'y est intéressée, finira bien le livre toute seule.

Lettres d'*Évariste, Paimpol, Louisette, Alphonsine, Rubens. Japonaise* qui m'écrit pour savoir si chrysanthème est du masculin ou du féminin est poliment renvoyée à son dictionnaire.

FRANÇOISE.

SAMEDI, 18 AVRIL, 1903

Le Journal de Françoise

(GAZETTE CANADIENNE DE LA FAMILLE)

PARAISSANT DEUX FOIS PAR MOIS

DIRECTRICE : R. BARRY   *Dire vrai et faire bien.*

ABONNEMENT :	REDACTION et ADMINISTRATION	A L'ETRANGER :
UN AN - - - - $2.00 SIX MOIS - - - - 1.00 Strictement payable d'avance.	80, Rue Saint-Gabriel, Montréal. TEL. BELL-MAIN 999	UN AN - - - Quinze francs. SIX MOIS - - - 7 frs 50. Strictement payable d'avance.

Ma Petite Chaise

(SONNET)

Dans l'ombre, autour de moi quand le soir est tombé,
Je regarde souvent d'un œil mélancolique
Un pauvre petit meuble, une ancienne relique
Qui retient longuement mon esprit absorbé.

Et si le souvenir penche mon front courbé,
Oubliant de l'objet la forme un peu rustique,
Mon rêve ému revêt d'une nimbe poétique
Cette épave qui fut ma chaise de bébé.

Ah ! c'est que j'y revois mon enfance éphémère,
Le souris paternel, le baiser de ma mère…
Et je pleure en songeant au glorieux retour,

Quand, dans ses bras ouverts — émotion, profonde !
D'autres marmots joufflus, anges à tête blonde,
Enfants de mes enfants, s'assieront à leur tour.

LOUIS FRÉCHETTE.

A propos d'Anniversaire

PARMI les lettres très agréables et très nombreuses qui nous sont parvenues à l'occasion du premier anniversaire du JOURNAL DE FRANÇOISE, nous nous permettons de reproduire les suivantes :

Québec, 6 avril, 1903.

Ma chère directrice,

En renouvelant mon abonnement au JOURNAL DE FRANÇOISE, j'avoue que je me sens beaucoup plus brave que la première fois. Que voulez-vous ? l'amour propre a beau être ridicule, il est tout de même inséparable de notre nature. Un homme s'abonner à un journal de femmes ! C'était presque une profession de foi féministe, presque une défaillance ; autant renier ses dieux et passer tout de suite à l'ennemi. Mais le premier pas—celui qui coûte— est fait ; je veux dire que le JOURNAL a triomphalement accompli sa première étape annuelle. J'espère aujourd'hui n'être qu'un sur plusieurs milliers de mes semblables qui auront retrouvé leur audace première et vous enverront, sans remords, un mot d'encouragement et d'abonnement.

Votre journal, Françoise, est plus qu'une tribune ordinaire ; c'est une nécessité sociale. Qui n'entend qu'une cloche n'entend qu'un son. Dieu n'a certainement pas noté la voix d'Ève une octave audessus du diapason d'Adam pour qu'elle se tût, et le concert humain sans soprano serait un fiasco. Sous une direction éclairée comme la vôtre, sachant éviter la sensiblerie, la pruderie, la préciosité, le tatillonnage, le chauvinisme, et autres écueils com-

2ME ANNÉE—NO 24. LE NUMÉRO, 8 CTS SAMEDI, 19 MARS 1904

Le Journal de Françoise

(GAZETTE CANADIENNE DE LA FAMILLE)
Paraissant le 1er et le 3ieme samedi de chaque mois

DIRECTRICE : R. BARRY *Dire vrai et faire bien*

ABONNEMENT :	RÉDACTION et ADMINISTRATION	A L'ETRANGER :
UN AN - - - - $2.00 SIX MOIS - - - - 1.00 Strictement payable d'avance.	80, Rue Saint-Gabriel, Montréal TEL. BELL: MAIN 999	Un an - - - Quinze francs Six mois - - - 7 frs 50 Strictement payable d'avance.

EMILE NELLIGAN

SOMMAIRE

IMPRIMERIE A. P. PIGEON, 1595-1597 RUE ONTARIO

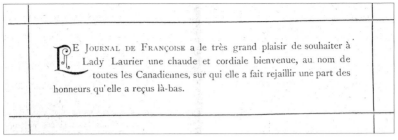
Bandeau du Journal de Françoise *annonçant que Lady Laurier, l'épouse du premier ministre Wilfrid Laurier, écrira désormais dans le journal.*

Un petit mot de la grande cantatrice Albani, amie de Robertine.

Une publicité parue dans le Journal de Françoise.

Le Journal de Françoise

(GAZETTE CANADIENNE DE LA FAMILLE)

PARAISSANT DEUX FOIS PAR MOIS

DIRECTRICE : R. BARRY

Dire vrai et faire bien.

ABONNEMENT :	REDACTION et ADMINISTRATION	A L'ETRANGER :
UN AN - - - - $2.00	80, Rue Saint-Gabriel, Montréal.	UN AN - - Quinze francs.
SIX MOIS - - - - 1.00		SIX MOIS - - - 7 frs 50.
Strictement payable d'avance.	TEL. BELL. MAIN 999	Strictement payable d'avance.

 ## La Bénédictine

Elle était au couvent depuis trois mois déjà
Et le désir divin grandissait dans son être :
Lorsqu'un soir, se posant au bord de sa fenêtre,
Un bel oiseau bâtit son nid, puis s'y logea.

Ce fut là qu'il vécut longtemps et qu'il mangea
Mais, comme elle sentait souvent l'ennui renaître,
La sœur lui mit au cou par caprice une lettre...
L'oiseau ne revint plus, elle s'en affligea.

La vieillesse neigeant sur la Bénédictine
Fit qu'elle rendit l'âme, une nuit argentine,
Les yeux levés au ciel par l'extase agrandis :

Or, comme elle y montait, au chant d'un chœur étrange,
Elle vit, demandant sa place en paradis,
L'oiseau qui remettait la lettre, aux mains d'un ange !

EMILE NELLIGAN.

Montréal.

A nos amis

SIX mois se sont déjà écoulés depuis que LE JOURNAL DE FRANÇOISE a fait paraître son premier numéro. C'est peu de temps relativement à la durée des années, c'est beaucoup quand on songe au travail d'une organisation et aux écueils redoutables d'un début. C'en est assez toutefois, pour nous permettre de compter maintenant, comme abonnées, toutes les personnes qui ont reçu régulièrement le journal, et, auxquelles, nous tenons à présenter l'expression de nos remerciements pour cette sympathique marque d'intérêt.

Les commencements du JOURNAL DE FRANÇOISE ont été forcément modestes. Mais le temps améliore toute chose ; nos amis l'ont si bien compris, qu'ils n'ont pas voulu se montrer exigeants, sachant qu'avec les mois et à l'aide de la coopération, l'œuvre grandirait et produirait ses fruits. Ils ont voulu aussi, du moins nous aimons à nous en flatter, reconnaître que la volonté de bien faire, quand elle est soutenue par un travail constant et par une énergie persévérante, appelle l'appui d'un concours efficace.

Nous avons tenu à mettre notre revue sur un pied qui lui permit d'offrir ses colonnes aux écrivains les plus distingués, et nous pouvons affirmer que l'avenir donnera une collaboration toujours choisie et de plus en plus nombreuse.

Les articles parus jusqu'ici, à de rares exceptions près, ont été écrits spécialement pour le journal ; ces écrits inédits, préparés dans le meilleur français, ont un mérite qui attire peut être quelque attention.

Nous demandons donc à nos lecteurs de nous continuer leur indulgente bienveillance. Nous faisons de notre œuvre la leur,—elle l'est, en réalité, puisqu'elle est surtout canadienne—et nous serons heureuse de leur attribuer tout le succès qu'elle remportera.

De jour en jour, nous travaillons à l'amélioration et au perfectionnement du JOURNAL DE FRANÇOISE, et pour en arriver à ce résultat, nous ne reculerons pas devant les sacrifices qui en seront le prix. Et voulant prouver la sincérité de nos sentiments, nous annonçons une augmentation considérable, sous peu, dans le format de ce journal, ce qui permettra une plus grande variété dans les matières et un champ plus vaste dans les informations.

Encore une fois, nous comptons sur l'appui généreux et dévoué du public. Nous espérons qu'il nous approuvera dans la tâche gracieuse et saine de propager et de développer la littérature—la meilleure, la plus belle—celle qui distrait et instruit, qui attache davantage au sol qui l'a produite, et, qui se donne pour mission d'exercer une influence bienfaisante dans toutes les sphères de la société.

LA DIRECTRICE.

2ME ANNÉE—Nos 18 et 19   LE NUMÉRO DOUBLE, 15 CTS   SAMEDI, 19 DÉCEMBRE 1903

Le Journal de Françoise

(GAZETTE CANADIENNE DE LA FAMILLE)

Paraissant le 1er et le 3ieme samedi de chaque mois

DIRECTRICE : R. BARRY   Dire vrai et faire bien.

ABONNEMENT :	REDACTION et ADMINISTRATION	A L'ETRANGER :
UN AN - - - - $2.00 SIX MOIS - - - - 1.00 Strictement payable d'avance.	80, Rue Saint-Gabriel, Montréal. TEL. BELL. MAIN 999	Un an - - - Quinze francs Six mois - - - - 7 frs 50 Strictement payable d'avance.

NOËL ET LE

JOUR DE L'AN

IMPRIMERIE A. P. PIGEON, 1595-1597 RUE ONTARIO

2ᴹᴱ ANNÉE—Nos 18 et 19   SAMEDI, 19 DÉCEMBRE 1903

Le Journal de Françoise

(GAZETTE CANADIENNE DE LA FAMILLE)
Paraissant le 1er et le 3ieme samedi de chaque mois

DIRECTRICE : R. BARRY   *Dire vrai et jaire bien.*

ABONNEMENT :	REDACTION et ADMINISTRATION	A L'ETRANGER :
UN AN - - - - - $2.00 SIX MOIS - - - - 1.00 Strictement payable d'avance.	80, Rue Saint-Gabriel, Montréal. TEL. BELL-MAIN 999	Un an - - Quinze francs Six mois - - - 7 frs 50 Strictement payable d'avance.

LE PREMIER DE L'AN

Au milieu des clameurs que jette la rafale
Triste, près du foyer, j'entends le dernier râle
De l'an qui finit,
Et l'horloge de bronze, au vieux mur suspendue,
Précipitant sans bruit son aiguille éperdue,
Sonne minuit.

Un an de plus sonne sur le cadran des âges,
Et l'aiguille fatale au milieu des orages
Marche toujours,
Emportant sans pitié dans sa folle vitesse,
Tous ceux là qu'on aimait, la joie et la tristesse,
Avec nos jours.

Ce projet ébauché, cette espérance morte,
Ce regret que l'oubli rapidement emporte,
Tout ce passé
Peuplé de visions si charmantes, si belles
Est tombé comme tombe en battant des deux ailes,
L'oiseau blessé.

Et l'an nouveau qui vient pour un jour nous console
De l'an vécu si vite et qui sitôt s'envole,
En nous laissant
Un peu moins de fierté dans l'âme et plus de honte,
Plus de cheveux blanchis sur sa tempe on compte
En frémissant !

ADOLPHE POISSON,
Arthabaskaville.

Miracle d'amour

Douce est la mort qui vient en bien aimant.
(*Vieux poème français.*)

FRANÇOISE

AU matin du premier jour de l'an 953, Sainte-Berthalde, abbesse perpétuelle et générale à l'abbaye des Bénédictines de Poitiers, se leva, comme à l'ordinaire, et, suivie de la communauté, alla prier Dieu et Sainte-Radegonde, la fondatrice, en la chapelle du monastère.

Puis, rassemblant toutes les religieuses dans la vaste salle du chapitre, aux fenêtres ogivales, Berthalde commanda qu'on jetât sur sa robe blanche et son surplis de fine toile, bien empesée, le grand habit noir des solennités, et, la croix de son ordre sur la poitrine, la crosse abbatiale dans la main droite, elle dit :

—Mes sœurs,—et sa voix douce ne tremblait pas — j'ai une nouvelle à vous communiquer. Vous savez toutes que notre père, Saint-Benoît, avertit de l'approche de la mort ses filles bien-aimées. Or, cette nuit, j'ai reçu l'avertissement céleste que le second jour de la nouvelle année ne devait plus se lever pour moi... Mes sœurs, bénissons le Seigneur et remerciez-le en mon nom.

Des sanglots gonflèrent les poitrines des assistantes, car Berthalde était chérie de toutes et la sainteté de sa vie la faisait vénérer de sa commu-

❋ PAGE DES ENFANTS ❋

A travers l'Exposition de Buffalo

JE suis allé avec mon frère, l'année dernière, visiter l'Exposition de Buffalo.

Comme vous le savez tous, chers cousins et cousines, la ville de Buffalo est située près du lac Erié.

Le premier monument que nous visitâmes à l'Exposition fut la Tour Electrique : c'est une des principales merveilles de l'Exposition. Cette tour représente la force des éléments, principalement la force mystérieuse de l'électricité ; elle est surmontée d'une statue ailée, représentant la Déesse de la Lumière. Une niche occupe le centre de la tour. De cette niche jaillit 11,000 gallons d'eau par minute, formant dans leur chute une immense cascade. Le soir, on illumine la cataracte au moyen de lumières électriques de différentes couleurs.

Après avoir visité la Tour Electrique, nous nous rendîmes au Temple de Musique, qui a un dôme de 180 pieds de hauteur, et un orgue dont le coût s'élève à $15,000.

Nous allâmes ensuite voir la statue du général Sherman. Cette statue est un œuvre d'art magnifique. Elle a été exécutée par Aug. L. Gaudens et a remporté un grand prix à l'Exposition de Paris.

Nous visitâmes ensuite la Bâtisse des Mines. La Bâtisse des Mines est de 150 pieds carrés ; il y a en face de la Bâtisse des Mines, la Bâtisse Pittoresque des Arts. Ces deux bâtisses sont reliées par de magnifiques serres et aussi par la Bâtisse de l'Horticulture ; elles ont été construites par S. S. Peabody, architecte. Après avoir visité l'Exposition, nous allâmes en gondole sur le Grand Canal.

Après un séjour de deux semaines à Buffalo, nous retournâmes à Montréal, enchantés de notre voyage.

CHAMPLAIN.

Un joli mot d'enfant :
Toto rend une visite avec sa mère. Arrivé au premier étage, il dit :
—C'est là ?
—Plus haut.
Au deuxième :
—Faut toujours monter ?
—Toujours.
—(Pleurant.) Alors, elle demeure au plafond !

LA SOURCE D'EAU VIVE

(Pour Tante NINETTE.)

PAR un jour brûlant de juillet, trois voyageurs se rencontrèrent près d'une source d'eau vive, sur la pierre de laquelle le ciseau du sculpteur avait gravé ces mots : RESSEMBLE À CETTE SOURCE. Ils étanchèrent leur soif et lurent l'inscription.

—Moi, dit le premier, j'y vois un avis : et à son air de compétence, à sa ceinture de cuir, à son embonpoint, l'on pouvait facilement reconnaître un de ces marchands importants qui ont pour dieu, pour loi, pour principe : l'argent... Cette source, continua-t-il, qui commence petite, mais qui, dans sa route, grossit toujours pour devenir une rivière peut-être, semble nous dire : Sois actif, industrieux, ne t'arrête jamais, tu prospèreras.

—Oh ! vous vous trompez, dit le second voyageur, homme au soir de la vie, ne parlant que sur l'expérience de ses quatre-vingts ans.—Je vois, moi, un conseil plus haut : cette fontaine qui donne à tous sans jamais rien demander, nous montre à faire le bien pour le bien, sans espoir de récompense ; car, ici-bas, tout n'est qu'ingratitude, celui qui donne, doit donner pour Dieu et non pour obtenir un merci.

Les deux hommes se turent et regardèrent le troisième voyageur, adolescent, aux cheveux blonds, qui, pour la première fois, avait quitté sa mère.

—Eh bien, ami, dirent-ils, à votre tour, parlez?

Celui-ci baissa les yeux et rougit beaucoup. La modestie, la candeur illuminaient cette belle figure, si franche, si sympathique.

—Mon opinion sera bien faible après celle d'hommes sages, dit-il. Moi, je crois voir dans cette devise un autre enseignement : qu'importeraient le mouvement, la profondeur et la limpidité de cette eau si, en parcourant la forêt, elle s'était souillée de quelque impureté ! En nous invitant à lui ressembler, cette source fait appel à notre esprit et à notre cœur. Elle nous engage à traverser la vie sans jamais flétrir notre âme, à refléter comme elle les mignonnes fleurs des champs et l'azur du beau ciel.

FERRÉOLA.

⁎ Deux petites filles se disputaient sur les talents de leur mère respective.
—Maman sait faire ceci.
La mienne sait faire cela.
La discussion devient de plus en plus vive.
—Il y a une chose que ma maman à moi sait faire et que la tienne ne fait pas. . . .
—Et quoi donc ?
—Elle peut s'enlever toutes les dents d'un seul coup, na !

LES JEUX D'ESPRIT

Charade

Morphée est de mon un l'ami le plus intime,
On trouve mon second au cœur de la victime.
Mon trois un quadrupède est de plus malfai-
[sant,
Un sanglier pourra nous fournir le suivant,
Des œuvres de l'esprit mon tout est la science,
Il faut la posséder pour avoir sa licence.

Pour les petits et grands

S'il vous était donné d'avoir la puissance pendant un jour, comment l'exerceriez-vous ?

Solution des Jeux d'Esprit

Charade No. 6

Réponse : Dentelle.

Ont deviné : Fleurida, Pointe-Claire, Juliette Duchesnay, Rimouski, Maurice Beaucet, Ottawa, Marie Thérèse Savaria, Waterloo, Jeanne Tessier, Rimouski, Marie Antoinette Gosselin, Chicoutimi, Berthe, Comtesse Isaure, Montréal, Violette des Bois, Fraserville, Rose de Mai, Fanny Maurault.

Histoire de France

(Pour les jeunes savants de 14 à 16 ans)

De qui Mgr. de Beauvais voulait-il parler lorsque dans une oraison funèbre il prononça ces paroles : Le silence des peuples, est la leçon des rois ?

Réponse : Louis XV.

Ont bien répondu : Marie-Antoinette Gosselin, Chicoutimi, Maurice Beauset, Ottawa, Comtesse Isaure.

Histoire du Canada

(Pour les petits jusqu'à 12 ans)

Quelle est cette dame des premiers temps de la colonie qui, portant un miroir à sa ceinture, faisait dire aux Sauvages du pays qui y voyaient leur image, qu'elle les portait dans son cœur.

Réponse : Madame de Champlain.

Ont répondu : Fleurida, Pointe-Claire, Juliette Duchesnay, Rimouski, Jeanne Tessier, Rimouski, Marie-Antoinette Gosselin, Chicoutimi, Rose de Mai, Adine Maurault.

2ME ANNÉE—No 24   SAMEDI, 19 MARS 1904

Le Journal de Françoise

(GAZETTE CANADIENNE DE LA FAMILLE)
Paraissant le 1er et le 3ieme samedi de chaque mois

DIRECTRICE : R. BARRY   *Dire vrai et faire bie n*

ABONNEMENT :	REDACTION et ADMINISTRATION	A L'ETRANGER :
UN AN - - - - - $2.00 SIX MOIS - - - - 1.00 Strictement payable d'avance.	**8o, Rue Saint-Gabriel, Montréal.** TEL. BELL: MAIN 999	Un an - - - Quinze francs Six mois - - - 7 frs 50 Strictement payable d'avance.

REVE D'ARTISTE

Parfois j'ai le désir d'une sœur bonne et tendre,
D'une sœur angélique au sourire discret :
Sœur qui m'enseignera doucement le secret
De prier comme il faut, d'espérer et d'attendre.

J'ai ce désir très pur d'une sœur éternelle,
D'une sœur d'amitié dans le règne de l'Art,
Qui me saura veillant à ma lampe très tard
Et qui me couvrira des cieux de sa prunelle ;

Qui me prendra les mains quelque fois dans les siennes
Et me chuchotera d'immaculés conseils,
Avec le charme ailé des voix musiciennes.

Et pour qui je ferai, si j'aborde à la gloire,
Fleurir tout un jardin de lys et de soleils
Dans l'azur d'un poème offert à sa mémoire.

EMILE NELLIGAN.

Erin go Bragh

. Non, ce n'est pas encore le soleil de la liberté qui se lève sur toi, Erin mavourneen, ce n'est pas sa lumière éclatante, immortelle, mais c'est son aurore, et, les grandes colonnes basaltiques de la Chaussée des Géants, et, les rivage d'Antrim, où tristement soupire la mer du Nord, ont tressailli à son approche radieuse.

Vient-il donc ce demain qui t'est réservé, ô Irlande, et Patrice, enfin, sur tes malheurs sans nombre, a-t-il assez pleuré ?

Défenseurs de Gaël, que le temps ne lasse ni la force ni la vigueur de vos coups. Défenseurs de Gaël, frappez droit et ferme : la cause est grande, elle est noble, elle est sainte, le Dieu de justice et de pitié est avec vous.

Oh ! le jour d'entre les jours, où la blonde Hibernie, délivrée du joug du Sanessach maudit, élèvera son front libre et fier parmi les nations. Oh ! le jour d'entre les jours, où l'antique symbole, la harpe d'or des bardes, accompagnera l'hymne éclatant de la délivrance, auquel se mêleront la voix sublime des lacs, et le son ravissant des cloches aux bords de la Shannon.

Mornes ruines qui pleurez sur ce peuple asservi, relevez-vous ! car, la pierre du destin, la pierre noire d'Iona a parlé et l'heure n'est pas loin où la douce Milésie retrouvera sa splendeur et sa grandeur première.

Non, ce n'est pas le soleil de la liberté qui se lève sur toi, Erin mavourneen, ce n'est pas sa lumière radieuse, triomphale, mais c'est son aurore....

FRANÇOISE.

Ce 17 mars, 1904.

Lord Chesterfield

I. *Ce qu'il était.* — II. *Ses lettres.*

Ce que l'on appelle le radotage des bonnes gens en général, n'est que l'écho de la préoccupation dominante, du principe directeur de toute leur vie. Ainsi, il parait que Saint Jean, dans son grand âge, ne faisait que répéter: "*Aimez-vous les uns les autres*" n'attendant pas toujours, comme les gens qui ont l'oreille dure, le point final de la phrase de l'interlocuteur, pour p'acer son précieux avis.

Sans vouloir comparer Lord Chesterfield au moins excellent des canonisés, je constate que le renotage de sa vieillesse continuait aussi l'idée fixe de son existence. Le refrain de cet homme d'Etat qui fut, pour l'esprit, le Voltaire de l'Angleterre, était : "Les grâces ! les grâces ! les grâces !"

L'Hôpital-Général de Montréal.

L'Hôpital Sainte-Justine de Montréal.

Sévérine, l'amie française de Robertine.

Laure Conan.

L'édifice du journal La Presse, *le concurrent de* La Patrie.

À la fin du XIXᵉ siècle, certains journalistes envoyaient encore à leurs journaux les dépêches urgentes en se servant de pigeons voyageurs.

L'entrée de l'Exposition universelle de 1900 à Paris.
Robertine y fut envoyée comme reporter.

Les deux attractions
principales de l'Exposition
universelle de 1900 :
la Tour Eiffel
et l'imposant
Globe céleste.

Madame Joseph Riendeau.

Henriette Dessaulles.

Madame Dandurand.

Marie Gérin-Lajoie.

Juliette Adam, journaliste française,
une correspondante et amie de Robertine.

La salle et la scène de l'un des plus célèbres théâtres de Montréal, rue Saint-Paul :
le Théâtre Royal.

Robertine a fait partie du comité de fondation de la Fédération nationale
Saint-Jean-Baptiste. Elle a été aussi membre de son conseil d'administration.

*Joseph-Émery Robidoux,
un homme marié, courtisa Robertine,
le grand amour de sa vie.*

*Robertine, à l'époque
de sa relation avec
Joseph-Émery Robidoux.*

Le livre *Émile Nelligan et son œuvre*, préfacé par Louis Dantin et comprenant cent sept poèmes, parut chez Beauchemin en février 1904. Les critiques furent élogieuses. Celle de Robertine se fit attendre. Le 19 mars, elle mit en première page la photo de Nelligan et publia « Rêve d'artiste », l'un des poèmes qu'il lui avait dédiés. Il fallut attendre le 2 avril avant que Robertine ne publie sa critique :

« Je l'ai devant les yeux, ce livre dont il avait ardemment souhaité la publication, mon pauvre et jeune ami. Ils sont là, devant moi, ces vers, morceaux de son âme qu'il nous a livrés et qui resteront toujours comme autant de preuves éclatantes de son talent frémissant et vibrant… Non, jamais je ne pourrai, je le sens, faire de ce livre la critique qui fouille et qui dissèque. J'ai vu de trop près s'épanouir et fleurir ce beau talent ; trop longtemps je fus pour lui cette "sœur d'amitié" pour que je puisse aujourd'hui apporter à son œuvre autre chose que le témoignage de la grande affection que je lui avais vouée. Toute autre considération disparaît après celle-là.

« Presque toutes les poésies que contient le livre d'Émile Nelligan, je les ai entendues de sa bouche, et combien je regrette la sourdine mise alors à mon admiration, de crainte d'éveiller dans cette âme si jeune la semence pernicieuse d'un dangereux orgueil ! Je le vois encore récitant ces strophes superbes qui avaient jailli, comme des traits de flamme, de son cerveau, *pendant les rêves de la nuit,* me disait-il. Je vois encore sa figure, pâle et fière, et l'inspiration striant, comme d'une fulguration, ses yeux gris et profonds. Car, il n'avait pas l'œil noir, ainsi que le décrit Louis Dantin. Au vieux sang milésien qui coulait dans ses veines, s'ajoutait l'éclat du regard des Celtes, cet œil si clair et "fleuri de mirages".

« Ah ! Quel barde plus beau et plus inspiré eût-on pu souhaiter, en effet, pour chanter les malheurs d'Érin et la pureté de ses vierges !

« Quand on lit les poésies d'Émile Nelligan, a-t-on jamais réfléchi qu'elles ont été écrites par un enfant de dix-sept ans ? A-t-on jamais songé que ce n'est pas dans l'étude qu'il a pris ce mécanisme harmonieux, ces expressions abondantes et charmantes, ces tours ingénieux de grâce et de sentiment, "ce vocabulaire d'une éblouissante richesse" ainsi qu'il est dit si justement dans la plus belle préface qui puisse accompagner une œuvre ? À sa sortie du collège, où son cours fut médiocre, il lut quelques auteurs – bien peu – et il s'attacha à Rodenbach qui ne put lui fournir d'idées, mais dont il ressentait la correspondance mystérieuse par des affinités plus mystérieuses encore.

« Ce fut donc à la force seule de son talent génial que l'on doit les poésies d'Émile Nelligan. Elles sont subitement et sans effort écloses sous la chaleur de son cerveau, soit qu'il les adresse à des personnages de rêve, soit qu'il chante pour sa mère : "À l'autel de ses pieds / tandis que sur la tête du poète / elle met ses mains pures / Blanches ainsi que des frissons de guipures".

« Toujours sa pensée mélancolique ou gaie vole haut ; c'est l'envergure des jeunes aigles que n'effraient pas les nues et qui, déjà, peuvent regarder le Soleil. Les cimes désirées par Émile Nelligan étaient supérieures et rien, dans sa vie, n'est venu restreindre l'essor de son génie envers elles, car le cœur d'Émile Nelligan ne connut d'autre tendresse, très profonde celle-là, que celle qu'il donna à sa mère et à ces deux frêles fleurs qui sont ses sœurs, d'autres liens que ceux très doux, de la pure et sincère amitié.

« Oui, il a véritablement fait le portrait de son âme quand il écrit : "Mon âme a la candeur d'une chose étoilée. D'une neige de février. Ah ! Retournons au seuil de l'enfance en allée. Viens-t'en prier… Ah ! La fatalité d'être une âme candide. En ce monde menteur, flétri, blessé, pervers. D'avoir une âme ainsi qu'une neige aux hivers. Que jamais ne souilla la volupté sordide ! D'avoir l'âme pareille à de la mousseline. Que manie une sœur novice de couvent. Ou comme un luth empli des musiques du vent. Qui chante et qui frémit le soir sur la colline ! D'avoir une âme douce et mystiquement tendre. Et cependant, toujours, de tous les maux souffrir. Dans le regret de vivre et l'effroi de mourir. Et d'espérer, de croire… et de toujours attendre."

« Toute sa vie, toutes les aspirations de sa belle nature sont dans ces quelques strophes.

« Jusqu'où le jeune poète serait-il monté si la destinée l'eut permis ? Il est facile de le conjecturer. Mais hélas ! Son front trop lourd se pencha sous le poids de ses pensées ; ses jours s'emplirent "de spleen nostalgique et de rêves étranges" et il commença à mourir.

« Pourtant, il nous reviendra, un jour, tout entier, le doux poète, le fils si tendre, l'ami dévoué. Et je songe dans un adoucissement à notre peine que ce sera peut-être au retour des cloches, dans l'éclat matinal et joyeux d'un soleil de Pâques, que l'ange du Seigneur, le touchant au front de son doigt, lui criera : Resurgam !

« Et quand il reviendra, comme il sera heureux de les retrouver tous, ces parents qui le pleurent, ces amis qui l'aiment d'une indéfectible affection ! Comme il sera heureux de se retrouver aussi, là, dans le livre qu'il avait rêvé et qui restera à jamais dans les lettres canadiennes comme le plus beau fleuron de la couronne de nos gloires nationales![177]»

À une époque où l'on disposait de peu de moyens pour permettre aux personnes atteintes de maladies mentales de mener une vie normale et où, conséquemment, l'on croyait fermement que ces maladies étaient incurables, Robertine, contre toute attente, ne semble pas avoir perdu espoir. Elle affirmait qu'Émile guérirait et sortirait de son enfer.

• • •

Robertine arrosa les plantes, nombreuses, qui décoraient son bureau et en purifiaient l'air. Ensuite, penchée sur sa table de travail, elle rédigea une annonce: «À vendre. Au bureau du *Journal de Françoise*. La première et la deuxième année du *Journal de Françoise*. Deux beaux volumes reliés, couverture en toile. 2,50 $ chacun.» Elle espérait sans doute que ces deux volumes se vendraient comme des petits pains chauds. Elle avait besoin d'argent. Publier un magazine coûtait cher et les revenus publicitaires arrivaient à peine à couvrir ses dépenses.

Heureusement, elle était trop occupée pour avoir bien des occasions de dépenser. En tant que membre de la section féminine de la Société Saint-Jean-Baptiste, elle faisait partie, avec Joséphine Marchand-Dandurand, Marguerite Thibaudeau, Marie-Louise Lacoste et Marie Gérin-Lajoie, du comité dirigé par Caroline Béïque, mis sur pied pour l'organisation de l'École ménagère. On y donnerait «des cours d'hygiène, de cuisine, de couture, des leçons de raccommodage, d'utilisation de vieux

---

177. Françoise. «Émile Nelligan». *Le Journal de Françoise*, 2 avril 1904. Notons qu'en juin de cette même année, elle publia un autre de ses poèmes, *Rêve de Watteau*.

vêtements, de lavage, de repassage, etc. ». *Le Journal de Françoise* publia plusieurs articles prônant les bienfaits et la nécessité d'une telle école. On mentionnait qu'on y donnait aussi des cours de morale, d'apologétique, de médecine pratique, de droit et de comptabilité, et on n'hésitait pas à affirmer que cette école améliorerait même la santé des filles qui s'y inscrivaient, car celles-ci devaient adopter un rythme de vie plus sain. Un cours normal y était offert afin de former des institutrices.

L'ouverture de cette école, qui se fera en 1906, n'aura pas été sans peine. Caroline Béïque, qui est la « plus dévouée au projet », dut faire face, « dès le départ à bien des "perplexités et des embarras" ». Elle reçut des lettres dans lesquelles on lui disait qu'elle faisait fausse route et qu'elle insultait les mères canadiennes. Ces femmes croyaient savoir « mieux que quiconque ce qu'il fallait à leurs enfants », et ajoutaient que « la cuisine était enseignée d'une génération à l'autre par la tutrice normale, la maîtresse de maison[178] ». Afin d'élaborer le programme d'enseignement de cette école ménagère, les membres du comité avaient rencontré souvent sœur Saint-Anaclet, de la Congrégation Notre-Dame. Elles avaient envoyé des femmes étudier en Italie, en Allemagne, en Grande-Bretagne et à Paris afin de profiter de l'expérience des gens d'outre-mer dans ce domaine. Elles avaient aussi fait appel à des gens fortunés afin de couvrir une partie des dépenses inhérentes à l'organisation de l'ouverture de cette école.

Puis survint un événement qui permit à Robertine de faire autre chose que de travailler. Avec d'autres journalistes, elle visita l'Exposition universelle de Saint-Louis au Missouri.

---

178. A-M. Sicotte. *Marie Gérin-Lajoie,* p. 194.

C'était la première fois qu'un groupe de femmes journalistes voyageaient ensemble. Le voyage avait d'ailleurs bien failli ne pas avoir lieu. Le transport des journalistes masculins était assuré par la Canadian Pacific Railway, mais personne n'avait songé aux femmes. Une journaliste torontoise, Margaret Graham, avait rencontré un représentant du C.P.R. afin de lui demander pourquoi les femmes ne jouissaient pas de la même faveur. Il lui répondit que si elle trouvait au moins douze femmes qui, au Canada, gagnaient leur vie en exerçant le métier de journaliste, il leur offrirait un wagon des plus luxueux. Il croyait que la jeune femme n'y arriverait pas, mais celle-ci écrivit aux journaux canadiens et parvint à former son groupe. Robertine en faisait partie.

Robertine était ravie de voyager avec des femmes qui partageaient sa passion pour le journalisme et avec qui elle pouvait parler des difficultés qu'elle rencontrait dans ce « métier de forçat », qui n'en était pas moins à ses yeux le plus exaltant qui soit. Elles se confièrent combien elles étaient frustrées d'être muselées par la censure qui affectait aussi, mais dans une moindre mesure, leurs collègues masculins. Si, comme le dit Robertine, les « chroniqueurs à jupons » ne pouvaient parler de tout, les chroniqueurs en pantalons pouvaient eux aussi perdre leur emploi lorsqu'ils écrivaient sur des sujets qui déplaisaient au clergé.

Ceux qui, en plus, osaient publier des livres, risquaient gros, comme ce fut le cas pour Rodolphe Girard qui dut « quitter *La Presse* après que la publication de son roman *Marie Calumet* ait provoqué le scandale dénoncé par Mgr Bruchési ». L'archevêque avait félicité le directeur de *La Presse* d'avoir « fait son devoir en flétrissant » comme il le méritait le livre de Girard mais, tenant à s'assurer que le journaliste ne travaillerait plus pour ce journal, il avait ajouté : « Je viens de parcourir ce livre, *Marie Calumet*. Je suis écœuré. C'est une œuvre aussi impie qu'immorale, produit d'un cerveau mal équilibré ou d'un cœur gâté. [...] Les choses ne doivent pas en rester là. Voulez-vous avoir la bonté de me dire si M. Girard doit continuer de faire partie des rédacteurs ou des collaborateurs de votre journal[179] ? » En plus de perdre son emploi, Girard fut même accusé d'atteinte à la pudeur parce qu'il avait fait, dans son roman, quelques furtives allusions à la sexualité d'une femme travaillant dans un presbytère.

Confortablement assises dans le train, les femmes journalistes admiraient le paysage qui défilait sous leurs yeux tout en papotant, passant du coq à l'âne, réfléchissant tout haut sur de sérieux sujets d'actualité ou s'amusant comme des couventines qui jouissent d'une sortie spéciale. Robertine était ravie :

« Le wagon spécialement consacré à notre usage offrait un confort luxueux qui ne laissait rien à désirer. Tout avait été prévu afin de nous épargner les embarras inhérents à un déplacement aussi grand que celui-ci, et rien n'est venu troubler la quiétude et le contentement parfaits dont nous avons joui tout au long de ce voyage. »

Quand elles arrivèrent à destination, le beau temps n'était pas au rendez-vous :

« Le ciel pleuvait toutes ses larmes – ah ! qu'il pleut donc dans la vie ! – quand notre convoi spécial, chargé du *freight* précieux de seize femmes en rupture de ban, stoppa à la gare Wabash, aux portes mêmes de l'enceinte de l'Exposition universelle de Saint-Louis. Devant nous se déroulait la cité d'ivoire, aux belles lignes architecturales, dont la splendeur

---

179. J. de Bonville. *La presse québécoise de 1884 à 1914*, p. 198.

semblait un peu triste, voilée qu'elle était par des brouillards humides pesant sur elles. »

Mais qu'importe la pluie ! Les journalistes passèrent la première journée à visiter quelques pavillons de cette Exposition, si gigantesque, écrivit Robertine, qu'elles ne pouvaient « faire le tour sans se servir du tramway "intra-mural" qui la ceinture ».

Après une journée bien remplie, elles se rendirent au bureau du télégraphe, afin de « rassurer leurs familles » en leur confirmant qu'elles étaient arrivées à bon port. Monsieur Cunnigham, le surintendant du bureau de télégraphe, était Irlandais et il engagea une conversation avec Robertine sur leurs origines celtiques. Conversation qui fut un peu trop longue aux yeux de ses compagnes qui s'impatientaient. Lorsqu'elles furent enfin sorties du bureau, Robertine trouva le moyen de les faire rire en leur racontant que tout bon Irlandais « éprouve le besoin, de temps en temps dans la vie, de s'allonger le bras dans une direction quelconque, mais malheureusement, le poing qu'il y a au bout de ce bras s'abat souvent sur un nez qu'un hasard imprudent place à sa portée ».

Il y eut du retard dans la livraison des télégrammes et celui que Robertine envoya à sa famille arriva en pleine nuit, de sorte que les Barry furent réveillés par un « grand carillon de sonnettes » à leur porte. Aglaé faillit s'évanouir lorsque l'un de ses fils, qui était allé ouvrir, lui tendit le télégramme. Un télégramme livré en pleine nuit ne pouvait apporter que de mauvaises nouvelles. Elle pensa aussitôt au pire : Robertine était morte. Mais « au lieu de ces paroles de deuil, chacun put lire : *Exposition de Saint-Louis. 21 juin 1904. Je suis bien et je m'amuse beaucoup*[180] ».

---

180. Françoise. « Impressions d'une Exposition ». *Le Journal de Françoise*, juillet 1904.

Bien que remise de ses émotions, Aglaé ne put se rendormir. Robertine ne dormait pas, elle non plus. Elle était trop excitée par tout ce qu'elle avait vu durant la journée. Elle avait beaucoup pensé à son père lorsqu'elle avait visité le pavillon irlandais. En compagnie d'autres journalistes, elle avait joyeusement tapé du pied en regardant des dizaines de personnes qui dansaient des gigues irlandaises. Elle avait ensuite visité le kiosque d'une dentelière irlandaise et avait été éblouie par tout ce qu'elle exposait. Robertine avait acheté de belles dentelles pour Émilie, Marie-Louise, sa mère et ses sœurs. Elle était certaine qu'elles aimeraient en coudre sur leurs robes.

Puisque le sommeil la boudait, elle nota ce qui l'avait tant charmée la veille :

« Sur une colline assez élevée, aux terrassements d'une correction parfaite, s'élève le Palais des Fêtes. C'est un Trocadéro d'ivoire à chaque côté duquel s'étage un hémicycle d'arches où s'encadrent, avec majesté, de colossales figures allégoriques. C'est du haut de cette éminence que sort impétueusement une suite de cascades de fontaines dont les eaux bruissantes s'iriseront, quand viendra le soir, dans un éclairage de rêve. Oui, la pure beauté de ces lieux, c'est leur embrasement à l'heure où s'allument les étoiles. Les édifices ruissellent de lumières, des guirlandes étincelantes s'accrochent partout, comme par un miraculeux enchantement, et révèlent dans tout leur éclat les principes esthétiques de la ville lumineuse. Ce n'est plus la réalité froide et positive des choses, c'est l'attrait, la magie de ce qui semble le surnaturel. Mieux encore, c'est l'idéal conçu, puis réalisé, d'une splendide beauté dont il fera bon se rappeler aux jours des sombres laideurs… Cette scène laisse dans l'esprit une impression étrangement puissante. Au pied de ces torrents multicolores, coule, avec une sonorité de cristal, la petite rivière sur les eaux de laquelle des cygnes glissent avec une mollesse charmante. Des gondoles, ou de minuscules bateaux mus par l'électricité, promènent, en passant sous les arcades gracieuses des ponts, les passagers ravis… Il faudrait des expressions nouvelles pour peindre l'émouvante splendeur du tableau qu'offre l'Exposition un soir d'illumination. »

• • •

Lorsque les journalistes revenaient le soir à leur hôtel, exténuées de fatigue d'avoir marché toute la journée, elles n'en passaient pas moins des heures à parler ensemble. Des heures qui s'écoulaient vite, tant il était réconfortant pour chacune d'elles de pouvoir se confier à d'autres femmes qui vivaient sensiblement les mêmes expériences dans leur métier. Elles avaient les mêmes préoccupations : elles voulaient briser leur isolement et avoir un appui plus grand de leurs collègues masculins. Elles voulaient aussi être prises au sérieux, autant que leurs confrères, et pouvoir parler ouvertement dans les journaux des critiques ainsi que des commentaires désobligeants et sexistes dont elles étaient l'objet. Elles partageaient le même idéal : le journalisme était inextricablement lié à l'action sociale. Elles décidèrent d'un commun accord que les femmes journalistes auraient leur association, à l'instar de leurs consœurs des États-Unis.

Robertine était ravie. Elle revendiquait une telle association depuis 1896 afin, avait-elle écrit, de protéger ses « membres autant contre les imposteurs et les désœuvrés que contre les exactions des propriétaires de journaux ». Elle désirait que cette association fasse en sorte qu'il y ait moins dans les journaux « d'histoires à sensation, de suicides émouvants, de récits aux détails scabreux éveillant les curiosités morbides. On apprendrait petit à petit au peuple à nourrir son intelligence au moyen de saine et bonne littérature. Quels bienfaits inestimables la société ne retirerait-elle pas d'une règle de conduite comme celle-là ?[181] ». Elle souhaitait aussi que cette association « défende à un écrivain d'écrire gratuitement pour un journal au détriment de ceux qui en font un moyen d'existence[182] ».

• • •

Au retour, les journalistes s'arrêtèrent à Détroit et Robertine en profita pour visiter sa sœur Évelyne. Elle lui raconta qu'à Saint-Louis, dans la foule, quelqu'un s'était approché et lui avait demandé :

« – N'êtes-vous pas Françoise ?

« – Qui vous l'a dit ?

« – Votre photographie reproduite dans les journaux, et cette rosette de l'Académie. Au nom des Franco-Américains, je vous félicite. Aux États-Unis, nous sommes fiers de vous[183]. »

De retour dans leurs villes respectives, les femmes journalistes concrétisèrent le projet dont elles avaient parlé durant leur voyage, soit la création de deux associations féminines, l'une francophone, l'autre anglophone, qui les regrouperaient. Robertine fut unanimement élue présidente de l'Association des femmes journalistes canadiennes-françaises.

Robertine ne se porta pas seulement à la défense des journalistes, mais à celle aussi des écrivains. Elle créa même une

---

181. D. Thibeault. *Premières brèches dans l'idéologie des deux sphères,* p. 31.

182. Françoise. « Chronique du Lundi », 13 juillet 1896.

183. R. des Ormes. *Robertine Barry,* p. 120.

« commission des droits d'auteur ». Plusieurs éditeurs de journaux publiaient en feuilleton des romans français et ne versaient rien aux auteurs parce que ceux-ci n'étaient pas enregistrés sur le territoire canadien. Robertine tenait à ce que cela cesse.

Beaucoup de travail s'était accumulé au *Journal de Françoise* durant son absence, et Robertine dut travailler du matin au soir sans relâche. Elle publia un article sur la scientifique Marie Curie qui, depuis la mort de son mari, donnait, à la place de celui-ci, des cours à la Sorbonne. Elle mentionna aussi la Québécoise Marie Sirois qui, cette année-là, fut la première femme diplômée d'une université canadienne et qui, même si elle avait obtenu son certificat d'études littéraires, n'avait pas été invitée à la cérémonie de collation des grades de l'Université Laval de Québec. Les autorités de cette institution lui avaient posté son diplôme, afin d'éviter qu'une femme ne participe à cette cérémonie ! Robertine enrageait devant une telle injustice et tant de misogynie.

Cette année-là, Robertine se rendit encore une fois au cimetière faire ses adieux à un autre ami très cher, l'avocat et poète Alfred Garneau. L'hommage qu'elle lui rendit dans son magazine montre toute l'estime et l'amitié qu'elle avait pour lui :

« Fils de notre grand historien canadien, il avait, de bonne heure, puisé aux fortes sources, en la compagnie de son père, et dans celle d'hommes sévèrement trempés, son âme s'est forgée à la flamme ardente et pure d'un patriotisme convaincu. Il était un causeur dont on retrouve difficilement la pareille[184]. »

---

184. Françoise. « Un disparu ». *Le Journal de Françoise*, 1904.

Septième partie

1905-1906

Les femmes nouvelles ne se contentent plus de seconds rôles, elles veulent courir le monde, aimer à leur guise. Admirées par certains, vilipendées par d'autres, rien ne leur fut facile. Car la liberté est un chemin solitaire.

JEAN-CLAUDE BOLOGNE

Olivar Asselin dirigeait depuis plus d'un an le journal *Le Nationaliste* qu'il avait cofondé. Il n'avait pas tardé à solliciter la collaboration de Robertine. Il avait une confiance inaltérable en son talent, qu'il qualifiait d'exceptionnel. Il admirait le courage dont elle avait fait preuve en quittant un prestigieux journal pour fonder son propre magazine. Il était bien placé pour savoir que celui « qui publie au Canada un journal français mérite par cela seul la Légion d'honneur[185] ». À fortiori lorsqu'il s'agissait d'une femme.

En 1903, Asselin avait fondé *La Ligue nationaliste,* afin de lutter contre l'impérialisme anglais. Une cause que défendait aussi Robertine. Au sujet des visées impérialistes britanniques, elle se rangeait du côté des libéraux provinciaux. L'Angleterre, disait-elle, « n'a pas le droit d'exiger des Canadiens qu'ils l'aident à défendre ses intérêts dans tous les pays du monde[186] ». Elle était même allée plus loin, en 1892, lorsque, dans une chronique, elle avait écrit :

« Ce serait bien joli si nous devenions un petit peuple indépendant. Être enfin quelqu'un, commencer dans la vie de

---

185. H. Pelletier-Baillargeon. *Olivar Asselin et son temps. Tome 2,* p. 51.
186. D. Thibeault. *Premières brèches dans l'idéologie des deux sphères,* p. 83.

l'histoire, un petit ménage qui s'acheminerait doucement, tout doucement, vers l'aisance et la prospérité, sentir croître ses ailes jusqu'à ce que les faibles oisillons deviennent un jour un aigle puissant[187]. »

Depuis qu'elle avait rapporté la cloche de Louisbourg, on saluait souvent son patriotisme. Patriotisme qu'elle affirma dans plusieurs de ses articles, dont celui intitulé « Femmes, soyons patriotes », dans lequel elle conseillait aux mères de faire de leurs fils des « citoyens plus soucieux de servir leur pays que leurs intérêts personnels ». « Inculquez-leur les principes fondamentaux de l'honneur et du devoir, pour tout homme, de se dévouer à la cause commune, puis laissez-le grandir. Et cette génération verra moins d'agioteurs malhonnêtes, de politiciens serviles, d'édiles anxieux des pots-de-vin que nous n'en voyons aujourd'hui [...]. Éducatrices, ajoutez donc le mot patrie au programme élaboré de vos études. Ah ! Si les Canadiennes étaient vraiment patriotes, quels vaillants Canadiens nous aurions dans notre si beau et si grand pays ![188] ». C'est le sacrifice de chacun des patriotes, écrit-elle dans sa nouvelle «Le Patriote», qui a permis la survie du peuple canadien-français. Dans un article intitulé *Le patriotisme pratique*, elle écrit qu'être patriote, c'est demeurer fidèle à sa langue et à ses traditions. À l'une des lectrices du *Journal de Françoise* qui la questionnait au sujet des partis politiques, elle répondit : « On ne fera qu'une seule et constante politique dans les colonnes de ce journal : celle du patriotisme bien entendu. C'est assez dire combien pure et désintéressée sera la propagande. » Dans le numéro du 17 juin

---

187. Françoise. « Chronique du Lundi », 5 décembre 1892.

188. Françoise. « Femmes, soyons patriotes ». *Le Journal de Françoise*, 20 juin 1903.

1905, elle publie en première page le poème de Pamphile Le May, *Les patriotes de 1837*.

Une seule ombre au tableau de l'amitié entre Robertine et Asselin : celui-ci collaborait de plus en plus étroitement avec Henri Bourassa. Bourassa faisait partie des cofondateurs du *Nationaliste* et, sans être membre officiel de *La Ligue nationaliste*, en avait été le porte-parole.

S'il y avait du nouveau dans la vie de Bourassa – il avait été élu aux élections fédérales en 1900 sous la bannière du Parti libéral et avait épousé sa petite-cousine Joséphine Papineau –, l'homme n'avait guère changé pour autant. Il avait conservé intactes ses idées rétrogrades au sujet du féminisme. Il pensait toujours que les féministes étaient responsables du fléau de l'alcoolisme, des familles brisées, des filles tombées, des « ivrognesses », des divorces et même de la pauvreté car, en incitant les femmes à travailler, elles enlevaient, disait-il, le pain de la bouche d'honnêtes travailleurs, des hommes bien évidemment. Il associait féminisme et alcoolisme à une époque où pourtant l'une des actions des féministes était précisément la lutte contre l'alcoolisme. C'était d'ailleurs pour cette raison que beaucoup de cabaretiers étaient des antiféministes notoires.

Entre Robertine et Bourassa, écrit la biographe Hélène Pelletier-Baillargeon, Olivar jouait « plutôt mal que bien le rôle d'arbitre ». La relation entre les deux oscillait entre querelles et trêves, comme le confia Bourassa dans une lettre qu'il écrivit à Olivar : « Réconciliation opérée avec Françoise après maints fers croisés et boulets rouges tirés. Mais comme dans les duels français, pas de morts ni de blessés[189]. »

---

189. H. Pelletier-Baillargeon. *Olivar Asselin*, pp. 233 et 238.

Robertine ne se privait pas de dire publiquement ce qu'elle pensait de Bourassa, même si elle savait que, ce faisant, elle heurtait tous ceux, nombreux, qui admiraient cet homme. Admiration qu'elle s'expliquait mal, sinon par le fait que ce qu'il pensait trouvait des échos chez la majorité. Alors que ses idées avant-gardistes scandalisaient, choquaient, bousculaient les sécurisantes « certitudes » et étaient par conséquent souvent mal reçues.

Robertine était déconcertée de voir combien les femmes étaient complaisantes avec ce misogyne. Un soir, elles étaient venues en grand nombre écouter la conférence qu'il avait donnée. Robertine avait été choquée de les voir l'applaudir alors qu'il aurait fallu, écrivit-elle, garder un total silence afin de bien montrer leur désapprobation. Les femmes présentes applaudissaient en riant quand Bourassa parlait des charmes des « personnes du sexe », alors qu'elles auraient dû le huer parce qu'il venait de dire qu'elles avaient du cœur mais n'avaient pas de tête, et que l'on devrait battre avec une quenouille les *femmes nouvelles*. Ce discours mettait Robertine hors d'elle-même, surtout lorsqu'elle voyait des femmes s'esclaffer en entendant pareils propos. Elle estimait, à juste titre, qu'il était ridicule de parler, comme Bourassa le faisait, des « exagérations du féminisme de notre pays », alors que les jeunes filles devaient « subir toutes les gênes de la pauvreté plutôt que de s'affranchir d'un préjugé social et gagner ouvertement leur vie[190] ».

Même si elle n'aimait pas se retrouver dans la même pièce que Bourassa, Robertine ne se privait pas de rejoindre ses collègues journalistes dans une ancienne épicerie de la rue Notre-Dame qui abritait *Le Nationaliste*. Olivar eut un jour l'idée de

---

190. Françoise. « Chronique du Lundi », 22 mai 1899.

regrouper dans un numéro de son journal des articles rédigés seulement par des femmes, dans lesquels elles donneraient leur opinion sur l'avenir du Canada français. Robertine écrivit : « Nous vivrons tous ensemble, compatriotes de langue française et de langue anglaise, dans la paix et dans l'union comme en Suisse, vivant en parfaite harmonie les différentes nationalités qui composent la prospère Helvétie[191]. » En parlant d'Helvétie, c'est la Confédération suisse que Robertine cite en exemple.

Cette année-là, Robertine peaufinait aussi sa pièce de théâtre qui devait être jouée au printemps 1905. Elle la relisait et la relisait encore, lui trouvant mille et un défauts. Mais elle devait bien se résoudre à y mettre le point final, car les comédiens devaient apprendre leurs textes. La pièce racontait l'histoire d'un vieux garçon qui annonçait à sa meilleure amie qu'il allait prendre une épouse, mais qu'il tenait à ce que leur amitié demeure intacte :

« Ah ! C'est bon d'être votre ami, et je le suis, n'est-ce pas, depuis longtemps ? Combien de fois, quand je suis triste et que la vie me rudoie, me suis-je transporté, par la pensée, dans cette petite retraite où tous les meubles et jusqu'aux moindres bibelots me connaissent, comme ces choses amies qui nous sourient quand on les regarde, et rien qu'à l'idée de ces douces soirées, près de vous, la paix et la clarté venaient à mon âme assombrie. Savez-vous, je crois que je vous dois non seulement mes meilleurs moments, mais mes meilleures inspirations, tout le pauvre petit bien que j'ai pu faire depuis que je vous connais, ma grande amie. »

---

191. Françoise. *Le Nationaliste*, 19 novembre 1905.

Le personnage féminin créé par Robertine usait d'un subterfuge afin que son ami comprenne qu'il allait faire une bêtise en épousant une jeune fille dépourvue d'intelligence, alors qu'en réalité il lui était destiné, à elle, sa plus grande amie.

La représentation de cette pièce, intitulée *Méprise*, aurait dû avoir lieu en avril, n'eût été l'événement tragique qui frappa les Barry.

• • •

Le soir du 11 mars 1905, dans le petit bureau attenant à sa chambre, Robertine, les yeux bouffis par les larmes, était assise à sa table de travail et écrivait dans son journal :

« À mesure que les années passent, les peines et les malheurs s'accumulent : mon pauvre Edmund est parti. Jamais plus je ne verrai l'éclat de son regard si doux, si bon, se fixer sur moi. Je survis : donc, on ne meurt pas de chagrin ! Chaque année, je le crains, quelqu'un manquera à l'appel, jusqu'au jour où, dans cet agenda, le feuillet par moi commencé ne sera jamais fini[192]. »

Edmund, le frère de Robertine, venait de mourir alors qu'il avait à peine cinquante et un ans.

Robertine leva les yeux vers la fenêtre. Le silence de la maison n'était brisé, par intermittence, que par le bruit de sanglots qu'on cherchait à étouffer. Peut-être était-ce sa mère qui pleurait mais qui, comme toujours, ne se permettait jamais de verser des larmes devant qui que ce soit, même dans des occasions aussi tragiques et douloureuses que la perte d'un enfant. Edmund était le cinquième enfant qu'elle enterrerait.

---

192. Citée par R. des Ormes. *Robertine Barry,* p. 121.

Robertine songea combien ce serait difficile, le lendemain, au déjeuner, de voir la place vide où s'assoyait habituellement son frère. Il faudrait ensuite, pendant trois jours, recevoir tous ces visiteurs qui viendraient veiller au corps. Il y aurait ceux qui seraient réellement touchés par la mort d'Edmund ou par la peine qui affligeait les Barry. Ceux-là, leur présence serait réconfortante. Mais il y aurait aussi les autres, ceux qui viendraient par curiosité ou parce qu'ils n'avaient rien à faire, ou encore parce qu'ils s'y sentaient obligés. Ceux-là, dont la présence serait encombrante, ne sauraient pas trouver les mots ou faire les gestes qui consolent :

« Combien vides sont les éloges autour d'un cercueil ! Je ne sais pourquoi ces bonnes choses que l'on pense d'une personne durant sa vie et que l'on est toujours prêt à écrire après sa mort, ne se disent plutôt quand elle est là pour les entendre[193]. »

Aglaé avait acheté un lot au cimetière Notre-Dame-des-Neiges. Elle se consola en songeant qu'au moins, sur la tombe d'Edmund, elle pourrait venir prier et déposer des fleurs, ce qu'elle pouvait très rarement faire pour ses autres enfants et son époux, dont les corps reposaient dans trois villages différents : L'Isle-Verte, Les Escoumins, Trois-Pistoles.

Au cimetière, la terre était gelée et pas encore prête pour accueillir la dépouille d'Edmund. Les Barry reviendraient, au printemps, bien après que des fleurs précoces eurent percé la neige.

Robertine y viendrait souvent. Elle aimait marcher dans les allées ombrageuses du cimetière, « parmi les nombreux chemins qui se croisent, circulent, tournoient comme les

---

193. Françoise. « Chronique du Lundi », 2 mai 1898.

sinueux méandres d'un long fleuve ». Elle aimait aller sur la petite terrasse où « de tous ses points on découvre les horizons qui émeuvent et qui enchantent ». Elle reprenait ensuite sa marche, admirant la beauté de ce cimetière :

« Du haut de la montagne, à travers les éclaircies des taillis touffus, quand on aperçoit cette vaste nécropole, ces blancs mausolées, ces hautes colonnes qui percent les airs, on dirait quelque ville antique gisant seule et déserte en attendant le moment qui doit animer et peupler cette désolante solitude. Et les anges de pierre, immobiles et solennels au-dessus des massives portes, déjà ont à leur bouche la trompette sonore attendant le signal de l'éternel réveil. Ô mes bons anges, ne sonnez pas trop fort le retentissant clairon. Pourquoi nous réveiller de notre long sommeil sans rêve ? Nous y dormirons si bien[194] ! »

• • •

Sur l'acte de décès, la cause de la mort d'Edmund n'est pas révélée. Ne sont mentionnés que les noms de deux témoins, son beau-frère le juge François-Xavier Choquet et le marchand Théodore Sauvageau. Il est possible qu'Edmund soit mort de la tuberculose. Cette maladie, jugée honteuse, faisait un nombre effarant de victimes mais, lorsqu'un membre d'une famille en était atteint, on gardait souvent le secret. Seules les personnes manquant d'hygiène, disait-on, en étaient affectées. Robertine parla à quelques reprises de cette maladie dans son magazine, invitant, entre autres, ses lecteurs et lectrices à se rendre aux diverses séances du Congrès de la tuberculose :

« Nous avons beaucoup à apprendre sur les moyens préventifs à employer contre ce fléau cruel, que nos compatriotes

---

194. Françoise. « Chronique du Lundi », 27 juin 1892.

anglais ont si justement dénommé *la peste blanche*. Notre ignorance est la cause qu'en beaucoup de cas la terrible contagion a fait plus de victimes qu'elle n'en aurait eues avec les plus élémentaires précautions[195]. »

La représentation de la pièce écrite par Robertine avait été reportée. Entre-temps, elle fut affectée par deux autres décès, à commencer par celui de son ami Joseph-Damase Chartrand, décédé à Kingston le 2 avril. Elle perdait, écrivit-elle, non seulement un collaborateur au *Journal de Françoise,* mais un excellent ami. Elle se remémora le plaisir qu'elle avait eu à collaborer à *La revue nationale* que dirigeait Chartrand et dont Bruchési avait déconseillé la lecture en chaire. Plaisir que n'avaient pas réussi à éteindre leurs querelles au sujet du forum de discussion qu'elle avait inauguré, ce qui ne s'était jamais vu dans aucune publication de l'époque.

Mais leurs disputes n'étaient que des broutilles en regard de tant d'autres choses qui avaient scellé leur amitié. Robertine savait combien il lui manquerait. Il était mort bien trop jeune : à peine cinquante-trois ans. Bien trop jeune aussi pour être atteint par la Grande Faucheuse, son frère Edmund. Les fleurs qu'elle déposa sur leurs tombes respectives n'étaient pas encore fanées lorsqu'elle apprit la mort du docteur Drummond, pour qui elle avait beaucoup d'affection. C'était « un homme très doux qui sut être un ami incomparable[196] », écrivit-elle.

Attristée par toutes ces pertes qui creusaient un grand vide dans sa vie, elle lut avec une sorte d'indifférence l'article publié dans la *Revue d'Europe,* dans lequel le journaliste lui rendait un

---

195. Françoise. « L'Exposition de la Tuberculose ». *Le Journal de Françoise,* 21 novembre 1908.

196. Françoise. *Le Journal de Françoise,* avril 1905.

vibrant hommage et soulignait ses qualités d'écrivaine et son audace.

Elle fut plus touchée par la lecture du poème, intitulé *À Émile Nelligan*, qu'Albert Lozeau avait publié dans *Le Nationaliste* du 23 juillet :

> *Tu montais radieux dans la grande lumière,*
> *Enivré d'idéal, éperdu de beauté,*
> *D'un merveilleux essor de force et de fierté,*
> *Fuyant avec dédain la route coutumière.*
> *Ô destin !, tu sombres d'abîmes en abîmes,*
> *Comme un aigle royal en plein ciel foudroyé !*

• • •

La veille de la représentation de *Méprise*, Robertine ne ferma pas l'œil de la nuit. Mille et une pensées négatives l'obsédaient : sa pièce était mauvaise ; quelques-uns de ses confrères journalistes ne manqueraient pas de lui trouver des défauts ; elle susciterait une polémique aussi énervante que celle qui avait suivi la publication de *Fleurs champêtres*. Les articles qu'avaient écrits ses collègues journalistes, en la glorifiant à l'avance, la rendaient encore plus anxieuse. Elle avait peur de les décevoir. Un journaliste de *La Presse* avait noté que son talent leur permettait « d'espérer une délicieuse soirée ».

Robertine soupira en songeant qu'il se trouverait certainement, dans l'assistance, de ces femmes qui, avec leurs chapeaux, manqueraient aux règles les plus élémentaires de l'étiquette. Elle en avait parlé à quelques reprises dans ses articles, soulignant combien il était désagréable pour un spectateur « d'avoir la scène et les acteurs complètement masqués par des panaches de plumes ondulantes, d'ailes d'oiseaux, de nœuds en rubans et de bouquets de fleurs[197] ». Mais il semblait que c'était peine perdue. Il lui arrivait encore de ne rien voir d'une pièce qu'elle attendait depuis des semaines. Ou de ne rien entendre parce que, auprès d'elle, une spectatrice commentait tout haut le jeu des comédiens à celui ou celle qui l'accompagnait. C'était à damner un saint !

Tous de noir vêtus, les Barry assistèrent, le 7 novembre, à la représentation de *Méprise* à la salle Karn de Montréal. Un journaliste de *La Presse* avait annoncé la pièce d'une bien charmante façon :

« Le talent sûr et primesautier de Françoise, sa verve si bien connue et appréciée, son style pur et châtié, font espérer une délicieuse soirée. »

Plusieurs personnalités de la bourgeoisie montréalaise et du monde politique se présentèrent, munis de leur carton d'invitation où était inscrit en lettre d'or : *La Soirée de Françoise*. Sir Wilfrid et lady Laurier, qui patronnaient cette activité artistique, étaient venus d'Ottawa. Bien sûr, les nombreux amis de Robertine n'auraient pas voulu manquer cela pour tout l'or du monde. La salle était pleine et Robertine tentait, tant bien que mal, de cacher sa nervosité.

La pièce, interprétée par mademoiselle Labelle, messieurs Saucier, Renaud, Dubois, fut un franc succès. Dès l'aube, Robertine consulta tous les journaux. Elle était anxieuse de savoir ce qu'on en disait. Le journaliste du *Le Canada* nota que « le tout-Montréal intellectuel avait applaudi la spirituelle comédie de Françoise ». Il n'était pas le seul à la complimenter. En fait, c'était une pluie d'éloges qui s'abattait délicieusement

---

197. Françoise. « Chronique du Lundi », 28 octobre 1895.

sur elle : « Le lendemain, la critique théâtrale des grands quotidiens ne signale dans ce premier essai qu'un défaut, un seul : sa brièveté. *Méprise* a du charme, de l'entrain, de l'esprit, mais on voudrait que l'enchantement durât davantage. On souhaite, on attend de Françoise une œuvre d'envergure plus puissante[198] », écrit Renée des Ormes dans sa biographie. Mais dans ses notes de travail, le ton change. Elle écrit que cette pièce « n'était pas une merveille » et que Robertine « a eu du succès surtout à cause de ses relations ». J'ignore jusqu'à quel point cette affirmation est fondée, mais Robertine a été, tout au long de sa vie et même après sa mort, l'objet de ce genre de commentaires qui, dans la plupart des cas, n'avaient aucun fondement réel. L'une des collaboratrices au *Journal de Françoise,* Yvette Frondeuse d'Ottawa, écrivit justement à Robertine, le 20 mai 1905 :

« J'entends tout, je retiens tout et j'ai volontiers mal à votre dos des coups que l'on y donne quand vous n'êtes pas là pour vous défendre. Pourquoi ces furieuses attaques ? Parce que vous êtes, paraît-il, frondeuse, ma chère Directrice. Si vous ne le savez pas, je vous l'apprends, ma conscience enfin déchargée du grand remords de vous laisser plus longtemps dans cette ignorance. »

Comment Robertine aurait-elle pu ignorer qu'elle était l'objet d'attaques furieuses ? Elle continuait de recevoir des lettres où on l'appelait *Monsieur* et où on se disait scandalisé par ses idées. Elle n'était pas aveugle ; elle voyait bien que, parfois, on chuchotait et riait sur son passage. Par défi peut-être, elle s'était fait couper les cheveux très courts. Comme un homme. Comme les *vierges jurées.* Comme Fanny Campbell, l'héroïne d'un conte populaire, pour qui avoir les cheveux courts symbolisait « la

---

198. R. des Ormes. Robertine Barry, p. 122.

liberté et la glorieuse indépendance de la masculinité[199] ». Elle marchait toujours à grandes enjambées, la tête bien haute, claquant toujours un peu du talon avec le même air de défi. Mais derrière le visage fermé qu'elle montre sur certaines photos et qui lui donne un air dur, se cache une femme profondément blessée.

« Calomniez, calomniez, il en restera toujours quelque chose », disait Chateaubriand qu'elle cita à quelques reprises dans son magazine.

• • •

Le 5 août, Robertine publia « Potiche » de Nelligan, un poème d'une poignante tristesse : « C'est un vase d'Égypte à riche ciselure / Où sont peints des sphinx bleus et des lions ambrés / De profil on y voit, souple, les reins cambrés / Une immobile Isis tordant sa chevelure / Flambantes, des nefs d'or se glissent sans voilure / Sur une eau d'argent plane aux tons de ciel marbrés / C'est un vase d'Égypte à riche ciselure / Où sont peints des sphinx bleus et des lions ambrés / Mon âme est une potiche où pleurent, décorés, / De vieux espoirs mal peints sur sa fausse moulure / Aussi j'en souffre en moi comme d'une brûlure, / Mais le trépas bientôt les aura tous sabrés… / Car ma vie est un vase à pauvre ciselure. »

Robertine publia aussi en première page la photo de Sarah Bernhardt, cette grande tragédienne avec qui elle avait passé une si belle soirée, en compagnie de Nelligan, chez Louis Fréchette. Il y avait presque dix ans de cela.

---

199. J. Walkowitz, « Sexualités dangereuses », p. 467.

Sarah Bernhardt était de nouveau à Montréal et Robertine soupira en songeant que ni Nelligan ni Émilie n'auraient la joie, cette fois, d'aller l'entendre.

La jugeant scandaleuse, les évêques exhortaient la population à ne pas aller voir cette tragédienne. La veille de son arrivée à Québec, Mgr Bruchési s'était écrié devant ses ouailles :

« Nous supplions nos pieuses familles, si attachées encore au devoir et à la vertu, d'être sur leurs gardes, de s'abstenir de ce qu'elles sauront être pour elles une occasion de faute, et de préférer à tout l'honneur de leur foyer et le salut de l'âme de leurs enfants. »

L'archevêque de Québec, Mgr Bégin, mit lui aussi en garde la population de Québec contre ce qu'il appelait les effets pervers du théâtre.

Il n'en demeure pas moins que plusieurs, dont Robertine, assistèrent aux représentations. La salle était cependant à moitié vide. Bruchési, ne la voyant qu'à moitié pleine, était tout de même mécontent. Il déclara que cette comédienne avait « répété ici les scènes ignobles dont elle était coutumière ailleurs » et qu'il savait que plus d'un auditeur en avait été indigné. En colère, il demanda pourquoi « ceux qui se respectent étaient-ils allés l'entendre[200] ».

Au nom du respect de la doctrine catholique, un groupe de supporteurs, menés par Henri Bourassa, manifestèrent eux aussi leur opposition à la diva. Une foule de pharisiens attendirent la comédienne à la gare du Canadien Pacifique où elle s'apprêtait à prendre le train. Ils la huèrent et lui lancèrent des œufs pourris. Pourtant, lorsqu'elle était venue à Montréal en 1874, beaucoup de personnes avaient applaudi lorsque des

---

200. P. Hébert. *Censure et littérature au Québec*, p. 202.

hommes avaient détaché les chevaux de sa calèche afin de pouvoir la porter, tel un trophée, jusqu'à son hôtel.

Robertine avait honte de faire partie de ce peuple qui honnissait cette femme qui, partout dans le monde, était adulée. Sarah Bernhardt avait bien souvent failli mourir étouffée par une foule qui, éperdue d'admiration, l'attendait à la porte de son hôtel. Bien des admirateurs exaltés aussi s'étaient précipités « sur elle, armés de ciseaux pour couper des morceaux de sa robe ». Les journaux d'époque rapportaient « qu'à São Paulo, pour aller de l'hôtel au théâtre », Sarah devait « marcher sur un tapis d'hommes, couchés d'admiration sous ses pieds[201] ».

Les journaux des États-Unis, de l'Europe et du Canada anglais s'étonnèrent qu'on traitât si vulgairement, à Québec, une si grande artiste. Le Premier ministre Wilfrid Laurier lui fit ses excuses, mais le mal était fait.

Robertine déplora l'attitude du clergé et d'une partie de la population envers cette comédienne qu'elle admirait tant. Pour bien montrer sa désapprobation, elle mit souvent, cette année-là, la photo de Sarah en première page du *Journal de Françoise* et elle publia aussi, le 2 décembre 1905, le poème que Louis Fréchette avait écrit pour celle qu'il appelait la « divine Sarah Bernhardt ». C'était autant de pieds de nez aux évêques, à Bourassa et à tous les ultramontains.

• • •

Par ce froid samedi de janvier 1906, une photo de chats que Robertine affectionnait particulièrement illustra la première page du *Journal de Françoise* qui entrait dans sa quatrième

---

201. C. Joannis. *Sarah Bernhardt. Biographie,* p. 74.

---

année. Les femmes membres de l'Association Saint-Jean-Baptiste y jetèrent à peine un coup d'œil, pressées de lire l'article signé par Caroline Béïque, leur présidente, dans lequel elle annonçait l'ouverture prochaine de l'École ménagère pour les jeunes filles. Certaines d'entre elles n'auraient que onze ans lorsqu'elles sortiraient de cette école avec un diplôme d'économie domestique ou de maîtresse ménagère. Robertine y prononça une conférence que les jeunes étudiantes écoutèrent avec attention, impressionnées par la notoriété de la journaliste.

Dans ce même numéro du *Journal de Françoise*, Robertine signait un article dans lequel elle dénonçait les ravages de ce « vice » qu'était l'alcoolisme, incitant les femmes à faire de la « ligue antialcoolisme » leur cause[202]. Dans un autre article intitulé *Ligue antialcoolique*, elle mentionna qu'il n'y avait, à Montréal, que cent boulangeries alors que l'on pouvait compter facilement « plus de cinq cents buvettes ». Elle précisa aussi qu'à Chicago, des enfants avaient obtenu dix-sept mille cinq cents dollars des propriétaires de buvettes qui avaient fait de leur père un ivrogne. « Les femmes ont assez souffert des effets de cette passion maudite, elles ont assez pleuré », martela-t-elle. Robertine avait certainement eu une pensée pour Émilie, car elle savait que David buvait de plus en plus. C'était peut-être le seul moyen qu'il avait trouvé pour engourdir la douleur qu'il ressentait de savoir son fils interné. Souffrant d'une cirrhose, il avait même dû prendre une retraite anticipée et devait, conséquemment, faire le deuil de sa vie active.

Le mariage des Nelligan battait de l'aile. Devoir maintenant partager avec David chaque heure de la journée ajoutait à la détresse d'Émilie. Connaissant son grand amour de la

---

202. Françoise. « Alcool et alcoolisme ». *Le Journal de Françoise,* 20 janvier 1906.

musique, Robertine essaya sans doute de l'entraîner au concert donné par le violoniste français Henri Marteau. Mais Émilie restait toujours cloîtrée chez elle. Jeta-t-elle seulement un regard sur la photo du violoniste (il ressemblait à Clark Gable, le séduisant époux de Scarlett dans *Autant en emporte le vent*) que Robertine publia, les jours suivants, en première page du *Journal de Françoise*?

En juin, sachant combien cela ferait plaisir à Émilie, Robertine s'empressa de mentionner dans son magazine la critique élogieuse des poésies de Nelligan qui avaient été publiées à Bruxelles.

Ensuite, elle publia un article qui, encore une fois, suscita une commotion chez les grenouilles de bénitier, car elle osait, encore, invectiver les curés. Elle critiqua entre autres ceux qui faisaient payer un droit d'entrée à l'église ! L'un d'eux, outré par ses propos, lui écrivit afin de lui dire qu'elle se trompait amèrement. Robertine lui répondit que c'était le pape lui-même qui s'était élevé contre la mode, en ce pays, de faire payer les fidèles à l'entrée. Elle ajouta qu'on avait refusé, devant elle, « l'entrée du temple à une vieille femme, à une messe du dimanche, parce qu'elle ne pouvait offrir la pièce d'argent obligatoire ». Elle conclut en disant que son rôle était de dire la vérité en accomplissant ce que son devoir de journaliste lui dictait de faire[203].

Peu impressionnée par les réactions hostiles que suscitaient ses articles lorsqu'elle s'attaquait au clergé, et profondément agacée par cette censure qui voulait qu'on ne dût jamais le critiquer, elle écrivit un autre article dans lequel son agacement se fait encore plus précis :

---

203. Françoise. « Le prix d'entrée dans les églises ». *Le Journal de Françoise,* 3 février 1906.

« Bizarre système où, sous un pavillon aux couleurs de l'Église, on sauvegarde ses intérêts personnels au détriment de sa conscience et ce que l'on doit à Dieu. Car, si l'on tient tellement à cette teinture de religion, si je puis m'exprimer ainsi, c'est qu'elle a été trouvée indispensable à la réussite dans le monde des affaires, aussi bien que dans celui de la vie politique. Malheur à celui de qui on dira qu'il a des "idées larges", ou qu'il est "avancé" ! Quand on a flétri ce mot d'impie, des gens qui, au fond, sont aussi croyants que nous, on dirait qu'on a fait une grande chose pour faire apprécier et aimer la vraie religion. Or, au sujet de quoi, lâchera-t-on le gros mot accusateur, est-ce à propos d'une doctrine de l'Évangile qu'on met en doute, d'un dogme qu'on veut nier, ou d'une hérésie qu'on ose appuyer ? Pas du tout. On qualifie les siens de libres penseurs, pour beaucoup moins que cela. Impie celui qui déclare que le Père Untel n'est pas un prédicateur remarquable. Impie celui qui dit que M. le curé a des taches de graisse sur sa soutane, ou qui trouve que le presbytère est plus beau que l'église. Impie celui qui doute d'un soi-disant miracle qu'aucune attestation sérieuse n'a confirmé. La religion canadienne est absolument dépourvue de la base qui fait le vrai catholicisme si divinement humain[204]. »

Elle venait de jeter à la face de ses lecteurs les mots avec lesquels on la qualifiait de plus en plus souvent : impie et libre penseuse.

• • •

---

204. Françoise. « La religion canadienne ». *Le Journal de Françoise,* 17 mars 1906.

Au début de l'année 1906, Robertine reçut la confirmation qu'elle serait encore une fois déléguée par le gouvernement canadien afin de représenter son pays à une autre exposition à l'étranger. Il s'agissait cette fois de l'Exposition universelle de Milan. Robertine devait faire preuve d'un bon sens de l'organisation afin de pouvoir s'absenter pendant plusieurs semaines, sans que la parution de son magazine n'en souffre. Avant de partir, elle mit les bouchées doubles afin de prévoir quels articles seraient publiés en son absence et s'assurer de la collaboration de ses « pigistes ». Elle pouvait compter aussi sur sa fidèle secrétaire, mademoiselle Charbonneau, et probablement aussi sur ses sœurs.

Sa sœur Caroline, qu'on appelait « madame la juge Choquet », l'accompagna dans ce voyage. Robertine et Caroline avaient beaucoup d'intérêts en commun. Les deux femmes s'intéressaient à tout ce qui touchait la justice, et Caroline, comme Robertine, aurait sans doute aimé elle aussi étudier le droit. Toutes deux, elles étaient sensibles à la condition des femmes en prison et à celle des *filles tombées*. Elles ne partageaient pas du tout les idées qui circulaient à leur sujet. Les *filles tombées* étaient jugées, rejetées, pointées du doigt, souvent associées à des vicieuses, voire à des criminelles. En ce temps, écrit l'historienne Andrée Lévesque, la littérature populaire et même médicale considérait la *fille tombée* comme étant « faible et ignorante, têtue, vilaine ou simple d'esprit. [...] Dans les registres, les religieuses qualifient les pensionnaires de "stupides" ou "d'idiotes" ». Les noms qu'on leur donnait, à La Miséricorde où elles « étaient séquestrées et soumises à une stricte discipline » tout au long de leur grossesse, sont assez révélateurs : Nymphodores, Fructueuses, Humilianes,

Extasies ou Repentantes. Elles sont toutes repentantes, disaient des religieuses, elles « ont péché et doivent se repentir[205] ».

Au lieu de les rendre méprisables aux yeux du public, écrit Robertine, les journalistes devraient essayer de les comprendre. Elle clamait que l'homme devrait assumer ses responsabilités et qu'elle attendait impatiemment que cette « grande revendication féminine s'accomplisse[206] ». Elle s'indignait du fait qu'on accorde à l'homme, « le droit de forfaire à ses obligations les plus sacrées » et qu'on flétrisse « impitoyablement la femme qui s'écartait, ne fût-ce qu'un instant, du code sévère qu'on lui a imposé. Et l'homme la poussera à sa chute, puis, une fois tombée, ne lui tendra pas seulement la main pour la relever. Mais la laissant couverte de boue et d'opprobre, il continuera sa route, le front haut, plein du respect et de la considération de ses semblables[207] ».

Estimant sans doute que sa réputation de femme agressive et survoltée était déjà faite et qu'elle n'avait plus grand-chose à perdre, Robertine avait même osé, audace incroyable pour l'époque, prendre, dans son magazine, la défense d'une fille-mère qui avait tué son enfant. Elle avait expliqué son geste en partie par le fait, disait-elle, que les *filles tombées* avaient été elles-mêmes victimes d'abus ou d'agressions sexuelles et étaient, de surcroît, objets de la vindicte populaire.

• • •

205. A. Lévesque. *La norme et les déviantes*, pp. 125 et 129.

206. Françoise. « À qui la faute ». *Le Journal de Françoise*, 6 mars 1909.

207. Françoise. « Chronique du Lundi », 20 novembre 1893.

Lorsque les deux sœurs arrivèrent à Milan, le secrétaire général de la section canadienne de l'Exposition internationale vint les chercher à la gare et les conduisit jusqu'à sa maison, où sa femme et lui les hébergèrent cordialement. Robertine aima cette ville chargée d'histoire : « J'aime les ruines. Pour moi, les tourelles abattues, les débris d'une cheminée se dressant morne, abandonnée, au milieu d'un champ disent plus à mon imagination que les palais les plus riches de la Terre[208]. » Elle visita un ancien réfectoire d'un couvent où se trouvait la célèbre « Cène » de Léonard de Vinci. « Hélas, se plaint-elle, ce n'est plus que l'ombre d'une ombre, car l'altération subie par cette fresque lui enlève beaucoup de sa beauté primitive ! » Elle s'arrêta un moment devant un sarcophage censé contenir les ossements des Rois mages, ce qui, dit-elle, est fort contesté. L'impressionnèrent plus le livre annoté par la main de Plutarque, ainsi que les lettres de saint Paul conservées à la bibliothèque ambroisienne.

Les deux sœurs s'arrêtèrent à la basilique de Saint-Ambroise « surmontée de quatre-vingt-dix-huit flèches sculptées et de deux mille statues, dont celle de Napoléon 1er » et admirèrent les « ivoires datant du Moyen Âge, les émaux, les bronzes antiques et orfèvreries rares ».

Le soir, elles se rendirent à la Scala, espérant entendre Éléonora Duse. Hélas ! La divine se reposait à Florence.

Au pavillon canadien de l'Exposition de Milan, Robertine se lia d'amitié avec le Chevalier Pini, un journaliste italien correspondant de l'*Illustrasione Italiana*.

En se promenant dans les rues de Milan, Robertine admira les maisons « revêtues à l'extérieur de terres cuites aux couleurs

---

208. Françoise. « Lettre de voyage ». *Le Journal de Françoise*, 16 février 1907.

toujours harmonieuses ». Lorsqu'elle visita la cathédrale, dont la construction fut commencée vers la fin du XIVᵉ siècle et dont l'intérieur était saisissant de magnificence, elle chercha, « pendant un bon quart d'heure », parmi les deux mille statues qui décoraient son intérieur, laquelle représentait Napoléon. « Ce qui vous frappe, écrivit-elle, dans les églises d'Italie, au moment des offices, c'est le peu de décorum qui s'y observe : les chaises sont pêle-mêle dans la nef, les fidèles aussi ; il y a des bonnes femmes agenouillées, écrasées, je devrais dire, un peu partout. J'en ai vues jusque sur les marches de l'autel, à côté du servant de messe. Les visiteurs vont et viennent, sans se gêner, et sans que personne n'interrompe leurs allées et venues. »

En Allemagne, que Robertine et Caroline visitèrent ensuite, elle observa que « c'est tout le contraire. Tout se fait dans une discipline et un ordre admirable. Vous entendriez voler une mouche quand le prêtre est à l'autel, ou durant une cérémonie quelconque. J'avais voulu examiner de près une pierre tombale, dans la cathédrale de Cologne, avant qu'un office ne soit tout à fait terminé, mais un Suisse formidable, casqué d'un tricorne majestueux, et hallebarde en main, me força à retourner à mon siège plus vite que je ne l'aurais voulu[209] ».

Robertine adora Cologne, l'une des plus anciennes villes d'Allemagne. Elle décrivit la cathédrale, « la plus vaste de l'Univers et la plus belle d'outre-Rhin », ainsi que le sanctuaire dédié à sainte Ursule dont la châsse était ornée de magnifiques soleils de pierreries et de ciselures. Caroline et Robertine s'arrêtèrent un moment devant les urnes qui avaient reçu, affirmaient certains, l'eau changée en vin aux noces de Cana.

---

209. Françoise. « Lettre de voyage ». *Le Journal de Françoise,* 2 février 1907.

Elles remontèrent le Rhin, admirant au passage les castels et les forteresses entourés de vallons.

• • •

Caroline tenait à avoir une entrevue avec le pape Pie X, et Robertine se plia au désir de sa sœur. Pour ce faire, avant leur départ de Montréal, Caroline avait obtenu des lettres signées par les hauts dignitaires ecclésiastiques tandis que Robertine, qui n'avait guère de bonnes relations avec eux, avait sollicité les siennes auprès des autorités laïques. Elle ne précisa pas lesquelles, mais on devine qu'il peut s'agir du premier ministre Wilfrid Laurier.

Lorsque les deux sœurs furent à Rome, elles présentèrent leurs lettres au Collège canadien de cette ville. C'était la première étape à franchir afin d'obtenir ce qu'elles désiraient. Quelques jours plus tard, on leur remit « cérémonieusement », précisa Robertine, une lettre d'invitation à une audience privée. Pour la circonstance, Robertine avait mis une sobre robe noire unie, mais pas de gants, car cela, dit-elle, n'était pas convenable. Connaissant toutes les règles de l'étiquette, elle portait aussi une mantille de dentelle noire, ce qu'elle semble avoir plus aimé que de voir le pape lui-même :

« Drapée classiquement à l'espagnole, formant, sur le haut des cheveux en bandeaux, une petite couronne, bouffée légèrement sur le haut du peigne, et laissant retomber sur les épaules et jusqu'au bas de la taille ses plis vaporeux, la mantille est un poème. Quand une fois, on en a orné sa tête, on ne voudrait pas d'autre coiffure. »

Le soleil était radieux lorsque les deux sœurs se présentèrent au Vatican. Elles durent montrer leurs lettres d'audience des dizaines de fois avant de monter les trois cents marches, basses heureusement, souligna Robertine, de l'escalier pontifical. Elles traversèrent ensuite de vastes salles, splendides, « tendues de tapisseries sortant des manufactures royales », avant de pénétrer dans la salle du trône, « très vaste, très imposante, consacrée aux audiences solennelles », où elles attendirent un moment avant qu'on ne vienne les chercher pour les conduire à une autre pièce où se trouvaient plusieurs personnes, « des gardes nobles, des camériers et, parmi ces personnages, Mgr Biceletti », qui vint au-devant d'elles en les appelant par leurs noms. En sa compagnie, elles traversèrent d'autres pièces, plus petites et dont les plafonds étaient un peu plus bas. Tout à coup, raconta Robertine, nous aperçûmes un grand vieillard, vêtu de blanc : c'était Pie X. « Nous nous mîmes à genoux, tandis que Mgr Biceletti déclinait notre nom et nos qualités. Le Saint-Père nous bénit et nous donna sa main à baiser, puis il nous fit asseoir près de lui. » Robertine, d'un naturel gaffeur, ne pouvait se sortir d'une telle rencontre sans anicroche. « En me relevant, raconta-t-elle, mon pied s'embarrassa dans les plis de ma longue jupe, je faillis trébucher ; très paternellement, Pie X me tendit ses deux mains sur lesquelles je m'appuyai pour retrouver mon équilibre[210]. » Robertine souligna que Pie X ne parlait que l'italien et le latin et qu'il avait toujours près de lui un interprète. Peu de gens savaient qu'il se contentait de réciter, en anglais et en français, des formules de bénédiction apprises par cœur.

• • •

---

210. Françoise. « Une audience du Saint-Père ». *Le Journal de Françoise*, 4 mai 1907.

Lorsqu'elles furent à Paris, Robertine fit « la tournée de ses amis » à qui elle présenta sa sœur. Elles allèrent d'abord chez Yvonne Sarcey, rédactrice aux *Annales politiques et littéraires de Paris* et qu'elle avait rencontrée durant son séjour à Paris en 1900. C'est avec une immense joie que les deux femmes se revirent.

C'est avec une aussi grande joie qu'elle retrouva Thérèse Bentzon. Lorsque vint le moment de se quitter, elle dit à Robertine, en l'embrassant : « Nous ne nous reverrons plus. » Robertine tressaillit. Elle aussi avait le sentiment que l'une des deux allait mourir avant qu'elles ne puissent se revoir. Ce qui s'avéra. Thérèse mourut quelques mois plus tard.

Robertine visita aussi l'une de ses amies et précieuses collaboratrices au *Journal de Françoise,* Hélène Vacarsco. Celle-ci charma Caroline avec son accent roumain et sa façon de déclamer de la poésie. « On croirait entendre une mélopée », disait souvent Robertine. Les deux sœurs furent accueillies tout aussi chaleureusement par Léon de Tinseau. Celui-ci, ainsi que Hélène Vacarsco, promirent à Robertine de venir la visiter à Montréal.

À Paris, les sœurs Barry logèrent quelque temps dans un luxueux hôtel où le Club Lyceum avait ses quartiers et mettait à la disposition de ses membres une confortable chambre lors de leur séjour à Paris. Robertine pouvait profiter de ce généreux privilège puisqu'elle avait été admise à ce prestigieux club cette année-là.

Dans l'un de ses articles, Robertine mentionne qu'au même moment où l'on « fondait à Montréal, en décembre dernier, le premier club des Femmes du Canada, on inaugurait, à Paris, un cercle de femmes, appelé le "Lyceum", le premier club féminin en la Ville-Lumière. Plus heureux que le nôtre qui n'est pas encore dans ses meubles, il est installé rue de la Bienfaisance dans un hôtel magnifique, avec des décorations, des boiseries et des portes dignes d'un musée. Le Lyceum ne se borne pas seulement à être beau, il veut surtout être utile. Et voici comment : il mettra en relations les femmes, à quelque nationalité qu'elles appartiennent, qui s'intéressent sérieusement aux arts : littérature, peinture, musique, etc. [...] Les femmes de lettres, comme bien vous le savez, seront surtout là, chez elles. Elles pourront se rencontrer, causer, dîner entre elles, et la *Chronique du Club* signalera leurs articles, leurs volumes, tous leurs travaux littéraires. [...] Ce sera aussi une œuvre de mutualité bienfaisante intellectuelle, où les jeunes, les débutantes, trouveront l'appui et l'encouragement désirables[211] ».

Robertine avait beaucoup d'admiration pour la fondatrice de ce club, Constance Smedley, une féministe qui désirait réunir les femmes du monde entier et leur faire comprendre tout ce qu'elles « sont capables de faire les unes pour les autres ».

Le mot Lyceum dérive du mot grec *lukeion* et désigne un lieu de culture et de réflexion. Exclusivement réservé aux femmes, ce club avait comme but, au départ, de « troubler l'arrogante confrérie masculine qui régnait sur le quartier des clubs de Londres[212] » où seuls les hommes étaient admis. Constance Smedley « avait la ferme intention de promouvoir dans le Lyceum le suffrage universel et d'en finir une fois pour toutes avec la notion traditionnelle de "séparation des sphères" ».

Les contacts que Robertine avait avec les femmes de l'élite parisienne ont certainement joué un rôle dans le fait qu'elle fut

---

211. Françoise. « Clubs féminins ». *Le Journal de Françoise*. Janvier 1906.

212. « Discours de madame Grace Brockington. Une solidarité internationale : Constance Smedley et la fondation des Lyceum Clubs internationaux ». www.fflci.com

admise à ce club. Robertine connaissait la présidente, la duchesse d'Uzès, qu'elle avait rencontrée à l'Exposition de 1900 et avec qui elle s'était liée d'amitié. Son amie Juliette Adam en faisait aussi partie.

Les autres membres de ce club[213] n'étaient pas toutes des artistes. Certaines y étaient admises simplement parce qu'elles étaient les épouses d'hommes distingués, telle celle qu'on appelait madame l'écrivain Alphonse Daudet.

• • •

Robertine était encore absente de Montréal lorsqu'elle reçut un télégramme lui apportant une nouvelle qui la bouleversa. Celui qui lui avait permis d'embrasser la carrière de journaliste, Honoré Beaugrand, était décédé.

Lorsque, à son retour à Montréal, Robertine alla offrir ses sympathies à sa veuve, celle-ci lui confia que durant les derniers mois de sa vie, la maladie rendait Honoré parfois maussade et nerveux. Robertine savait qu'il était amer aussi. Quelques mois avant sa mort, il avait écrit à Wilfrid Laurier :

« J'ai été ostracisé politiquement par les chefs du parti que j'avais toujours naïvement considéré comme mon parti et jamais, directement ou indirectement, je n'ai eu l'honneur d'un signe de tête. […] Je me fais âgé, j'ai bientôt 58 ans. Le Parti libéral avait été mon rêve, mon idole dès mon enfance et quelles que soient les erreurs de tactique que j'aie pu commettre, je n'ai jamais, ni en paroles ni en actions, trahi mes opinions ni trahi

---

213. Dont la marquise de Ségur, la princesse de Faucigny-Lucinge, Mme la duchesse de la Roche-Guyon, Mme Pierre de Coulevain, Mme Arvède Barine, Mme Félix-Faure-Goyau, Mme Dieulafoy, Mme la comtesse de Puliga que l'on surnomme Brada et Mme Alphonse Daudet.

personne, même sous le coup des provocations les plus injustes. Je suis comme ces vieux amoureux qui rencontrent parfois les femmes qui ont fait battre leur cœur à vingt ans et qui se retournent pour constater qu'elles ont bien vieilli, lorsqu'elles ne sont pas mortes, et qu'elles paraissent avoir oublié les aspirations d'autrefois[214]. »

Robertine était d'autant plus triste qu'elle savait qu'il n'avait pas réalisé un rêve qui lui tenait à cœur. Honoré lui avait confié qu'il avait le projet de publier un livre dont il avait déjà trouvé le titre : *Dix-huit ans de journalisme à La Patrie*. Au moins avait-il eu le plaisir de constater, en 1903, qu'une loi rendait obligatoire la vaccination contre la variole, ce pour quoi il avait subi, lorsqu'il était maire, l'hostilité de la majorité des Canadiens français.

Lorsque, un an plus tard, Robertine soulignera, dans le *Journal de Françoise,* le premier anniversaire de la mort de Beaugrand, elle écrira :

« Pauvre Beaugrand, il fut exilé de la vie bien jeune encore. Depuis quelques années, il avait brisé sa plume vaillante et c'est dans le silence de sa retraite qu'il livra ses dernières luttes contre la mort qui devait si tôt le vaincre. Je n'ai pu suivre ses restes mortels jusqu'au cimetière. »

Beaugrand avait été incinéré et ses cendres avaient été déposées au cimetière Mont-Royal. Robertine alla souvent s'y recueillir et y déposer un petit bouquet de violettes[215]. Parfois, elle y rencontrait sa femme qu'il n'avait pas laissée dans le besoin. À sa mort, la fortune de Beaugrand était évaluée à deux cent mille dollars.

---

214. François Ricard. *La chasse-galerie et autres récits,* p. 60.
215. Françoise. « Honoré Beaugrand ». *Le Journal de Françoise,* 19 octobre 1907.

...

Dès que la nouvelle se répandit que Robertine était revenue à Montréal, elle reçut quantité d'invitations. On s'était
ennuyé d'elle. Elle avait été absente pendant quatre mois. Un
journaliste de *La Presse* sollicita une entrevue afin qu'elle lui
raconte des bribes de son voyage. Durant leur conversation,
« elle ne tarit pas en louanges raisonnées sur les lieux et les
monuments qu'elle a visités en France, en Suisse, sur le Rhin
et en Italie[216] ».

Le retour de Robertine et de Caroline à Montréal aurait dû
être une occasion pour les Barry de festoyer. Hélas, la Grande
Faucheuse vint de nouveau enlever un membre de la famille.
Sa victime était Marie, cette fois, la sœur aînée de Robertine,
celle avec qui, plusieurs années plus tôt, elle avait traduit un livre
qu'elles avaient signé du pseudonyme Geneviève, et qui collaborait occasionnellement au *Journal de Françoise*. Marie n'avait
que cinquante-deux ans et on ignore de quoi elle est morte.

Pour Robertine, ce fut un dur coup. Dans une lettre adressée à une amie qui était elle aussi frappée par le deuil d'un
membre de sa famille, Robertine écrivit :

« Je sais quel déchirement produit dans les familles unies
par les plus tendres liens de l'affection, ces départs qui n'ont pas
de retour. J'en connais les angoisses et les souffrances. »

Quand quelqu'un mourait, Robertine se demandait souvent quelles avaient été ses dernières paroles. Dans l'une de ses
nouvelles où un homme s'était noyé dans la mer, elle demande :
« Qu'a-t-il dû penser quand l'abîme mouvant s'entrouvrit pour
le dévorer ? À qui a-t-il donné son dernier regard ? À ce ciel

---

216. *La Presse,* novembre 1906. Fonds Robertine Barry.

---

azuré ? À la petite église, se mirant tout près de lui, à son village ou à sa pauvre maison ? Quand, dans un éclair, sa vie tout entière repassa devant ses yeux, revit-il, à cet instant suprême, nos gaies sarabandes sur les galets de la rive, si près de cette mer qui devait sitôt changer les rires en longs sanglots ? Eut-il un soupir, un regret pour ses jeunes années, pour cette coupe encore pleine qui allait se briser[217] ? »

L'année 1906 fut une année de grands deuils pour Robertine, car elle perdit aussi deux autres amis qui lui étaient très chers.

Son ami et collaborateur au *Journal de Françoise*, l'écrivain Edmond de Nevers, mourut alors qu'il venait d'avoir quarante ans. Dans un article qu'elle publia dans son magazine, Robertine fit son éloge et raconta qu'avant de mourir il lui avait dit, à propos de ce que lui avait coûté l'écriture de son ouvrage *L'âme américaine* :

« Il m'a pris près de trois années d'un travail très énervant et m'a coûté cinquante pour cent de ma vie, car je l'ai écrit aux dépens de ce qui me restait des restes de ma forte constitution. Pour arriver à faire imprimer 770 pages, j'ai dû en écrire 6 000 ; pour me documenter, j'ai certainement lu et feuilleté 2 000 volumes[218]. » Robertine n'a certainement pas mentionné cette confidence au hasard. Elle ne ratait pas une occasion de montrer combien le travail des écrivains est exigeant lorsqu'il demande au préalable beaucoup de recherches.

Robertine fut affectée aussi par la mort de la femme de lettres Marie Duclos qui, elle aussi, collaborait au *Journal de Françoise*. Marie était morte à la suite d'une opération au foie :

---

217. Françoise. « Trois pages de journal ». *Fleurs Champêtres,* p. 53.

218. Françoise. « M. Edmond de Nevers ». *Le Journal de Françoise,* 21 avril 1906.

«Je ne saurais exprimer le douloureux étonnement que me cause cette mort prématurée, écrivit-elle. À mon départ de Paris, il y a à peine quelques mois, Madame Duclos de Méru fut la dernière figure amie qui, sur le quai de la gare, me jeta l'au revoir plein d'espoir qu'on aime tant à redire au moment des adieux[219]. »

• • •

Robertine parlait souvent de la mort avec ses connaissances. Surtout avec ceux et celles, somme toute nombreux, qui, comme elle, croyaient pressentir le décès de personnes qui leur étaient proches ou sentir l'esprit des personnes décédées qui les visitaient[220] :

« Que d'apparitions dont les détails sont surtout racontés par ces brumeuses et froides soirées d'automne ! Que de personnes ont entendu, qui des soupirs, qui des plaintes, qui des voix lamentables d'outre-tombe réclamant des prières. S'il fallait toutes les redire, je renoncerais à la tâche, et les colonnes de ce journal d'ailleurs n'y suffiraient pas. »

Elle raconta le pacte qu'avaient fait deux amies :

« Elles se firent la promesse mutuelle que la première qui percerait les voiles nous séparant de l'autre monde, viendrait en avertir l'autre. Les années passèrent et qui sait peut-être même oublièrent-elles leur rendez-vous macabre. Madame X par suite de son mariage vint habiter la ville, l'autre épousa un riche *gentleman-farmer* des environs de Lotbinière. Les deux amies se visitaient quelquefois et les années ne faisaient

---

219. Françoise. « Une disparue ». *Le Journal de Françoise*, 29 juillet 1906.

220. Françoise, « Le Coin de Fanchette », *La Patrie*, 9 avril 1898.

qu'accroître leur affection, comme des vins qui se bonifient davantage en vieillissant. Le plus ordinairement, c'est à la ville que s'effectuaient leurs rencontres, le printemps et l'automne l'amie campagnarde montait faire ses emplettes de la saison. Aussi, par un après-midi du mois de novembre, madame X regagnant son domicile, ne fut pas surprise de voir marcher, à quelque distance devant elle, une personne dont la taille et la démarche ressemblaient à ne pouvoir s'y méprendre à son amie de Lotbinière. Elle hâta le pas dans l'intention de la rejoindre, mais la perdit de vue avant de pouvoir l'atteindre. [...]

« Le même soir, madame X, installée dans son boudoir, commença une très absorbante lecture ; les heures s'évanouissent si rapidement que madame X en refermant son livre fut toute surprise de constater que la pendule marquait la demie après minuit. En remettant le volume sur un rayon de la bibliothèque, une bouffée d'air froid passa tout à coup dans la chambre et la fit frissonner. Elle se retourna vivement pour découvrir d'où venait ce changement subit dans l'atmosphère et aperçut debout, dans un coin de la chambre, son amie qui la regardait. L'apparition semblait si réelle que madame X, pendant quelques instants, crut qu'elle allait la serrer dans ses bras. "Marguerite !" cria-t-elle, mais la figure ne bougea pas et continua à la fixer avec de grands yeux tristes. Puis elle ne devint plus qu'une image indécise, s'effaçant lentement jusqu'à ce qu'il ne restât plus rien. [...]

« Au même moment, des coups répétés se firent entendre à la porte extérieure de la maison. On courut ouvrir. C'était un télégramme de Lotbinière annonçant que sur les coups de cinq heures de l'après-midi, son amie Marguerite avait subitement succombé à la rupture d'un anévrisme. »

Robertine conclut son article en précisant que cette histoire n'avait pas été inventée pour les besoins de la chronique et qu'elle ne prouvait pas, hors de tout doute, que « les morts reviennent ». L'explication de ce phénomène pourrait, écrivit-elle, « se trouver dans la liaison étroite qui unissait les deux amies et le choc que dut ressentir l'une d'elles en se séparant subitement de l'autre[221] ».

221. Françoise. « Chroniques du Lundi », 2 novembre 1895.

Huitième partie

1907

Croyez ceux qui cherchent la vérité. Doutez de ceux qui la trouvent.

ANDRÉ GIDE

Il était tard lorsque Robertine rentra chez elle. Comme chaque année à la mi-avril, elle avait célébré l'anniversaire de son magazine. Pour l'occasion, le directeur de *La Presse* lui prêtait toujours ses locaux. Ceux-ci étaient assez vastes pour recevoir les lecteurs et les collaborateurs du *Journal de Françoise,* ainsi que les nombreuses personnes faisant partie du réseau social de Robertine. Elle en avait profité pour porter un toast au succès de l'une de ses collaboratrices, Lady Étiquette. Celle qui se cachait derrière ce pseudonyme était l'épouse de Marc Sauvalle avec qui Robertine s'était liée d'amitié durant les premières années où elle travaillait à *La Patrie.*

Les chroniques de Lady Étiquette étaient si populaires auprès des lecteurs du *Journal de Françoise* que Madame Sauvalle avait pensé les regrouper dans un volume. Robertine, ne doutant pas que cet ouvrage serait un franc succès, l'avait chaudement encouragée. Elle n'avait pas tort, car il fut réédité plus d'une dizaine de fois. Le succès de Lady Étiquette s'expliquait par le fait qu'elle répondait aux questions sur les codes mondains à adopter en telle ou telle circonstance. Codes au sujet desquels à peu près tout le monde se posait des questions un jour ou l'autre. Un exemple : « Doit-on cacheter une lettre que l'on confie à une amie pour la remettre à une autre personne ? »

La réponse est non, car la cacheter « serait un manque de confiance grossier envers cette amie ».

Robertine connaissait ces codes, mais ne les respectait pas tous. Son sens de l'humour lui faisait parfois oublier les règles de l'étiquette. Marie-Louise Marmette nota combien Robertine « ne laissait rien passer de ce qui pouvait être relevé d'amusante façon », peu importe les circonstances. Une amie avec qui Robertine était allée à Valleyfield raconta que, lors d'une cérémonie officielle, elles riaient tant que leur conduite avait été jugée scandaleuse. Un juge qui assistait à la cérémonie et qui connaissait les deux femmes avait même essayé de les « ramener à la raison ». En vain. Incapables de rester sérieuses, elles continuaient de rire aux larmes.

Robertine allait aussi, seule, visiter des amis *du sexe fort*, ce qui était contraire à l'étiquette. Elle visitait entre autres Albert Lozeau et passait des heures à discuter avec lui dans sa chambre, ce qu'aucune femme « bien » ne devait faire sans chaperon.

Elle invitait aussi, à ses *« five o'clock tea »* des personnes aux idées opposées, allant ainsi à l'encontre de ce que conseillait Lady Étiquette : « On ne doit pas exposer un ecclésiastique à écouter des professions de foi d'athées et de matérialistes. »

Lorsque Robertine allait au théâtre, elle ne se gênait pas non plus pour aller saluer ses connaissances durant l'entracte, alors que les dames ne devaient pas sortir de la loge, contrairement aux hommes qui, là aussi, jouissaient de plus de liberté.

Robertine riait parfois en lisant les réponses de Lady Étiquette, dont la chronique était toujours faite sous la forme questions et réponses. Robertine estimait que les réponses à certaines questions étaient souvent évidentes : doit-on manger un sandwich avec une fourchette ? Doit-on dire à quelqu'un qu'on invite à la campagne combien de temps il peut rester ?

Madame Sauvalle ne s'offusquait pas de voir Robertine s'esclaffer en lisant ses chroniques. Elle-même ne respectait pas toujours les codes qu'elle édictait. Comme Robertine, elle se rendait parfois sans chaperon dans les différents parcs de la ville.

D'ailleurs, Robertine s'ennuyait très rarement lorsqu'elle était seule. Elle aimait observer les gens et méditer en marchant. Mais s'il fut un jour où Robertine se félicita d'être allée au parc Sohmer avec une amie, ce fut celui où il y eut une explosion dans une usine d'électricité attenante à ce parc. Elles avaient tant rigolé. L'incendie était survenu pendant une représentation, raconta Robertine :

« C'était aussi un grand jour de fête et l'assistance était très nombreuse. Tout à coup, une forte détonation se produisit qui fit trembler le sol et tout l'édifice comme si une affreuse catastrophe venait d'arriver. Une panique s'empare alors de la foule encombrante et le spectacle qui s'en suivit ne s'effacera jamais de ma mémoire. Des fillettes poussent de hauts cris, plusieurs femmes se trouvent mal. Ça, c'est leur droit, tout le monde s'accorde à dire qu'on n'attend rien de moins que des pleurs et des évanouissements de la part de faibles femmes. Mais ce à quoi je n'étais nullement préparée, par exemple, c'est la part prise par nos seigneurs et maîtres dans cette circonstance. Le ridicule de la situation nous a tellement frappés, mon amie et moi, que pendant quelques minutes nous avons oublié tout le reste pour nous en amuser franchement. Eh bien oui ! De quelque côté que l'on dirigeait son regard, de tous les coins du parc, descendaient des masses grouillantes d'hommes qui

se pressaient, se bousculaient dans leur empressement à gagner les issues. Nous n'avons dû qu'à la force de nos poignets
de garder nos sièges, autrement, il est certain que nous étions
renversées, foulées aux pieds, sans plus de soucis, par les
fuyards. C'est même l'unique danger que nous avons couru.
Chacun, dans son excitation, avait oublié, qui son chapeau, qui
sa canne, et il fallait voir la mine penaude des propriétaires
revenant piteusement après que l'ordre fut un peu rétabli, chercher leur couvre-chef, que plusieurs, à ma grande satisfaction,
je l'avouerai, ont eu grand peine à trouver. Et voilà ! Tout ce
que l'on dit du sang-froid, de la hardiesse, de la bravoure, du
courage qui sont des qualités attribuées à l'homme ne sont
donc que des propos de roman ? Car s'il vous restait encore
quelqu'illusion après une épreuve comme celle-là, il faudrait
qu'elle fût rudement chevillée dans votre esprit. Il n'est donc
pas surprenant si de nos jours tant de femmes cherchent par
l'émancipation à s'affranchir d'un joug qui, dans de telles
conditions, devient on ne peut plus humiliant. Quel secours,
quelle protection doivent-elles espérer des gens qui, au moindre signal de danger, abandonnent leur charge et détalent
comme des lièvres. Ça, des protecteurs ? Ça, des hommes ?
Allons donc. Il y a d'heureuses exceptions, me dira-t-on. J'en
conviens. Ainsi, par exemple, à ce soir mémorable, il y avait,
près de nous, un gros monsieur qui n'a pas cessé un seul instant
de fumer son cigare ; un autre aussi, venu généreusement à
notre secours. Mais hélas, sont-ce là assez de justes pour sauver
Gomorrhe[222] ? »

• • •

---

222. Françoise. « Chronique du Lundi », 9 juillet 1894.

Assise dans un confortable fauteuil installé près de la fenêtre du petit salon rose de Marie Gérin-Lajoie, Robertine écoutait, songeuse, les onze autres femmes qui s'y étaient réunies ce jour-là et qui faisaient partie, comme elle, du comité d'organisation de la Fédération nationale Saint-Jean-Baptiste (FNSSJB) qui s'apprêtait à naître. C'était Marie Gérin-Lajoie qui avait eu l'idée de créer cette fédération. Elle avait pris conscience que le comité de dames patronnesses « pourrait être une association féminine dont les structures seraient calquées, en bonne partie, sur celles du Conseil national des femmes[223] ». De cette idée était né le premier mouvement féministe francophone canadien-français, la FNSSJB, dont le but était de fédérer en une seule association les œuvres de charité déjà existantes des dames patronnesses, ainsi que les œuvres d'éducation – telles par exemple l'association des femmes journalistes – et les œuvres économiques rassemblant des associations professionnelles dont l'objectif était d'améliorer la situation des travailleuses ainsi que les conditions économiques de toutes les femmes.

Robertine se doutait bien que cette fédération resterait dans les mémoires comme ayant été le premier mouvement féministe francophone canadien-français et elle n'était sans doute pas particulièrement heureuse à l'idée que l'on pourrait penser qu'elle partageait totalement l'idéologie des dames patronnesses. Elle en demeurait cependant membre, car elle croyait qu'elle pourrait amener ses consœurs à défendre un féminisme de droits égaux. Mais, pour l'heure, elle se sent mal à l'aise au sein de ce groupe de femmes qui portent aux nues le féminisme chrétien. Elle a participé aux étapes de création de ce mouvement

---

223. A.-M. Sicotte. *Marie Gérin-Lajoie*, p. 191.

orchestré par Marie Gérin-Lajoie, mais elle n'a pas signé la lettre que les dames patronnesses adressèrent à Mgr Bruchési afin d'obtenir son aval :

« Nous voulons unir les Canadiennes françaises par le lien de la charité dans une association nationale, afin qu'elles s'aident mutuellement dans la vie ; et, par la force de l'union, elles fortifient, élèvent et développent l'action de la femme dans la famille et dans la société ; travaillant ainsi à la prospérité du pays et à la gloire de Dieu, fin de toute chose. Nous sollicitons en conséquence votre bénédiction, Mgr, et nous vous prions à titre de représentant de Jésus-Christ, de bien vouloir nous aider dans l'œuvre de restauration sociale que nous entreprenons. Espérant que vous voudrez bien agréer notre demande, nous demeurons avec reconnaissance, Vos enfants soumises. »

Vos enfants soumises !

Comment l'insoumise Robertine aurait-elle pu signer cela ?

Lady Lacoste, Madeleine, Caroline Béïque, Marie Gérin-Lajoie, ainsi que mesdames Gagnon, Cartier, Provencher, Leman, Rottot, Hamilton et Thibaudeau, la signèrent, elles, sans hésiter.

Bruchési s'empressa de répondre à leur lettre : « Je ne puis qu'approuver. Voilà le vrai féminisme, celui qui répond aux besoins de notre époque et dont la société peut retirer les plus grands avantages. Il est bien différent de cet autre féminisme qui, sous prétexte de revendiquer les droits méconnus de la femme, oublie le rôle spécial que la Providence a assigné à celle-ci dans le monde[224]. »

Robertine n'accompagna pas non plus les dames patronnesses lorsqu'elles allèrent, Marie et Caroline Béïque en tête,

---

224. A-M. Sicotte. *Marie Gérin-Lajoie*, p. 211.

exposer encore plus clairement leur projet à Monseigneur afin d'obtenir sa bénédiction. Demander la bénédiction de ce clergé qu'elle contestait ouvertement révulsait Robertine.

Elle apprendra plus tard que Marie et Caroline avaient su trouver des arguments convaincants, car l'archevêque, qui craignait par-dessus tout une « puissance féminine », s'était levé à la fin de leur entretien pour donner sa bénédiction. Marie s'était alors écriée : « À genoux ! »

Marie constata alors que la main de Bruchési tremblait lorsqu'il leur fit une croix sur le front.

« Elle sait que la fatigue et l'âge ne sont pas seulement en cause. Malgré sa sensibilité au catholicisme social, Bruchési doit se demander dans quelle galère il vient d'embarquer... surtout qu'en certains milieux, on croit que le comité de dames de la SSJB veut se transformer en une union tendant à édicter des revendications tapageuses et à soustraire les femmes aux devoirs imposés à Dieu[225]. »

• • •

Il est probable que Robertine ait dit franchement à Marie Gérin-Lajoie qu'elle aimerait bien que leur nouvelle association féministe ne soit pas encadrée par le clergé et qu'elle n'emprunte pas à l'idéologie dominante son contenu religieux. Elle rappela sans doute à Marie qu'elle prônait, depuis le début de sa carrière de journaliste, l'égalité entre les hommes et les femmes, et qu'elle revendiquait, pour elles, les mêmes droits ; bref, qu'elle défendait le féminisme décrié par Bruchési. Elle lui dit sans doute à quel point elle était déçue de voir que ses

---

225. A-M. Sicotte. *Marie Gérin-Lajoie*, p. 210.

revendications n'avaient pas eu plus d'échos et qu'elle s'était attendue à ce qu'elles en aient auprès de celles que tout le monde qualifiait de premières féministes. Robertine se désolait de constater que la lutte pour les droits des femmes n'était pas la priorité de la fédération, et que les autres dames patronnesses partageaient à l'unanimité l'idéologie de la femme au foyer et de la famille.

Il est probable que Robertine expliqua tout cela à Marie, car cette dernière avait le sentiment que Robertine estimait « nulle » l'œuvre de la fédération et l'utilité du congrès de fondation. Marie alla même jusqu'à croire que Robertine pourrait nuire à cette association.

Dans une lettre à Marie Gérin-Lajoie, Robertine écrivit :

« J'ai différé d'opinion avec vous. Pourquoi en déduisez-vous que je trouve l'œuvre du Congrès nulle ou mauvaise et pourquoi semblez-vous croire que pour une simple divergence, je ferais tort à une Association que j'aime et à la fondatrice que j'aime plus encore ? C'est bien peu me connaître et j'en suis peinée. Nos années – qui commencent à compter – de relations amicales et de bons procédés pouvaient me faire espérer que vous me connaissiez mieux que cela[226]. »

• • •

Le dimanche 26 mai 1907, Robertine, sans doute pour bien montrer qu'elle n'approuvait pas de devoir s'associer au clergé pour défendre la cause du féminisme, n'assista pas à la messe d'ouverture du premier congrès du FNSSJB. Elle

---

226. Françoise. Lettre à Marie Gérin-Lajoie, 5 juin 1907. Fonds Marie Gérin-Lajoie.

connaissait le chanoine Gauthier qui devait célébrer cette messe en la chapelle Notre-Dame-de-Lourdes. Elle savait qu'il désapprouvait non seulement la vie libre qu'elle menait, mais aussi ses idées sur le féminisme et la laïcité.

Pendant que, dans son bureau, elle lisait les articles de ses collaborateurs, le chanoine congratulait les dames patronnesses qui avaient tenu « à demander à Dieu sa bénédiction ». Au milieu de son long discours, il les félicita :

« Laissez-moi vous dire, mesdames, que vous êtes dans la vérité. Car enfin le catholicisme social, c'est le christianisme simplement logique et, quand il prétend faire intervenir les droits de la morale chrétienne dans le régime du travail, de la prospérité, de la spéculation ou de l'assistance sous toutes ses formes, qu'est-il autre chose qu'une réaction décisive contre la laïcisation de la société qu'on voudrait aujourd'hui nous imposer ? »

Robertine qui prônait la laïcisation n'était donc pas, de son point de vue, dans la « vérité ».

Il ajouta aussi que le féminisme chrétien n'enlevait pas la « femme à son foyer, le seul endroit qui soit vraiment le sien, et où elle puisse être supérieure sans manquer à sa nature », car « elle n'aurait que faire d'une égalité politique pour laquelle elle n'est pas faite ».

Plus fort encore, il s'écria : « À vous d'agir ! Agissez, dans votre milieu, par l'exemple aussi bien que par la conversation, qui est un moyen d'action de premier ordre. Si, dans les salons en vue, dans ceux qui donnent le ton, on faisait prévaloir l'usage d'exclure de la conversation toute allusion aux scandales et aux diffamations ; si on renonçait à faire même une allusion à tel mauvais livre, si on avait le courage de dire qu'on ne l'a pas lu et qu'on ne le lira pas, si l'on interdisait les petits théâtres où la morale est bafouée et le devoir conjugal odieusement ridiculisé, le retentissement sur les mœurs de la société et du pays serait profond et rapide. »

S'adressant aux dames patronnesses, il conclut :

« L'apostolat vous fera du bien. La femme qui fait du bien devient plus vertueuse. Son égoïsme et sa vanité diminuent[227]. »

• • •

Lors de la séance d'ouverture du congrès, Robertine était assise, avec toutes les autres femmes du comité d'organisation, sur l'estrade dressée sur la scène de la salle de spectacle du Monument National. Sur cette même scène étaient aussi regroupés l'archevêque, des hommes politiques de toutes allégeances, le lieutenant-gouverneur de la province, Louis Jetté, et son épouse, les présidentes d'associations affiliées et autres sommités.

La salle était pleine. Plus d'un millier de personnes s'entassaient au parterre et aux balcons. Robertine était un peu gênée d'avoir tous ces yeux braqués sur elle. D'autant plus que son absence à la messe du matin avait sans doute été remarquée et suscitée bien des commérages.

Lorsque Mme St-Pierre se mit au piano, elle imposa le silence. Robertine ferma les yeux, autant pour diminuer sa gêne que pour mieux goûter à la belle symphonie.

La présidente, Caroline Béïque, prononça ensuite son discours de bienvenue dans lequel elle souligna que les femmes qui œuvraient à l'intérieur de la Société Saint-Jean-Baptiste étaient des féministes, mais qu'il ne fallait pas avoir peur, car

---

227. Sermon du chanoine Gauthier. *Premier Congrès de la FNSSJB*, pp. 12 à 16.

c'était du féminisme chrétien dont il s'agissait et que l'objectif n'était pas de faire sortir les femmes de leur sphère. Ce n'est pas un féminisme révolutionnaire, martela-t-elle, car il faut combattre ce féminisme-là qui fait des femmes des êtres « déclassés ou avilis ». Elle ajouta que la première œuvre de la fédération avait été de fonder une école ménagère où la jeune fille fera « l'apprentissage de la vie qui doit le plus la retenir chez elle, la vie de mère de famille et de maîtresse de maison ». En souriant à Bruchési, elle précisa ce qu'il leur avait désigné comme sujets d'étude : « La tempérance, l'éducation des enfants, l'hygiène dans la famille, les modes, le travail des jeunes filles dans les manufactures, le choix des livres au foyer, la morale dans les salons, la presse, le théâtre. »

L'archevêque, qui l'appelait « la sainte Mme Béïque », fut heureux de l'entendre marteler que les dames patronnesses étaient les gardiennes d'un féminisme chrétien « qui n'oublie pas ce que les femmes doivent au Sauveur qui les a tirées de l'abjection et de l'esclavage où elles étaient tenues depuis des siècles, et ne voudrait rien faire qui soit contraire à la morale qu'il a prêchée, à l'idéal de charité universelle et d'amour du devoir qu'il nous a légué ». Ainsi, « les Canadiennes françaises ne feront pas sortir la femme de sa sphère[228] », répéta-t-elle aussi.

Robertine tiqua, car elle était très fière d'en être sortie et ne cessait de remettre en question la légitimité de cette scission entre la sphère privée et publique.

Ce fut ensuite au tour de Bruchési de prendre la parole. Il dit à haute voix la prière qu'il avait lui-même composée et dont des copies avaient été distribuées durant la messe du matin afin que toutes les congressistes puissent la réciter :

---

228. Madame Béïque. *Premier Congrès de la FNSJB.* pp. 17-21.

« Rendez-nous humbles, charitables, douces, zélées comme vous. Faites de nous des femmes dociles à toutes les directions de l'Église, compatissantes envers les humbles, les délaissés et les pauvres, des femmes vraiment chrétiennes, toujours fidèles à leur mission dans la famille et dans la société[229]. »

Robertine était atterrée en pensant que le matin même, des femmes qui se disaient féministes avaient prononcé avec ferveur ces mots qui prônaient leur humilité et leur docilité.

L'archevêque, lui, confia qu'il était très fier d'avoir constaté que des centaines de femmes étaient présentes à ladite messe. Ce qui, selon lui, était bien la preuve qu'ils n'étaient pas en « présence de révolutionnaires ».

Robertine, qui n'avait pas assisté à l'office religieux, était ainsi perçue comme une révolutionnaire. Elle le regarda sans broncher. Il lui jeta un regard froid et continua :

« – Car des femmes qui prient ainsi, que la charité chrétienne allume et qui ne veulent travailler que sous la direction de l'Église, ne sont pas à craindre.

« – Je sais que le féminisme est à l'ordre du jour. Quand on songe aux prétentions qu'il affiche en certains lieux, aux principes qu'il proclame, aux réformes qu'il poursuit, on a assurément raison de le condamner, et pour ma part je n'en voudrais aucunement parmi nous. Nos mères et nos sœurs nous sont apparues jusqu'à présent avec une auréole de bonté, de zèle modeste et de grâce qui nous les fait vénérer autant qu'aimer, et nous ne voudrions pas que cette auréole leur fût ravie. Mais ici, il n'y a rien de ce féminisme prétentieux, égalitaire et oublieux, je ne crains pas de l'affirmer, de la véritable grandeur de la femme. Puisque le mot féminisme a été introduit dans notre

---

229. A.-M. Sicotte. *Marie-Gérin Lajoie*, p. 222.

langue, je l'accepte, mais je réclame pour lui un sens chrétien et je demande la permission de le définir ainsi : le zèle de la femme pour toutes les nobles causes dans la sphère que la Providence lui a assignée. »

Plus elle l'écoutait, plus la moutarde montait au nez de Robertine : « – Ce n'est pas dans vos assemblées que l'on entendra parler de l'émancipation de la femme, de ses droits méconnus, de la part trop obscure qui lui est faite dans la vie, des charges, des fonctions publiques et professions auxquelles elle devrait être admise aussi bien que l'homme ; non, non, vous laisserez ces déclamations et ces utopies à d'autres, et vous chercherez simplement à vous liguer pour faire le bien, dans le champ qui vous convient[230]. »

C'en était trop ! Robertine ne put cacher son exaspération. Elle haussa les épaules et marmonna quelque chose entre ses dents. Peut-être un *Basta* exaspéré ? Elle attira sur elle les regards étonnés des autres congressistes et celui, offusqué, de l'archevêque. Il était consterné qu'elle ose lui manquer publiquement de respect.

Déstabilisé quelques secondes, il se concentra de nouveau sur son discours et lut un message du pape dans lequel le Saint-Père bénissait toutes ces femmes qui travaillaient selon les enseignements de l'Église.

Une salve d'applaudissements suivit.

Robertine se sentait bien seule.

Idola Saint-Jean récita, accompagnée d'un violoniste et d'un pianiste, *Les deux noces* de Paul Roussel. Robertine se détendit. Mais pas longtemps. Le discours de Marie Gérin-Lajoie, qu'elle

---

230. « Allocution de sa Grandeur Monseigneur Bruchési », *Premier Congrès de la FNSJB*. pp. 22-26.

prononça après celui du lieutenant-gouverneur, Sir Louis Jetté, vint raviver sa colère.

« – La Fédération, dit Marie Gérin-Lajoie, ne déplace pas l'activité de la femme ; elle laisse chacune dans sa sphère d'action, chacune à la place que lui assigne la Providence. […] Au-dessus de la dignité de la femme, au-dessus des intérêts nationaux se place un intérêt plus grand encore : c'est notre foi ! » Marie conclut en disant que les femmes devaient travailler à la gloire de Dieu.

Robertine en avait assez entendu. Elle voulut quitter immédiatement la salle, mais alors qu'elle se frayait un chemin vers la sortie, plusieurs personnes l'accostèrent pour la féliciter de faire partie d'une telle association. Elle, pourtant, ne ressentait aucune fierté. Elle était déjà loin lorsque Émile Taranto vint clore la soirée en jouant au violon une danse hongroise.

Robertine eut du mal à s'endormir ce soir-là. Elle songeait de quelle façon elle pouvait répliquer à l'archevêque. Elle savait qu'elle mettrait la vie de son magazine en danger si elle disait tout ce qu'elle pensait des idées conservatrices de *Sa Grandeur*, mais elle ne pouvait se taire totalement.

Son chat vint se blottir contre elle et elle se sentit tout à coup apaisée par sa présence. Charles Dickens avait bien raison de penser qu'il n'est de plus beau cadeau que l'affection d'un chat.

Le lendemain, dès l'aube, elle écrivit le texte qu'elle publierait dans *Le Journal de Françoise* quelques jours plus tard. Elle avait fait beaucoup d'efforts pour édulcorer sa pensée et taire tout ce qu'elle avait envie de jeter à la face du monde. Elle se contenta d'écrire :

« Je demande très humblement pardon à l'éminent archevêque qui a harangué l'assemblée d'ouverture au Monument

National, de différer d'opinion avec lui – le féminisme aurait tort s'il ne gardait ses faveurs que pour les femmes au foyer[231]. »

Même si ce qu'elle écrivit ne reflétait pas tout ce qu'elle pensait, il lui avait fallu néanmoins être courageuse pour oser contester publiquement un archevêque.

• • •

La deuxième journée du congrès était consacrée aux œuvres de charité. Les représentantes de diverses sociétés de bienfaisance[232] vinrent donner, à tour de rôle, une conférence. Comme le souligna Robertine dans son magazine, la plupart d'entre elles étaient terrorisées à l'idée de parler en public et elles manquaient désespérément de naturel.

Ayant été invitées à se prononcer sur l'épineuse question des causes de la misère et de la déchéance humaine, elles donnèrent des réponses qui ne surprirent personne, tant il allait de soi que ces fléaux résultaient de l'ivrognerie, de l'ignorance, de l'indolence, de l'absence de sens moral et de « l'amour effréné de la toilette ».

Robertine, assise dans les premières rangées, prenait des notes. Elle avait promis de rendre compte dans son journal de ce qui s'était dit durant ce congrès. C'est à contrecœur qu'elle était venue. Les autres organisatrices du congrès n'avaient pas apprécié l'attitude irrévérencieuse qu'elle avait eue la veille envers *Sa Grandeur* lorsqu'elle avait marmonné entre ses dents en entendant son discours.

---

231. Françoise. « Le congrès féminin », *Le Journal de Françoise,* fin mai 1907.

232. Ces dames patronnesses œuvraient à La Providence, à l'Institut des sourdes-muettes, à La Crèche, à l'Institut des jeunes aveugles, à l'hôpital Notre-Dame, à l'hospice Saint-Joseph, à l'Assistance publique, à l'hospice Saint-Vincent, à la paroisse de l'Immaculée-Conception, à l'hospice Saint-Vincent de Paul.

Elle qui, dans ses articles, avait souvent défendu les filles-mères, mentionnant qu'elles étaient victimes des conditions sociales et des abus de leurs patrons, tiqua lorsqu'elle entendit Mme Denis affirmer qu'elles étaient « d'inconscientes créatures », des « mères indignes » et que leur « amour effréné de la toilette » – encore la toilette ! – engendrait leur besoin d'argent et « livrait la fille légère, niaise et bornée à la merci d'un séducteur, la poussant vite au gouffre du mal où l'attiraient toutes les tentations banales, vulgaires et coûteuses que sa sottise convoitait ». Robertine soupira en l'entendant conclure que le « grand remède de tous ces maux, c'était bien la religion[233] ».

Elle soupira encore lorsqu'elle entendit la déléguée des dames patronnesses de l'hospice Saint-Joseph affirmer que, si « l'éducation ménagère était plus développée, les femmes élèveraient avec plus de soin leurs enfants, tiendraient leurs maisons plus propres et surtout nourriraient mieux leurs maris, et, par ce moyen, diminueraient le nombre d'alcooliques. Tâchons donc de nous unir afin de réaliser aussitôt que possible notre grand projet[234] ».

Durant cette deuxième journée du congrès, il fut abondamment question de tempérance. On parla aussi beaucoup de religion et de Jésus-Christ, qui avait mis au cœur de la femme le besoin de se dévouer pour les autres.

La journée se termina avec la conférence de la docteure Irma Levasseur qui, elle aussi, glorifia la femme au foyer, affirmant même que « le meilleur médecin de l'enfant, c'est la mère ».

À la fin de cette journée, Robertine rentra chez elle afin de faire de l'ordre dans ses notes qui lui serviraient pour les

233. Mme L. Denis, dame patronnesse de « La Crèche », *Premier Congrès de la FNSJB*, p. 50.

234. Mme L. Rodier. *Premier Congrès de la FNSJB*, p. 58.

articles qu'elle comptait publier sur ce congrès. On imagine qu'elle avait la mort dans l'âme. Cette première association féministe ne répondait en rien à ce qu'elle avait espéré. Elle fit un détour avant de rentrer chez elle. Marcher lui faisait du bien. Devant elle, un homme vêtu de rouge avançait d'un pas nonchalant, « portant dans le dos la marque d'une manufacture de cigares ».

« C'est la reine-réclame qui passe ! », s'exclamait souvent Robertine quand elle le voyait déambuler dans les rues.

Mais ce jour-là, il la laissait indifférente.

Tout, soudain, l'indifférait.

• • •

Le lendemain matin, assise à sa table de travail sur laquelle elle avait déposé un immense bouquet de fleurs des champs, Robertine relisait le texte de la conférence qu'elle devait prononcer ce jour-là. Même si, au fil des ans, elle avait donné beaucoup de conférences, parler en public était toujours une grande épreuve.

Cette troisième journée du congrès était consacrée aux œuvres d'éducation[235] et elle commença plutôt mal. Robertine n'apprécia guère les propos de la première conférencière venue présenter le rapport de l'Association des institutrices catholiques. Mademoiselle Samson déclara que pour bien élever un enfant, il « est parfois de grands coups à porter pour que la répression exemplaire frappe son imagination et il vaut mieux frapper de très bonne heure ces coups décisifs pour n'avoir point

---

235. Ont donné des conférences les représentantes de l'Association des institutrices catholiques; l'Association des journalistes, l'Assistance chrétienne, l'Association Aberdeen, l'Oeuvre des livres gratuits, l'Académie Sainte-Marie.

à en user plus tard. On n'élève pas un enfant sans que des larmes soient versées, s'il n'en verse pas, les parents en verseront[236] ».

La pensée de Robertine s'envola vers ces chers neveux qu'elle aimait d'un amour fou et dont elle parlait avec une grande tendresse dans son magazine :

« J'en demande pardon à toutes les tantes de la Terre, mais il n'y a pas, de par le monde, de plus charmants neveux que mes neveux. J'en ai deux – deux seulement – et pas de nièces, le siècle et la vie sont aujourd'hui trop durs aux pauvres femmes. L'aîné de mes neveux a six ans déjà. C'est donc un vieux garçon. À cet âge, on a cessé d'être intéressant, et comme l'intérêt ne reprend que beaucoup plus tard, je reviendrai alors vous en parler. En attendant, souffrez que je vous entretienne de Tappy[237], le cadet qui n'a que quatre ans, et qui est bien le plus délicieux paquet rose de chair à caresses que vous puissiez rêver. Vous croyez que j'exagère ? Combien pourtant je reste au-dessous de la vérité ! Ah ! Le joli ! Je voudrais que vous le vissiez campé sur ses deux petites jambes, droit comme un *i* – un *i* encore minuscule, – les épaules rondes, bien effacées, la poitrine bombée, et une allure ! Je ne vous dis que ça. Et j'écrirais jusqu'à demain que je ne saurais vous donner une juste idée de la beauté des yeux qui fleurissent cette figure fraîche et satinée, ornée d'un nez mutin – un bouton de nez – au-dessous duquel s'ouvrent des lèvres si facilement disposées au sourire. Ah ! Ces yeux, ces grands yeux clairs, vivants, expressifs; ces yeux qu'il tient de ses ancêtres les Celtes, ces yeux qui s'emplissent de mirage et de poésie, qui sont parfois couleur de tendresse et parfois, couleur de foudre, feront sans doute faire

---

236. *Premier Congrès de la FNSJB*, p. 79.
237. De son vrai nom : Frank-Stafford Barry, né en 1903.

des folies plus tard… Quelle folie ne feront-ils pas eux-mêmes ? Je me pose cette interrogation sans trop m'alarmer, car, au fond, tout au fond, couve l'étincelle de l'honneur et de la loyauté qui me rassure pour l'avenir. En attendant, ce sont les tantes qui font des folies pour ces beaux yeux-là. Elles ne savent qu'ingénier pour leur plaire. Ainsi, tante Robertine, qui ne chante plus depuis des années et des années, a, dès que Tappy a eu deux ans, ressuscité pour lui la berceuse de la Poulette[238]. »

Jamais, au grand jamais, elle n'aurait supporté qu'on élève ses neveux à « grands coups », comme le suggérait mademoiselle Samson. Elle savait bien que ces méthodes-là sont les pires qui soient pour les enfants rebelles. Elle l'avait d'ailleurs constaté très tôt, lorsqu'elle était jeune fille et qu'elle était allée au couvent d'Halifax, où les religieuses ne cherchaient pas à « casser » celles qui, comme elle, avaient « trop de caractère ». Ah, ce bon temps, déjà si loin, où elle dansait la polka avec les élèves de ce couvent durant la récréation !

Robertine sortit de sa rêverie à temps pour entendre une autre assertion de mademoiselle Samson, qui la rendit encore plus antipathique à ses yeux : « Fénelon a tracé en deux lignes les obligations de la femme : "Elle a une maison à régler, un mari à rendre heureux, des enfants à bien élever"[239]. »

Sur l'heure du dîner, Robertine, incapable d'avaler quoi que ce soit, marcha longtemps afin de se calmer. Parler en public l'énervait toujours autant. D'autant plus que ce jour-là, elle ne parlait pas seulement en son nom, mais au nom de l'Association des journalistes. Éva Circé-Côté ainsi que Madeleine feraient de même.

---

238. Françoise. « Mes neveux ». *Le Journal de Françoise,* 15 août 1908.
239. « Premier Congrès », Fédération nationale Saint-Jean-Baptiste, p. 83.

Un peu plus tard, les jambes flageolantes, elle monta sur l'estrade. Sa nervosité s'envola dès qu'elle commença à parler.

La conférence de Robertine se démarquait nettement de celles des autres conférencières. Elle ne fit pas la moindre allusion à la religion. Au contraire ! Au lieu de la Bible, elle cita deux hommes qui étaient décriés par les gens d'Église.

Elle cita Marc Twain, qui avait écrit que « ce que l'on a trouvé de mieux pour façonner l'homme, c'est la femme ». Elle savait certainement qu'elle allait scandaliser en citant cet écrivain. Un an plus tôt, Marc Twain avait publié un livre au titre provocateur : *De la religion : Dieu est-il immoral ?* Ce livre avait fait scandale parce que l'écrivain s'en prenait à Dieu, aux fondements du christianisme et à la religion. Twain montrait aussi les incohérences de la Bible ainsi que tous les crimes commis au nom de la religion, du Christ et de Dieu.

Que Robertine cite cet homme dans un congrès où l'on ne cessait de se référer à la religion et à Dieu, et où l'on vantait le féminisme chrétien, était une autre façon – en plus de ne pas avoir assisté à la messe – de bien montrer son désaccord envers ce féminisme-là.

En citant aussi Sainte-Beuve, elle faisait encore preuve d'une grande audace, quoique à un niveau moins élevé qu'en citant Twain. Charles-Augustin Sainte-Beuve n'avait pas précisément le genre de vie glorifié par les dames patronnesses, le clergé et *Sa Grandeur*. Sainte-Beuve était un grand ami de Victor Hugo, un auteur mis à l'Index. Amitié qui, soit dit en passant, n'avait pas empêché Sainte-Beuve d'avoir une liaison avec Adèle Foucher, l'épouse du célèbre poète.

Sainte-Beuve, dit Robertine, avait fort bien écrit que c'est en visant des choses impossibles qu'on obtient à la longue des choses possibles.

Elle affirma que « la conscience du rôle élevé du journalisme existe à un beaucoup plus fort degré chez les écrivains féminins que chez leurs confrères du sexe masculin ».

Elle insista sur le rôle pédagogique que devaient jouer les journalistes et, après avoir donné en exemple l'éducation supérieure prodiguée aux femmes en France, elle nota que « pour le moment, ici, au Canada », les journaux étaient l'université des femmes : « Pour faire de cette université au petit pied une institution réellement populaire, et surtout utile, on doit tâcher de rendre l'éducation gracieuse, agréable, et de faire comprendre aux jeunes filles et aux femmes qu'elles ne perdent aucun charme à posséder des "clartés de tout" et même à l'occasion, à le montrer. » Elle ajouta que l'instruction « ouvre les yeux comme le cerveau », enseigne à mieux voir, affine les traits comme les idées ; l'expression de la bouche comme les expressions du langage. Voulant briser l'un des nombreux préjugés entourant l'instruction des femmes, elle précisa qu'elle développait la beauté du visage et n'enlaidissait pas comme le « prétendaient les ignorantes ». Elle dit aussi qu'à Bologne, on parlait d'une femme qui « pouvait par la science remplacer son père ». Rien, absolument rien, martela-t-elle, ne pouvait empêcher les femmes d'enseigner et d'apprendre. Elle dit qu'il fallait que la page féminine soit patriote et qu'elle glorifie leur beau pays. Elle termina par un retentissant : « Place aux femmes ![240] »

Parler de science dans un tel congrès demandait du courage. Pour saisir à quel point le discours de Robertine était jugé scandaleux, il faut le mesurer à l'aune des directives du pape

---

240. Françoise. « Rapport de l'Association des journalistes », *Premier Congrès de la FNSJB*, pp. 88-92.

Pie X. Comme le souligne le professeur Marcel Sylvestre, en 1907, le pape avait « exigé que des censeurs veillent à ce que l'orthodoxie catholique ne soit pas infectée par les nouvelles connaissances scientifiques. [...] Deux événements nouveaux avaient eu lieu à Rome : le décret *Lamentabili* et l'encyclique *Pascendi* sanctionnaient maintenant les idées et les théories susceptibles de corrompre l'esprit des croyants[241] ». Cette année-là, l'évêque de Joliette, Mgr Archambault, menaça d'excommunication le docteur Albert Laurendeau, parce qu'il parlait de science dans ses conférences. Les évêques canadiens faisaient planer cette menace au-dessus de toutes les têtes « orgueilleuses et insoumises », comme l'était celle de Robertine.

Robertine fut sans doute réconfortée par les propos d'Éva Circé-Côté qui, durant la conférence qu'elle donna à ce congrès de la FNSSJB, affirma que grâce au patriotisme de Mesdames Dandurand et de Françoise, les femmes maintenant avaient accès au journalisme :

« Ces vaillants écrivains ont pratiqué une brèche dans le mur des vieux préjugés par où nous pouvons passer pour faire mousser nos intérêts[242]. »

Durant l'après-midi, Mlle Beaupré, de son vrai nom Hélène Dumont, du *Foyer pour jeunes filles* dirigé par l'Assistance chrétienne, vint parler des cours de sténographie et de clavigraphie qu'on y donnait et vanta le bulletin mensuel qu'elles pouvaient y lire chaque mois. L'un des buts de ce bulletin étant « d'intéresser les jeunes filles aux choses de l'Église ».

---

241. M. Sylvestre, *La peur du mal*, p. 56 et 62.

242. Éva Circé-Côté, « Rapport de l'Association des journalistes ». *Premier Congrès de la FNSJB*, p. 177.

Un peu plus tard, alors que la fatigue se faisait sentir chez les congressistes, Joséphine fut tout de même grandement appréciée autant pour son talent d'oratrice que pour les idées qu'elle défendait. Robertine, cependant, ne goûta pas tout ce qu'elle dit. « Disons-le à la louange de nos compatriotes masculins : nous n'avons pas besoin de nous affranchir », clama Joséphine.

Elle ajouta que les femmes ne devaient pas s'instruire pour elles-mêmes, mais pour être guidées « dans la formation physique et morale de nos enfants. [...] Est-il charitable, par exemple, est-il humain de regarder d'un œil indifférent le défilé des petits cercueils, quand on nous découvre le moyen d'arrêter cette lugubre procession et de conserver la vie à tant d'enfants tués par l'ignorance ? [...] On ne peut, aujourd'hui, être secourable à son prochain sans posséder un peu de savoir. Pour conserver la vie aux tout-petits, pour secourir des enfants affaiblis ou rachitiques, des alcooliques, des malades, des femmes en couches, des vieillards, des conseils éclairés, des soins intelligents, quelques connaissances techniques enfin vont plus loin que l'argent ou le dévouement incompétent. Les chaires de sciences domestiques, si répandues en Angleterre, en France, aux États-Unis, enseignent aux femmes ce qu'elles devraient savoir avant la littérature et la musique : l'art de vivre en un mot et d'aider à vivre autour de soi ».

Mademoiselle Labelle, directrice de l'Académie Sainte-Marie, continua sur la même lancée que Joséphine. Elle dit qu'elle ne réclamait pas une université pour les jeunes filles, ni même un collège de jeunes filles, car « ces messieurs riraient de nos prétentions ». Ces institutions, précisa Mlle Labelle, leur appartiennent de droit. Ce qu'elle réclamait, c'était de former des jeunes filles qui se dévoueraient dans des bonnes œuvres[243].

Rien là de bien révolutionnaire non plus, pensa sans doute Robertine. Ni dans les conférences qui suivirent durant lesquelles on vanta les mérites de l'École ménagère et où l'on parla de la nécessité de protéger la moralité des domestiques.

Robertine avait hâte que ce congrès finisse. La cinquième et dernière journée arriva enfin. Madame Cochue parla d'une pension dirigée par les sœurs de la Charité – le Patronage d'Youville –, qui donnait un asile sûr aux ouvrières ainsi qu'aux employées de magasins et de bureaux. Alors que Robertine estimait que les femmes avaient droit au même salaire que les hommes, madame Cochue affirma que seules les femmes ayant à charge une famille devaient gagner le même salaire et que les célibataires devraient se contenter de moins. Pour protéger la moralité des femmes, madame Cochue voulait qu'il « fût possible d'éliminer des positions de bureau toute personne n'étant pas strictement obligée de travailler pour vivre. La carrière est déjà encombrée… » Les femmes qui travaillent sans y être obligées n'étaient que des excentriques qui recherchaient « quelques aventures qui ne se produisent que trop souvent ». Pour conclure, elle suggérait donc qu'on élimine des emplois de bureau celles qui n'ont pas expressément besoin de travailler pour vivre et de les préparer à leur « vocation maternelle ». Elle voulait même qu'on établisse un « bureau de contrôle sanctionné par la loi, où les aspirantes aux positions de bureau devraient donner leurs raisons pour être admises dans la carrière. Il me semble, dit-elle, que ce serait là un moyen de retenir

---

243. « Rapport de l'Association des journalistes », *Premier Congrès de la FBSJB*, p. 117.

chez leurs parents un grand nombre de jeunes filles, et par le fait de les mettre en état de mieux se préparer à la vocation maternelle en s'initiant auprès d'une mère dévouée aux vertus domestiques et aux travaux du ménage ».

Robertine était en désaccord avec la majorité des idées émises durant ce congrès. Mais lorsqu'elle parla, dans son magazine, de la naissance de la Fédération nationale Saint-Jean-Baptiste, elle fit peu de commentaires négatifs. Outre celui, jugé irrévérencieux, qu'elle adressa à Mgr Bruchési, elle nota que les discussions qui suivaient les conférences manquaient de naturel :

« Ce qui a manqué, c'est la facilité de la discussion orale. Il y aurait eu des choses extrêmement pratiques à ajouter à ce qui s'est dit, ou des critiques judicieuses à exprimer, si la timidité non encore vaincue chez nous de parler en public sans papier devant soi, n'eut paralysé la volonté de l'auditoire. Moi-même, j'aurais aimé signaler, à haute voix, tout ce que j'ai trouvé d'exagéré et de peu juste en somme sur certaines questions et je n'ai pas osé[244]. »

En réalité, ce n'était pas vraiment la difficulté de parler en public qui l'avait empêché de signaler ce qu'elle estimait injuste, mais le fait que les dames patronnesses lui reprochaient de nuire à la fédération avec ses idées trop avant-gardistes. Marie Gérin-Lajoie exhortait Robertine à être bienveillante envers elles[245].

Outre leurs divergences au niveau du féminisme, les membres de la FNSJB s'opposaient à l'instruction obligatoire que revendiquait Robertine depuis des années.

---

244. Françoise. « Le congrès féminin ». *Le Journal de Françoise*, mai 1907.
245. Lettre datée du 5 juin 1907. Fonds Marie Gérin-Lajoie.

Certes, Robertine savait aussi que le peu qu'avaient revendiqué les femmes, durant le congrès, faisait peur et suscitait des méfiances dans la population. Il y eut effectivement des résistances. Les membres de la FNSJB durent même faire accepter leur droit de parole :

« Avant même de prononcer un mot, les femmes sont jugées sur le fait qu'elles s'apprêtent à contrevenir aux normes, à rompre avec la définition de la féminité qui les tient à l'écart du domaine public[246]. »

On contestait encore « aux femmes le droit de s'organiser pour des fins autres que les œuvres de charité et le droit d'adresser la parole en public ». Des années plus tard, Marie Gérin-Lajoie écrira que plusieurs personnes virent dans ce mouvement « une tendance à déclasser les femmes, à les arracher au devoir de la vie quotidienne pour les lancer dans des utopies dangereuses et les faire sortir du rôle que la nature leur assigne dans le monde[247] ».

Robertine savait tout cela, mais elle aurait tout de même préféré moins de soumission de la part des dames patronnesses.

Comme son ami Arsène Bessette l'avait écrit, elle prenait encore une fois conscience que malheureusement, parfois, pour réussir, il fallait hélas « faire comme les autres, la majorité, et dissimuler sa pensée, emprisonner sa franchise, faire sa cour aux nullités et aux petits potentats, en un mot, ménager la chèvre et le chou ».

Dans le climat qui régnait alors au Canada français, Robertine n'avait guère d'autre choix que d'encourager publiquement

---

246. C. Charron. *Les féministes et le service domestique au tournant du XXᵉ siècle*, p. 6.
247. A-M. Sicotte. *Marie Gérin-Lajoie*, p. 211-212.

les initiatives de la Fédération, même si elle ne partageait pas toutes les idées qui y circulaient.

Visionnaire, elle savait aussi que les actions de cette fédération, si timides soient-elles, signaient le début d'une ère où les femmes seraient émancipées aux niveaux politique et juridique. Patience! se répétait-elle souvent.

Et puis, les causes défendues par la fédération étaient tout de même louables. Les dames patronnesses combattaient la traite des blanches, entre autres en mandatant un comité de femmes chargées de surveiller les gares où se faisait le recrutement. Elles envoyèrent des lettres aux curés, afin qu'ils dirigent les filles des campagnes vers les foyers dont elles leur indiquaient l'adresse. Elles s'occupaient aussi des questions telles que l'assistance médicale aux chômeurs, la création de tribunaux pour les enfants et adolescents, la lutte contre la tuberculose, le paiement d'un salaire aux épouses des prisonniers, la présence de femmes policières aux postes de police, l'accès aux logements salubres pour les ouvriers. Elles concentraient surtout leurs efforts à lutter contre la mortalité infantile, fort élevée.

Robertine était consciente aussi que la fédération changeait la façon de concevoir la charité. En prenant le temps de réfléchir aux problèmes de la pauvreté dans les sociétés industrialisées et en rationalisant la façon de la soulager, les dames patronnesses ont fait naître une nouvelle profession, celle de la travailleuse sociale : « La philanthropie scientifique qui essayait de remédier aux problèmes par une observation minutieuse de la situation, par une supervision personnelle de l'administration de l'aide et par une insistance sur la réhabilitation possible des victimes de la pauvreté, était encore relativement nouvelle pour les femmes d'œuvres parmi la bourgeoisie francophone. À ces dernières, la FNSJB a probablement ouvert de nouvelles portes sur la pratique de la charité, et par association inévitable, sur le féminisme social[248]. »

Robertine accepta donc de faire partie du conseil d'administration de la Fédération nationale Saint-Jean-Baptiste. Elle dut passer chez le photographe, car sa photo, ainsi que celle des dix autres membres élues, devaient paraître sur une affiche.

• • •

La chaleur était torride et Robertine avait ouvert toutes grandes ses fenêtres. N'aimant pas travailler dans le bruit, elle les gardait habituellement fermées quand elle avait besoin d'une grande concentration, mais la ville était devenue plus calme depuis que les citadins l'avaient désertée aussitôt leurs vacances arrivées. On n'entendait, de temps en temps, que le claquement des sabots, les cris des petits vendeurs de journaux, les *all abord* impatients.

Contrairement à son habitude, Robertine passait l'été en ville. Pendant que ses collaborateurs et sa secrétaire étaient en vacances, elle devait s'occuper seule de son magazine, en plus d'avoir les épreuves des actes du congrès à corriger. Toute sa famille avait fui Montréal pour le Bas-du-Fleuve. Robertine l'enviait un peu car, souvent, resurgissaient à sa mémoire « les voix aimées de la mer et le parfum des grands pins ». Mais être seule a aussi des avantages. À Marie Gérin-Lajoie, partie se reposer à la campagne, elle écrivit :

« Dans la solitude où je suis, je travaille beaucoup. Je ferai plus d'ouvrage en ces deux mois que dans toute mon année,

---

248. M. Lavigne et all. « La Fédération nationale Saint-Jean-Baptiste », p. 358.

et j'en suis fière. Vous en jugerez dans le cours de l'hiver. Je tiens à ce que mes amies soient contentes de moi[249]. » Cette lettre révèle combien Robertine avait grand besoin d'être aimée et appréciée de ses amis.

Mais plus les semaines passaient, plus ce travail de *réviseure* qu'elle effectuait devenait pénible. Elle supportait infiniment plus facilement de se passer de vacances et de rester en ville que d'avoir à supporter celle qui était chargée, après elle, de faire une révision des textes. La façon de travailler de Hélène Dumont (Mademoiselle Beaupré), agaçait souverainement Robertine, au point où elle s'en plaignit à Marie Gérin-Lajoie :

« Votre amie est lente, hélas ! Elle met à la correction des épreuves une conscience qui touche au scrupule. Je lui ai parlé le plus doucement possible ; elle a promis d'apporter à son travail plus de célérité. Mais je pense en moi-même qu'il est difficile de donner plus qu'on ne possède. M. Vincent (l'imprimeur), est désespéré, car les corrections s'étendent surtout aux virgules, et cela, vous le savez, donne autant de mal que des corrections de mots. Je lui ai dit que les virgules, en plus de ce qu'il y avait déjà, n'étaient pas aussi nécessaires que Mlle Beaupré le croyait[250]. »

Ainsi, Robertine était loin de penser comme Flaubert qui a écrit que « la plus belle femme du monde ne vaut pas une virgule mise à sa place ».

• • •

---

249. Lettre datée du 1er août 1907. Fonds Marie Gérin-Lajoie. BAnQ.
250. Lettre datée du 23 août 1907. Fonds Marie Gérin-Lajoie. BAnQ.

Cette année-là, Robertine fut élue présidente du Canadian Women's Press Club (CWPC). Ce qui fut applaudi par ses consœurs de Montréal, fières d'avoir une francophone à la tête de cette association :

« L'association des journalistes canadiennes compte très peu de Canadiennes françaises, et celles-là sauront gré à leurs consœurs anglaises d'avoir accompli envers elles un acte de justice courtoise, en élisant à la tête de l'association, la première pionnière du journalisme féminin au Canada français », écrivit Madeleine dans *La Patrie* du 21 septembre 1907. Les femmes journalistes puisaient dans les réunions du CWPC le courage d'affronter tous les obstacles qu'elles rencontraient et qui étaient intimement liés au fait qu'elles étaient des femmes. Elles y trouvaient aussi des moyens pour développer leur compétence professionnelle, ainsi « qu'un groupe d'appui qui leur permettait de briser l'isolement vécu par les pionnières et de développer un sentiment d'appartenance à leur métier[251] ». Robertine leur parlait aussi de toutes celles qui les motivaient à se dépasser et à faire des choses extraordinaires, telle cette journaliste de New York, Charlotte Wharton, qui s'était faite dompteuse de lions, aéronaute, scaphandrière, et ce afin de décrire de telles expériences dans ses articles.

Même si elle était fort occupée, Robertine frappait chaque jour à la porte d'Émilie. Elle n'oubliait pas Émile non plus. Au printemps, elle avait publié son poème *La Bénédictine*.

• • •

---

251. Line Gosselin. *Les journalistes québécoises, 1880-1930*, p. 111.

Les « *five o'clock tea* » de Robertine ressemblaient souvent à des réunions durant lesquelles les femmes de la Fédération nationale Saint-Jean-Baptiste travaillaient. Cette année-là, en 1907, elles s'enthousiasmaient de la fondation prochaine d'un refuge pour les enfants malades sur la rue Saint-Denis à Montréal. La docteure Irma Levasseur avait eu l'idée de fonder cet hôpital et n'avait eu aucun mal à convaincre la sœur de Marie Gérin-Lajoie, Justine Lacoste-Beaubien, à l'épauler dans ce projet.

Robertine avait de l'admiration pour Irma Levasseur qui avait dû s'exiler aux États-Unis afin d'étudier la médecine et qui devint par la suite la première femme francophone à exercer la médecine au Canada français.

Robertine publia dans son magazine une lettre écrite par Irma, en espérant que son touchant appel soit entendu :

« Ma chère Françoise. Plusieurs personnes philanthropes de Montréal veulent mettre à exécution un grand projet qu'elles chérissent depuis longtemps. Une nouvelle œuvre verra le jour avant quelques semaines, si le sympathique public de Montréal veut bien nous prêter secours. C'est l'œuvre philanthropique entre toutes, l'œuvre des petits enfants. Combien de ces pauvres petits êtres sont voués à la mort par l'ignorance et la négligence, par le manque de soins intelligents, par la pauvreté ; la proportion en est effrayante pendant la saison chaude. Aussi, nous voulons, comme toutes les grandes villes, avoir nos "Enfants assistés", où, dans cet hôpital, des spécialistes y donneront quotidiennement leur consultation gratuite aux familles indigentes qui y amèneront leurs enfants malades pour y recevoir les conseils de la science et un soulagement à leurs maux ; en même temps, des notions élémentaires d'hygiène, qui font défaut, surtout dans la classe pauvre, leur seront inculquées avec tout le zèle que l'on peut s'attendre de personnes dévouées à la cause infantile. Outre les consultations gratuites, cet hôpital donnera refuge aux petits souffreteux qui auront besoin de plus de surveillance, ou qui, pour différentes raisons, sont privés de l'assistance nécessaire chez eux. Et puis, pour les personnes intéressées dans l'École ménagère, voilà une pouponnière toute trouvée, pour y donner à leurs élèves des leçons pratiques sur les soins à donner à l'enfance. Voilà, il me semble, une œuvre qui s'impose, une œuvre qui doit parler au cœur et à la raison tout à la fois. Une ville populeuse comme Montréal devrait avoir son hôpital d'enfants. Je vous remercie, bonne Françoise, au nom de toutes les personnes intéressées dans ce mouvement, de votre accueil bienveillant dans votre journal, et je vous serai reconnaissante, d'annoncer que dès aujourd'hui, une liste de souscription est ouverte à toutes les âmes généreuses qui voudront s'associer à notre œuvre. Votre très obligée, Irma Levasseur. M.D. 61, rue St-Hubert[252]. »

La fondation d'un hôpital pour enfants par Irma Levasseur et Justine Lacoste-Beaubien ne s'était pas faite sans soulever de vagues. Les dames patronnesses n'ayant pas le droit d'administrer librement des biens sans une autorisation maritale, elles durent revendiquer une autonomie légale :

« Cette revendication des dames patronnesses tomba dans la chambre de nos députés comme un brandon de discorde, écrivit Marie Gérin-Lajoie. Tous les députés se renfrognèrent dans leur dignité outragée et revendiquèrent énergiquement le pouvoir absolu que leur donne la loi de contrôler tous les actes de leurs femmes. Faisant preuve d'une ignorance très grande, ils alléguèrent qu'ils seraient responsables sur leurs propres biens

---

252. I. Levasseur. *Le Journal de Françoise*, 20 avril 1907.

des engagements que leurs femmes contracteraient à leur insu. Le débat dure plusieurs jours, jusqu'à ce que Justine Beaubien et son équipe finissent par convaincre les députés, textes en main, que même sous le régime de la communauté de biens, le mari n'est jamais responsable des obligations de sa femme s'il ne les a pas autorisées. Les avocats font valoir en outre que l'exception demandée n'est pas une faveur pour les femmes, mais une protection pour les maris... Le ministre de l'Agriculture, Jérôme Décarie, devient le parrain du projet de loi, avec l'assentiment du premier ministre, ce qui assure un vote majoritairement favorable[253]. »

La maison qui abritait l'hôpital Sainte-Justine était située sur la rue Saint-Denis où habitait Robertine. Elle s'y arrêtait parfois en revenant de son travail et y trouvait souvent Justine Lacoste-Beaubien, qui dirigeait l'établissement d'une main de maîtresse. Parfois, elle y trouvait aussi ses sœurs qui s'y impliquaient. Clara-Blanche fit en effet appel à la générosité des petits lecteurs du *Journal de Françoise*. Elle avait préparé avec des enfants une représentation théâtrale qui serait donnée dans les locaux de *La Patrie* et dont les profits serviraient à acheter de la toile et de la flanelle dont avaient besoin les petites couseuses. Celles-ci confectionneraient pour les enfants hospitalisés un morceau de lingerie telle qu'une chemise de nuit ou des pantoufles. Robertine publia en première page une photo des petites bienfaitrices, toutes de blanc vêtues. Elle écrivit quelques articles dans lesquels elle loua le travail de toutes les femmes, dont ses sœurs Caroline et Clara-Blanche qui, bénévolement, s'impliquaient corps et âme dans la fondation de cet hôpital. Un jour qu'elle en sortait, Robertine vit passer

---

253. A-M. Sicotte. *Marie Gérin-Lajoie*, p. 221.

un élégant carrosse dont les portes étaient ornées des armoiries de l'archevêque. Mgr Bruchési l'avait admonestée récemment parce qu'elle avait encore osé réclamer, dans le *Journal de Françoise* du 5 octobre, la création d'un ministère de l'Instruction publique. Il n'appréciait guère non plus certains collaborateurs du *Journal de Françoise*, entre autres Laurent-Olivier David[254], considéré par plusieurs comme un réformateur radical. Avocat, journaliste, homme politique et historien, Laurent-Olivier avait subi plusieurs défaites électorales avant de prendre la décision de ne plus compter que sur ses talents d'avocat et d'homme de lettres. Il publia, entre autres, *Laurier et son temps*, ainsi qu'une brochure incendiaire *Le clergé catholique depuis les 50 dernières années*. Ayant critiqué la trop grande ingérence du clergé, son livre fut mis à l'Index. Robertine et lui aimaient discuter des patriotes, qu'Olivier qualifiait de héros, qui avaient osé défier l'autorité. Ils parlaient aussi avec passion des mesures qui devaient être prises afin d'améliorer tant le système d'éducation que la condition des femmes. Lors de leurs rencontres, ils ne parlaient pas seulement de leur idéal de laïcité, de liberté et d'égalité. Ils avaient aussi en commun un grand intérêt pour les phénomènes inexpliqués. Bien qu'ils décriaient les superstitions et croyances « insignifiantes et ridicules[255] », ils croyaient tous les deux à la télépathie, à l'autosuggestion, et Olivier en parla ouvertement dans l'un de ses livres.

---

254. Notons en passant que son fils, Athanase David, créa, à la mémoire de son père, le prix littéraire David. Ce prix fut remplacé par les Prix du Québec. Parmi les récipiendaires figurent Anne Hébert, Yves Thériault, André Major, Madeleine Gagnon et Victor-Lévy Beaulieu.

255. Pour reprendre les mots écrits par Laurent-Olivier David dans *Croyances et superstitions*.

Neuvième partie

1908

Ouvrir une école, c'est fermer une prison.

Victor Hugo

Depuis quelques années, Robertine ainsi que Joséphine Marchand-Dandurand et Marie Gérin-Lajoie – la plus impliquée des trois dans ce projet – discutaient avec mère Sainte-Anne-Marie, de la Congrégation de Notre-Dame, de la fondation d'un collège classique féminin qui dispenserait le plus haut niveau d'enseignement francophone pour les filles.

Toute cette effervescence entourant l'instruction des filles ravissait Robertine qui, depuis le début de sa carrière, n'avait cessé de revendiquer l'accès des femmes aux universités. L'ouverture de ce collège était un premier pas en ce sens.

Il est probable que mère Sainte-Anne-Marie avait lu les articles de Robertine où elle critiquait l'enseignement des religieuses. Robertine avait en effet osé écrire que « la pratique de la vertu n'est pas incompatible avec un savoir solide » et qu'il était « temps d'en finir avec ces méthodes absurdes d'enseignement insuffisant, à vues étroites et à connaissances restreintes qui préparent si peu les femmes à la grande lutte de la vie[256] ». Afin de protéger les jeunes filles qui travaillaient dans les bureaux des abus et du harcèlement de leurs patrons, elle interpellait les religieuses en leur disant « qu'il serait temps qu'elles

---

256. Françoise. « Le Coin de Fanchette », *La Patrie,* 14 octobre 1895.

surmontent leur antipathie naturelle à parler des hommes, pour signaler aux enfants confiés à leurs soins les dangers que la fréquentation de ceux qui ne sont pas de leur sexe peut offrir à plus d'un point de vue[257] ».

Mais peut-être que mère Sainte-Anne-Marie estimait que Robertine avait raison. C'était une religieuse à l'esprit assez ouvert qui, lorsqu'on lui avait parlé de ce projet d'ouvrir un collège pour jeunes filles, n'avait pas été la plus difficile à convaincre. Loin de là ! Mgr Bruchési, ne voyant nullement la nécessité de fonder un collège, demeurait le plus imperméable aux arguments de Robertine, Joséphine et Marie. Mais un fait eut raison de son obstination. Deux femmes venaient d'annoncer officiellement leur intention d'ouvrir un lycée pour jeunes filles. Il s'agissait de Gaëtane de Montreuil et d'Éva Circé-Côté qu'on appelait parfois *Madame docteur* depuis qu'elle avait épousé le médecin Pierre-Salomon Côté. Les deux femmes affirmaient avec conviction que les diplômées pourraient « obtenir une situation honorable, entrer par exemple comme secrétaire dans une administration, dans une institution commerciale ou autre, dans un bureau, etc, alors que ces places semblaient jusqu'à présent devoir être réservées à nos jeunes compatriotes de langue anglaise, mieux armés pour la lutte, possédant une instruction plus pratique[258] ». Elles espéraient aussi que celles qui ne souhaitaient pas travailler hors de leur foyer soient mieux armées pour seconder leur époux.

Même si elle déplorait que les deux femmes ne parlassent pas de professions telles qu'avocates ou médecins, Robertine les appuya et vanta, dans son magazine, les mérites d'un tel lycée.

257. Françoise. « Les jeunes filles dans les bureaux ». *Le Journal de Françoise*, 2 décembre 1905.

258. Citées par A. Lévesque. *Éva Circé-Côté*, p. 79.

Bruchési, lui, ne voyait pas cela d'un bon œil! « Résolu à saboter cette initiative », il affirma qu'il « tuera ce projet ». Il s'en méfiait d'autant plus qu'Éva Circé-Côté avait la réputation d'être une libre penseuse, surtout depuis qu'elle était mariée à un franc-maçon.

Mère Sainte-Anne-Marie en profita pour dire à Bruchési qu'il ne pouvait laisser les études supérieures féminines aux mains de ces deux femmes. Cet argument eut raison de sa résistance.

Comme le souligne la biographe de Marie Gérin-Lajoie, une quarantaine de jeunes filles s'inscrivirent à la « toute nouvelle école d'enseignement supérieur à laquelle il a été refusé de prendre le nom, réservé aux institutions masculines, de collège classique ». Cette école qui, contrairement aux écoles ménagères, ne reçut aucune subvention, était affiliée à l'Université Laval. Des membres du clergé et des ultramontains contestèrent le contenu du programme. Ils n'acceptaient pas que des filles suivent des cours de chimie, de philosophie et de physique. Ainsi, « pour amadouer ceux qui prétendent que les femmes ne peuvent supporter la tension d'un travail intellectuel continu, la directrice inclut dans le programme une série d'activités parascolaires, telles que des récitals de piano, des lectures de poèmes et des thés l'après-midi[259] ».

Dans le prospectus de l'école, les sœurs de la congrégation se montrent on ne peut plus prudentes : « Nous saurons éviter l'écueil auquel tout le monde pense quand il s'agit de l'instruction supérieure des femmes, et préserver notre société de ces pédantes dont Molière a pour toujours ridiculisé les travers. Le vrai moyen d'y réussir n'est-il pas précisément de les instruire

---

259. A. M. Sicotte. *Marie-Gérin Lajoie*, p. 248.

plus et mieux ? Nous ne songeons pas non plus à sortir la femme de la sphère d'action qui est la sienne, à la préparer à des carrières que la Providence lui a fermées. Ses qualités propres la destinent à un rôle précis ; sa vocation naturelle la dispose à toute autre chose qu'à des relations de rivalité avec les hommes[260]. »

Bien sûr, ce discours ne plaisait pas à Robertine, mais les filles avaient tout de même leur collège. Lorsqu'elle assista à la cérémonie d'ouverture, elle sourcilla en entendant le discours prononcé par le vice-recteur de l'Université Laval, Gaspard Dauth. Ce chanoine crut devoir rappeler que « plus la femme est instruite, plus elle a besoin du contrepoids de la charité, de la piété et de l'humilité ». Il fallait, disait-il, lui imposer des limites, car « livrer trop largement les jeunes filles aux études abstraites, ne pas savoir doser prudemment la science selon la nature et la mesure de leur esprit, ne pas les immuniser contre le sot orgueil ou le vertige... c'est les jeter en dehors de leur sphère et les engager dans une voie funeste... c'est en faire non plus les compagnes généreuses de l'homme, mais les rivales encombrantes et dans tous les cas incomprises[261] ».

Robertine lui fit un pied de nez à sa façon en ne citant dans *Le Journal de Françoise* que l'extrait de son discours qui le montrait favorable à l'éducation des filles. Elle écrivit seulement qu'il avait dit que les « plus justes raisons » motivaient le besoin d'instruire les filles[262].

Quant aux journalistes, plusieurs ne manifestèrent guère plus d'ouverture d'esprit que le vice-recteur. Dans leurs articles,

---

260. A.-M. Sicotte. *Marie-Gérin Lajoie,* pp. 248-249.

261. M. Lavigne et Y. Pinard. *Travailleuses et féministes,* p. 260.

262. Françoise. « Cours d'enseignement supérieur pour les jeunes filles ». *Le Journal de Françoise,* 17 octobre 1908.

ils brossèrent un portrait manichéen des femmes qui s'étaient inscrites à l'école d'enseignement supérieur :

« Si elles n'étaient pas douces, effacées, cultivées, "sans prétention", bref conformes à l'idéal de la féminité, elles ne pouvaient être que des femmes-hommes arrogantes[263]. »

Dans les semaines et les mois qui suivirent, hommes d'Église autant qu'ultramontains et journalistes ne ratèrent pas une occasion de rappeler aux collégiennes que « leurs diplômes ne leur donnent pas de droits équivalents à ceux des hommes, et surtout pas celui de faire carrière. Mère Sainte-Anne-Marie doit veiller à ce que ses étudiantes se conforment à ces normes, de crainte que le collège ne soit fermé. Pour le clergé, la menace est grave : la femme instruite va-t-elle se marier et enfanter ? Sera-t-elle autant portée à prendre le voile si des champs d'action plus vastes s'offrent à elle ? Les religieuses dispensent de nombreux services sociaux qui permettent à la hiérarchie ecclésiastique d'exercer un contrôle sans équivoque sur l'ensemble de la société québécoise. L'épiscopat entretient donc la crainte, justifiée sans aucun doute, que des femmes plus instruites réduiraient d'autant le bassin disponible des vocations religieuses féminines[264] ».

Lorsque, en 1924, une fille diplômée du collège s'inscrivit à une faculté de médecine, une religieuse de cette maison d'enseignement écrivit une lettre au recteur Gaspard Dauth de l'Université Laval afin de lui exprimer ses regrets. Ainsi, « au lieu d'être applaudi, le succès académique de Marthe Pelland fut accueilli avec consternation[265] ».

---

263. M. Lavigne et Y. Pinard. *Travailleuses et féministes*. p. 261.

264. A.-M. Sicotte. *Marie-Gérin Lajoie*, p. 249.

265. M. Lavigne et Y. Pinard. *Travailleuses et féministes*, p. 262.

Robertine songeait souvent combien le Québec était en retard sur les États-Unis qui, comme elle l'a souligné dans le *Journal de Françoise,* avait maintenant sept mille quatre cents doctoresses, deux mille deux cents femmes journalistes, mille trois cents avocates, mille architectes, sept cent quatre-vingt-dix dentistes, quatre cents électriciennes, quatorze vétérinaires. Elle salua la débrouillardise de deux jeunes New-Yorkaises qui « cirent les chaussures à domicile et réalisent de la sorte des recettes fort honorables[266] ».

Donnant aussi en exemple ce qui se faisait en France, Robertine proposa que la Société royale du Canada discute de la possibilité d'admettre les femmes parmi ses membres : « La section 1 traite de littérature, d'histoire et autres sujets analogues. Celles de nous qui se consacrent aux lettres n'ont-elles par leur place tout indiquée dans cette section ? Dans le comité de la Société de Lettres de Paris, comité jusqu'à présent très exclusivement masculin, on vient d'admettre une femme ; la Sorbonne, la savante et docte Sorbonne, n'a pas dédaigné de recevoir une femme en qualité de professeur. Le talent d'une femme encore va bientôt, paraît-il, forcer la porte de l'inaccessible Académie française, et à la Villa-Médicis, quatre femmes, – quatre ! – vont monter en loge. » Elle ajouta, avec une pointe certaine d'ironie, « ici, les intérêts de ces messieurs de la Société Royale ne sont nullement menacés. Ces puissants cerveaux, si bien équilibrés, sont au-dessus de toute mesquinerie et ne peuvent rien craindre, d'ailleurs, de la pauvre petite concurrence féminine[267] ».

---

266. Françoise. « Féminisme ». *Le Journal de Françoise,* 19 janvier 1907.
267. Françoise. « La Société royale ». *Le Journal de Françoise,* 4 mai 1907.

Robertine se sentait de plus en plus souvent fatiguée. Elle avait tant de travail qu'elle ne pouvait même plus se permettre de prendre ne serait-ce que quelques jours de vacances. Elle s'arrêtait toujours à l'église après son travail. C'était son moment de paix. Un moment où personne ne viendrait la déranger, où elle pouvait être seule avec elle-même. Elle pensait souvent à Émile, et parfois ressurgissaient à sa mémoire les vers de *Chapelle ruinée* dans lesquels il parlait des églises où il s'était réfugié, adolescent : « Cloches des âges morts sonnant à timbres noirs / Et les tristesses d'or, les mornes désespoirs / Portés par un parfum que le rêve rappelle / Ah ! comme les genoux figés au vieux portail / Je pleure ces débris de petite chapelle… / Au mur croulant, fleuri d'un reste de vitrail ! »

Les rares fois où elle n'avait pas de réunions après son travail, Robertine rentrait à la maison, mangeait avec la famille, ensuite lisait ou écrivait, et prenait peut-être parfois, avant d'aller dormir, un bon gin canadien *Melchers,* celui-là même dont la publicité de son magazine vantait les mérites : « Le gin est bon pour les femmes. Un excellent tonique. Le seul recommandé par les médecins. »

Elle avait plus souvent du mal à dormir depuis que sa sœur Clara-Blanche lui avait annoncé qu'elle désirait abandonner « La page des enfants ». Une nuit d'insomnie, Robertine se leva et regarda les photos où Clara et elle apparaissaient. Elle aimait particulièrement celle où, toute jeune enfant, Clara s'appuyait sur elle avec confiance.

Robertine réussit à la convaincre de terminer l'année. Le départ de sa sœur était une grande perte pour elle. Clara-Blanche, qui avait aussi écrit quelques articles qui ne s'adressaient pas qu'aux enfants, avait une belle plume. Une plume qui ressemble d'ailleurs parfois à s'y méprendre à celle de Robertine. Elle avait le même humour, la même ironie, le même franc-parler, comme dans cet article sur le téléphone qu'elle signa et qui nous révèle les aléas des communications téléphoniques d'antan :

« Je ne sais si je me trompe, mais je ne crois pas qu'il y ait dans tout le Dominion une ville plus mal servie au téléphone que Montréal ! Je ne suis certes pas en faveur des grèves : pour une équitable, combien dont les droits sont imaginaires ou prétentieux, mais dans le cas qui nous occupe, ne trouvez-vous pas qu'une bonne petite grève des abonnés du téléphone ferait un bien immense à la Métropole ? [...] Vous avez cru, comme moi, que le téléphone avait été inventé pour épargner du temps et des pas ? Détrompez-vous ; à Montréal, il est bien entendu qu'il ne faut pas être pressé pour user de cet instrument de torture, ce n'est pas exagéré, autrement vous en attraperez la jaunisse.

« – 1215, dites-vous à la jeune fille qui vous demande d'un ton languissant : Number 1218 ? se hâte-t-elle d'ajouter et prestement disparaît sans attendre votre réponse, ou bien répète-t-elle le numéro demandé, elle vous promènera à trois ou quatre endroits différents avec une aisance et une dextérité que vous ne trouvez que là[268]. »

Robertine n'en voulait sans doute pas à Clara-Blanche d'abandonner « La page des enfants ». Elle-même avait parfois envie de tout abandonner mais ne se confiait guère, de peur sans doute qu'on ne lui répète qu'on lui avait bien dit de ne pas se lancer dans une telle aventure et que diriger seule un magazine était une tâche beaucoup trop exigeante pour une femme.

---

268. Tante Ninette. « Le téléphone ». *Le Journal de Françoise,* 5 décembre 1908.

Robertine était d'autant plus fatiguée qu'elle était beaucoup sollicitée. Entre autres requêtes, elle recevait maints manuscrits d'auteurs qui sollicitaient son avis sur leurs premières œuvres. Certains poussaient l'audace jusqu'à lui demander si elle accepterait d'être leur égérie, comme elle l'avait été pour Nelligan, ou d'être leur « marraine littéraire » en leur ouvrant la porte des éditeurs de journaux, comme elle l'avait fait pour Olivar Asselin. Nul ne prit jamais autant de place qu'Émile et Olivar en avaient prise dans sa vie, mais elle accordait néanmoins une attention spéciale à chaque manuscrit qui lui était envoyé. Elle le faisait cependant avec, au cœur, un immense sentiment d'impuissance. Même si elle avait parfois entre les mains des œuvres qui auraient mérité d'être publiées, elle se demandait si elle rendait vraiment service aux auteurs en les encourageant à écrire dans un pays où il y avait si peu de lecteurs et où les écrivains étaient si peu soutenus :

« Et pour la littérature, écrit-elle, la pauvre petite littérature canadienne, si négligée, si dédaignée de nos gouvernements, quand fera-t-on quelque chose ? Car, je n'ai nulle hésitation à le déclarer, il n'y a pas de contrée sur la face de la Terre, excepté peut-être chez les Patagons[269], où une littérature nationale soit moins encouragée que la nôtre. Pourtant, le talent n'est pas en reste au Canada ; je le sais mieux que personne, puisque j'ai souvent tenu dans mes mains des manuscrits auxquels il aurait fallu quelques retouches ou seulement un peu plus d'expérience dans le maniement de la plume, chez leurs auteurs, pour en faire de remarquables morceaux littéraires. Tous ces talents sont restés, là, enfouis dans l'ombre. Pourquoi ?

---

269. Amérindiens de Patagonie dont les Espagnols disaient qu'ils mesuraient le double d'un être humain « normal ».

[...] À notre gouvernement provincial doit revenir le devoir de favoriser et d'encourager la littérature canadienne[270]. »

• • •

Quand son frère David et sa belle-sœur étaient à la maison avec leurs deux fils, Robertine expédiait vite son travail afin de profiter de leur présence le plus possible. Elle s'émerveillait de voir que Tappy, son neveu de quatre ans, lise « couramment dans son livre de lecture, se jouant des difficultés et des mots les plus longs ». Un tel savoir, écrit-elle, lui « mettait les larmes aux yeux ». Elle ajouta en badinant qu'elle ne voulait pas être désagréable avec personne, mais que « ce n'est pas vous, monsieur, qui avez appris le grec et le latin, ni vous, madame, qui êtes au courant de la littérature moderne, qui pourriez dire, là, tout d'un coup, sans calcul, sans hésitation, comment font sept fois neuf, ou neuf fois huit. Tandis que Tappy, lui, peut le faire promptement et comptera comme en jonglant avec les chiffres, jusqu'à douze fois douze. Parfaitement ». Ne ratant pas une occasion de se moquer de ceux qui dénient aux femmes toute forme d'intelligence, elle ajouta ironiquement : « Quand je songe que dans notre famille, nous avons maintenant quelqu'un qui sait compter, je suis suffoquée d'orgueil et d'émotion. »

Robertine adorait bercer ses neveux, coller sa joue contre leurs cheveux si doux et les inonder de baisers. Quand elle parlait de Tappy, son entourage la taquinait en disant qu'elle exagérait et que cet enfant qu'elle portait aux nues n'était pas parfait. Non, Tappy n'est pas parfait, répondait-elle. Il est même

---

270. Françoise. « Mission des gouvernements ». *Le Journal de Françoise*, avril 1907.

une « mauvaise tête à ses heures, je l'avoue sans honte d'ailleurs. Ne me parlez pas d'un homme ou d'un petit garçon parfait. Ça n'est pas naturel, d'abord, puis ça doit être bien ennuyeux. Tappy, donc, n'est pas fait de sucre. Par conséquent, il se bat – et fréquemment – avec ses camarades, voire avec son petit frère qu'il aime pourtant et qu'il châtie en conséquence. Tappy n'a que quatre ans – je ne me lasserai pas de vous le dire –, et pourtant, il rosse des gaillards de six et huit ans. Et pas fier pour tout cela. Tappy a mauvaise tête si vous le voulez, mais le cœur d'un fondant de chocolat ».

Quand les Barry pariaient sur ce qu'allait devenir Tappy une fois adulte, Aglaé, qui était dévote, formulait le souhait qu'il devienne évêque. « Mais, je vous le demande un peu, rétorquait Robertine, fait-on un évêque de quelqu'un qui ne veut pas dire ses prières ? », et qui ne voit dans le fait de se mettre à genoux « qu'une humiliation contre laquelle sa fierté se révolte ». Provocante, Robertine écrivit qu'elle se « réjouissait de cette disposition qui garantit sa carrière future contre les compromissions et les bassesses[271] ».

Sur l'une des photos de son neveu que Robertine publia en première page de son magazine, on peut voir Tappy assis sur un cheval de bois, souriant, pendant que son frère aîné pose un regard sérieux sur le photographe[272].

Les enfants étaient souvent le sujet des conversations chez les Barry. Au fil des ans, l'époux de sa sœur Caroline, François-Xavier Choquet, avait été nommé conseiller de la reine, commissaire de révision de la charte de Montréal, juge des sessions de la paix, magistrat de police, commissaire des licences et

---

271. Françoise. « Mes neveux ». *Le Journal de Françoise*, 15 août 1908.
272. Le 29 août 1908. La photo de Tappy fit aussi la une le 12 septembre 1908.

commissaire fédéral à l'extradition. De plus, en 1908, il participa, avec Caroline Béïque, à la fondation d'une société d'aide à l'enfance. « Sortie du giron du Montreal Women's Club pour constituer un groupe de pression, cette association mène activement campagne en faveur d'une législation instituant une justice pour les mineurs[273]. »

Dans une conférence qu'il prononça en avril 1908, le juge Choquet expliqua qu'il ne s'agissait plus de savoir si l'enfant était coupable ou vicieux, mais de savoir quoi faire pour son avenir. Il ajouta qu'il fallait prévenir au lieu de punir. En tant que président de la Société d'aide à l'enfance de Montréal, il expérimenta des pratiques novatrices et, pour ce faire, recommanda qu'on engage un officier de probation. Le Women's Club accepta de financer le salaire de celle qui devint la « première travailleuse sociale du genre au Québec », Marie Clément.

Estimant que l'envoi à l'École de réforme n'était pas souhaitable, François-Xavier disait aux enfants qui se présentaient à son bureau : « Petits garçons, un officier vous surveillera et me fera des rapports sur votre conduite future. Je compte aussi sur vous pour me faire des rapports personnels francs et sincères. » François devint le « réformateur emblématique de la justice des mineurs à Montréal. Stratège politique, à la conjonction des communautés protestante et catholique, homme médiatique dont la presse véhicule une image héroïque, il acquiert l'art de se mettre en scène lors de comptes rendus de procès publiés dans les gazettes[274] ».

Caroline s'intéressait au travail de son époux et s'impliqua beaucoup elle aussi dans la fondation de la Société d'aide à

---

273. D. Niget. « Histoire d'une croisade civique : La mise en place de la Cour des jeunes délinquants de Montréal. 1890-1920 », p. 10.

274. *Ibid.*, p. 13.

l'enfance, aussi appelée la Children's Aid Society de Montréal. François était le président de la Society alors que Caroline occupait l'un des trois postes de vice-président. Le couple parlait souvent avec enthousiasme de cette loi des jeunes délinquants que le gouvernement fédéral adopta cette année-là et qui permit la création de cours juvéniles et municipales. Lorsqu'elle commença ses activités, la cour des jeunes délinquants eut comme premier juge François Choquet que tous appelaient « le juge des enfants ».

Les idées de François et de Caroline étaient révolutionnaires pour l'époque. Ils étaient convaincus qu'il fallait cesser de considérer les jeunes délinquants comme des criminels ou des « vicieux », et commencer plutôt à les voir comme des enfants qui avaient besoin d'aide. Ils estimaient aussi qu'il fallait élaborer un système semblable à celui de l'Angleterre, le système Borstal, où les jeunes délinquants étaient instruits et formés pour exercer un travail. Au fil des ans, les idées progressistes de ce couple exceptionnel ont radicalement changé le traitement des jeunes délinquants montréalais et Robertine était fière de le citer dans son magazine.

• • •

Malgré toutes les idées progressistes qu'elle défendait avec son mari à la Children's Aid Society de Montréal, Caroline Barry-Choquet n'était cependant pas en faveur du droit de vote des femmes : « En tant que droit, les femmes peuvent réclamer le droit de vote. Le droit des hommes et celui des femmes sont les mêmes. Je vois dans le suffrage féminin deux écueils, la destruction du foyer et un principe de discorde entre le mari et la femme », écrivit-elle dans une lettre qu'elle adressa au

Journal de Françoise après que Robertine eut demandé à ses lectrices de se prononcer sur le sujet. Comme on peut le lire dans les deux numéros de janvier 1909, la très grande majorité des femmes qui répondirent affirmèrent, haut et fort, qu'elles étaient contre. Madame Leboeuf, l'épouse du juge en chef de la cour de circuit, écrivit que la femme « perdrait tout son charme et qu'il ne lui resterait plus qu'à porter le pantalon ». L'épouse de l'avocat Panneton affirma qu'elle se couvrirait de ridicule et altérerait sa dignité « en se mêlant à la vie publique ». L'épouse de l'honorable Thomas Chapais n'y voyait que des inconvénients et demandait qu'on laisse la femme « à son rôle magnifique et à son ombre discrète : c'est le seul moyen pour elle de conserver son empire et sa dignité : elle fera ainsi l'œuvre de Dieu ». L'épouse du député de Saint-Jacques, le bâtonnier Honoré Gervais, écrivit : « J'aime la femme chez elle, dans sa famille, dans son royaume. » Plusieurs autres femmes se prononcèrent contre le droit de vote des femmes : lady Pelletier, l'épouse du lieutenant-gouverneur du Québec ; R. Angers, la conjointe de l'ex-lieutenant gouverneur, ainsi que la journaliste Madeleine. Quant à elle, Adèle Bibaud affirma que les filles devaient être instruites avant de voter, « oubliant » par le fait même que plusieurs hommes qui votaient n'étaient pas plus instruits. Mathilde Casgrain, qui se présentait comme étant une femme de lettres, conclut dans sa longue lettre qu'à « la lumière éblouissante de la foi, chaque chose reprend sa vraie place dans le plan de la Providence ; les oiseaux ont leur nid, les fleurs leur parfum, les femmes leur mission d'amour et de dévouement ».

Les autres arguments qu'on peut lire dans les nombreux billets de celles qui se prononcèrent contre sont tout aussi étonnants, pour ne pas dire hilarants. « Adieu les belles jupes », écrivit l'une d'elles pendant qu'une autre trancha en décrétant qu'elle était antiféministe et qu'elle le resterait toute sa vie.

Clara-Blanche se prononça elle aussi contre le droit de vote car, écrivit-elle, « l'homme et la femme ont deux missions bien distinctes : l'un est pour l'extérieur et l'autre pour l'intérieur. Les deux se complètent : ainsi l'a voulu le Créateur ».

Parmi les rares qui se prononcèrent en faveur du droit de vote se trouve Éva Circé-Côté : « Contester à la femme le droit de vote, c'est nous reporter aux âges ténébreux où l'on se demandait sérieusement si elle avait une âme. Lui défendre d'exprimer une opinion, c'est lui défendre d'en avoir : poser sciemment l'éteignoir sur la flamme de son intelligence ! » Quant à la romancière Anne-Marie Duval-Thibeault, elle affirma que les femmes devraient avoir le droit de vote parce qu'elles sont aussi intelligentes et aussi utiles à la société que l'homme.

Au début de sa carrière, Robertine avait déclaré qu'elle était contre le droit de vote. En 1893, elle avait écrit dans *Le Coin du Feu* que la femme « doit se tenir éloignée de ces milieux bruyants où, dans l'excitation des luttes, la chaleur des passions, sa dignité et le respect qu'on lui doit seraient en grand danger d'être compromis ». Elle décriait les pots-de-vin et le népotisme. Elle estimait que trop de politiciens étaient corrompus et que les élections étaient une vraie farce. « Je crois que le cimetière a bien voté », répondit-elle un jour à un homme qui se vantait d'avoir gagné ses élections. Elle faisait allusion à une fraude électorale relativement courante où des votants utilisaient le nom de personnes décédées. Robertine a écrit aussi que la politique était « l'écueil où viennent sombrer de belles intelligences et d'honnêtes intentions ». Elle n'était pas la seule à penser de cette façon, tant il allait de soi que la politique était « trop sale » pour quiconque voulait rester honnête. Et puis, pour elle, l'égalité des femmes n'était pas synonyme d'identité. Il ne s'agissait pas d'imiter les hommes, mais d'avoir les mêmes droits.

Le droit de vote des Canadiennes françaises a été marqué d'épisodiques gains et pertes. En 1791, les Canadiennes qui possédaient des propriétés foncières avaient obtenu le droit de vote, mais se l'étaient fait enlever près de cinquante ans plus tard. En 1892, le droit de vote fut accordé, aux élections municipales, aux femmes célibataires ou aux veuves de Montréal, pourvu qu'elles soient propriétaires. La mère de Robertine avait donc le droit de vote, mais on ignore si elle en profita. En 1896, une extension de cette loi autorisa ces femmes à voter même si elles n'étaient que locataires. La femme mariée, elle, n'avait pas ce droit à cause de son incapacité juridique. Robertine avait donc le droit de voter aux élections municipales. Non seulement elle vota, mais elle encouragea les femmes, dans *Le Journal de Françoise*, à exercer ce droit. Elle publia même les textes de loi qui les autorisaient à voter : « Enfin ! Pendant l'espace de quelques heures, les femmes ont le droit de vote. Il n'y a pas eu pour tout cela de cataclysme épouvantable, ni de catastrophe à déplorer. Les chignons n'ont pas jonché le plancher non plus et s'il y a eu quelque désordre, tout le monde peut dire que ça n'a pas été, Dieu merci !, causé par nous. On eut plutôt dit que cette nouvelle prérogative nous donnait comme un sentiment de notre importance qui nous rendait toutes rêveuses. Moi, je vous l'avouerai franchement, j'en étais pâmée d'aise[275]. »

Elle réclama aussi « des bureaux de vote exclusivement consacrés aux femmes » parce que « les bureaux de votation *(polls)* sont généralement placés dans des endroits où les femmes

---

275. Françoise. « Chronique du Lundi », 5 décembre 1892.

ne peuvent se présenter sans s'exposer à une promiscuité désagréable[276] ». Elle voulait éviter que des femmes ne s'empêchent d'aller voter parce qu'elles se laisseraient intimider par les railleries et les commentaires désobligeants des misogynes.

En 1898, elle réclama aussi que les femmes puissent voter sur la loi de la prohibition, car elles étaient, dit-elle, les premières à souffrir de l'alcoolisme de leur époux ou de leurs fils[277].

En 1899, elle déplora le fait que Joséphine Marchand-Dandurand, « choisie déléguée du Congrès national des femmes qui se tenait à Londres à la fin de juin 1899 », ait dit « qu'elle s'opposera de toutes ses forces à ce qu'on accorde le droit de vote aux femmes ». Ne trouvez-vous pas, demanda Robertine, « que c'est un vilain tour à nous jouer[278] ? »

Dans la « Lettre de Françoise » du 10 juillet 1900 que Robertine écrivit de Paris, où elle assistait au Congrès mondial des femmes, elle raconta combien elle avait été heureuse d'applaudir un homme qui s'était prononcé en faveur du droit de vote des femmes. Elle donna en exemple la Nouvelle-Zélande où les femmes « remplissent leur devoir de citoyennes avec une conscience qui fait honneur aux hommes », ajoutant même que, « sous l'influence féminine, des progrès immenses ont été réalisés dans le sens de la morale et de la justice ».

Robertine étayait parfois son propos par des faits historiques démontrant les capacités des femmes à prendre des décisions politiques. Elle demanda par exemple « ce que nos Seigneurs les évêques auraient répondu à une députation féminine demandant d'assister au concile qui s'est tenu dernièrement

276. Françoise. « Élections municipales ». *Le Journal de Françoise,* 17 octobre 1903.

277. Françoise. « Le Coin de Fanchette ». *La Patrie,* 11 juin 1898.

278. Françoise. « Chronique du Lundi », 3 avril 1899.

à Montréal, considérant le fait que des femmes participaient aux synodes de l'Église médiévale ». L'allusion était claire : « Les femmes du haut Moyen Âge avaient davantage voix au chapitre dans la gouverne de l'Église et dans la société médiévale que les laïques dans le Québec contemporain. » En citant des religieuses qui élisaient leurs supérieures, elle tournait « ainsi en ridicule l'argument absurde, mais puissant, voulant que le droit de vote corrompe les femmes[279] ».

Mises à part les rares femmes mentionnées précédemment, très peu de Canadiennes françaises étaient pour le droit de vote, et ce même parmi celles dont on aurait pu s'attendre à ce qu'elles deviennent des suffragettes. Robertine n'avait guère d'appuis, ni dans sa famille, ni parmi les femmes nouvelles. Elle déplorait que Joséphine Marchand-Dandurand n'ait pas, au fil des ans, changé d'idée au sujet du vote des femmes.

Chez les hommes qu'on disait progressistes, il est difficile d'en trouver qui étaient favorables au droit de vote des femmes. Henri Bourassa et Olivar Asselin s'y opposaient farouchement. Cette opposition s'explique en partie par le fait qu'en « bons nationalistes » ils croyaient que le devoir des femmes était de faire des enfants. De plus, pour Bourassa, la femme qui vote n'est pas une vraie femme, mais une femme hybride, une femme-homme. Elle était surtout à ses yeux, comme il l'écrivit en 1925, « une grande menace. C'est la famille chrétienne, formée par la femme chrétienne, qui a sauvé le Canada français. Sa déchéance marquerait celle de notre civilisation et de notre ordre social, préservés au prix de tant de sacrifices ».

Quant à Olivar Asselin, comme l'a souligné la sociologue Francine Descarries, il put écrire en 1922, « en toute impunité,

---

279. M. Lavigne et Y. Pinard. *Travailleuses et féministes*, pp. 251-252.

et cela, sans entacher sa réputation d'homme progressiste et épris de justice sociale : "Quelque temps qu'elle consacre à la politique, la femme n'y apportera jamais qu'une intelligence relativement inférieure. Ce phénomène s'explique uniquement par certaines infériorités congénitales, identiques à l'infériorité de taille dont souffre la femelle du haut en bas du règne animal[280] ". »

Il fallut donc bien du courage à Robertine pour se prononcer ouvertement en faveur du droit de vote, tant les préjugés paraissaient impossibles à pulvériser.

Ailleurs dans le monde, des suffragettes manifestaient avec violence. Des églises furent incendiées, des femmes s'enchaînèrent aux grilles de monuments. Plusieurs d'entre elles furent emprisonnées. Elles n'eurent qu'à prendre la parole en public pour être arrêtées sous le prétexte qu'elles dérangeaient l'ordre social. Le prix que payèrent certaines suffragettes fut tragiquement élevé. Ce fut le cas d'Emily Wilding Davison qui, lors d'une manifestation, perdit la vie en se jetant sous les sabots d'un cheval. L'histoire là-dessus n'est pas claire. Certains racontent qu'il s'agit du cheval du roi George VI, alors que d'autres affirment qu'elle se suicida lors d'une course de chevaux à Derby. C'était en 1913, et cela se passait à Londres. Quelques années plus tôt, plus de deux cent cinquante mille femmes avaient manifesté dans cette même ville. Sans succès ! En Grande-Bretagne, les femmes de plus de trente ans n'obtinrent le droit de vote qu'en 1918.

À Montréal, vers cette même époque, des amies de Robertine, Colette dans *Le Devoir* et Madeleine dans *La Patrie,* se

---

280. F. Descarries. « Regards sociologiques sur le féminisme contemporain », p. 5.

déchaînèrent contre les suffragettes pendant qu'Éva Circé-Côté, étonnamment, félicita le Premier ministre Borden « de vouloir interdire la venue des suffragettes britanniques au Canada, "ces femmes qui voudraient déniaiser les Canadiennes plus que les hommes voudraient[281] " ».

Il fallut attendre en 1940, trente ans après la mort de Robertine, avant que les Québécoises obtiennent finalement le droit de voter.

• • •

Le soir, après avoir rendu visite à Émilie, Robertine traversait souvent la rue et allait frapper à la porte de l'Institut des sourdes-muettes où Louis Fréchette et sa femme étaient pensionnaires depuis un an. Parfois, la religieuse qui la recevait ne lui faisait pas un accueil des plus chaleureux. On ne sera pas étonné d'apprendre que certaines religieuses n'appréciaient guère que Robertine critique si souvent le clergé et ne ménage pas non plus les religieuses en pointant certaines lacunes de leur enseignement :

« La bonne religieuse qui ne parle que vaguement des séductions du monde, qui exagère, sans les préciser, les déboires attendant l'élève à sa sortie et qui reste lèvres closes devant le mot amour et les terribles conséquences de ses dérèglements, se voit écoutée avec ce petit sourire d'incrédulité que revêt la triomphante jeunesse regardant, trop confiante, l'avenir devant elle. Donc, à la maison comme au pensionnat, la jeune fille n'est pas préparée à la vie qui l'attend[282]. »

281. A. Lévesque. *Éva Circé-Côté*, p. 322.
282. Françoise. « Les jeunes filles dans les bureaux ». *Le Journal de Françoise*, 21 février 1903.

Mais parfois Robertine était accueillie avec chaleur par l'une de celles qui n'avaient pas oublié qu'elle avait publié des « feuilles éphémères » au profit de leur institution.

Fréchette n'arrivait pas toujours à lui cacher sa tristesse. Comme Émilie, il souffrait d'une neurasthénie qui « lui faisait aspirer au repos éternel ». Il « s'ennuyait de vivre », écrit Robertine, reprenant ainsi les paroles qu'elle-même prononçait quand elle était encore adolescente et que la destinée qu'elle voulait se construire lui semblait bien improbable.

Les visites de Robertine faisaient du bien à Louis Fréchette. Elles étaient un baume sur sa mélancolie. Robertine le distrayait et mettait du soleil dans ses journées devenues trop fades à son goût. Il aimait parler du passé. Il lui confiait ce qui avait marqué sa vie : les grandes joies qu'il avait ressenties lorsqu'il avait été couronné par l'Académie française et lorsque son idole, Victor Hugo, lui avait accordé une entrevue.

Il pouvait cependant difficilement parler des terribles deuils qui avaient assombri sa vie. Fréchette avait eu la douleur d'enterrer ses deux fils. Robertine avait connu l'un d'eux, Louis-Joseph. Il avait étudié au collège Mont Saint-Louis avec Nelligan et, fils rebelle, avait déserté son foyer en 1898. Il avait beaucoup voyagé avant de mourir tragiquement en 1901.

Fréchette lui raconta aussi qu'il avait à peine dix ans lorsqu'il avait été témoin de l'exhumation de la cage de la Corriveau, découverte par hasard dans une fosse du cimetière de Lévis.

Il confia aussi à Robertine ses débuts difficiles dans la carrière d'avocat et sa décision, qui fut déterminante dans sa vie, de s'aventurer dans le journalisme. Ils parlèrent des querelles, suivies de réconciliations, qu'il avait eues avec Beaugrand à cause de la politique. Ses querelles avec l'abbé Baillargé et le père Lacasse lui valurent d'être perçu comme étant le champion de l'anticléricalisme.

• • •

Un soir de la fin mai où la chaleur avait incité Robertine à s'attarder au jardin, où elle discutait avec Émilie, elle ne se doutait pas qu'au même moment son ami Louis Fréchette venait d'être victime d'une attaque d'apoplexie et s'était effondré, dans la rue, juste en face de chez elle. Il mourut le lendemain, et Robertine, « sous le coup d'une émotion vive », écrivit :

« Soudaine, cruelle, consternante, la mort est venue le ravir au milieu de nous, alors que rien ne faisait prévoir l'imminence de ce malheur. Pour lui, cependant, ce fut la fin qu'il a souhaitée : partir ainsi sans s'attarder, sans connaître les déchirantes angoisses des adieux, sans éprouver le martyre douloureux d'une longue maladie. Sa dernière soirée parmi les vivants, il la passa chez son vieil ami, le sénateur David. Au cours de sa visite, madame David le chargea de présenter pour elle un bouquet à madame Fréchette. Il était parti sans l'emporter, quand, se le rappelant tout à coup, il retourna sur ses pas, sonna de nouveau à la porte de ses amis, et réclama en souriant les fleurs. Il ne devait pas, hélas !, les remettre à leur destinataire, et le mal foudroyant, le prit, ô poésie !, des roses dans les mains. Mais sa dernière pensée, sa dernière attention furent pour la compagne de sa vie. »

La mort de Fréchette affecta beaucoup Robertine. Elle perdait un ami très cher, un homme qui l'avait aidée et encouragée au moment où elle en avait le plus besoin, alors que si peu croyaient qu'elle pouvait réussir et persévérer dans le métier de journaliste :

« J'aimerais dire, écrivit-elle après sa mort, ce que furent pour moi son amitié, ses encouragements au début de ma carrière, ses conseils, sa collaboration abondante et précieuse à mon journal. [...] Ah ! La mort brusquement heurtée à la vie produit un terrible déchirement ! C'est pour les siens un deuil irréparable, c'est pour moi une grande tristesse. J'offre à la famille en pleurs, à laquelle me rattache à jamais le lien de sa grande amitié, mes condoléances profondément ressenties, en même temps que je dépose un dernier hommage de gratitude, d'amitié émue et d'admiration constante sur la tombe du grand poète canadien qui vient d'entrer dans l'immortalité[283]. »

• • •

Les fêtes du trois centième anniversaire de la ville de Québec mirent un peu de joie dans cet été 1908 assombri par la mort de Fréchette. Robertine avait hâte d'aller dans cette ville qu'elle aimait tant. Elle voulait voir où en était rendu la construction du pont de Québec qui, au mois d'août de l'année précédente, s'était écroulé, faisant soixante-seize victimes dont plusieurs étaient des Mohawks. Réputés pour leur agilité et pour ne jamais souffrir de vertiges, ceux-ci étaient conséquemment fort appréciés lorsqu'on devait ériger de hautes structures. Robertine était allée un jour se recueillir avec une amie dans le cimetière de Kahnawake, où les victimes amérindiennes étaient enterrées sous des croix faites de poutres d'acier. Peu après cette tragédie, elle avait offert, dans son magazine, ses sympathies aux familles éprouvées par le deuil ainsi qu'à « tous ceux sur qui retombe le poids des responsabilités ».

---

283. Françoise. « Notre poète national ». *Le Journal de Françoise*, 6 juin 1908.

« Eux aussi, écrivit-elle, restent à plaindre, eussent-ils accompli les devoirs de leur charge dans toute leur rigoureuse exactitude... Hélas ! Les grandes œuvres sont constamment marquées du sceau des déplorables malheurs... Dans le domaine intellectuel, ce sont les peines, les souffrances, le martyr de l'âme... Dans le domaine matériel, ce sont les holocaustes humains... Quelle vie est donc la nôtre ? Et combien nous avons besoin pour nous consoler des misères de celle-ci, de la réconfortante pensée de l'autre, de celle où la peine reçoit sa récompense, où la douleur est joie, où la vie est véritablement la vie[284]... »

Les fêtes du 300e éblouirent Robertine et les feux d'artifice ratés ne gâchèrent en rien son plaisir. Il lui arrivait sans doute de chercher du regard le juge Robidoux qui, en tant que membre honoraire du comité de Montréal pour la célébration du tricentenaire, logeait à Québec. Elle était seule et elle aurait sans doute aimé avoir quelqu'un avec qui partager son plaisir.

Robertine se levait dès l'aube, marchait dans les rues désertes, prenait un copieux déjeuner et organisait sa journée de façon à tout voir. Elle ne rata pas « la procession des représentants des grandes nations qui défila jusqu'au monument Champlain pour y déposer une couronne de fleurs de lys ». Elle assista, émerveillée, aux représentations historiques auxquelles prenaient part trois mille figurants aux « costumes les plus compliqués », qui interprétaient différents événements historiques pendant que l'orchestre symphonique de Québec jouait, entre autres, des musiques composées par les Ursulines.

---

284. Françoise. « La catastrophe du pont de Québec », *Le Journal de Françoise*, septembre 1907.

« Ce n'est pas sans un battement de cœur que les anciennes élèves du vieux monastère ont retrouvé la mélodie qu'elles chantaient dans leur enfance et à l'âge heureux de leur printemps », nota Robertine.

Elle loua le travail admirable des organisateurs de ces fêtes : « Ce que je ne pourrais passer sous silence, c'est l'émerveillement où me jette la rapidité avec laquelle le travail gigantesque de cette organisation s'est accompli. En quelques mois, on a monté des pages d'histoire qui auraient exigé des années d'application et de répétitions[285]. »

Peu de gens ignoraient qui était Robertine Barry, et il lui était parfois pénible de sentir tous ces yeux qui la scrutaient dès qu'elle était en public. Elle regrettait cette époque où, anonyme, elle se promenait librement dans les rues, sans avoir tous ces regards inquisiteurs qui la dévisageaient. Lorsqu'on chuchotait sur son passage, elle se demandait sans doute si l'on parlait encore de ce qui avait bien pu se passer entre elle et Nelligan. Les présomptions se multipliaient de nouveau depuis qu'elle avait publié, quelques mois plus tôt, en première page du *Journal de Françoise,* un des poèmes de Nelligan. Poème qu'elle avait jusque-là secrètement gardé dans ses tiroirs et dont ses proches ignoraient l'existence.

« À une femme détestée » était, elle le savait pourtant, un poème compromettant qui pouvait raviver les braises encore chaudes de la rumeur. En exergue de ce poème, Émile avait écrit un vers de Georges Rodenbach que Robertine et lui affectionnaient : « Car dans ces jours de haine et ces temps de

---

285. Françoise. « Échos des fêtes du IIIᵉ centenaire de Québec ». *Le Journal de Françoise,* 1ᵉʳ août 1908.

combats, je fus de ces souffrants que leur langueur isole. Sans qu'ils aient pu trouver la Femme qui console et vous remplit le cœur rien qu'à parler tout bas[286]. »

> Combien je vous déteste et combien je vous fuis :
> Vous êtes pourtant belle et très noble d'allure,
> Les Séraphins ont fait votre ample chevelure,
> Et vos regards couleur de charme brun des nuits.
> Depuis que vous m'avez froissé, jamais depuis,
> N'ai-je pu tempérer cette intime brûlure :
> Vous m'avez fait souffrir, volage créature,
> Pendant qu'en moi grondait le volcan des ennuis.
> Moi, sans amour jamais qu'un amour d'Art, Madame,
> Et vous, indifférente et qui n'avez pas d'âme,
> Vieillissons tous les deux pour ne jamais se voir.
> Je ne dois pas courber mon front devant vos charmes ;
> Seulement, seulement, expliquez-moi ce soir,
> Cette tristesse au cœur qui me cause des larmes.

• • •

En décembre, Robertine sortit un autre poème de Nelligan de ses tiroirs et le montra à Émilie, qui le lut les larmes aux yeux, car une infinie tristesse émanait du poème *Le vent, le vent triste de l'automne !*

En exergue, Émile avait écrit ces vers de Verlaine : « Beauté des femmes, leur faiblesse et ces mains pâles. Qui font souvent le bien, et peuvent tout le mal[287]. »

---

286. *Le Journal de Françoise*, 21 mars 1908.
287. *Le Journal de Françoise*, 5 décembre 1908.

Verlaine, dont la destinée avait été aussi tragique que celle de Nelligan.

Pour Robertine, l'amitié avait toujours plus d'importance à mesure qu'elle vieillissait. C'étaient les liens d'amitié qu'elle avait créés au fil des ans qui la consolaient de vieillir. Celle d'Émilie lui était infiniment précieuse. Durant les chaudes soirées, Robertine entraînait Émilie dans son jardin : « Je causais dernièrement avec la mère de notre malheureux poète Nelligan et la conversation vint à tomber, je ne sais comment, sur les grêlons de Saint-Dié[288] », écrivit Robertine. Faisant un lien de cause à effet discutable, elle avait raconté à Émilie que des grêlons, aussi gros que des œufs de poule, étaient tombés sur la petite ville de Saint-Dié, à l'heure exacte où une procession de la Sainte Vierge aurait eu lieu si les autorités civiles ne l'avaient interdite :

« Bientôt, dans la ville, une rumeur s'élève : *La Vierge a eu tout de même sa procession ! Car Notre-Dame était sur les grêlons !* En effet, des centaines de témoins viennent déposer, sous la foi du serment, la présence de l'image de Notre-Dame du Trésor sur les grêlons. Ce n'est pas une forme vague que ces personnes ont vue, c'est une effigie absolument nette, minutieusement détaillée et rigoureusement conforme à la médaille frappée à l'image de Notre-Dame du Trésor, avec l'Enfant Jésus, la couronne et la robe. Ces grêlons, malgré leur grosseur, n'ont causé aucun dommage aux légumes et aux fleurs des jardins, on les ramassa dans les allées, car sur les plates-bandes ou dans les carrés potagers, il n'y en avait point. »

---

288. Françoise. « Un fait extraordinaire ». *Le Journal de Françoise*, 26 septembre 1908.

Robertine ajouta que des prêtres et quelques hommes de sciences conclurent à l'intervention d'une cause surnaturelle. Elle mentionna Pierre Duhem, un professeur de physique théorique à la faculté des sciences de l'Institut de Bordeaux qui avait déclaré que les grêlons-médailles ne pouvaient provenir d'une cause humaine, autrement dit, d'une supercherie. « Mme Nelligan, nota Robertine, ignorait les particularités de cet événement, mais à son tour, elle me raconta un fait étonnant qui intéressera autant que moi, j'en suis convaincue d'avance, les lecteurs du *Journal de Françoise*. Il y a quelques années, dans une paroisse des environs de Sorel, les organisateurs de la procession de la Fête-Dieu, pour éviter une côte fatigante, avaient résolu de passer à travers champs. Deux prairies facilitaient ce nouvel itinéraire, mais elles étaient également ensemencées de fèves, et le propriétaire de l'un de ces prés refusa le droit de passage à la procession, dans la crainte que la récolte en souffrît beaucoup. L'autre, par esprit de foi, accepta, afin que le Saint-Sacrement le bénisse ainsi que sa moisson. Au lendemain de la procession, le cultivateur qui avait si généreusement offert son champ au parcours de la cérémonie constata avec satisfaction que le terrain n'avait été nullement abîmé par la foule qui suivait le Saint-Sacrement. *"On dirait,* ajoutait-il en riant, *que tout ce monde eût des ailes, car on ne voit, nulle part, la trace des pas."* » Cet incident fut bientôt oublié. L'été se passa. Puis Robertine revint sur le sujet :

« À l'époque de la récolte des fèves, récolte qui, par parenthèse, ne fut jamais aussi abondante que cette année-là pour le cultivateur dont nous nous occupons ici, quelle ne fut pas la surprise et l'étonnement extrême du propriétaire du champ en question de contempler, gravée sur chacune des fèves moissonnées, de la couleur d'un brun rougeâtre, la reproduction exacte de l'ostensoir au milieu duquel se détachait, nette, précise, et en relief, la rondeur blanche de l'hostie… Depuis ce temps, toutes les fèves de la récolte miraculeuse, en quelque terrain qu'on les ensemence, portent ce signe miraculeux. Je puis l'affirmer, j'en ai vu, hier encore, chez Mme Nelligan. Ces fèves phénoménales ont poussé dans la cour qui avoisine sa maison, et c'est le bon vieux qui les a mises en terre qui lui a raconté leur prodigieuse provenance[289]. »

289. Françoise. « Un fait extraordinaire. » *Le Journal de Françoise*, 26 septembre 1908.

Dixième partie

1909-1910

Sa vie [à Robertine] est un engrenage qui ne lui laisse aucun repos. Elle est presque trop remplie […]. Elle suspend la publication de son journal pour refaire une santé compromise par le surmenage. Cette vie de travail intellectuel intense représente un terrible effort pour une femme !

RENÉE DES ORMES,
Robertine Barry, Françoise en littérature

En ce début de février 1909, Robertine sortit de ses tiroirs un autre poème de Nelligan – *À Georges Rodenbach* – et le publia en première page de son magazine.

Elle se sentait fatiguée et déprimée. Tous, autour d'elle, lui répétaient qu'elle travaillait trop et qu'elle était surmenée. Il est probable qu'elle s'inquiétait surtout pour la survie de son magazine. Quelques mois plus tôt, espérant sans doute le rentabiliser, elle avait demandé à des comptables d'administrer *Le Journal de Françoise*. Cette situation devait être d'autant plus difficile pour elle qu'elle n'avait cessé de proclamer que les femmes, en affaires, réussissaient souvent mieux que les hommes. Elle avait été si fière d'écrire dans son magazine qu'aux États-Unis, les femmes qui avaient débuté comme simples commises dans une banque, étaient devenues gérantes et jamais, jamais !, n'avaient fait faillite, contrairement aux banquiers qui ne pouvaient en dire autant. Elle avait utilisé le mot *commises* à la place de commis. Avant-gardiste, Robertine féminisait souvent les mots.

Sachant que le recours à des comptables allait encore susciter des commérages, elle avait jugé nécessaire d'apporter des précisions : « Après avoir prouvé pendant six années entières qu'une femme peut aussi s'entendre aux affaires, nous avons décidé de confier l'administration de notre journal – lequel ne doit rien à personne – à MM. Valiquette et Dubé, les comptables bien connus de la rue Saint-Jacques[290]. »

Au fil des ans, elle avait augmenté le nombre de pages et s'était attaché les collaborateurs les plus prestigieux. Elle avait tout fait pour la survie de son magazine. Mais elle n'avait aucune subvention, nul secours d'aucune compagnie, pas de bailleur de fonds, pas de généreux mécènes. C'était presque un miracle que *Le Journal de Françoise*, après sept ans, tienne encore le coup. Un magazine défendant des idées féministes et progressistes n'avait pas sa place dans une société qui n'arrivait pas « à se dégager de ses origines rurales, de l'emprise de l'Église et de ses idées ultramontaines[291] ». Le clergé, que Robertine avait si souvent osé critiquer, n'avait certes pas encouragé la lecture de ce magazine.

Les idées que Robertine défendait lui attiraient plus de détracteurs que de partisans à sa cause. Pourtant, des partisans, il y en avait. Et des plus convaincus ! Elle se souvenait combien elle avait été heureuse lorsque des lecteurs lui écrivaient que sa revue « honorait le sexe féminin ».

C'est sans doute avec un immense sentiment d'échec chevillé à l'âme qu'elle dut se résoudre à mettre fin à la publication du *Journal de Françoise*. Elle était épuisée, déprimée et amèrement déçue. Elle avait mis dans ce magazine tout son cœur, toutes ses énergies, tous ses espoirs. Il avait été son grand rêve et elle devait y mettre fin.

---

290. Françoise. « À nos lecteurs ». *Le Journal de Françoise*, 18 avril 1908.

291. Hamelin et all, cité par B. Vigneault, *Idéologie, « plurigénéricité » et figure du destinataire dans* Fleurs champêtres *de Françoise (Robertine Barry)*, p. 20.

Dans son dernier éditorial, publié le 15 avril 1909, elle écrivit que ce n'est pas sans émotion qu'elle prenait congé de ses abonnés :

« Je dois à leur bienveillance, à leur encouragement et à leur chaude sympathie, sept ans d'une vie besogneuse et agréable durant lesquelles j'ai été, avec eux, en communion étroite d'idées et de sentiments. Leur appui moral ne m'a pas fait défaut !, c'est à lui que je dois ce qu'il y a de meilleur dans la vie d'un écrivain. »

Elle ajouta qu'elle rembourserait ceux et celles dont l'abonnement n'était pas expiré : « Un journal de femmes a de ces scrupules. *Le Journal de Françoise* quitte donc l'arène drapeau flottant, remplissant jusqu'au bout ses engagements et ne devant rien à personne. »

Le 14 avril 1909, dès l'aurore, Robertine marcha pour la dernière fois jusqu'à son bureau. Les déménageurs avaient promis de venir tôt. Elle accéléra le pas lorsqu'elle vit qu'un attelage était stationné devant la porte du *Journal de Françoise*. Quelques minutes plus tard, ravalant ses larmes, elle donnait ses directives aux déménageurs qui emportaient les dernières boîtes. Quand ils furent partis, elle prit le dernier numéro de son magazine et le feuilleta. Elle relut distraitement des extraits d'un roman de Colette Yver qu'elle avait publiés. Les héroïnes de ce roman, au destin hors du commun, avaient plu à Robertine, car elles se préoccupaient d'accéder à l'éducation et au marché du travail. Tout cela, Robertine y croyait encore, mais plus elle vieillissait, plus elle mesurait combien, pour les femmes, sortir de la sphère privée équivalait à franchir sans fin une série d'obstacles. Colette Yver, avec qui elle correspondait, avait remporté deux ans plus tôt le prix Fémina pour son ouvrage féministe *Princesses de science*, dans lequel elle évoquait la difficulté qu'avaient les femmes de concilier leur vie familiale et leur carrière scientifique.

Robertine essuya une larme. Mettre fin à la parution de son magazine lui était plus difficile qu'elle ne l'avait cru. Une chose la consolait cependant : « *Le Journal de Françoise*, en traçant péniblement un sillon dans le terrain fertile sans doute, mais non encore cultivé du journalisme féminin, n'a fait que semer pour les autres. D'aucuns viendront après moi : ils feront mieux et plus magnifique ; ils ne seront ni plus sincères, ni plus méritants[292]. »

Elle n'eut guère le temps de s'apitoyer sur son sort. Le deuxième congrès de la Fédération nationale Saint-Jean-Baptiste, qui devait se tenir les 23, 25 et 26 juin 1909, approchait à grands pas. Elle devait y donner une conférence et elle savait très bien que ce qu'elle y dirait ne plairait ni aux ultramontains ni à l'archevêque. Mais elle n'imaginait pas qu'elle causerait autant de remous.

• • •

Durant ce deuxième congrès de la Fédération nationale Saint-Jean-Baptiste, on parla beaucoup du fléau qu'était l'alcoolisme, de la carrière d'infirmière, des servantes, des tribunaux pour enfants, des associations artistiques, du logement des ouvrières, bref, rien de bien révolutionnaire. Les discours étaient tout de même audacieux, simplement parce que c'étaient des femmes qui les prononçaient. Comme le souligna Caroline Béïque dans son discours de bienvenue, les religieuses avaient décliné l'invitation de venir parler en public, « leur humilité s'y étant opposée ».

---

292. Françoise. « Pour prendre congé ». *Le Journal de Françoise*, 15 avril 1909.

Caroline, la sœur de Robertine, vint parler de l'enquête que son comité avait menée sur les femmes emprisonnées et déplora l'absence de protection dont elles souffraient lorsqu'elles étaient libérées.

Robertine n'aima sans doute pas entendre la vice-présidente du comité des questions domestiques parler des servantes qui n'étaient pas compétentes pour servir les gens de la ville puisque, à la campagne, « le service est primitif ».

Lors de la séance d'ouverture de la deuxième journée du congrès, Caroline Béïque vanta la « bonté inlassable » de Mgr Bruchési qui leur faisait l'immense honneur de présider cette journée.

Robertine remercia sans doute le ciel que son amie Émilie ne soit pas là pour entendre ce que l'on disait des mères durant cette journée. Une déléguée de l'hôpital Sainte-Justine parla d'abord de leur « mission de devoir, de dévouement et de sacrifices », et condamna les mères qui, dans leur légèreté, refusaient d'allaiter leurs enfants, manquant ainsi « à un de leurs plus grands devoirs ». Elle réprouva avec encore plus de véhémences celles qui, pour faire dormir un enfant trop pleurnichard, lui donnaient de ces « drogues à base d'opium ». Le sommeil viendra, affirma-t-elle, mais « agité, nerveux, congestionnant son petit cerveau et souvent, préparant l'enfant pour nos asiles d'épileptiques et d'aliénés ». Il faut savoir qu'à cette époque, le laudanum, une solution d'opium, apparaissait si inoffensif qu'on recommandait d'en donner aux enfants pour guérir de simples rhumes. Plusieurs nourrissons moururent, et ce n'est que des années plus tard qu'on soupçonna qu'ils étaient morts de surdoses.

On peut imaginer que Robertine revit en pensée sa mère qui pleurait devant la tombe blanche de sa petite sœur lorsqu'elle entendit la conférencière affirmer que « souvent, considérant l'âme avant le corps, la mère chrétienne sera presque joyeuse du trépas de son enfant ».

Madame Béïque vint ensuite parler de l'enseignement ménager et de tous les effets néfastes du travail des mères à l'extérieur du foyer.

L'exaspération de Robertine monta encore d'un cran lorsqu'elle entendit Marie Gérin-Lajoie lire la conférence préparée par les sœurs de la Congrégation Notre-Dame. Celles-ci disaient que « les femmes solidement instruites relèvent le milieu domestique où elles sont destinées à vivre ». Nous voulons « que nos filles soient en mesure de défendre leur foi, de ne pas s'en laisser imposer par de jeunes libres penseuses au vernis d'érudition vite craquelé ».

Après Idola Saint-Jean, qui parla d'art, ce fut au tour de Robertine de monter sur l'estrade et de donner sa conférence, dont le titre était « Le journalisme et l'éducation populaire. » Elle martela son leitmotiv :

« L'éducation laïque est extrêmement importante pour qui connaît ses devoirs et ses obligations. » Elle ajouta que le rôle du journaliste est de « servir de pilote de l'intelligence » et qu'il est même placé « au premier rang parmi les éducateurs ». Elle affirma, haut et fort, que « la presse écrite comble les lacunes de la culture canadienne-française telle l'absence de bibliothèques acceptables ». Elle conclut que le journal était la seule université à laquelle les femmes avaient accès. Contrairement aux autres congressistes, elle ne fit aucune mention ni de la religion ni de la foi ni de la mission de bonnes épouses et bonnes mères.

On peut imaginer que les applaudissements se firent timides et que *Sa grandeur* était blême. Bien des choses dites par

Robertine l'offusquaient. Lorsqu'elle avait mentionné, entre autres, que Montréal n'avait pas encore de bibliothèques convenables. Tout le monde savait que Bruchési y était pour quelque chose. En 1907, constatant que, progressivement, la bibliothèque s'était enrichie d'ouvrages littéraires et historiques, il avait décidé d'intervenir. Il avait écrit une lettre aux responsables dans laquelle il précisait qu'il était de son devoir de veiller à ce que la bibliothèque ne contienne aucun livre dommageable aux âmes dont il avait la garde. Il avait joint à cette lettre une liste d'auteurs jugés « dangereux », dont Sand, Balzac, Rousseau.

En descendant les marches de l'estrade, Robertine avait croisé mademoiselle Roy qui devait lire la conférence d'une déléguée de l'association Aberdeen, dont l'un des objectifs était de favoriser la lecture chez « les colons habitant des terres lointaines » et chez les gardiens des phares. On leur envoyait des magazines, des bons romans et des vieux livres de classe. Il s'agissait de « bonnes lectures », évidemment, car « la littérature malsaine de ces temps-ci, qu'on laisse circuler si librement, a besoin d'un contre-poids au mal qu'elle cause, surtout chez quelques cerveaux plus ou moins équilibrés ». Elle parla aussi de la franc-maçonnerie, qui exerçait une « influence satanique en s'attaquant aux principes fondamentaux de l'Église, en méprisant les enseignements de ses ministres, et anéantissant ses ordres religieux ». Comme sauvegarde, dit-elle avec ferveur, « propageons les bonnes lectures, saines et tout à fait conformes à l'autorité ecclésiastique ».

Lorsque Bruchési vint faire l'allocution de clôture de cette journée, il ne ménagea pas ses louanges, parlant des choses charmantes et profondes qu'il avait entendues et affirmant du même coup qu'il leur donnerait son imprimatur. Il mit cependant un bémol à ce concert de louanges. Regardant Robertine, il affirma que les « journaux et les revues feront l'éducation du peuple pourvu évidemment qu'ils soient rédigés d'une façon morale ». Pesant bien ses mots, il ajouta : « Nous avons eu aussi ce que j'appellerai des thèses. Ici je serai plus discret. Il faut se défier de ce que l'on entend. L'oreille est plus bénigne que l'œil ; pour juger une pièce quelconque, il ne faut pas seulement prêter l'oreille, il faut la lire et la relire, le crayon à la main. »

Tout le monde savait que c'était la conférence de Robertine qu'il voulait relire, le crayon à la main.

Madame Béïque ouvrit la dernière journée du congrès avec une petite allocution dans laquelle elle rappela que « les maladies morales comme les maladies physiques pourraient être guéries si les femmes le voulaient bien ». Robertine écouta plus attentivement ce que les conférencières dirent cette journée-là, car elles parlèrent des conditions de travail des ouvrières, un sujet qui la préoccupait et sur lequel elle avait souvent écrit depuis le début de sa carrière. Cela l'intéressait d'autant plus qu'elle avait récemment accepté le poste d'inspectrice du travail féminin dans les manufactures.

• • •

Après ce congrès, Bruchési et Marie Gérin-Lajoie s'échangèrent plusieurs lettres dans lesquelles il était question de la conférence de Robertine. Dans l'une d'elles, l'archevêque écrivit « que si les sentiments si chrétiens et si catholiques que vous m'exprimez ne me surprennent pas de votre part, ils me touchent profondément. Je vous avoue qu'à la séance de votre congrès que j'ai présidée, j'ai été désappointé et peiné. Ce qui s'est passé alors aurait pu, assurément, avec un peu de prévoyance, être évité. On a été trop confiant. Pour ma part, j'avais cependant dit : "Soyez sur vos gardes." Mais enfin, c'est fait. Ce sera une expérience qui instruira pour l'avenir. Je crois sincèrement qu'il vaudra mieux diriger les femmes de la Fédération vers les œuvres sociales et charitables et leur demander moins de discours. Vous me dites déjà que le rapport s'imprime. On a été bien vite, ce me semble. La publication de ce rapport ne s'imposait pas. Plusieurs de ces travaux qui ont été lus n'ont pas une grande valeur et les plus remarquables ne présentent guère des aperçus neufs. Ce que j'ai entendu de mieux n'était que le résumé de nos catéchismes et l'écho des prédications de retraites aux mères chrétiennes. Si donc il n'était pas trop tard, je vous dirais : "Suspendez tout", et cela couperait court à toutes les difficultés que vous me mentionnez. Les plus importantes conférences pourraient être imprimées en tout ou en partie dans les journaux et cela suffirait. Mais enfin, si le rapport doit être publié, vous comprenez que je ne puis rien dire des rapports et des travaux que je n'ai pas entendus. Le rapport de l'École supérieure peut être imprimé sans crainte ; celui des Sœurs de la Miséricorde devra être omis. Quant aux travaux dont la note, vous en conviendrez, est fausse » (il parle ici de la conférence de Robertine), « j'aime mieux ne rien en dire. Vous jugerez vous-même de ce que vous avez à faire. Permettez que je vous laisse toute responsabilité[293] ».

Marie, fort troublée, lui demanda alors : « Est-ce que la conscience des femmes qui dirigent la Fédération serait entachée d'un péché en permettant la publication de la conférence de Mlle Barry[294] ? »

---

293. Lettre signée Paul, archevêque de Montréal, Montréal, 9 juillet 1909. Archives de la Chancellerie de Montréal.

294. A-M. Sicotte. *Marie Gérin-Lajoie*, p. 255.

Et Bruchési de lui répondre : « Il ne m'est jamais venu à la pensée que "la conscience des femmes qui dirigent la Fédération serait entachée d'un péché en permettant la publication de la conférence de Mlle Barry". Mais cette conférence est fausse comme thèse, très incomplète et absolument en dehors de l'idée chrétienne. Si elle paraît telle qu'elle est, vous pourriez bien avoir des désagréments sérieux. On l'attaquera dans les journaux et que répondrez-vous pour vous défendre ? Si Mlle Barry ne veut pas se rendre aux observations de M. Lecoq et aux miennes, elle fait preuve d'entêtement et d'esprit peu catholique. Dans ce cas elle n'aurait droit, ce me semble, à aucun égard. »

Dans sa conclusion, il tint à préciser : « La menace d'un appel aux tribunaux civils et ecclésiastiques n'est pas sérieuse[295]. » Avait-il lui-même fait verbalement cette menace ou bien Marie lui avait-elle exprimé, en ces termes, ses propres craintes ? On ne le sait pas.

Dans une autre lettre, Bruchési donne plus de détails sur ce qu'il reproche à Robertine :

« Vous avez dû remarquer comme moi, dans sa conférence, des lacunes, des affirmations contradictoires et des principes peu en harmonie avec les idées chrétiennes. La morale dont il y est parlé est purement matérielle et civique. "L'honneur, dit Mlle Barry, il n'y a pas de vertu plus noble et meilleure, que je sache, à mettre dans une vie." Avouez que cela a besoin au moins d'explications, et cette phrase est loin de résumer tout ce que l'Évangile enseigne aux vrais chrétiens. Le journal exerce certes une grande influence sur le peuple, mais pour que cette

---

295. Lettre de Paul Bruchési à Marie Gérin-Lajoie. Sans date. Archives de la Chancellerie de Montréal.

influence soit salutaire, il faut que le journal respire la vérité, la religion et la vertu. Le bon journal ne saurait trop être recommandé et encouragé, mais le journal irréligieux, licencieux, ne doit-il pas être regardé comme un ennemi mortel? Cela eut dû être dit[296]. »

Il n'appréciait pas que Robertine ait parlé d'éducation laïque et universelle, et qu'elle s'obstine à ne pas jouer le rôle qu'il attendait des femmes : qu'elles soient les gardiennes de la foi.

Marie Gérin-Lajoie n'avait pas seulement demandé conseil à Bruchési. Elle avait fait évaluer la conférence de Robertine par d'autres personnes, dont un certain monsieur Lecoq auquel fait référence Bruchési. Robertine, qui avait appris cela, écrivit à Marie :

« Je suis [mot incompréhensible] que vous soumettez mon travail à des autorités compétentes. Le seront-elles ? Nous le saurons. J'ai idée que ces modestes feuilles seront appelées avant longtemps à faire un peu de bruit. Moi aussi, j'ai une conscience ; non seulement elle ne me reproche rien, mais j'ai reçu des [x suivi d'un mot illisible] qui pèseront dans la balance. Sans parler du témoignage de l'abbé Perrin lui-même qui m'a déclaré qu'il n'y avait rien dans ma conférence contre quoi l'autorité pourrait trouver à redire. Ceci, avec d'autres déclarations également compétentes, me sera précieux dans les [mot illisible]. Si un malaise a été créé, c'est dans les esprits faibles. Ceux-ci sont en général assez nombreux. Les quelques personnes présentes du jugement desquelles le monde peut se soucier n'ont nullement été scandalisées. Loin de là. Je vous montrerai à ce sujet une lettre du lieutenant-gouverneur[297]. »

---

296. A-M. Sicotte. *Marie Gérin-Lajoie*, p. 254.

297. Lettre de Robertine, signée *Françoise*, à Marie Gérin-Lajoie, été 1909.

Mais Bruchési eut gain de cause.

La conférence de Robertine ne fut pas publiée dans les actes du congrès.

Au pays de la censure, la parole discordante de Robertine fut rendue muette.

Robertine ne fut pas surprise outre mesure. Elle savait depuis longtemps qu'il y a différentes façons de museler quelqu'un quand on s'y mettait vraiment. L'indifférence silencieuse, l'intimidation, l'abus de pouvoir et même la muselière, comme elle l'avait raconté dans son magazine :

« En Angleterre, jusqu'au commencement du XXe siècle, on condamne les femmes bavardes à porter une muselière. Pour bien prouver qu'il ne s'agit pas d'une fantaisie humoristique, on a reproduit et gravé l'image de quelques-uns de ces engins qui existent encore en assez grand nombre. Quelques-unes de ces muselières sont de véritables instruments de torture. La dernière fois que ce singulier ustensile fut employé, ce fut en 1824, à Congleton, dans le Cheshire. »

Le fait que Robertine avait souvent osé critiquer le clergé n'avait certainement pas joué en sa faveur. Bruchési avait, depuis longtemps, bien des choses à lui reprocher. Qu'elle s'affiche ouvertement d'allégeance libérale apparaissait sans doute à ses yeux comme une provocation d'autant plus grande qu'elle était une femme et que non seulement elle ne devait pas se mêler de politique, mais aurait dû mieux se soumettre aux hommes d'Église. Lui qui ne cessait de parler de la mission divine des femmes, qui consistait à mettre au monde des enfants et à les éduquer dans la foi catholique, déplorait le fait qu'elle parlait si fréquemment des aspects négatifs du mariage. De l'amour qui s'éteint. Des hommes violents. Des femmes trop soumises et trop dépendantes de leur mari. Des lois qui font des épouses des mineures. Des joies du célibat. De la nécessité de s'instruire et d'être indépendantes. Du bonheur d'apprendre et de la nécessité, pour les journalistes, de diffuser les connaissances scientifiques. En plus de ses idées trop révolutionnaires aux yeux de l'archevêque, comme aux yeux de bien des gens de ce temps, le métier qu'elle exerçait, même s'il n'était, disait-on, pas fait pour une femme, était lourd de responsabilités morales : il devait contribuer au bien-être de ses lecteurs et de ses lectrices et, surtout, éviter de les entraîner dans des voies qui leur étaient néfastes. Ce que, du point de vue de Bruchési, Robertine n'avait pas fait.

• • •

Robertine reçut une lettre de Marie lui expliquant pourquoi le texte de sa conférence ne serait pas publié dans les actes du congrès. Robertine, pour qui la loyauté en amitié était primordiale, fut infiniment blessée. En réponse à une lectrice, elle avait un jour écrit que l'amitié « n'est pas un vain sentiment et, quand on se dit l'ami de quelqu'un, il faut avoir le courage de le prouver en toutes circonstances ».

Elle écrivit à Marie :

« Je reconnais que vous avez besoin pour le triomphe de la fédération de cette force, toute-puissante en notre pays, qu'est le clergé. Sacrifiez-lui des holocaustes. Je souhaite seulement qu'il ne vous en demande d'autres plus durs encore comme de renoncer, par exemple, au suffrage féminin. En attendant, je vous plains car, en me sacrifiant, vous allez contre ce sentiment de droiture, de loyauté, de justice, que j'ai toujours admiré en vous puisque de votre aveu vous n'avez rien vu de répréhensible à ce que j'ai écrit. »

Les propos de Robertine se sont avérés prémonitoires puisque, à cause des pressions du clergé, la fédération dut, en 1922, démissionner de la présidence du comité provincial pour le suffrage féminin.

Robertine était profondément blessée par l'attitude de Marie Gérin-Lajoie. Elle avait toujours défendu ses amies et n'aurait jamais sacrifié aucune d'elles, encore moins pour se soumettre au clergé.

• • •

Malgré tout, l'implication de Robertine au sein de la Fédé-ration nationale Saint-Jean-Baptiste lui avait permis d'obtenir le poste d'inspectrice du travail féminin dans les établissements industriels. Les membres de l'Association professionnelle des employées de manufactures affiliée à cette fédération avaient approuvé à l'unanimité cette nomination. Fondée en 1907, cette association comptait près de cinq cents membres dont le dynamisme était un modèle pour les autres œuvres économi-ques de la FNSJB. Elle s'assurait, entre autres, que les patrons respectent les congés lors des fêtes religieuses. Elle faisait aussi des enquêtes sur le travail des femmes et recommandait qu'on améliore les locaux où elles travaillaient. Elle avait ainsi obtenu qu'on installe une lumière adéquate dans les filatures de coton d'Hochelaga.

Les membres de cette association appréciaient le franc-parler de Robertine, sa sensibilité, son courage et son esprit frondeur. Elles savaient que cette journaliste dénonçait depuis des années les conditions difficiles dans lesquelles travaillaient les ouvrières. Robertine avait été aussi l'une des premières à féliciter publiquement le ministre des Travaux publics lorsqu'il

avait fixé à treize ans « l'âge des fillettes auxquelles il sera doré-
navant permis de travailler dans les manufactures[298] ». Elle
avait aussi appuyé les revendications de l'APEM, qui voulait
que ce soient des contremaîtresses qui supervisent le travail
des femmes et que les hommes et les femmes puissent travailler
dans des départements séparés. Les membres de cette association savaient que Robertine n'était pas de ces bourgeoises
qui méprisent les femmes de « condition inférieure ». Plusieurs bourgeoises estimaient que le simple fait de saluer des
ouvrières les rabaissait.

Même si le travail d'inspectrice de manufactures n'enthou-
siasmait pas autant Robertine que celui d'écrivaine et d'édi-
trice, il avait l'avantage de la débarrasser des soucis pécuniaires.
Mais elle espérait aussi qu'il serait une arme plus efficace que
la plume contre les injustices sociales. En travaillant auprès de
la catégorie la plus malheureuse des travailleurs, les femmes
et les enfants, elle pourrait améliorer leurs conditions de vie.

Elle avait souvent parlé d'eux avec son ami Jules Helbronner.
Profondément épris de justice sociale, ce journaliste avait publié dans *La Presse*, jusqu'en 1894, une chronique ouvrière qu'il
signait d'un pseudonyme évocateur : *Jean-Baptiste Gagnepetit*.
Il militait sans relâche dans les organisations ouvrières de
Montréal et s'était gagné le respect des ouvriers, voire l'amitié
de quelques-uns d'entre eux. Lorsqu'en 1885 ceux-ci refusè-
rent la vaccination contre la variole, il les avait encouragés à
se plier aux directives d'Honoré Beaugrand, alors maire de
Montréal. Les ouvriers estimaient tant cet homme qui se préoccupait sincèrement de leur sort qu'ils acceptèrent de se faire

---

298. Françoise. « Les jeunes filles dans les bureaux ». *Le Journal de Françoise*,
21 février 1903.

vacciner. Cette marque d'estime, ils la lui manifestèrent aussi lors de la grève des débardeurs et des charretiers, survenue en 1903, n'hésitant pas, malgré l'embargo sur toutes les marchandises, à transporter tous les rouleaux de papier dont *La Presse* avait besoin.

Robertine et Jules se moquaient parfois des ultramontains qui le qualifiaient de dangereux socialiste. Le monde serait meilleur s'il y avait plus d'hommes « dangereux » comme lui, pensait plutôt Robertine.

Jules lui avait beaucoup appris sur les conditions de travail des ouvrières. Elle savait en théorie ce que son poste d'inspectrice l'amènerait à toucher de près. Elle savait que, pour quatre dollars la semaine, plusieurs ouvrières s'échinaient dans des ateliers trop bruyants, malpropres, humides, dépourvus de chauffage, de fenêtres et de lieux sanitaires suffisants. La plupart de ces travailleuses n'avaient jamais de vacances, faisaient des heures supplémentaires le soir, mangeaient à l'usine, respiraient les odeurs de produits toxiques et, durant l'hiver, n'avaient pas l'occasion, à cause des longues heures de travail, de voir la lumière du jour. Certaines étaient harcelées sexuellement par leurs contremaîtres, parfois même violées.

Robertine savait que bon nombre de manufacturiers préféraient engager des femmes et des enfants parce que ceux-ci se révoltaient moins violemment lorsqu'on prélevait un montant sur leur paie à cause d'une légère infraction. Il arrivait qu'à la fin de la semaine, des travailleuses, non seulement n'avaient pas de salaire, mais devaient de l'argent à leur employeur à cause des amendes encourues.

Robertine savait que certains ouvriers ne travaillaient que le temps de leur apprentissage, période durant laquelle ils n'étaient pas payés, leurs employeurs prétextant qu'ils pouvaient se compter chanceux d'apprendre un métier. Dans certaines usines, des travailleurs devaient payer une partie du coût de l'éclairage. Dans d'autres, on leur imposait des heures de travail supplémentaires sans rémunération. S'ils refusaient de travailler sans être payés, ils étaient tout simplement congédiés.

Plus la main-d'œuvre féminine et juvénile augmentait, plus les conditions de travail se détérioraient. Les femmes gagnaient beaucoup moins que les hommes pour un travail équivalent. Ainsi, « en 1888, les Religieuses de l'Hôtel-Dieu de Montréal déboursent quarante sous pour le salaire quotidien d'une employée, soit le prix de deux poulets. En 1896, le salaire n'a pas changé, mais il ne correspond plus qu'au prix d'une poule ! Par contre, le salaire d'un homme est de deux dollars par jour. En 1896, les Religieuses trouvent le moyen de payer deux cents dollars d'honoraires pour trois mois à leur agent d'affaires, M. Cyrille Laurin[299] ».

La situation n'était toutefois guère plus enviable pour les hommes et les garçons. De jeunes cigariers étaient mis au cachot ou battus par leurs employeurs en toute impunité, les patrons ayant encore le droit d'imposer des sévices corporels à leurs employés.

Les contremaîtres tiraient d'ailleurs avantage à prendre en défaut les travailleurs et travailleuses, car leur salaire était composé en partie des amendes qu'ils leur infligeaient.

Les ouvriers risquaient la prison pour des peccadilles, comme ce fut le cas pour Édouard Miron qui fut emprisonné parce qu'il avait « préféré un après-midi au cirque à la grisaille de son travail[300] ».

---

299. J. de Bonville. *Jean-Baptiste Gagnepetit*, p. 89.
300. *Ibid*, p. 61.

Il y avait beaucoup à faire pour améliorer les conditions de vie des travailleuses. Leur état de sujétion révoltait sans doute d'autant plus Robertine qu'elle-même n'était pas encline à se soumettre à quelque forme d'autorité que ce soit.

Elle admirait d'autant plus Jules Helbronner qu'il était l'un des rares, parmi ses amis, à dénoncer le fait que des bourgeois s'enrichissaient sur le dos des gagne-petits en les traitant comme des esclaves. Plusieurs d'entre eux s'opposaient même à une réduction des heures de travail des classes ouvrières, Olivar Asselin, entre autres.

Les premiers jours de travail en tant qu'inspectrice furent sans doute difficiles pour Robertine. Dans les manufactures, elle rencontrait des fillettes et des femmes harassées de fatigue. Elle était certainement sensible à leur détresse et comprenait que ce qui leur semblait tout aussi, voire plus difficile que leurs pénibles conditions de travail, c'était d'être privées de l'espoir d'avoir un jour une vie meilleure. Véritables esclaves, aucune d'entre elles n'avait rêvé d'une telle existence. Qui d'ailleurs pourrait bien rêver d'être comme une machine humaine « ayant la capacité physique d'accomplir des tâches répétitives qu'aucun robot n'effectuait encore[301] ? »

Robertine mesurait sa chance lorsque, les fins de semaine, elle partait à la campagne ou bien projetait de faire un voyage durant ses vacances. Celles pour qui elle travaillait n'avaient pas cette chance.

• • •

Le 15 août 1909, il est fort probable que Robertine et sa famille embarquèrent sur l'un des vapeurs qui les conduiraient

---

301. H-A. Bizier. *Une histoire des femmes en photos*, p. 176.

à Grosse-Île où devait avoir lieu une cérémonie grandiose afin de commémorer le courage des milliers d'Irlandais obligés de fuir leur pays à cause de la famine. Durant cette cérémonie, on dévoilerait la croix celtique en granit gris, mesurant 46 pieds de hauteur, qui avait été érigée sur le lieu le plus élevé de l'île, nommé la Pointe d'en haut. Afin d'éviter toute propagation du typhus ou du choléra, les immigrants irlandais, dont faisait partie le père de Robertine, avaient dû transiter sur cette station de quarantaine obligatoire qu'était alors Grosse-Île. Quarantaine qui avait ses failles, comme le souligne pertinemment Victor-Lévy Beaulieu :

« Curieux tout de même qu'on ne se rendait pas compte de l'incohérence de cette politique de mise en quarantaine des immigrants irlandais, car on laissait aller là où l'on voulait les bateaux qui les avait transportés jusqu'à Grosse-Île. Cette croyance que les pilotes et les marins, s'ils n'étaient pas Irlandais, ne pouvaient être atteints par la maladie. Cette méconnaissance de la qualité des microbes voulant qu'ils ne se transmettent que par personnes interposées de même race. Si on inspectait les navires, on ne les désinfectait pas vraiment avant de donner à leurs capitaines le feu vert pour continuer leur route vers Québec ou Montréal. Ainsi Québec devint-elle rapidement une ville infestée, et Montréal aussi. Les immigrants parqués dans des hangars le long du fleuve, y attendant de guérir ou de mourir. La contamination faisait ainsi des petits partout, essaimant jusque dans le Haut-Canada. Moins de victimes chez les Américains pour la simple raison qu'on ne permettait pas aux vaisseaux simplement soupçonnés d'être infestés d'aborder les côtes de la Nouvelle-Angleterre[302]. »

---

302. VLB. *James Joyce, l'Irlande, le Québec, les mots*, p. 171.

La foule était immense en cette journée des plus torrides d'août 1909. Entre huit mille et neuf mille personnes, « toutes unies dans une réflexion profonde sur le passé[303] », s'étaient rendues sur cette île.

Des hommes politiques et des membres du clergé prirent tour à tour la parole et vantèrent le rôle qu'avait joué l'Église en apportant du secours aux orphelins et aux mourants. Plus de neuf mille personnes étaient mortes sur cette île. Robertine avait, à quelques reprises, exprimé sa tristesse en songeant à tous ces immigrants qui n'avaient jamais mis les pieds sur la terre de ce pays dont ils avaient rêvé et qui était synonyme, pour eux, d'un avenir meilleur.

Une femme qui avait été adoptée par des Canadiens français témoigna de sa gratitude : « Oui, enfant sans nom, on m'a sortie de cette île pour me confier à une famille qui ne m'a pas laissée oublier que j'étais Irlandaise[304]. »

Pendant qu'un autre immigrant prononça un discours en gaélique, plusieurs personnes s'épongeaient le visage, incommodées par les cuisants rayons du Soleil que l'immense parapluie qu'ils tenaient n'arrivait pas à vaincre totalement. Les photos d'époque montrent qu'elles étaient nombreuses à avoir pensé s'en munir, et qui firent office d'ombrelles.

À cause de la chaleur, la messe de requiem, célébrée dans le champ des fosses où la foule s'était déplacée, leur parut interminable. La foule se rendit ensuite au cimetière des Irlandais où s'alignaient des centaines de petites croix blanches. Après s'être recueillie un moment, la foule se dirigea jusqu'au lazaret où avaient été soignés des milliers d'immigrants. Plusieurs

---

303. M. O'Gallagher. *Grosse-Île*, p. 91.
304. *Ibid*, p. 92.

personnes marchèrent ensuite en silence dans le chemin en bordure de la Baie du Choléra.

Robertine avait déjà souligné que ce lieu où étaient morts bon nombre d'Irlandais pourrait inspirer un romancier ou une romancière. Elle-même rêvait depuis longtemps d'écrire un roman historique qui lui permettrait de concilier sa passion pour l'écriture et l'histoire. Elle s'était bien promis de le faire lorsqu'elle célébrerait ses cinquante ans. Ça serait dans moins de quatre ans.

Elle savait bien que la rédaction d'un roman historique exigeait de longues heures de recherches et que ce projet mettrait du temps avant d'aboutir si elle ne pouvait y consacrer que quelques heures par jour. Elle songeait parfois avec amertume que, si elle avait été un homme, elle aurait pu accéder à un poste de fonctionnaire qui lui aurait permis d'écrire durant ses heures de travail. Bien sûr, plusieurs fonctionnaires travaillaient dur, mais certaines fonctions laissaient beaucoup de temps libre et étaient occupées par des écrivains. À sa connaissance, aucune femme n'avait encore eu une telle sinécure.

Il est dommage qu'elle n'ait pu réaliser ce projet, car elle avait toutes les qualités requises pour écrire un bon roman historique. Elle était rigoureuse dans ses recherches et avait démontré, avec la publication de *Fleurs champêtres*, qu'elle pouvait fort bien représenter, pour paraphraser Noël Audet, l'intériorité la plus secrète des personnages qu'elle mettait en scène. En plus de savoir décrire les mœurs et la mentalité, comme elle l'avait fait dans son recueil de nouvelles, elle avait cette sensibilité d'artiste qui lui permettait de jeter un regard neuf sur les êtres et les événements. Comme l'a noté l'écrivain Robert Lalonde, écrire n'est pas une simple discipline, « encore que c'en soit une ; c'est plutôt une certaine façon de regarder le monde, la réalité, et aussi l'art de faire usage de ses sens afin de déchiffrer le mieux possible la signification des choses ». Cela, Robertine l'avait parfaitement compris. Comme l'a souligné Aurélien Boivin, Robertine et Louis Fréchette s'étaient donné pour tâche « de rendre compte de divers faits de société qu'ils ont pratiquement été les seuls à noter, tels de véritables ethnologues avant l'invention même du mot[305]. »

Mais, de plus en plus souvent, écrire lui paraissait vain : « À quoi bon tant d'efforts ! À quoi mènent les lettres, chez-nous ? À l'hôpital peut-être ; à la misère, sûrement. Demandez à ceux qui s'y consacrent exclusivement, ils n'en mènent pas large, je vous l'assure. Aussi bien quels sont ceux qui, avec cette perspective devant les yeux, pourraient entretenir le désir de s'y consacrer entièrement[306] ? »

• • •

Robertine avait beau croire qu'il était insensé d'écrire, cela lui manquait terriblement. Mais après sa journée de travail, harassée de fatigue, elle n'était pas suffisamment motivée pour en trouver la force. Même si elle tirait beaucoup de satisfaction dans le sentiment d'être utile en exerçant le métier d'inspectrice, ce qu'elle voyait tout au long de la journée dans les manufactures lui brisait le cœur.

Au fil des semaines, elle se sentit de plus en plus souvent déprimée. Elle était encore affectée par la mort de ceux et celles

305. A. Boivin. « Joseph-Charles Taché, Louis Fréchette et Françoise : des conteurs ethnologues avant la lettre au XIXe siècle québécois », p. 223.

306. Françoise. « Mission des gouvernements ». Le Journal de Françoise, avril 1907.

qu'elle avait tant aimés. Celle de sa sœur Mary, de ses frères, Edmund et Robert, et de ses nombreux amis. Elle était affectée aussi par la ferveur perdue de ceux qui restaient.

Elle voyait chaque jour Émilie. Mais il y avait longtemps qu'elle ne trouvait plus auprès d'elle cette joyeuse légèreté qui avait marqué leur amitié avant que l'enfermement d'Émile n'entraîne la mère du poète dans des abîmes de souffrances indescriptibles. Il était loin le temps des beaux étés à Cacouna, où leurs éclats de rire résonnaient dans l'une des coquettes villas que les Nelligan avaient louée. Émilie passait maintenant ses journées enfermée avec, comme compagnon, un homme dont elle s'était éloigné au fil des ans et qui à soixante-deux ans n'était plus que l'ombre du jeune homme ambitieux qu'il avait été. Éva vivait avec eux mais, d'un tempérament anxieux, elle n'était peut-être pas d'un grand secours pour sa mère. Robertine aurait aimé ressusciter cette époque où elle et Émilie riaient pour un rien ou se préparaient avec un enthousiasme juvénile à assister à un concert.

Les deux protégés de Robertine étaient enfermés. Émile à l'asile et Olivar Asselin en prison. Asselin avait été emprisonné parce qu'il avait frappé à coups de poing le ministre des Travaux publics et du Travail. C'était sa deuxième incursion dans le milieu carcéral. Deux ans plus tôt, il avait été mis en tôle à cause de dettes impayées. Robertine n'en croyait pas ses yeux lorsqu'elle avait lu dans *Le Soleil* : « Ce n'est pas le cachot qui convient à M. Olivar Asselin. C'est le cabanon. Il y a là un déséquilibre mental qui devient dangereux pour la société. » Olivar, lui, ne voyait aucune infamie dans le fait d'être en prison. Il était même plutôt fier d'être emprisonné pour ses idées.

Robertine avait perdu beaucoup de l'enthousiasme qu'elle avait lorsqu'elle était jeune fille et qu'elle avait l'avenir devant elle.

Certes, elle avait toujours des moments de bonheur, mais ils étaient souvent ponctués par les désillusions et le désabusement.

Ce qu'elle trouvait sans doute le plus difficile à assumer, c'était le sentiment qu'avoir passé sa vie à écrire n'avait servi à rien. Alors qu'elle avait tant espéré changer les mentalités par ses articles, il lui semblait que tout cela avait été vain. Son écriture n'avait pas été une arme aussi efficace qu'elle l'avait espéré plus jeune. La dernière conférence qu'elle avait prononcée durant le congrès de la Fédération nationale Saint-Jean-Baptiste, qui ne fut pas publiée, le lui démontrait cruellement. L'idée que sa vie avait été inutile lui était insoutenable.

Robertine était de ces êtres à la fois extrêmement forts et pourtant fragiles. Elle avait probablement une prédisposition génétique à la dépression et cette zone de vulnérabilité la fragilisait devant les épreuves.

Outre son désir, qu'elle avait mis sous le boisseau, d'écrire un roman historique, son autre plus grand rêve, celui de diriger un magazine, s'était écroulé. Elle n'avait guère trouvé d'alliée qui, comme elle, était prête à se battre pour défendre les idées féministes les plus avancées de ce temps. Elle avait été muselée par l'archevêque, trahie par une amie, méprisée par plusieurs. Elle avait des dettes et devait, pour gagner sa vie, effectuer un travail qui ne la passionnait pas vraiment. Comme bien des esprits libres et avant-gardistes, elle se sentait sans doute souvent bien seule.

À l'automne 1909, « tout l'accable ! Les angoisses l'étreignent, les larmes l'étouffent[307] ». Robertine connaissait bien ces signes-là. Elle savait qu'elle s'apprêtait à vivre un troisième épisode dépressif.

---

307. R. des Ormes. *Robertine Barry,* p. 143.

Elle essaya de contrôler les pensées noires qui la taraudaient et de se concentrer sur la philosophie qui l'avait souvent aidée à traverser les épreuves, le *carpe diem* : « Mme de Girardin a dit : "Ce qui vous empêche de trouver le bonheur, c'est peut-être de le chercher." Ce qu'il y a de certain, c'est que nous désirons autre chose, quand la joie et la tranquillité sont souvent près de nous. Nous attendons tout de l'avenir, sans nous apercevoir qu'au lieu de songer constamment à ce que nous ne pouvons jamais tenir dans notre main, l'avenir, nous oublions le présent qui, seul, nous appartient, et que nous pouvons adoucir et rendre meilleur. »

Robertine faisait sans relâche des efforts pour vaincre son état dépressif. Parfois, elle songeait à la beauté de sa vie et à la chance qui l'avait souvent accompagnée. Malgré la tristesse qui l'accablait, elle ne pouvait rejeter du revers de la main toutes les joies qui avaient créé tant d'embellies dans son existence ainsi que tous les éloges et les honneurs dont on l'avait gratifiée. Il y avait eu, entre autres, le ministère de l'Instruction publique français qui, quelques années plus tôt, lui avait décerné les Palmes académiques. C'était une marque de considération pour les services qu'elle avait rendus à la culture française. Créé en 1808, le titre honorifique d'officier d'académie était réservé aux universitaires, mais à partir de 1866, les Palmes furent décernées à des personnes ayant rendu de grands services à l'éducation nationale et ayant contribué à la diffusion de la culture française dans le monde.

Une grande réception avait été organisée en catimini par sa famille. Ce fut la sœur de Robertine, Caroline, ainsi que son mari, François, qui s'étaient chargés des coûts reliés à cette réception qu'ils voulaient grandiose. Ils avaient invité l'élite de Montréal, laquelle s'était empressée de confirmer sa présence.

Robertine avait été à la fois touchée par leur présence chaleureuse et éblouie par la magnificence de la salle décorée de centaines d'œillets blancs et roses.

On avait prononcé quelques discours, soulignant les mérites de Robertine. On avait noté aussi le fait que les honneurs pleuvaient sur elle depuis quelques années et que son talent était reconnu en France depuis belle lurette. On avait porté aussi à l'attention des invités le fait que l'écrivain, éditeur, fonctionnaire et récipiendaire d'un doctorat honorifique en droit, Henry James Morgan, avait publié *Types of Canadian Women*. Il avait alors écrit que son objectif était « de louer l'action publique des femmes qui faisaient grandir le pays ». Il avait consacré une page entière à Robertine. Elle avait été infiniment touchée par cette marque d'estime et lui avait écrit, en anglais, une longue lettre afin de le remercier.

Ce fut son beau-frère, le juge Choquet, qui avait attaché sur sa robe les palmes métalliques – d'olivier et de laurier – suspendues à un ruban violet. Robertine avait toutes les raisons de se réjouir de porter de tels symboles. À l'instar de son contemporain, l'abbé Casgrain, auteur et historien, elle ne sous-estimait pas l'impact des honneurs reçus. Casgrain, en effet, avait « saisi d'instinct que, dans le métier des lettres, l'accumulation du capital symbolique sous la forme d'honneurs et de marques de reconnaissance est tout aussi importante que la réussite purement matérielle[308] ».

Les jours et les mois suivants cette réception, Robertine avait souvent ouvert son coffre ouvragé, rien que pour le plaisir de regarder le ruban violet. Elle était fière du chemin qu'elle avait parcouru depuis son entrée dans le journalisme. Mais elle

---

308. D. Mativat. *Le métier d'écrivain au Québec. 1840-1900*, p. 356.

était lucide aussi. Elle n'ignorait pas ce qu'avait écrit madame de Staël dans *De la littérature* : « S'il existait une femme séduite par la célébrité, et qui voulût chercher à l'obtenir, combien il serait aisé de l'en détourner s'il en était temps encore ! On lui montrerait à quelle affreuse destinée elle serait prête à se condamner. Examiner l'ordre social, lui dirait-on, et vous verrez bientôt qu'il est tout entier armé contre une femme qui veut s'élever à la hauteur de la réputation des hommes. [...] L'opinion semble dégager les hommes de tous les devoirs envers une femme à laquelle un esprit supérieur serait reconnu : on peut être ingrat, perfide, méchant envers elle, sans que l'opinion se charge de la venger. *N'est-elle pas une femme extraordinaire ?* Tout est dit alors ; on l'abandonne à ses propres forces, on la laisse se débattre avec la douleur. L'intérêt qu'inspire une femme, la puissance qui garantit un homme, tout lui manque souvent à la fois : elle promène sa singulière existence, comme les Parias de l'Inde, entre toutes les classes dont elle ne peut être, toutes les classes qui la considèrent comme devant exister par elle seule : objet de curiosité, peut-être de l'envie, et ne méritant en effet que la pitié. »

• • •

Pour sortir de sa dépression, il n'était pas question, pour Robertine, d'aller voir ces charlatans que lui conseillaient de consulter certaines de ses amies. Ils ont beau offrir les traitements les plus farfelus, « tout cela se vend comme du sucre », répondait Robertine, déconcertée.

Elle alla plutôt consulter un ami médecin qui lui conseilla le repos et « peut-être même un voyage si tu en sens la force », dit-il. Robertine demanda un long congé et fila vers Paris. Elle y arriva le 2 octobre, juste à temps pour célébrer, le lendemain, le soixante-treizième anniversaire de naissance de son amie Juliette Adam.

À Paris, Robertine retrouva sa joie de vivre. Elle revit avec plaisir Gyp ainsi que l'un des anciens collaborateurs au *Journal de Françoise*, l'écrivain Jules Claretie. Dans son journal intime, Robertine écrivit à son sujet : « Il y a dans la vie des êtres qui sont nos parents, non par le sang, mais par le cœur[309]. » Elle visita aussi l'écrivain René Bazin et ne put résister à l'envie de consulter encore la chiromancienne Mme de Thèbes.

Elle passa quelque temps avec l'écrivain Léon de Tinseau. Ils parlèrent des voyages qui, tous les deux, les passionnaient. Cet ancien sous-préfet, qui n'avait pas hésité à quitter ce poste pour devenir écrivain, était intarissable quand il parlait du Canada. L'intrigue de l'un de ses romans se déroule d'ailleurs au Lac Saint-Jean qu'il avait particulièrement aimé. Avant de quitter sa magnifique demeure, dont plusieurs murs étaient tapissés de portraits féminins, Robertine lui demanda de lui signer son album d'autographes et, tant qu'à y être, le supplia, l'air taquin, de lui donner sa belle plume. Il ne se fit pas prier et la lui donna avec empressement, en disant galamment que cette plume cerclée d'argent lui était sans doute destinée. Comme bien d'autres, il avait été sous le charme de Robertine : « Avant qu'elle eût ouvert la bouche, cette apparition de jeunesse heureuse de vivre, de force souriante, de charme s'ignorant lui-même dans sa simplicité, avait déjà réjoui l'atmosphère de mon cabinet de travail. Elle me dit son nom : "Françoise", de Montréal. Pour ignorer quelle femme de grand mérite j'avais devant moi, il aurait fallu n'avoir jamais mis le pied sur la rive

---

309. R. des Ormes. *Robertine Barry,* p. 147.

du Saint-Laurent. » Ce qui plut aussi à cet écrivain, ce fut l'absence, chez Robertine, de toute forme d'affectation : « Elle ne se crut pas obligée de me couvrir de compliments, de rougir de son indiscrétion, de déplorer la perte de mes instants précieux. Elle s'épargna ainsi qu'à moi cette petite comédie qu'un visiteur inconnu se croit tenu de jouer, même dans le monde littéraire de chez nous. Elle avait du plaisir à me voir. N'étant ni sotte ni aveugle, elle sentait bien que mon plaisir n'était pas moindre. Nous étions quittes : à quoi bon des phrases ? Ainsi, dès la première minute, je découvris chez Françoise cette simplicité dans l'impression, cette facilité dans la manière de comprendre et de faire comprendre la vie qui sont la marque distinctive et le charme très personnel de son talent[310]. »

Robertine revint au pays en novembre. À regret, car elle aimait l'effervescence intellectuelle qui régnait à Paris, « où le génie français entretient de si lumineux foyers d'arts, de sciences et de lettres[311] ». Là, elle était habitée par un magnifique sentiment de liberté, alors qu'elle se sentait souvent étouffée à Montréal où l'horizon des femmes était si limité et où elle trouvait si peu d'alliées qui partageaient ses idées progressistes.

D'ailleurs, il s'écoula peu de temps après son retour à Montréal avant qu'elle ne se sente de nouveau malade. Elle écrivit à sa sœur Évelyne : « Je ne me sens pas bien du tout. Prie pour moi[312]. »

Pendant que lui parvenaient d'en bas les échos des chants de Noël que ses sœurs entonnaient, Robertine était accablée de tristesse. Ce 24 décembre 1909 n'était pas pour elle une

---

310. L. de Tinseau. « Préface ». *Fleurs champêtres,* deuxième édition.
311. R. des Ormes. *Robertine Barry,* p. 151.
312. *Ibid.,* p. 153.

occasion de réjouissances. Il l'était d'autant moins que c'était l'anniversaire de la naissance de Nelligan et qu'elle venait de lire dans *Le Canada* un article poignant le concernant. C'était le docteur Choquette qui l'avait publié après avoir visité le poète. Ce qu'il écrivait anéantissait l'espoir que Nelligan puisse guérir. Tout en décrivant l'enfer où il était enfermé, le docteur Choquette dit d'Émile qu'il était « un jeune homme à figure hirsute, affalé comme sans vie sur un banc de bois fruste » et qu'il eût peine à le reconnaître.

Juste avant que Choquette ne le quitte, Nelligan avait récité ce vers qui, sans doute, traduisait en partie son état d'âme : « Et je ne pleurais plus, tant j'avais du chagrin. »

• • •

En ce début de janvier 1910, l'aurore aux cheveux rouges déployait sa crinière échevelée sur le fleuve figé par le froid, courait çà et là dans les sous-bois grouillant de vie sauvage, imprimait sa couleur écarlate sur les toits les plus ternes et se faufilait impertinemment dans toutes les demeures, dans celle de Robertine entre autres qui, contrairement à son habitude, n'était pas encore levée quand un rayon de soleil acheva sa course folle sur son front.

Depuis plus d'une semaine, les nuits de Robertine étaient peuplées de rêves étranges. Des rêves où, invariablement, la mort rôdait. Des rêves où des personnes qu'elle avait connues et qui étaient mortes venaient la visiter. Des cauchemars d'où elle émergeait terrifiée.

Une pile de journaux qu'elle avait lus avant de s'endormir s'amoncelait près de son lit. On y parlait beaucoup d'Éva

Circé-Côté. Cette femme courageuse affrontait la tourmente qui avait suivi l'incinération de son mari au cimetière Mont-Royal. Cette décision, qui aurait pu entraîner son excommunication, avait suscité un tollé parmi la population, ainsi que plusieurs articles dans les journaux. « Un affligeant scandale », titrait *L'Action sociale* de Québec. Le journaliste s'offusquait autant « du caractère civil de l'événement que de la crémation, cette mascarade macabre de défis à l'Église, organisée autour d'un cadavre en décomposition, ce cercueil transformé en piédestal maçonnique ». On estimait que le scandale « n'est pas tant dans l'aberration d'un pauvre malheureux entraîné par les influences que l'on connaît », mais vient surtout de ceux « qui ont participé à cette cérémonie[313] ».

On ne sera pas surpris d'apprendre que le journal *La Vérité* n'y alla pas de main morte, comme en témoigne le titre de l'article : « Pour mourir en chien ». L'historienne Andrée Lévesque explique : « Citant un texte soi-disant maçonnique engageant les frères à mourir en laïcs, il assure qu'il "n'y a rien de plus satanique que cet engagement". Il publia aussi des lettres de correspondants anonymes : Z.B. y voit "un acte contre l'Église" et se livre à un dévoilement de ceux qui "frayaient là avec la fine fleur de l'impiété et de la maçonnerie montréalaise". Le correspondant du journal ultramontain ajoute une note propre à émouvoir ses lecteurs : "Ce qu'il y a de grave c'est que des femmes ont dans la circonstance fait preuve de plus d'irréligion que leurs hommes". Une femme en particulier est visée : l'épouse qui aurait enlevé "le crucifix qu'on avait mis entre les mains du défunt". Suit une mise en garde laïque : "Cette impiété

---

313. A. Lévesque. *Éva Circé-Côté*, p. 85.

féminine va trouver un aliment dans la formation qu'on donne ici dans notre lycée neutre... C'est par l'enseignement des filles que l'on commence la laïcisation au sens mauvais du mot"[314] ».

La laïcisation de l'éducation et l'instruction des filles que Robertine avait revendiquées dès le début de sa carrière, en 1891, étaient encore, vingt ans plus tard, objets de scandale, les mentalités évoluant avec une extrême lenteur.

Robertine fut sans doute consternée par le manque de courage et de loyauté des amis d'Éva qui, publiquement, envoyaient des lettres aux journaux afin de se « disculper d'avoir participé aux funérailles ». Olivar Asselin, qui avait cependant fait l'éloge de son amie Éva et de son époux, ne termina pas moins son article en écrivant qu'il s'était « détaché très ostensiblement » du cortège après s'être aperçu qu'il « ne comprenait guère que des Frères des Trois Points », faisant ainsi référence à la présence de nombreux francs-maçons. Quant à Bruchési, on ne sera pas étonné d'apprendre qu'il clamait haut et fort qu'il faut former le caractère de l'enfant, afin de ne plus voir le « spectacle affligeant » d'un baptisé « conduit dans un corbillard sans croix au four crématoire ». Il relatait « aussi les propos plus grossiers du curé de la paroisse Saint-Jacques, le curé Chartier : "On a fait au corps de ce malheureux ce que le département de l'incinération fait aux chiens et autres animaux : on l'a brûlé !"[315] ».

Quelques jours plus tard, un ami de Robertine, Godfroy Langlois, publia en première page du journal *Le Pays* un article dans lequel il montrait que ceux qui suivaient le défilé du docteur Côté étaient des libres penseurs, des rebelles, des insoumis

---

314. *Ibid.*, p. 86.
315. *Ibid.*, p. 88.

et que c'était « souvent les mêmes qui se trouvaient derrière la bière de Mercier, Lafontaine, Doutre, Fréchette ou Robertine Barry[316] ».

Car, à la surprise générale, Robertine s'était éteinte le 7 janvier 1910, le jour même où son ami Godfroy avait fondé son journal. Elle n'avait que quarante-six ans.

Durant les fêtes, elle avait écrit à une amie afin de lui demander de l'accueillir chez elle, car son médecin lui avait conseillé de prendre un repos complet à la campagne[317].

Mais Robertine ne se rendit jamais chez cette amie. Selon des Ormes, deux jours après avoir écrit cette lettre, Robertine « est clouée sur son lit de douleur. Sa tête éclate, ses yeux se voilent ; on dirait que son cœur va se briser. La maladie, bénigne en apparence, s'est compliquée soudain d'une congestion cérébrale. Appelé d'urgence, le docteur Dufeutrelle[318] examine, ausculte, prononce l'arrêt fatal : C'est la mort... et dans quelques heures ».

Coïncidence, elle mourut de la même façon que celle dont elle avait imaginé la fin dans l'une de ses nouvelles, *Le Noël de la Kite,* et qui s'en était allée durant la période des fêtes à la suite d'une congestion cérébrale.

Selon Renée des Ormes, comme par hasard, un père dominicain de Saint-Hyacinthe s'arrêta chez les Barry au moment où Robertine agonisait et lui offrit les « secours de son ministère ». Toujours selon elle, les Barry informèrent Bruchési de l'état de Robertine et celui-ci vint la réconforter.

---

316. *Ibid.,* p. 88.

317. R. des Ormes, *Robertine Barry,* pp. 153-155.

318. Il s'agit du docteur Henri Dufeutrelle, ami de Robertine.

La présence de l'archevêque étonne, étant donné ce qui s'était passé entre lui et Robertine quelques mois plus tôt. Il est étonnant aussi que les Barry l'aient appelé, lui, alors qu'ils n'avertirent aucun des amis les plus chers de Robertine, dont Émilie qui habitait juste un étage au-dessus. Ses amis des deux sexes dirent avec quelle consternation ils avaient appris la nouvelle de son décès : « Avant d'avoir su qu'elle était malade, on apprit avec une douloureuse surprise qu'elle venait d'entrer dans l'immortalité[319]. »

Renée des Ormes ne précise pas quelle maladie a précédé la congestion cérébrale dont est morte Robertine, se contentant de parler de maladie d'apparence bénigne.

Certains pourraient présumer que Robertine fut de nouveau atteinte par la typhoïde qui, depuis septembre 1909, faisait de nouveau un grand nombre de victimes à Montréal. Le fait qu'elle avait déjà contracté cette maladie n'était pas un gage d'immunité. La typhoïde entraîne souvent de fortes fièvres pouvant provoquer des complications majeures dont la congestion cérébrale. Mais si cela avait été le cas, des Ormes n'aurait pas parlé de maladie bénigne en apparence et Robertine, sachant combien la typhoïde est contagieuse, n'aurait pas écrit à une amie afin de se réfugier chez elle.

Renée des Ormes passa sous silence une rumeur qui circula pendant longtemps voulant que Robertine se soit suicidée. Elle y fait peut-être allusion dans ses notes de travail lorsqu'elle écrit qu'elle n'a pu dévoiler tout ce qu'elle savait, et ce, afin de ménager certaines personnes. Certes, on pourrait d'emblée penser que cette rumeur n'était qu'une médisance de plus et qu'elle avait été répandue par ceux et celles qui y

---

319. G. Chassé. *Bio-bibliographie de Françoise*, p. 4.

trouvaient l'occasion de conforter leurs croyances : *voyez comment se termine la vie d'une libre-penseuse qui n'a pas su rester à la place assignée aux vraies femmes.*

Même si nous n'avons aucune preuve que Robertine a pu mettre fin à ses jours, nous ne pouvons rejeter cette rumeur du revers de la main sans y accorder un instant de réflexion. D'autant plus qu'elle nous apparaît plausible. Soixante-dix pour cent des personnes qui se suicident souffrent de dépression, parfois non diagnostiquée.

Il est fort possible que le médecin ait prescrit à Robertine du laudanum afin de l'aider à vaincre sa dépression. Cette solution d'opium était souvent prescrite pour soigner la mélancolie et comme calmant ou simplement pour favoriser le sommeil. Le laudanum était presque une panacée. Non seulement plusieurs femmes de l'ère victorienne s'en virent prescrire, mais on en donnait aux enfants pour guérir leur rhume ou pour les endormir. On soupçonne aujourd'hui que plusieurs nourrissons de ce temps moururent de surdoses. Loin d'être inoffensif, le laudanum pouvait causer la congestion cérébrale et la paralysie. Exactement ce qui a entraîné la mort de Robertine. Elle en a peut-être trop ingéré sans avoir eu le dessein de se suicider. Mais il est possible que tel fût son désir.

Dans quelques-uns de ses romans, Zola montrait combien le suicide pouvait être un réquisitoire « prononcé à l'encontre d'une situation qui enferme la femme dans des rôles qui lui sont imposés en raison de normes religieuses et sociales qui orientent définitivement dès sa naissance sa destinée[320] ». Sans être nécessairement un réquisitoire, la dépression de Robertine

---

320. A. Trombert-Grivel. « L'imitatrice. Suicides de femmes entre déviance, provocation et revendication », p. 148.

pouvait découler en partie de cet enfermement imposé aux femmes au Canada français d'alors. D'autant plus que la plupart des réformes qu'elle avait souhaitées pour l'émancipation des femmes n'avaient pas abouti.

En avance sur son temps, il n'était pas facile pour Robertine de vivre dans une société qui partageait si peu ses valeurs. Société où toute parole discordante, comme la sienne, était étouffée. Aussi, il fut douloureux pour elle d'avoir été souvent l'objet de mépris, de sarcasmes et d'être appelée Monsieur.

Plusieurs éléments, parmi ceux qui auraient pu l'aider à vaincre sa dépression et prévenir le suicide, lui faisaient cruellement défaut. Dans son ouvrage sur le suicide, Laurent Laplante note pertinemment que le sociologue français Émile Durkheim (1858-1917) a montré, dans sa vaste étude sur le suicide, « l'importance de la cohésion, de l'intégration, de l'appartenance[321] ». Subir, comme elle les a subis, la critique et les regards inquisiteurs sur sa vie et ses écrits, n'a certes pas été facile pour Robertine et a pu miner son sentiment d'appartenance à son milieu.

L'étude de Durkheim, publiée en 1897, montre que les femmes ayant des enfants étaient plus protégées que les autres du suicide. Protection dont ne jouissait par Robertine. Elle se sentait d'ailleurs peut-être vaguement coupable car, en ce temps, les femmes qui faisaient volontairement le choix de ne pas avoir d'enfants étaient jugées égoïstes. On croyait même, comme Robertine l'a raconté dans « La Douce » de *Fleurs champêtres,* que les « vieilles filles » étaient tourmentées dans « l'Autr'monde » par les fantômes de tous les enfants qu'elles auraient pu avoir mais qu'elles n'eurent pas, ayant choisi

---

321. L. Laplante. *Le suicide,* p. 61.

librement de rester célibataires malgré la fureur de ce siècle envers elles.

De plus, Robertine a vaillamment exercé la profession de journaliste sur le même terrain que les hommes et ce, la grande majorité du temps en dehors des pages féminines où l'on voulait tant que les femmes soient confinées. Or, dans une étude récente, des chercheurs ont démontré que les professions les plus à risque de suicide ne sont pas toujours celles que l'on pointe d'emblée du doigt, mais plutôt celles qui sont « fortement dominées par un sexe ». Dans ces cas-là, les membres du sexe minoritaire éprouvent davantage de stress et, conséquemment, peuvent être sujets au suicide[322].

Enfin, la présence de femmes qui partageaient ses idéaux, notamment féministes, lui manquait cruellement. Stéphane Michaud qui a étudié les personnages féminins de romans du XIXe siècle se demande sur quels obstacles se brisent leurs rêves et leurs droitures. Sa réponse pourrait s'appliquer à Robertine : « Elles sont, en vérité, trop sensibles, trop en avance sur leur temps dans leur désir de vivre selon l'exigence d'une loi intérieure ennemie des raideurs comme des conventions, pour n'être pas prises aux pièges d'une liberté contre laquelle tout conspire. Seule l'héroïne de *Loin de la foule déchaînée* vainc le démon d'une ombrageuse liberté et desserre l'emprise du destin dans la mesure où elle peut s'appuyer sur l'absolue loyauté d'un être de sa race[323]. »

Dans quelques-uns de ses articles, Robertine avait dénoncé les journaux à sensation qui ne cessaient de rapporter les cas de suicides. Elle estimait que cela pouvait avoir un effet

---

322. Cité par M. Perreault dans *Le Soleil* du 17 juin 2010.
323. Stéphane Michaud, « Idôlatries », p. 168.

d'entraînement. Il n'en demeure pas moins que plusieurs héroïnes des romans qu'elle lisait prenaient du laudanum pour soigner leur mal de vivre ou pour se suicider. Plusieurs artistes, admirés par Robertine, en prenaient eux aussi : Byron, Charles Dickens, Antonin Artaud, Baudelaire.

Robertine savait que bon nombre d'écrivains ont plus de tendances suicidaires que le reste de la population. Quelques mois avant la mort de Robertine, la poétesse Renée Viven était morte, elle aussi, d'une congestion. Un an auparavant, dépressive, elle avait tenté de se suicider au laudanum. Elle fut sauvée *in extremis* : quelqu'un la trouva alors qu'elle semblait dormir sur son divan, un bouquet de violettes à la main.

Femme de cœur tournée vers les autres, il semble improbable que Robertine ait pu infliger une telle souffrance à sa famille, surtout à sa mère déjà lourdement éprouvée par la mort de plusieurs de ses enfants. Mais ceux qui ont tenté de se suicider disent souvent qu'ils ont posé ce geste dans un court moment de désespoir profond. Un très court moment qui peut ne durer que quelques minutes.

Il est difficile aussi d'imaginer que Robertine ait mis délibérément fin à ses jours alors qu'elle aimait tant la vie. Mais il est assez fréquent que se suicident des êtres dont on n'aurait jamais cru qu'ils en viendraient là. Ils sont souvent décrits par leurs proches comme des êtres joyeux aimant profondément la vie.

Renée des Ormes qui a eu en main les écrits intimes de Robertine, nota qu'elle écrivit à la fin de sa vie : « J'ai vécu la plus belle vie qu'une femme puisse rêver[324]. » À la lumière de l'hypothèse du suicide, on peut penser que cette phrase a

---

324. R. des Ormes, *Robertine Barry*, p. 143.

peut-être été écrite dans une lettre d'adieu comme en écrivent souvent des personnes qui décident de mettre fin à leurs jours.

On pourrait extrapoler sans fin sur ce qui a pu éventuellement conduire Robertine au suicide. Pour reprendre les mots chantés par Jean Ferrat : « Seuls le savent ceux qui se turent. » On ne saura peut-être jamais si elle a renoncé délibérément à devenir cette vieille femme qu'elle avait souhaité devenir et qui irait applaudir ceux qu'elle avait connus lorsqu'ils étaient jeunes hommes. Ces « gens distingués devenus avocats, politiciens, chirurgiens, j'irai les voir, écrivait-elle, j'irai les applaudir, moi, mes cheveux blancs, mes lunettes et mon tricot[325] ».

Robertine ne mourut pas subitement. Quelle que soit la cause de la congestion cérébrale dont elle fut victime, celle-ci entraîna une paralysie. Triste ironie du sort, celle qui, toute sa vie, a été éprise de liberté et a refusé de demeurer dans la sphère réservée aux femmes, boudant résolument le mariage et transgressant effrontément les normes des bigots et des ultramontains, s'opposant publiquement aux prêtres et évêques, tout cela avec un air de défi, triste ironie du sort, dis-je, cette femme était, au seuil de la mort, prisonnière de son corps.

Dans les heures qui ont précédé sa mort, Robertine a essayé de parler, mais n'y parvint pas. Cette libre-penseuse que ni les critiques, ni les calomnies, ni les attaques, ni les sarcasmes, ni le mépris, ni les interdits n'avaient totalement bâillonnée était, à la fin de sa vie, réduite au silence.

Robertine ne mourut pas comme elle l'avait souhaité : « Quand je partirai pour une vie meilleure, oui, meilleure, j'en ai la ferme espérance, je voudrais m'endormir de mon long sommeil, avec les dernières lueurs du soleil couchant, quand,

---

325. Françoise. « Chronique du Lundi », 18 décembre 1893.

sous mes fenêtres ouvertes, la brise embaumée du soir passerait comme un bruit de prières », avait-elle écrit dans sa chronique du lundi 25 septembre 1893.

• • •

Plusieurs personnes se signaient en passant devant la maison des Barry où un crêpe de deuil était accroché. Dans son salon, Aglaé était entourée de ses enfants qui tentaient de la consoler. Elle se demandait sans doute pourquoi Dieu permettait que, sur les treize enfants qu'elle avait mis au monde et chéris de tout son cœur, sept l'avaient précédée dans la tombe : Gérardine, Ernest, Marie-Claire, Jacques-Robert, Edmund, Mary et maintenant sa Robertine[326]. Elle ne connaissait que trop bien toutes les étapes qu'elle devrait traverser avant que la souffrance ne s'estompe un peu. Il y avait le choc, qu'elle ressentait déjà dans toutes les fibres de son être. Ensuite viendrait la désorganisation, cet état de confusion où s'entremêlent la colère et la culpabilité. Culpabilité que l'on ressent d'en vouloir à la personne décédée de nous avoir abandonnés. Il y aurait ensuite une grande tristesse, innommable. Et puis, peut-être, une forme de cicatrisation de la douleur où enfin elle pourrait parler de Robertine sans pleurer. Mais cela, pour l'heure, lui semblait sans doute impossible.

Vraisemblablement, certains tentèrent de la consoler en lui disant que Robertine avait accompli bien plus que ce que la majorité des femmes pouvaient espérer, alors que d'autres

---

326. Notons en passant que, lors de la publication du premier tome de cette biographie, nous ignorions quand était décédé John (Joseph-Jean), le septième enfant de la famille Barry. Nous savons maintenant qu'il est mort le 4 août 1916, à l'âge de cinquante-six ans.

gardèrent le silence en pensant que cette mort précoce prouvait bien que le travail intellectuel n'était pas fait pour les femmes.

Quand vint le moment de fermer le cercueil, ce moment si déchirant et si cruel, Aglaé déposa *Fleurs champêtres* sur le corps de Robertine et lui mit sa plus belle plume d'argent dans les mains. Cette habitude de mettre des objets « religieux et profanes dans le cercueil, n'est pas sans rappeler cette tradition ancienne des Égyptiens et des Indiens d'Amérique qui joignaient à la sépulture de la nourriture et des outils de chasse, par exemple, pour soutenir le défunt dans son nouveau périple[327] ». Cette habitude est surtout infiniment touchante, car elle est une marque d'amour et une ultime tentative, aussi dérisoire soit-elle, de contrer l'impuissance face à la mort.

• • •

Les funérailles eurent lieu à neuf heures en l'église Saint-Louis-de-France. Sous le titre « Les imposantes obsèques d'une femme de lettres », le journal *La Patrie* souligna qu'une « affluence considérable assistait aux funérailles de feue Mlle Robertine Barry » et que la « foule nombreuse qui n'a cessé, samedi et dimanche, de se presser autour de la dépouille mortelle […] l'imposant cortège qui l'accompagna ce matin, à l'église Saint-Louis-de-France, les multiples tributs floraux qui la recouvraient, les centaines de messes promises à son intention, sont le plus éloquent éloge de celle qui fut bonne et charitable avant tout, amie des nobles causes, femme de lettres très distinguée. Selon le désir exprimé par la défunte, le service fut très simple.

---

327. R. Brisson. *La mort au Québec*, p. 44.

Une partie de la chorale Saint-Louis-de-France exécuta la Messe des morts harmonisée de Borduas. Le révérend Père Rouleau, des Frères Prêcheurs, cousin de la famille Barry, officiait, assisté des abbés Grégoire et Prévost comme diacre et sous-diacre ».

Le journaliste nota que, dans le chœur, on remarquait la présence des frères de Robertine, David, bâtonnier du district d'Ottawa et le lieutenant-colonel John Barry, ainsi que son beau-frère, le juge Choquet. Se tenaient auprès d'eux le docteur Desrosiers, un ami de Robertine, ainsi que ses cousins J. et L. P. Paradis.

Il mentionna aussi les noms de plusieurs personnes « remarquées dans le cortège » dont Jules Helbronner et de nombreux médecins et juges. Les sénateurs Dandurand et David, ainsi que le consul de France, M. de Loynes, y étaient aussi.

Il nomma ceux qui, en plus d'être présents aux funérailles, firent des envois de fleurs. Nous savons ainsi que Sir Lomer Gouin envoya une croix fleurie, alors que des couronnes furent envoyées par Joséphine Marchand-Dandurand, les membres de la Société des antiquaires, section des femmes, ainsi que par la journaliste Madeleine, entre autres.

Le journaliste nomma aussi ceux qui, en plus d'être présents et d'avoir envoyé des fleurs, firent chanter des messes. Parmi eux figurent les membres de la famille Barry, Émilie Nelligan, les Le Bouthillier, Madame Olivar Asselin, les dames de l'hôpital Sainte-Justine et Marie Gérin-Lajoie.

Mgr Bruchési n'assista pas aux funérailles.

Le nom de Henri Bourassa ne figure pas non plus parmi les personnes mentionnées par le journaliste. Ce 10 janvier 1910 était pour Bourassa un jour mémorable. Il fondait *Le Devoir*, un quotidien nationaliste qui était d'inspiration catholique.

Au fil des ans, Bourassa y signa des articles d'un antiféminisme des plus virulents qui auraient indigné Robertine.

Plusieurs personnes honnies par le clergé assistèrent aux funérailles. Parmi eux, Godfroy Langlois dont le journal *Le Pays* jouissait des appuis des francs-maçons affiliés à la loge *Force et Courage*. Godfroy fut inscrit, quelque temps plus tard, sur la liste noire de Mgr Bruchési. Le nom d'Arsène Bessette, un autre ami de Robertine, fut lui aussi inscrit sur cette liste.

• • •

Après la cérémonie religieuse, le cercueil fut déposé dans un corbillard. Le dernier voyage de Robertine se fit sur des patins glissant sur cette neige qu'elle aimait tant. Elle avait toujours aimé aussi entendre le son des grelots d'une carriole se déplaçant sur la neige. C'est au cœur de la tempête, semblable à celle qui faisait rage le jour de sa naissance, que sa dépouille fut conduite au cimetière Notre-Dame-des-Neiges où l'on entreposa la dépouille dans le charnier en attendant qu'elle soit enterrée au printemps.

Bien que sa famille ait respecté ses volontés d'avoir des funérailles modestes, Robertine ne fut pas enterrée comme elle l'avait souhaité :

« À travers les champs en fleurs, sous le gazon verdoyant, en face de la mer que j'aime tant. Non, pas de large pierre tumulaire, pas de caveau sombre pour empêcher la lumière de pénétrer jusqu'à moi et de réchauffer ma triste demeure ; rien qu'une petite croix blanche, au pied de laquelle, paisible et confiante, je goûterais l'éternel repos [...]. Le rossignol viendrait peut-être, attiré par l'éclat des cierges, chanter sur l'arbre voisin ses sérénades mélancoliques, et les étoiles veilleraient pour moi toute cette nuit, ma première nuit parmi les morts…[328] »

Malgré la neige qui tombait drue et les vents violents, beaucoup de personnes se rendirent jusqu'au cimetière, et peut-être qu'Émilie, en voyant cette foule, songea alors à la conversation qu'elle avait eue un jour avec Robertine à propos de Mozart, ce génie de la musique que toutes deux elles aimaient tant. Mozart qui, par un jour d'hiver semblable à ce 10 janvier 1910, fut porté au cimetière accompagné seulement de six amis, son épouse Constance ayant dû rester chez elle à cause de la maladie. Parce que la neige tombait, de plus en plus abondante, les amis, un à un, à chaque coin de rue, s'étaient esquivés :

« Au cimetière, il ne reste plus que les porteurs, et l'argent ayant manqué pour acheter un lot de terre la dépouille glorieuse est jetée à la fosse commune ! Quelques jours plus tard, Constance, rétablie, veut aller prier sur la tombe de son mari. Le gardien lui répond qu'il ne connaît pas "Monsieur Mozart". »

• • •

Dans les jours et les semaines qui suivirent, tous les journaux parlèrent de la mort de Françoise. Les articles étaient, pour la plupart, remplis d'éloges. À *La Patrie*, où Robertine avait débuté sa carrière, on pouvait lire, sous la plume de Madeleine :

« J'ai appris avec la plus douloureuse surprise la mort de Françoise et ce deuil qui m'atteint cruellement dans mon amitié et dans mon admiration confraternelle créera, je le sais, d'universels regrets. Le journalisme féminin fait une lourde perte.

---

328. Françoise. « Chronique du Lundi », 25 septembre 1893.

Françoise était notre doyenne, notre initiatrice, car elle eut l'honneur d'ouvrir aux Canadiennes cette carrière où elle dépensa le meilleur de son talent et de son cœur. Françoise était bonne, essentiellement généreuse, et je pourrais citer d'elle des mouvements exquis de délicate charité. Sa sincérité et sa franchise, qui étaient absolues, lui auront valu des amitiés bien profondes et bien précieuses. Françoise morte, cela m'est tellement cruel, M. le Rédacteur, que je ne sais quels mots peuvent traduire le tumulte de mes impressions et de mes regrets, et le chagrin que j'éprouve. Toutes les Canadiennes partageront ce deuil qui laisse dans notre littérature un vide profond que l'on ne pourra sans doute jamais combler[329]. »

Dans un autre article, publié le 8 janvier dans ce même journal, le journaliste rendit « justice au style alerte et vivant de Françoise, où vibrait une énergie presque virile ». La virilité était ici un très gros compliment, tant il allait de soi pour ce journaliste que le talent et le génie ne pouvaient être que masculins. *La Presse, Le Soleil, L'Événement, L'Action Sociale, Le Devoir, The Montreal Daily Herald* publièrent un article vantant eux aussi les mérites de feue Robertine Barry.

Sous le pseudonyme de Danielle Aubry, son amie Henriette Dessaulles signa un article dans *Le Canada* dans lequel elle parla de la grande charité de Robertine, de son grand cœur, de sa compassion, de son empathie et de son désir d'aider ceux qui souffrent.

Dans *La Presse* du 15 janvier 1910, celle qui signait Colette, Édouardina Lesage, écrivit que Robertine possédait non seulement les dons de l'esprit, mais que son « cœur était le plus généreux, le plus loyal et le meilleur qui fût ».

---

329. Madeleine. *La Patrie*, 8 janvier 1910.

Des journalistes d'autres pays mentionnèrent aussi le décès de Françoise. Un article élogieux sur sa vie et son œuvre fut publié à New York dans *America*. Quant à son ami Léon de Tinseau, il écrivit dans *L'Écho de Paris* :

« Je déplore la perte d'une femme de grand talent, de l'une des étoiles contemporaines du monde littéraire canadien. Chez nous, des amitiés choisies l'avaient adoptée. Elle portait la rosette de l'Instruction publique, et son nom figure sur la liste du Lyceum, club parisien qui réunit les femmes de lettres. Jeune encore, elle souriait au travail, à l'avenir, quand je la vis ; nous nous étions donné rendez-vous au Canada, mais elle ne m'a pas attendu ! Que mes confrères canadiens me permettent de joindre mes regrets à leur deuil[330]. »

Dans un autre article qu'elle publiera plus tard, Madeleine écrira :

« Françoise a réalisé, pendant sept ans, ce tour de force, d'intelligence et de vaillance, de publier un journal, de le rendre intéressant, de lui donner un cachet spirituel et distingué. Dans cette carrière ingrate où tant d'hommes échouent, une femme a réussi[331]. »

Dans *La Presse* du 15 janvier, un journaliste note que Robertine Barry laissait le souvenir d'une femme libre, à la personnalité et au talent exceptionnels qui avait inspiré d'autres femmes et leur avait ouvert le chemin.

Six ans plus tard, Éva Circé-Côté gardait un bon souvenir de Robertine. Elle écrivit qu'elle était « virile », ce qui pour elle était un compliment ; qu'elle discutait des questions sociales,

---

330. R. des Ormes. *Robertine Barry,* p. 158.

331. Line Gosselin. *Les journalistes québécoises. 1880-1930,* p. 74.

et qu'elle était d'un « libéralisme qui touche à l'anticléricalisme ». Elle ajouta qu'elle avait « jeté les semences d'un scepticisme[332] ».

Un son de cloche discordant vint cependant du même journal qui avait vilipendé Robertine lors de la parution de *Fleurs champêtres*. Un journaliste de *La Vérité* martela :

« Le bas-bleuisme canadien est dans le deuil. […] Mademoiselle Barry puisa malheureusement à cette école radicale et impie [*La Patrie*], maintes idées fausses qu'elle a traînées dans le journalisme toute sa vie. […] Les récits qu'elle laisse portent pour la plupart cette frappe qui dénote des préoccupations féministes que le libéralisme a semées à travers le monde […] Le bas-bleuisme chez elle a été toute sa vie au service du féminisme[333]. »

Pendant ce temps, ses nombreux amis des deux sexes ne parlaient que d'elle dans leurs correspondances. « À l'occasion de la mort de Françoise plusieurs m'ont écrit de Montréal », écrivit Laure Conan à Marie-Julia-Zorilla Beaudoin, une amie de Robertine qui signait des articles dans *Le Journal de Françoise* sous le pseudonyme de Gilberte Beaudoin. « Elle m'est présente et ma pensée s'en va souvent dans le terrible charnier, ajouta Laure. Se peut-il qu'elle y soit, c'est comme si je n'arrivais pas à le croire. Tous les détails de sa si courte maladie me serait d'un grand prix, je voudrais savoir si elle a laissé voir l'angoisse, quelles ont été ses dernières paroles. Comment la famille supporte-t-elle ce terrible coup ? Dites-moi tout, ma bonne petite Gilberte et croyez à ma vive sympathie[334]. »

---

332. A. Lévesque. *Éva Circé-Côté*, p. 341.

333. *La Vérité*, 15 janvier 1910. Article cité par Gilles Lamontagne dans la réédition de *Fleurs champêtres*, p. 23.

334. L. Conan. *J'ai tant de sujets de désespoir. Correspondance*, p. 323.

Sa grande amie Marie-Louise Marmette écrivit, le jour des funérailles :

« Il est des solitudes du cœur que le temps, l'imprévu des amitiés neuves ne sauraient jamais combler, après la disparition d'êtres trop aimés et qui laissent dans la place conquise et désertée l'empreinte ineffaçable de leurs pensées, de leur grâce et de leur tendresse. Comme il est des créatures de choix qui ensoleillent le chemin où elles passent en jetant aux âmes plus de joie, plus d'espérance et plus d'amour ! Tel a été le pur rôle ici-bas de cette femme distinguée entre toutes nos Canadiennes et qui vient de rendre à son Créateur un esprit formé et orné des dons les plus enviables. Cette mort imprévue de Robertine Barry fera couler bien des larmes partout où résonna son rire franc communicatif ; partout où son humour se joua à travers les arabesques du paradoxe le plus fin et le plus original ; partout où cette femme, si véritablement bonne, vaporisa les parfums de l'amitié sur les blessures discrètes qui s'obstinent au fond des cœurs. Oui, nous versons des pleurs et sa place au foyer de notre littérature féminine restera magnifiée par son geste, et d'autres qui viendront ne la remplaceront pas ! […] Des mains blanches de femmes vont se joindre, des fronts d'hommes vont s'incliner dans la prière pour demander la paix et le repos de son âme ; mais ce qui lui sera d'un plus réel profit dans son au-delà, ce sera la part très large qu'elle donna aux humbles, aux pauvres qu'elle secourut secrètement, aux modestes qu'elle fortifia de son sourire et de ses encouragements. Comme femme du monde et comme lettrée, Françoise aurait pu, elle a souvent brillé du reste, dans les salons des plus brillantes capitales du monde littéraire[335]. »

---

335. L. de Bienville. *Figures et paysages,* p. 123 à 125.

Aglaé et ses filles eurent la dure tâche de vider la chambre de Robertine. Tâche accomplie habituellement avec le sentiment de violer l'intimité de la personne décédée. Ce sentiment fut exacerbé lorsque l'une d'elles trouva dans l'un des tiroirs du bureau de Robertine des écrits d'Émile. S'agissait-il de correspondances ou d'autres poèmes ? Nul ne le sait.

Lise Dugal, la petite-fille de Clara-Blanche Barry, m'a confiée que des poèmes ou de la correspondance entre Émile et Robertine ont été détruits par sa grand-mère. Lise Dugal habitait avec ses parents et sa grand-mère Clara-Blanche lorsqu'elle était étudiante à l'université. Ayant eu vent, durant un cours donné par Paul Wyczynski, de la possible idylle entre Robertine et Émile, elle questionna sa grand-mère à ce sujet. Clara-Blanche lui demanda de ne pas parler de cela et, le lendemain, brûla la correspondance et/ou les poèmes qu'elle avait jusque-là précieusement conservés. Il est tentant de voir dans son geste la preuve qu'il y eut véritablement une liaison entre la journaliste et le poète. Liaison que dévoilait cette correspondance. Liaison jugée scandaleuse dont il ne fallait pas parler. Mais nous ne pouvons en être certains. Seule Clara-Blanche aurait pu dire pourquoi elle a détruit cette correspondance et nous en révéler le contenu.

Mais il y a bel et bien, au cœur de la vie amoureuse de Robertine un secret jalousement gardé. Dans ses notes de travail, où elle a regroupé ce qu'elle savait sur les amours de Robertine, Renée des Ormes a écrit qu'il lui a fallu « supprimer certains détails à cause de certaines personnes ». On ne sait cependant pas à qui elle fait allusion. Pour reprendre encore les mots chantés par Jean Ferrat : « Seuls le savent ceux qui se turent. »

...

Une rumeur courait : Robertine, disait-on, avait été enterrée vivante ! Pendant longtemps, on raconta qu'au printemps 1910, lorsque vint le temps de mettre en terre le cercueil de Robertine, on découvrit avec horreur que son corps était retourné sur lui-même et qu'un bras était en partie dévoré :

« Lorsqu'on sortit son corps du charnier au printemps, ses cheveux étaient devenus gris et son bras était placé sous son menton », raconta Louis-Joseph Doucet[336].

Être enterré vivant était l'une des grandes peurs de ce temps. Régulièrement, les journaux relataient des cas où cela s'était produit ou qu'on avait évités miraculeusement, comme le cas de cette femme qui, disait-on, réussit à communiquer par télépathie à son mari qu'elle avait été enterrée vivante et qui fut ainsi déterrée *in extremis*[337]. Les journaux parlaient aussi régulièrement des façons de prévenir une telle tragédie :

« Les signes certains de la mort ont été l'objet de grandes préoccupations de nos médecins. En 1866, une pétition demanda aux pouvoirs publics de réviser la loi autorisant l'inhumation après un délai de vingt-quatre heures. L'Académie des sciences avait institué un prix pour qu'on puisse continuer les études sur les signes certains de la mort. Aucun ne parut digne de la récompense promise. Depuis, les recherches de nos savants n'ont cessé de se reporter sur ces tragiques questions. Les travaux des docteurs Brouardel et Laborde sont connus de tous. La nouvelle méthode des tractions rythmées de la langue,

---

336. L. Lacourcière. « À la recherche de Nelligan », p. 51.

337. « Phénomènes télépathiques. Une femme enterrée vivante, sauvée grâce à une mystérieuse intervention. Nouvelle manifestation d'une science occulte », *La Patrie,* 12 mai 1900.

appliquées parfois pendant plusieurs heures, a sauvé des vies. Parmi les signes nouveaux admis par la science : l'aiguille d'acier enfoncée dans les tissus s'oxyde nettement en une heure chez le sujet en mort apparente. Elle ne s'oxyde pas chez le sujet véritablement mort. Cependant, ne peut-on se demander si des instructions suffisantes sont répandues et si les vérifications de décès s'opèrent dans des conditions qui permettraient d'éviter ces drames de la tombe, objet de tant de craintes depuis plus d'un siècle[338]. »

La rumeur que Robertine avait été enterrée vivante courait encore en 1945 lorsque Gertrude Chassé, qui étudiait à l'école des bibliothécaires de l'Université de Montréal, rencontra des membres de la famille Barry afin d'obtenir des informations lui permettant de compléter la biobibliographie de Robertine qu'elle rédigeait en vue de l'obtention de son diplôme. Ceux-ci lui demandèrent de démentir cette rumeur, en annexant une lettre de la Coopérative de frais funéraires prouvant que Robertine avait été ensevelie après avoir été embaumée. Ce qu'elle fit.

Robertine avait sans doute payé un abonnement à la Coopérative des frais funéraires dont, soit dit en passant, son beau-frère François Choquet était le président. Les administrateurs de cette Coopérative avaient payé une publicité qui fut publiée dans le livre *Les Chroniques du Lundi*.

David, le frère de Robertine, et sa femme Grace eurent une enfant presque un an, jour pour jour, après la mort de Robertine. Ils lui donnèrent le même prénom.

Le 28 février 1911, Clara-Blanche épousa Marius Necker-Honecker et réalisa son désir d'enfanter. En 1914, elle donna naissance à une fille, Marie.

---

338. « Les morts incertaines ». *La Patrie,* 29 septembre 1900.

En 1913, Godfroy Langlois quitta le Québec pour l'Europe, son journal *Le Pays* n'ayant pu survivre à l'interdiction, faite par Mgr Bruchési, de le lire. Atteinte du cancer du sein, Émilie Nelligan mourut cette année-là.

Épilogue

*Les gens qui ont bonne conscience
ont souvent mauvaise mémoire.*

JACQUES BREL

Aux États-Unis, une autre pionnière, dont le surnom rappelle celui de Robertine, mourut elle aussi en 1910. Il s'agit de l'infirmière Florence Nightingale, *La dame à la lampe.* Elle et Robertine, *La dame à la plume d'argent,* ont mené courageusement, dans des domaines différents, des combats néanmoins semblables. Toutes les deux, elles se sont battues afin de pulvériser les préjugés de leur temps. Leurs vies ne sont pas restées en jachère comme celles de toutes ces femmes qui, à l'époque victorienne, n'ont pu se libérer du lourd conditionnement dont elles étaient l'objet depuis l'enfance, ainsi que des conditions sociales qui les confinaient au foyer. Courageusement, Robertine et Florence ont fracassé les barrières qui auraient pu les empêcher de naître à elles-mêmes.

Le nom de Florence Nightingale est connu, celui de Robertine Barry est oublié. Cet oubli se fit progressivement.

Trois mois après la mort de Robertine, afin de lui rendre hommage, on organisa une soirée littéraire et musicale à la salle Empire du Château Frontenac durant laquelle on joua la pièce *Méprise.*

En 1913, lorsque Aglaé décéda, entourée de ses enfants avec qui elle vivait toujours, le souvenir de Robertine était encore bien vivant. Madame John Barry, souligne le journaliste de *La Patrie,* était la mère de Robertine Barry « qui s'est conquis dans les lettres une si vivace réputation », ainsi que la sœur du juge Rouleau, de la Cour suprême des Territoires du Nord-Ouest, et du Docteur E.H. Rouleau, de Calgary, en Alberta. Le journaliste mentionna que mourir à quatre-vingt-deux ans c'est « presque pour tout le monde le terme de la vie, mais des âmes d'élite comme celle que la famille Barry pleure en ce moment ne quittent pas la Terre sans laisser de profonds et sincères regrets. Aussi *La Patrie* s'associe-t-elle à son deuil, et plus particulièrement encore parce qu'elle a eu l'heureuse fortune d'avoir pour collaboratrice l'une des plus éminentes filles de la défunte, "Françoise" de regrettée mémoire[339] ».

À l'asile Saint-Jean-de-Dieu, où il était interné depuis qu'il avait dû quitter celui de Longue-Pointe, Nelligan n'avait pas oublié Robertine : « L'image de Françoise s'est gravée profondément dans la mémoire de Nelligan, qui, encore en 1939, savait déclamer son *Rêve d'artiste* par cœur. » Émile ne sut jamais que celle qu'il avait nommé sa sœur d'amitié lui était toujours restée fidèle, et qu'elle avait publié ses poèmes et écrit des articles élogieux à son sujet jusqu'à la toute fin de sa carrière de journaliste.

L'autre pièce de théâtre écrite par Robertine, *Souliers de bal,* fut jouée vingt ans après sa mort. L'une des deux actrices principales était la fille de Clara-Blanche, Marie Dugal. L'autre était Sita Riddez.

Le 21 octobre 1932, lors d'une émission radiophonique diffusée à Radio-Canada, on vanta le talent de Robertine, son humour, son grand cœur, son style alerte, sa pensée vive,

---

339. « La mort d'une femme distinguée ». *La Patrie,* 29 octobre 1913.

son sens de l'observation, juste et fin, et son courage : « Elle avait le courage de ses opinions et ne craignait pas de les exprimer sincèrement. Les responsabilités non plus ne lui faisaient pas peur : elle les endossait bravement et y répondait avec courage[340] », dit l'une des participantes. « On la rencontrait partout où il y avait des idées à émettre, des causes à défendre, du bien à accomplir », ajouta une autre. On cita Marie-Louise Marmette qui avait écrit que Robertine « était l'image vigoureuse de l'union des deux races les plus spirituelles épanouies en terre canadienne : la française et l'irlandaise ». On ferait, dit-elle, « un livre d'une rare saveur celtique si l'on pouvait recueillir ses mots spontanés qui, tour à tour, enlevaient le morceau du coup ou laissaient dans l'âme un éblouissement d'étoiles[341] ». On conclut cette causerie radiophonique en disant que Robertine était trop oubliée et qu'on voudrait « la voir mieux glorifiée ».

En 1945, Colette Lesage écrivit :

« Disparue de la scène du monde depuis 1910, Françoise n'a pas gardé la place qu'elle mérite dans la mémoire des deux générations qui ont suivi la sienne […]. Pour ma part, et personnellement, j'ai peu connu cette femme d'élite, ne l'ayant rencontrée qu'en de rares occasions et sur la fin de sa vie, mais je ne lui dois pas moins, comme plusieurs autres, l'orientation première vers la carrière que j'ai choisie. Elle incarnait, pour la jeunesse féminine de son temps, l'exemple et le guide idéal. C'est ce qu'elle serait encore aujourd'hui pour beaucoup, si l'on se donnait la peine de retrouver son œuvre un peu éparse… »

---

340. G. Bernier. « Françoise, journaliste et femme de lettres ». *Le Devoir*.
341. *Ibid.*

Hélas, quelques années plus tard, ceux qui l'avaient connue remarquaient que, déjà, Robertine Barry, malgré tout ce qu'elle avait réalisé et défendu, sombrait dans l'oubli.

Cependant, un prix du journalisme fut créé en l'honneur de Robertine par l'Institut canadien de recherches sur les femmes. Hélas, il cessa d'être décerné en 1999.

La cloche de Louisbourg est encore exposée au château de Ramezay, mais peu de gens connaissent encore l'histoire et/ou le nom de celle grâce à qui, au XIXe siècle, elle fut ramenée à Montréal.

Au cimetière Notre-Dame-des-Neiges où Robertine aimait tant aller marcher ou pique-niquer, sa tombe non marquée est recouverte par les herbes. Aucune stèle où est gravée son nom, aucune dalle, aucun monument perpétuant son souvenir, pas même une petite croix. Rien ! Rien n'indique que sous nos pieds git la dépouille d'une femme exceptionnelle. Conséquemment, son nom ne figure pas, avec celui d'Olivar Asselin dont elle a été la marraine littéraire et de Nelligan dont elle fut l'égérie, dans le *Répertoire des personnalités notoires, célèbres et historiques* enterrées dans ce cimetière. Ce répertoire identifie les personnes qui se sont illustrées dans différents domaines, entre autres culturel.

Le travail que j'ai effectué pendant trois ans afin d'être l'artisane de sa renaissance contribuera, je le souhaite ardemment, à inscrire à tout jamais le nom de Robertine Barry dans notre mémoire collective.

Après la parution du premier volet de cette biographie, j'ai constaté combien il est difficile de briser la perception que plusieurs personnes ont de Robertine. Perception qui perdure depuis que, à la fin des années 1970 et au début des années 1980, un homme de lettres et une historienne ont écrit que

Françoise avait débuté dans les pages féminines et que ses idées féministes étaient très conservatrices. Évidemment, nul n'est à l'abri d'une erreur, mais le problème dans ce cas-ci, c'est que ces erreurs-là, souvent répétées, ont fini par supplanter la vérité. Ils ont masqué tous les faits permettant de s'approcher un peu plus de la vérité, devrai-je dire. Les victimes de fausses accusations vous le diront : une fois que les gens se sont fait une opinion de vous, il est bien difficile de les faire changer d'avis. Il n'est donc pas superflu de rappeler succinctement toutes les causes, souvent impopulaires, qu'elle a défendues :

Elle a revendiqué une éducation laïque accessible à tous ; la création d'un ministère de l'Instruction publique ; l'ouverture à Montréal d'une bibliothèque publique ; le droit de vote pour les femmes ainsi que le droit d'étudier à l'université et d'exercer les mêmes professions que les hommes ; l'égalité entre les hommes et les femmes ; plus de justice sociale ; la reconnaissance du travail et des droits des auteurs et une législation sur le travail des enfants.

Ayant elle-même l'esprit non encombré par les préjugés, elle a tenté d'en briser plusieurs, notamment ceux entourant les célibataires, les bourgeoises qui travaillent, les maladies mentales, l'exercice physique pour les femmes, le rôle des femmes dans la société, les prostituées, les *filles tombées.* En ce temps où était tant glorifiée la vocation maternelle, elle a osé montrer les aspects sombres du mariage et a plutôt célébré l'indépendance financière et le droit, pour la femme, de disposer librement de son temps et de son argent.

Elle a osé dénoncer la trop grande ingérence du clergé et s'est risqué aussi à critiquer l'enseignement des religieuses. Elle a dit haut et fort ce que plusieurs pensaient tout bas, notamment que les bibliothèques paroissiales étaient insipides. Elle a même, audace incroyable, tenu tête publiquement à l'archevêque de Montréal et affirmé qu'il valait mieux donner son argent aux universités plutôt qu'au clergé.

Elle a lutté contre l'impérialisme britannique et a exprimé maintes fois son patriotisme. Bien qu'intéressée par la politique et respectant ceux qui s'y impliquaient, elle en dénonçait les côtés pervers, tel le favoritisme et les fraudes électorales.

Elle a embrassé les découvertes scientifiques et en a diffusé plusieurs dans ses articles et dans son magazine, en dépit de la controverse qu'elles suscitaient. Elle a notamment combattu l'ignorance entourant la tuberculose et les moyens de la prévenir.

Visionnaire, elle a innové en bien des domaines, notamment en créant une commission des droits d'auteurs, un courrier du cœur, un forum de discussion et en fondant un magazine qui, au Canada français, n'avait jamais eu d'équivalent. Elle s'est impliquée dans différents comités de fondation, dont celui d'une école ménagère et de la Fédération nationale Saint-Jean-Baptiste, ainsi que du collège d'instruction supérieure pour filles, devenu en 1926, le collège Marguerite-Bourgeois. Robertine a été présidente de l'Association des femmes journalistes canadiennes-françaises et du Canadian Women's Press Club.

Parce qu'elle était aussi déterminée que passionnée, elle a pu, non seulement se tailler une place enviable dans un domaine jusque-là fermé aux femmes, mais elle a réussi à s'y épanouir malgré l'atmosphère sociale chargée d'interdits et de préjugés envers les femmes, plus encore envers les bourgeoises qui, comme Robertine, s'engageaient hors des sentiers battus afin de gagner leur vie. Robertine Barry est admirable pour tout ce qu'elle a pu réaliser malgré les entraves placées sur sa route. Elle s'est affirmé pour elle mais, visionnaire, elle l'a fait aussi pour toutes les femmes qui la suivraient dans la voie de l'émancipation.

Ses idées étaient en avance sur celles de plusieurs femmes et hommes les plus progressistes de son temps. Ses amitiés, ainsi que la façon dont elle questionnait les « évidences » de son temps, dévoilent son anticonformisme. Elle ne se prenait pas au sérieux pour autant. Trop intelligente pour être vaniteuse, elle masquait sa gêne avec humour lorsqu'on la louangeait. Bien qu'elle fut bâillonnée par la censure, la calomnie, l'indifférence, la trahison, elle a eu la sagesse de ne pas se laisser envahir par l'amertume.

Les témoignages de ses amis dévoilent à quel point elle a été aimée. Dans leur cœur, comme dans le mien, elle est entrée pour n'en jamais sortir.

Bibliographie sélective

Documents d'archives

Fonds Robertine Barry. Société historique de la Côte-Nord. PO93. Ce fonds contient 16 photos. *Méprise,* la pièce de théâtre écrite par Robertine. Le texte de la conférence que Robertine donna à l'Institut canadien. Ses deux publications : *Chronique du lundi* et *Fleurs champêtres.* Trois coupures de presse. Trois lettres : une du premier ministre Wilfrid Laurier, une de la femme de lettres française Juliette Adam, une de Renée des Ormes. La biographie de Renée des Ormes.

Tous les articles publiés dans *La Patrie,* dont les « Chroniques du Lundi (1891-1900) », « Le Coin de Fanchette » et « Causeries fantaisistes (1897-1900) », signés Françoise, sont disponibles sur le site de Bibliothèque et Archives nationales du Canada.

Le Journal de Françoise, bi-mensuel fondé et dirigé par Robertine Barry de 1902 à 1909, est disponible sur DVD à la Société canadienne du microfilm. (SOCAMI).

Société d'archives du Saguenay-Lac-Saint-Jean. Le dossier 1328 contient les notes de travail de Renée des Ormes, des lettres, des textes de conférences et des articles.

Fonds Marie Gérin-Lajoie. Ce fonds contient des lettres écrites par Robertine Barry (Françoise) à Marie Gérin-Lajoie et à

Antoinette Gérin-Lajoie, la belle-sœur de Marie. BAnQ. Cote : P783, 53.

Fonds Albert Ferland. Centre de recherches en civilisation canadienne-française. Université d'Ottawa. Ce fonds contient deux lettres écrites par Robertine Barry, signées Françoise, à Albert Ferland. Cote : P 5/2/7.

Fonds Joseph-Edmond Roy (archiviste, historien et notaire à Lévis). Ce fonds contient une lettre de Robertine Barry. Centre de recherche en civilisation canadienne-française. Université d'Ottawa. Cote : P 79/1.

Fonds Henry-James Morgan. Centre de recherches en civilisation française. Université d'Ottawa. Ce fonds contient une lettre de Robertine Barry. Cote : MG 29, D61.

Fonds Paul Wyczynski. Centre de recherches en civilisation française. Université d'Ottawa. Ce fonds contient une photo de Robertine, des poèmes que lui a dédiés Émile Nelligan, des articles signés Françoise, des commentaires sur Robertine Barry.

Fonds Maurice Brodeur (fils de Marie-Louise Marmette). Ce fonds contient une carte de souhait de Robertine adressée à Marie-Louise ainsi qu'une page du *Journal de Françoise*. Archives de l'Université Laval. Cote : 209-1/3/2/1.

Société d'histoire et de généalogie de Trois-Pistoles. S'y trouvent les actes du décès de John Barry et du mariage de Caroline Barry, ainsi que des recensements effectués au XIXᵉ siècle.

Les Archives de la chancellerie de Montréal contiennent des lettres échangées entre Marie Gérin-Lajoie et Monseigneur Paul Bruchési au sujet de la conférence donnée par Robertine durant le deuxième Congrès de la Fédération nationale Saint-Jean-Baptiste.

Les Archives des Ursulines de Québec contiennent des compositions de Robertine Barry ainsi qu'une photo de groupe sur laquelle elle apparaît.

Annuaires Lovel de Montréal et sa banlieue (1842-1999).

BNQ. Collection numérique.

Livres et périodiques

Abbott, Élizabeth. *Histoire universelle de la chasteté et du célibat.* Montréal, Fides, 2001, pour la traduction française. 290 p.

Abbott, Élisabeth. *Une histoire des maîtresses.* Montréal, Fides, 2004, pour la traduction française. 617 p.

Adler, Laure. *À l'aube du féminisme. Les premières journalistes. (1830-1850),* Paris, Payot, 1979. 231 p.

Adler, Laure & Stefan Bollman. *Les femmes qui écrivent vivent dangereusement.* Paris, Flammarion, 2007. 153 p.

Adler, Laure & Stefan Bollman. *Les femmes qui lisent vivent dangereusement.* Paris, Flammarion, 2006. 149 p.

Arnaud-Duc, Nicole. « Les contradictions du droit », dans *Histoire des femmes en Occident. Le XIXe siècle.* Tome IV. Paris, Perrin, 2002, p. 101-139.

Barry, Robertine. *Fleurs champêtres,* publié initialement en 1895 par La Cie d'imprimerie Desaulniers, réimprimé en 1924 par la Librairie Beauchemin Ltée, et republié chez Fides dans la Collection Nénuphar en 1984, est disponible sur le site de La bibliothèque électronique du Québec. Collection Littérature québécoise. Volume 99 : version 1.01. 320 p.

Barry, Robertine. *Chroniques du Lundi. 1891-1895.* Premier vol., 1900. 328 p. (s.é.).

Barry, Robertine. « Les Femmes canadiennes dans la littérature » dans *Les Femmes du Canada : leur vie et leurs œuvres* (paru dans *La Patrie* sous le titre *De l'influence de la femme dans la littérature*, 18 mai 1896). Ouvrage colligé par le Conseil, à la demande de l'Honorable Sydney Fisher, ministre de l'Agriculture. Pour être distribué à l'Exposition Universelle de Paris, 1900, p. 209-215.

Barry, Robertine. « Rapport de l'Association des Journalistes, par Mlle Barry (Françoise), directrice du « Journal de Françoise » dans *Premier Congrès de la Fédération nationale Saint-Jean-Baptiste,* Montréal, Paradis, Vincent et Cie, 1907, p. 88-92.

Barry, Joseph. *George Sand ou le scandale de la liberté.* Traduit de l'américain par Marie-France de Paloméra. Paris, Seuil, 1982. 424 p.

Bascou-Bance, Paulette. *La mémoire des femmes.* Anthologie. Aquitaine, Élytis, 2002. 575 p.

Beaugrand, Honoré. *La Chasse-galerie et autres récits.* Édition critique par François Ricard. Montréal, Les Presses de l'Université de Montréal, 1989. 362 p.

Beaulieu, André et Jean Hamelin. *La presse québécoise des origines à nos jours. Tome IV. 1896-1910.* Québec, Les Presses de l'Université Laval, 1973. 418 p.

Beaulieu, André et Jean Hamelin. *Les journaux du Québec de 1764 à 1964.* Montréal, Les Presses de l'Université Laval, 1965. 329 p.

Beaulieu, Victor-Lévy. *James Joyce, l'Irlande, le Québec, les mots.* Essai hilare. Éditions Trois-Pistoles, 2006. 1090 p.

Béland, Cindy. « Salons et soirées mondaines au Canada français » dans *Lieux et réseaux de sociabilité littéraire au Québec.* Québec, Nota Bene. Collection Séminaires, n° 13, 2001, p. 97.

Bellerive, Georges. *Brèves apologies de nos auteurs féminins.* Québec, Librairie-éditeur Garneau, 1920. 137 p.

Benchetrit, Karen et Carina Louart. *La franc-maçonnerie au féminin.* Paris, Belfond, 1994. 340 p.

Bentzon, Thérèse. *Nouvelle-France et Nouvelle-Angleterre,* 2ᵉ éd., Paris, Calman Lévy éditeur, 1899. 321 p.

Bernhardt, Sarah. *Montréal. Mémoires.* Paris, Magellan & Cie. 2006. 61 p.

Bernier, Germaine. « Françoise, journaliste et femme de lettres ». Texte de la causerie donnée à la radio par la directrice de la page féminine, sous les auspices du programme féminin. Publié dans *Le Devoir* vers 1936. Fonds Robertine Barry. P093/003/01/002.

Bertrand, Camille. *Histoire de Montréal. 1760-1942.* Montréal et Paris, Beauchemin et Plon, 1942. 307 p.

Bessette, Arsène. *Le débutant.* (Roman de mœurs du journalisme.) Édition originale, 1914. Montréal, Bibliothèque québécoise, 2001. 312 p.

Bessette, Gérard. *Nelligan et les remous de son subconscient. Une littérature en ébullition,* Montréal. Éditions du Jour, 1968, p. 43-62.

Bienville, Louyse de, pseudonyme de Marie-Louise Marmette, Madame Donat Brodeur. *Figures et paysages.* Montréal, Beauchemin, 1931. 238 p.

Bizier, Hélène-Andrée. *Une histoire des femmes québécoises en photos.* Montréal, Fides, 2007. 331 p.

Bizier, Hélène-Andrée. *Une histoire des hommes québécois en photos.* Montréal, Fides, 2008. 288 p.

Blais, Jacques avec la collaboration de Guy Champagne et Luc Bouvier. *Louis Fréchette. Satires et polémiques ou l'École cléricale au Canada.* Édition critique. Montréal, Les Presses de l'Université de Montréal, 1993. Tome 1, 600 p. Tome 11, 1330 p.

Blais, Jean-Éthier. Communications présentées par. *Émile Nelligan. Poésie rêvée. Poésie vécue.* Montréal, Le cercle du livre de France, 1969. 189 pages.

Blanc, Liliane. *Elle sera poète aussi! Les femmes et la création artistique.* Montréal, Le Jour éditeur, 1991. 239 p.

Blanchet, Renée et Georges Aubin. *Lettres de femmes au XIXe siècle.* Québec, Septentrion, 2009. 288 p.

Boivin, Aurélien et Kenneth Landry. « Françoise et Madeleine, pionnières du journalisme féminin au Québec », Voix et Images, décembre 1978, p. 233-243.

Bologne, Jean-Claude. *Histoire du célibat et des célibataires.* Paris, Fayard Pluriel, 2004. 525 p.

Bonville, Jean de. *La presse québécoise de 1884 à 1914. Genèse d'un média.* Québec, Les Presses de l'Université Laval, 1988. 432 p.

Bonville, Jean de. *Jean-Baptiste Gagnepetit. Les travailleurs à Montréal à la fin du XIXe siècle.* Montréal, L'Aurore, 1975. 253 p.

Bonvoisin, Samra-Martine et Michèle Maignien. *La presse féminine.* Paris, PUF, Que sais-je?, 1986. 126 p.

Brisson, Réal, sous la direction de. *La mort au Québec.* Rapports et mémoires de recherche du Célat, n° 12, Québec, Université Laval, novembre. 1988. 143 p.

Brunet, Manon. « Félicité Anger ». Dictionnaire biographique du Canada en ligne. www.biographi.ca/009004-119.01-f.

Buies, Arthur. *Correspondance. 1855-1901.* Édition critique par Francis Parmentier. Montréal, Guérin, 1993. 347 p.

Buies, Arthur. *Chroniques.* Tomes 1 et 11. Édition critique par Francis Parmentier. Montréal, Les Presses de l'Université de Montréal, 1991 et 1993. 653 et 502 p.

Bulletin bibliographique de la Librairie Beauchemin. *Biographies et portraits d'écrivains canadiens.* Études publiées dans *Le Propagateur,* Montréal, Librairie Beauchemin, 1926.

Cambron Micheline, sous la direction de. *La vie culturelle à Montréal vers 1900.* Montréal, 2005, Fides. 413 p

Carini, Marco. *Les francs-maçons. Une société secrète.* Bath, Parragon, 2007. 96 p.

Carrier, Anne. *Françoise, pseudonyme de Robertine Barry : édition critique des « Chroniques du lundi », 1891–1895.* Thèse de ph.d., Québec, Université Laval, 1988. 604 f.

Carrier, Anne. *Une pionnière du journalisme féministe québécois. Françoise, pseudonyme Robertine Barry.* Avec un choix de textes. Groupe de recherche multidisciplinaire féministe, Université Laval, Québec, Les cahiers du GREMF, 1988. 109 p.

Carrier, Anne. « Robertine Barry ». Dictionnaire biographique du Canada en ligne. www.biographi.ca/009004-119.01.

Chaboud, Jack. *Paroles de francs-maçons.* Paris, Albin Michel, 1996. 50 p.

Charbonneau, André. « Lieu historique national du Canada de la Grosse-Île-et-le-Mémorial-des-Irlandais. L'année tragique de 1847 à la Grosse-île ». Parcs Canada. www.pc.gc.ca.

Charron, Catherine. « Les féministes et la crise du service domestique ». *La question du travail domestique au début du XXe siècle au Québec.* Collection Mémoires et thèses électroniques. Québec, Université Laval. http://archimede.bibl.ulaval.ca.

Chassé, Béatrice. « L'île Saint-Barnabé ». Les Cahiers de l'Estuaire, n° 2, 2003. Rimouski, Société d'histoire du Bas-Saint-Laurent et le GRIDEQ, p. 49-57.

Chassé, Gertrude. *Bio-bibliographie de Françoise (Mlle Robertine Barry)*. Montréal, École des bibliothécaires, Université de Montréal, 1945. 75 p.

Comeau, Robert et Luc Desrochers, sous la direction de. *Le Devoir. Un journal indépendant (1910-1995)*. Montréal, Presses de l'Université du Québec, 1996. 368 p.

Conan, Laure. *J'ai tant de sujets de désespoir. Correspondance, 1878-1924*. Recueillie et annotée par Jean-Noël Dion. Collections « Documents et biographies », Québec, Les éditions Varia, 2002. 480 p.

Conseil National des Femmes du Canada. *Les femmes du Canada, leur vie, leurs oeuvres*. Ouvrage colligé par le Conseil, d'après le désir de l'Honorable Sydney Fisher, ministre de l'Agriculture. Pour être distribué à l'Exposition Universelle de Paris, 1900. 474 p.

Côté, Jasmine. « Il y a cent ans. La parole des femmes ». *Le magazine de la rédaction professionnelle,* n° 3, 1999-2000, p. 13-14.

Craveri, Benedatta. *L'âge de la conversation*. Traduit de l'italien par Éliane Deschamps-Pria. Paris, Gallimard pour la traduction française, 2002. 680 p.

D'Amours, Annie. *La nature morte au Québec et la question du sujet en art (1887-1907)*. Thèse (M.A.) Histoire de l'art. Québec, Université Laval, 2005. www.theses.ulaval.ca/2005.

Dansereau, Patrice. Collaboration à la rédaction : Pierre Monette. « Des salons littéraires aux clubs de lecture ». Montréal, *Entre les lignes,* printemps 2007, p. 21-23.

Danylewycz, Marta. « Une nouvelle complicité : féministes et religieuses à Montréal. 1890-1925 », *Travailleuses et féministes* sous la direction de Marie Lavigne et Yolande Pinard, Montréal. Boréal Express, 1988, p. 245-269.

Darsigny, Marise, Francine Descarries, Lyne Kurtzman, Évelyne Tardif. *Ces femmes qui ont bâti Montréal.* Montréal, Remue-Ménage, 1994. 627 p.

Dauphin, Cécile. « Femmes seules », *Histoire des femmes en Occident. Tome IV.* Le XIX\ siècle. Paris, Perrin, 2002, p. 513-531.

D'Entremont, Clarence. « L'histoire des cloches acadiennes : celles de la forteresse de Louisbourg ». Traduit par Michel Miousse. www.museeacadien.ca/french/archives/articles/59.htm.

Descarries, Francine. « Regards sociologiques sur le féminisme contemporain ». Communication présentée par Francine Descarries à l'occasion du colloque *Trente ans d'actions, ça porte fruit !*, marquant le 30\ anniversaire du Conseil du statut de la femme du Québec, à Montréal, le 23 mai 2003. www.csf.gouv. qc.ca/telechargements/publictions.

Desgagné, Raymond. « Françoise (Robertine Barry) ». *Saguenaysensia.* Vol. 2, n° 3, mai-juin 1960, p. 73-75.

Desjardins, Marie-Paule. *Dictionnaire biographique des femmes célèbres et remarquables de notre histoire.* Montréal, Guérin, 2007. 599 p.

Desjardins, Rita. « Ces médecins montréalais en marge de l'orthodoxie ». Montréal, *Bulletin canadien d'histoire de la médecine,* 18 février 2001, p. 325-347.

Des Ormes, Renée, pseudonyme de Léonide Ferland. *Robertine Barry, en littérature Françoise, pionnière du journalisme féminin,*

1863-1910. Québec, L'Action sociale, 1949. 159 p. Cette biographie est disponible sur le site Nos racines. www.ourroots.ca.

Des Ormes, Renée, pseudonyme de Léonide Ferland. *Laure Conan*. Disponible sur le site web : www.biblisem.net/études/desolaur.htm. 55 p.

Dessaulles, Henriette. *Fadette, journal d'Henriette Dessaulles. 1874-1880*. Préface de Pierre Dansereau, introduction de Louise Saint-Jacques Dechêne. Montréal, Hurtubise/HMH, 1971. 325 p.

Dessaulles, Louis-Antoine. *Petit bréviaire des vices de notre clergé, suivi de Le clergé français au bordel par un auteur anonyme*. Texte établi avec introduction et notes par Georges Aubin. Notre-Dame-des-Neiges, les Éditions Trois-Pistoles, 2004. 169 p.

Dictionnaire biographique du Canada en ligne. « Barry, Robertine dite Françoise ». www.biographie.ca.

Dictionnaire des auteurs de langue française en Amérique du Nord. « Françoise », Montréal, Fides, 1989, p. 536-537.

Dionne Côté, Odette et Léopold Côté. *L'Isle-Verte. Au fil des ans*, s.é., 2001. 355 p.

Dionne, Lynda et Georges Pelletier. *Découvrir Cacouna*. Cacouna, Épik, 2008. 96 p.

Doucet, Sophie. « Écrire avant tout. (Robertine Barry) ». *La Gazette des femmes*, septembre-octobre 2007, p. 34-35.

Doucet, Sophie. « Joséphine Marchand-Dandurand. Madame aura son magazine ». *La Gazette des femmes*, novembre-décembre 2006, p. 34-35.

Doucet, Sophie et Karine Robert. « L'histoire du féminisme au Canada et au Québec : Bibliographie sélective ». *Mens*, vol. 2, n° 1, p. 125-144.

Duby, Georges et Michelle Perrot. *Histoire des femmes en Occident. Le XXe siècle. Tome V.* Sous la direction de Françoise Thébaud. Paris, Perrin, 2002. 891 p.

Duby, Georges et Michelle Perrot. *Histoire des femmes en Occident. Le XIXe siècle. Tome IV.* Sous la direction de Geneviève Fraisse et Michelle Perrot. Paris, Perrin, 2002. 765 p.

Duby, Georges et Michelle Perrot. *Histoire des femmes en Occident. Les XVIe-XV111^e siècles. Tome III.* Sous la direction de Natalie Zemon Davis et Arlette Farges. Paris, Perrin, 2002. 426 p.

Dufour, Manon B. *La magie de la femme celte.* Montréal, Éditions de Mortagne, 2003. 204 p.

Duhamel, Roger. « Tombeau de Nelligan ». *Émile Nelligan, poésie rêvée, poésie vécue.* Montréal, Cercle du livre de France, 1969. 189 p.

Dumont, Fernand, Jean Hamelin, Jean-Paul Montminy, sous la direction de. *Idéologies au Canada français. Tome 11.* Les Presses de l'Université Laval, 1981.

Durand, Marguerite. « Les femmes contemporaines ». *Le féminisme selon l'encyclopédie Encarta.* Ce site web est maintenant fermé.

Edelman, Nicole. *Voyantes, guérisseuses et visionnaires en France. 1785-1914.* Paris, Albin Michel, 1995. 280 p.

Ehrenreich, Barbara et Deirdre English. *Des experts et des femmes. 150 ans de conseils prodigués aux femmes.* Montréal, Les éditions du Remue-Ménage, 1982. 347 p.

Farlane, J-M. « Les miasmes, les microbes et la médecine. La diffusion des idées anciennes et nouvelles » dans *Union médicale du Canada : les cas de la fièvre typhoïde. 1872-1900.* p. 59-77. http://id.erudit.org/iderudit800443ar.

Fédération nationale Saint-Jean-Baptiste. *Premier congrès de la Fédération nationale Saint-Jean-Baptiste, Section des Dames de l'Association Saint-Jean-Baptiste, tenu les 26, 27, 28, 29 et 30 mai à Montréal.* Montréal, Imprimerie Paradis, Vincent & Cie, 1907. 207 p.

Fédération nationale Saint-Jean-Baptiste. *Deuxième congrès de la Fédération nationale Saint-Jean-Baptiste. Section des Dames de l'Association Saint-Jean-Baptiste, Tenu à Montréal les 23, 25, 26 juin.* Montréal, Imprimerie Paradis, Vincent & Cie, 1909. 155 p.

Felteau, Cyrille. *Histoire de La Presse. Tome 1. Le livre du peuple. 1884-1916.* Montréal, Les éditions La Presse Ltée, 1983. 401 p.

Frain, Irène. *Je vous aime. Les plus belles lettres d'amour.* Paris, Librio, 2002. 94 p.

Frenette, Pierre avec la collaboration de Kateri Lescop et Roland Duguay. *Histoire des Côtes-Nord.* Bergeronnes, Les Presses du Nord, 1984. 48 p.

Gaulin, Michel. « De l'écriture comme entreprise d'approfondissement du moi », *Lettres québécoises,* automne 2008, p. 51.

Gauvreau, Danielle, Diane Gervais et Peter Gossage. *La fécondité des Québécoises. 1870-1970.* Montréal, Boréal, 2007. 337 p.

Germain, Jean-Claude. « C'est maintenant qu'on a besoin d'Asselin et de Fournier ». *L'aut'journal,* mai 2009, p.18.

Gilman, Sander L. « Les chirurgiens du bonheur ». www.unesco.org/courier/2001_07/fr/doss31.htm.

Gosselin, Line. *Les journalistes québécoises, 1880-1930.* Montréal, Regroupement des chercheurs et chercheuses en histoire des travailleurs et travailleuses du Québec. Collection Études et documents du RCHT, n° 7, 1995. 160 p.

Goulet, Denis. *Le commerce des maladies. La publicité des remèdes au début du siècle.* Québec, Institut québécois de la recherche sur la culture, 1987. 139 p.

Hamel, Réginald. *Gaëtane de Montreuil.* Montréal, L'Aurore, 1976. 205 p.

Harry, Bruce. *Maud. La vie de Lucy Maud Montgomery.* Traduit de l'anglais par Michèle Marineau. Montréal, Québec Amérique, 1997. 194 p.

Hébert, Pierre. *Censure et littérature au Québec. Le livre crucifié.* Montréal, Fides, 1997. 290 p.

Higonnet, Anne. « Femmes et images ». *Histoire des femmes en Occident. Tome IV, Le XIXe siècle.* Paris, Perrin, 2002, p. 335-390.

Hoock-Demarle, Marie-Claire. « Lire et écrire en Allemagne ». *Histoire des femmes en Occident. Tome IV, Le XIXe siècle*, Paris. Perrin, 2002, p. 175-201.

Hébert, Karine. « Une organisation maternaliste au Québec : la Fédération nationale Saint-Jean-Baptiste et la bataille pour le vote des femmes ». *Revue d'Histoire de l'Amérique française.* http// id.erudit.org/iderudit/005467ar.

Johnson, E. Pauline. (Tekaioucoaka). « Les Iroquoises du Canada par l'une d'elles », dans *Les femmes du Canada. Leur vie et leurs œuvres,* pp. 472-474.

Joannis, Claudette. *Sarah Bernhardt. Reine de l'attitude et princesse des gestes.* Paris, J'ai lu, 2003. 148 p.

Knibiehler, Yvonne et all. *De la pucelle à la minette,* Paris, Temps actuels, 1983. 259 p.

Knibiehler, Yvonne. « Corps et Cœurs ». *Histoire des femmes en Occident. Tome IV. Le XIXe siècle.* Paris, Perrin, 2002, p. 391-438.

Krol, Ariane. « L'histoire secrète du vibromasseur ». *Châtelaine*, novembre 1999, p. 106-109.

La Charité, Claude. « Les mémoires de famille (1869) d'Éliza Anne Baby ou l'apologie d'un mari vendu aux Anglais ». Rimouski, *Le Mouton Noir*, mars-avril 2008, p. 9.

Lachaussée, Catherine. « Entre détective et moine bénédictin ». Québec, *Le Libraire*, février-mars 2008, p. 28-30.

Lacourcière, Luc. « À la recherche de Nelligan » dans *Émile Nelligan, poésie rêvée, poésie vécue*. Montréal, Cercle du livre de France, 1969. 189 p.

Lacourcière, Luc. *Émile Nelligan. Poésies complètes*. Montréal, Fides, 1958. 331 p.

Lajeunesse, Marcel. *Lecture publique et culture au Québec. XIXe et XXe siècles*. Québec. Presses de l'Université du Québec, 2004. 230 p.

Lamontagne, Gilles. Édition préparée et présentée par. *Fleurs champêtres suivi d'autres nouvelles et de récits et Méprise, comédie inédite en un acte*. Les meilleurs auteurs canadiens. Montréal, Fides, Collection du Nénuphar, 1984. 320 p.

Lamonde, Yves, Patricia Fleming et Fiona A. Black, sous la direction de. *Histoire du livre et de l'imprimerie au Canada de 1840 à 1918. Volume 11*. Montréal, Fides.

Laplante, Laurent. *Le suicide*. Institut québécois de recherche sur la culture, 1985. 125 p.

Lapointe, Lisette. « Robertine Barry : la rebelle ». Montréal, *La Gazette des femmes*, mai-juin 1998, p. 14-15.

Lavigne, Marie et Yolande Pinard. *Travailleuses et féministes. Les femmes dans la société québécoise*. Montréal, Boréal Express, 1983. 430 p.

Lavigne Marie, Yolande Pinard et Jennifer Stoddart. « La Fédération nationale Saint-Jean-Baptiste et les revendications féministes au début du XXᵉ siècle ». *Travailleuses et féministes. Les femmes dans la société québécoise.* Montréal, Boréal Express, 1983, p. 199-216.

Lemieux, Denise et Lucie Mercier. *Les femmes au tournant du siècle. 1880-1940.* Montréal, Institut québécois de recherche sur la culture, IQRC., 1989. 400 p.

Lemieux Pierre H. *Nelligan et Françoise. L'intrigue amoureuse la plus singulière de la fin du XIXᵉ siècle québécois.* Version électronique.

Lemire, Maurice et Denis Saint-Jacques, sous la direction de. *La vie littéraire au Québec. Tome IV.* Québec, les Presses de l'Université Laval, 1999. 670 p.

Létourneau, Monette et Richard. *Les trente premières années de Les Escoumins. 1845-1875.* Les Escoumins, Les éditions du Cyclope, 1985. 63 p.

Lévesque, Andrée. *Éva Circé-Côté. Libre-penseuse. 1871-1949.* Montréal, Les Éditions du Remue-Ménage, 2010. 462 p.

Lévesque, Andrée. *La norme et les déviantes. Des femmes au Québec pendant l'entre-deux-guerres.* Montréal, Remue-Ménage, 1989. 232 p.

Lévesque, Andrée. *Résistance et transgression. Études en histoire des femmes au Québec.* Montréal, Remue-Ménage, 1995. 157 p.

Lévesque, Andrée. « Éva Circé-Côté, l'oubliée de la lutte pour l'égalité ». *Le Devoir,* 11 juillet 2005.

Losier, Mary Jane et Céline Pinet. *Les enfants de Lazare. Histoire du lazaret de Tracadie.* Traduit par Jacques Picotte. Lévis, Faye, 1997. 297 p.

Mailloux, Alexis (1801-1877). *Le Manuel des parents chrétiens.* Montréal, VLB Éditeur, 1977. 328 p.

Major, Jean-Louis. *Henriette Dessaulles : Journal.* Montréal, Les Presses de l'Université de Montréal, Bibliothèque du Nouveau Monde, 1989. 669 p.

Mann Trofimenkoff, Susan. « Henri Bourassa et la question des femmes ». *Travailleuses et féministes. Les femmes dans la société québécoise,* sous la direction de Marie Lavigne et Yolande Pinard. Montréal, Boréal Express, 1983, p. 293-306.

Marchand-Dandurand, Joséphine. *Nos travers.* Montréal, Librairie Beauchemin, 1924. 124 p.

Marchand-Dandurand, Joséphine. *Journal intime. 1879-1906.* Montréal, La Pleine Lune, 2000. 275 p.

Marcoux, Cosette et Jacques Boivin. « Joseph-Damase Chartrand. (1852-1905). La curieuse histoire de l'éclipse d'un géant ». Revue *Cap-aux-Diamants,* n° 91, automne 2007, p. 21-25.

Marion, Séraphin. *Littérateurs et moralistes du Canada français d'autrefois. Tome VIII.* L'Éclair et Les Éditions de l'Université d'Ottawa, 1954. 190 p.

Marleau, Diane. « Auteures-compositeures-interprètes ». *L'autre Parole,* n° 89, printemps 2001, p. 7-8.

Massicotte, Marie-Andrée. « Une île au large de la ville ». *Revue d'histoire du Bas-Saint-Laurent,* juin 1996, p. 57 à 62.

Mativat, Daniel. *Le métier d'écrivain au Québec. 1840-1900.* Montréal, Triptyque, 1996. 510 p.

Maugue, Anne-Lise. « L'ère nouvelle et le vieil Adam. Identités sexuelles en crise » dans *Histoire des femmes en Occident. Le XIXe siècle. Tome IV.* Sous la direction de Geneviève Fraisse et Michelle Perrot. Paris, Perrin, 2002, p. 615-636.

Mayeur, Françoise. « L'Éducation des filles. Le modèle laïque ». *Histoire des femmes en Occident, Tome IV*. Le XIXe siècle, Paris, Perrin, 2002, p. 281-302.

McFarlane, John. « Les miasmes, les microbes et les médecines. La diffusion des idées anciennes et nouvelles dans l'Union médicale du Canada : le cas de la fièvre typhoïde (1872-1900) ». *Érudit*. http://id.erudit.org/iderudit/800443ar.

Michaud, Robert. *L'Isle-Verte vue du large*. Montréal, Leméac, 1978. 354 p.

Michaud, Robert. *La Cour de Circuit de L'Isle-Verte*. Trois-Pistoles, Centre d'édition des Basques, 1998. 243 p.

Michaud, Robert. *Zoestra marina. Une plante porte-malheur à L'Isle-Verte*. Trois-Pistoles, Centre d'édition des Basques, 2002. 135 p.

Michon Jacques, sous la direction de. *Histoire de l'édition littéraire au Québec au XXe siècle. Volume 1. La naissance de l'éditeur. 1900-1939*. 1999, Montréal, Fides. 482 p.

Michaud, Stéphane, « Idôlatrie. Représentations artistiques et littéraires » dans *Histoire des femmes en Occident. Le XIXe siècle. Tome IV*. Sous la direction de Geneviève Fraisse et Michelle Perrot. Paris, Perrin, 2002. p. 147 à 173.

Michon, Jacques. *Émile Nelligan. Œuvres complètes 11. Poèmes et textes d'asile. 1904-1941*. Édition critique de Jacques Michon et augmentée par André Gervais avec la collaboration de Jacques Michon. Bibliothèque québécoise, 2006. 577 p.

Montreynaud, Florence et all. *Le XXe siècle des femmes*. Paris, Nathan, 1995. 780 pages.

Morin, A.-Cléophas, ptre. *Dans la maison du père. Décès de 1869 à 1966. Biographies des prêtres du Diocèse de Rimouski*. Disponible en format PDF sur le site : www.dioceserimouski.com.

Nelligan, Émile. *Poésies complètes. 1896-1899.* Montréal, Bibliothèque québécoise, 1997. 262 p.

Niget, David. « Histoire d'une croisade civique : La mise en place de la "Cour des jeunes délinquants" de Montréal (1890-1920). ». *Pratiques éducatives et systèmes judiciaires.* n° 5, 2003, 31 pages. http://rhei. Revues.org/document961.html.

O'Gallagher, Marianna. *Grosse Île. Porte d'entrée du Canada. 1832-1937.* Traduit par Michèle Bourbeau. Québec, Carraig Books, 1987. 188 p.

Paradis, André. « Ethnie et folie : visages pluriels de l'anormalité ». *Santé mentale au Québec,* 1992, XVII, 2, p. 13-34.

Priollaud, Nicole. Textes regroupés par. *La femme au XIXe siècle.* Paris, *Les reporters de l'Histoire,* n° 2. 240 p.

Parmentier, Francis, édition préparée par. *Arthur Buies. Correspondance, 1855-1901.* Montréal, Guérin, 1993. 347 p.

Pelletier-Baillargeon, Hélène. *Olivar Asselin et son temps.* V.1. *Le militant.* V.2. *Le volontaire.* Montréal, Fides, 1996 et 2001. 778 p.

Pelletier-Baillargeon, Hélène. *Marie Gérin-Lajoie. De mère en filles.* Montréal, Boréal Express, 1985. 382 p.

Perreault, Mathieu. « Les métiers les plus à risques de suicide », *Le Soleil,* jeudi 17 juin 2010, p. 30.

Perrot, Michelle. *Les femmes ou les silences de l'Histoire.* Paris, Flammarion, 1998. 493 p.

Perrot, Michelle. « Sortir » dans *Histoire des femmes en Occident. Le X1X^e siècle. Tome IV.* Sous la direction de Geneviève Fraisse et Michelle Perrot. Paris, Perrin, 2002, p. 539-574.

Pinard, Yolande. « Les débuts du mouvement des femmes à Montréal ». *Travailleuses et féministes. Les femmes dans la société québécoise.* Montréal, Boréal Express, 1983, p. 177-198.

Provencher, Jean. *Chronologie du Québec. 1534-2007.* Montréal, Boréal Compact, 2008. 376 p.

Quillard, Marion. « Elles sont devenues des hommes », *Châtelaine*, octobre 2010, p. 102 à 108.

Rajotte, Pierre. Sous la direction de. *Lieux et réseaux de sociabilité littéraire au Québec.* Québec, Nota Bene, Collection Séminaires, n° 13, 2001. 335 p.

Rattner Gelbart, Nina. « Les femmes journalistes et la presse ». *Histoire des Femmes en Occident, Tome III, XVI-XVIIIᵉ siècles*, Paris, Perrin, 2002, p. 491-512.

Réal, Jean. *Bêtes et juges.* Paris, Buchet/Chastel, 2006. 176 p.

Revue d'histoire du Bas-Saint-Laurent. Rimouski. 1696-1996. Rimouski, Groupe de recherche interdisciplinaire sur le développement régional de l'Est du Québec (GRIDEQ) et le module d'Histoire en collaboration avec la Société d'histoire du Bas-Saint-Laurent, Vol. XIX, n° 2, 1996. 105 p.

Ricard, François. *Gabrielle Roy. Une vie.* Montréal, Boréal, 1996. 646 p.

Ricard, François. *Honoré Beaugrand. La chasse-galerie et autres récits.* Édition critique par François Ricard. Montréal, Université McGill et Les Presses de l'Université de Montréal, 1989. 369 p.

Rioux, Emmanuel. Sous la direction de. *Histoire de Trois-Pistoles. 1697-1997.* Trois-Pistoles, Société d'histoire et de généalogie de Trois-Pistoles. 697 p.

Roberts, Mary Louise. « Les femmes contemporaines ». *Le féminisme selon l'encyclopédie Encarta.* Les sites internet de cette encyclopédie numérique créée par Microsoft sont fermés depuis octobre 2009.

Robidoux, Réjean. *Connaissance de Nelligan.* Montréal, Fides, 1992. 183 p.

Robidoux, Réjean et Paul Wyczynski. Recueil d'études préparé sous la direction de. *Crémazie et Nelligan.* Montréal, Fides, 1981. 186 p.

Roy, Julie et Nova Doyon, sous la direction de. *Le littéraire à l'œuvre dans les périodiques québécois du XIXe siècle.* Centre de recherche interuniversitaire sur la littérature et la culture québécoise. Nouveaux Cahiers de recherche-3, Montréal, Université de Montréal, 2005. 93 p.

Roy, Yvan et Paul Wyczynski. *Nelligan à Cacouna.* Cacouna, Épik, 2004. 190 p.

Roy, Yvan. *Cacouna illustré* (série de cartes). Cacouna, Épik, 2004.

Ruelland, Jacques G. *La Pierre angulaire. Histoire de la franc-maçonnerie régulière au Québec.* Outremont, Point de fuite, 2002. 187 p.

Saint-Georges, Hervé de. « Pour avoir eu trop de génie, Émile Nelligan vit à jamais dans un rêve tragique qui ne se terminera qu'avec la mort ». Montréal, *La Patrie,* 18 septembre 1937.

Saint-Yves, Gabrielle. « Les femmes et la norme au tournant du XXe siècle : Prise de parole des premières chroniqueuses au Canada français ». *Des mots et des femmes : Rencontres linguistiques. Actes de la journée d'étude tenue à l'Université de Florence. 1er décembre 2006.* Sous la direction d'Annick Farina et Rachelle Rauss, Firenze University Press, 2007, p. 13 à 26.

Saucier, Danielle. « La famille Barry : en image ». *La revue d'histoire de la Côte-Nord.* Société historique de la Côte-Nord, juillet 2008, p. 82-86.

Savoie, Chantale. « La page féminine des grands quotidiens montréalais comme lieu de sociabilité littéraire au tournant du XXᵉ siècle ». Rimouski, *Tangence,* nᵒ 80, 2006, p. 125-142.

Savoie, Chantale. « L'Exposition Universelle de Paris (1900) et son influence sur les réseaux des femmes de lettres canadiennes dans Études littéraires : dossier ». Montréal, *Les réseaux littéraires France-Québec au début du XXᵉ siècle,* vol. 36, nᵒ 2, automne 2004, p. 17-30.

Savoie, Chantale. « Des salons aux annales : les réseaux et associations de femmes de lettres à Montréal au tournant du XXᵉ siècle ». *Voix et Images,* no 80, 2002, p. 238-253.

Scheler, Lucien, préface et notes. *Œuvres complètes de Jules Vallès. Correspondance avec Séverine.* Les Éditeurs français réunis, Paris, 1972. 222 p.

Séguin, Marcel. « Entretiens sur Émile Nelligan ». Montréal, *L'École canadienne,* 1957, p. 667.

Sicotte, Anne-Marie. *Marie Gérin-Lajoie.* Montréal, Remue-Ménage, 2005. 503 p.

Sournia, Ruffié. *Les épidémies dans l'histoire de l'homme. De la Peste au Sida.* Paris, Flammarion, 1995. 300 p.

Sueur, Laurent. « Les psychiatres français du XIXᵉ siècle face à la folie ». *Revue Historique.* CCXCIV / 2, Paris, Presses Universitaires de France, p. 243-258.

Sullerot, Évelyne. *Histoire de la presse féminine en France des origines à 1848.* Paris, Armand Colin, 1966. 225 p.

Sylvestre, Marcel. *La peur du mal. Le conflit science et religion au Québec : l'affaire Laurendeau.* Québec, PUL, 2008. 262 p.

Tardif, Évelyne et all. *Les bâtisseuses de la cité.* Université de Montréal, Les Cahiers de l'ACFAS, 1992. 407 p.

Tardif, Jean-Claude. *Le grand livre d'or des Lindsay. Extraits des registres du phare de l'Île-Verte.* Québec, Les éditions GID, 2007. 270 p.

Têtu, Henri et Henri-Raymond Casgrain. *David Têtu et les raiders de Saint-Alban. 1864-1865. Épisode de la guerre américaine.* Québec, N.S. Hardy Libraire-éditeur, deuxième édition, 1891. 187 p.

Thibeault, Diane. *Premières brèches dans l'idéologie des deux sphères : Joséphine Marchand-Dandurand et Robertine Barry, deux journalistes montréalaises de la fin du XIXe siècle.* Thèse (M.A) Histoire, Université d'Ottawa, 1981. 126 p.

Tremblay, Yves. *Réplique à Micheline Dumont. Il faut aussi se méfier des historiens* dans *Le Devoir,* 20 mars 2006. www.ledevoir.com/2006/03/20/104747.html.

Trépanier, Léon. *Les rues du Vieux Montréal au fil du temps.* Montréal et Paris, Fides, 1968. 187 p.

Trombert-Grivel, Adeline. « L'imitatrice. Suicides de femmes entre déviance, provocation et revendication » dans *Revue interrogations.* Revue pluridisciplinaire des sciences de l'homme et de la société. www.revue-interrogations.org. N° 8, p. 140-158.

Trudel, Brigitte. « Entrevue/Bernard Arcand ». RND (Revue Notre-Dame), mars 2006, p. 16-26.

Vanasse, André. *Émile Nelligan. Le spasme de vivre.* Montréal, XYZ, 1996. 201 p.

Verge, Gabriel. *Pensionnaires chez les Ursulines dans les années 1920-1930.* Québec, Les Cahiers du Septentrion, 1998. 139 p.

Viau, Robert. « "Quand les anges m'auront sorti de l'hôpital". Grandeur et misère de l'institution asilaire québécoise à l'époque d'Émile Nelligan », pp. 73-92, dans *Émile Nelligan, cinquante ans après sa mort.* Textes réunis par Yolande Grisé, Réjean Robidoux et Paul Wyczynski. Montréal, Fides, 1993, p. 73-92.

Vigneault, Benny M. *Idéologie, « plurigénéricité » et figure du destinataire dans* Fleurs champêtres *de Françoise (Robertine Barry).* Thèse (M.A.), Faculté de Lettres, Québec, Université Laval, 1999. 131 p.

Walkowitz, Judith. « Sexualités dangereuses » dans *Histoire des femmes en Occident. Le XIXe siècle.* Tome IV. Paris, Perrin, 2002, p. 439 à 478.

Warren, Jean-Philippe. *Edmond de Nevers. Portrait d'un intellectuel. (1862-1906).* Montréal, Boréal, 2005. 322 p.

Warren, Jean-Philippe. « Petite typologie philologique du moderne au Québec (1850-1950). » Québec, Les Presses de l'Université Laval, *Recherches Sociographiques*, XLVI, n° 3, septembre-décembre 2005, pp. 495-525.

Warren, Louise. *Léonise Valois, femme de lettres.* Montréal, L'Hexagone, 1993. 310 p.

Webster Wilde, Lyn. *Le monde des Celtes.* Paris, Gründ, 2005 pour l'édition française. 160 p.

Wyczynski, Paul. *Émile Nelligan.* Montréal, Fides, 1967. 191 p.

Wyczynski, Paul. *Nelligan. 1879-1941. Biographie.* Montréal, Fides, 1987. 632 p.

Wyczynski, Paul. Édition *Émilie Nelligan. Sources et originalité de son œuvre.* Presses de l'Université d'Ottawa, 1960. 348 p.

Wyczynski, Paul. *Album Nelligan. Une biographie en images.* Montréal, Fides, 2002. 435 p.

Remerciements

Aux personnes déjà remerciés dans le tome 1 de cette biographie, s'ajoutent :

Pierre Le Clercq qui, avec mon conjoint, a été mon « premier lecteur ». Ses commentaires, aussi bienveillants que pertinents, m'ont été fort utiles.

Je tiens à remercier aussi la docteure Lucie Lachapelle et l'écrivaine Anne-Marie Sicotte pour la gentillesse et l'empressement avec lesquels elles m'ont fournie les informations dont j'avais besoin.

Je sais qu'il peut sembler étrange d'exprimer sa gratitude envers un chat. Pourtant, je dois beaucoup à la présence *ronronnante* du mien qui, pendant neuf ans, a passé une grande partie de ses journées sur ma table de travail. Venant s'étendre sur mes feuilles à intervalles réguliers, il m'obligeait à de bénéfiques pauses tendresses. Ces pauses-là me manquent terriblement depuis sa mort survenue quelques semaines avant que je ne mette le point final à cet ouvrage. Il va me manquer longtemps. Toujours.

Index des tomes 1 et 2

Asile Saint-Benoît-Joseph-Labre, 115, 125, 126.

Asile Saint-Jean-de-Dieu, 125, 430.

Asselin, Olivar, **t.1** : 18. **t.2** : 53, 78 à 80, 168, 170, 235, 236, 171, 173, 351, 360, 392, 397, 406, 416, 432.

Association des femmes journalistes, 267, 311, 434.

Association des institutrices catholiques, 323.

Association professionnelle des employées de manufactures, 388.

Association Saint-Jean-Baptiste, 286.

Aubert de Gaspé, Philippe, **t.1** : 99, 375.

Aubry, Danielle, voir Dessaulles Henriette.

Aubry Hudon, Victoria, **t.1** : 342.

Auclair, l'abbé, **t.1** : 361. **t.2** : 213.

Auclair, Mlle, 48.

Auclert, Hubertine, **t.1** : 141.

Audry, Jehan, **t.1** : 337.

Austeen, Jane, **t.1** : 95, 98.

Automobile, 141, 142.

B

Babineau, père, **t.1** : 309.

Baby, Éliza Anne, **t.1** : 99.

Baby, Louis-François-Georges, **t.1** : 314.

Badreux, Jean, **t.1** : 359.

Baillargé, abbé, 363.

Balzac, Honoré de, **t.1** : 95, 116, 284, 286, 318, 319, 320. **t.2** : 85, 134, 144, 381.

Barridon, pharmacie, **t.1** : 220.

Barry, Aglaé, **t.1** : 23, 24 à 28, 30, 31, 34, 36, 37, 39, 40 à 43, 47, 59, 60, 89, 162, 165, 195, 226, 295. **t.2** : 14, 22, 64, 68, 69. 78, 100, 172, 179, 180, 201, 207, 209, 264, 265, 277, 353, 414, 415, 423, 429.

Barry, Caroline (Carry), **t.1** : 29, 36, 109, 110, 363. **t.2** : 68, 289, 292, 295, 299, 339, 353, 355, 379, 399.

Barry, Clara-Blanche, **t.1** : 19, 43, 44, 50, 54, 61, 68, 88, 109. 402. **t.2** : 43, 53, 68, 202, 228, 339, 349, 350, 357, 423, 425, 430.

Barry, David, **t.1** : 29, 89, 161, 165, 166. **t.2** : 70, 171, 201, 352, 416, 425.

Barry, Edmond, (Edmund), **t.1** : 29, 102, 104, 105. **t.2** : 70, 276 à 279, 397, 414.

Barry, Évelyne, **t.1** : 36, 47, 48, 51, 60, 61, 88, 94, 108, 119, 120. **t.2** : 197, 198, 267, 403.

Barry, Gérardine, **t.1** : 25, 42. **t.2** : 414.

Barry, Hilda, **t.1** : 29, 36, 110, 123. **t.2** : 203.

Barry, Jacques-Robert, **t.1** : 54. **t.2** : 179, 414.

Barry, James, docteur, **t.1** : 156.

Barry, James, (l'oncle), **t.1** : 163.

Barry, James-Ernest, **t.1** : 25, 30. **t.2** : 414.

Barry, John, **t.1** : 26 à 31, 36, 42, 43, 52, 54, 59, 60, 68, 88, 91, 100, 161 à 166, 226, 369. **t.2** : 37, 78, 100, 429.

Barry, John, (Joseph-Jean), **t.1** : 29, 54, 381. **t.2** : 414, 416.

Barry, Marie-Claire, **t.1** : 36, 37, 38, 42. **t.2** : 414.

Barry, Marie-Claire-Géraldine, voir Barry, Clara-Blanche.

Barry, Mary, (Marie), **t.1** : 29, 197. **t.2** : 397, 414.

Barthes, Ulric, 253.

Bas-du-Fleuve, **t.1** : 15, 52, 255, 263. **t.2** : 24, 334.

Baudelaire, Charles, **t.1** : 278, 370. **t.2** : 83, 100, 113, 116, 412.

Bazin, René, 400.

Beauchemin, Nérée, **t.1** : 330.

Beaudoin de Flandre, **t.1** : 223.

Beaudoin, Marie-Julia-Zorilla-Gilberte, 421.

Beaugrand, Estelle, **t.1** : 132.

Beaugrand, Honoré, **t.1** : 132 à 137, 147, 151, 153, 169, 173, 324, 326, 373, 374. **t.2** : 15 à 17, 39, 45, 46, 51, 52, 65, 297, 298, 363, 389.

Beaulieu, Germain, 53.

Beaupré, Marie, 134, 328, 335.

Bechameil de Nointel, Louis, (Béchamel), **t.1** : 285.

Bédard, Pierre, 55.

Beethoven, Ludwig, **t.1** : 92. **t.2** : 116, 117.

Bégin, Mgr, **t.1** : 358. **t.2** : 284.

Béïque, Caroline, **t.1** : 71, 360. **t.2** : 30 à 33. 239, 240, 260, 261, 286, 312, 313, 316, 354, 378, 379.

Belgique, 39, 198.

Béliveau, L-J., 55.

Bell, voir Brontëe, les sœurs.

Belleville, Rose de Lima de, **t.1** : 184 à 189.

Benaben, Jeanne, **t.1** : 336

Benoît, Frédéric, 71.

Benoît, Marie-Louise, 71.

Bentzon, Thérèse, 43, 158, 212, 295.

Bernhardt, Sarah, **t.1** : 196, 343 à 348. **t.2** : 155, 283 à 285.

Bertile, abbesse, **t.1** : 338.

Bessette, Arsène, 65, 66, 332, 417.

Bibaud, Adèle, **t.1** : 98. **t.2** : 356.

Bibaud, Jean-Gaspard, **t.1** : 98. **t.2** : 89.

Bibaud, Michel, **t.1** : 98, 279.

Bibliothèque, **t.1** : 54, 57, 82, 95, 213, 219, 225, 285, 288, 362, 340. **t.2** : 55, 89, 92, 193, 241 à 246, 291, 302, 380, 381, 433.

Biceletti, Mgr, 292, 294.

Bienville, Louyse de, voir Marmette, Marie-Louise.

Bigen, Hildegarde de, **t.1** : 234, 334.

Bismoute, Aurore-Marie, **t.1** : 47, 48.

Blanc, Louis, 159.

Blatch, A.L., 222.

Bleuler, Eugène, 98.

Bloomer, Amelia, 24.

Bois, Louis-Édouard, 31.

Bologne, **t. 1** : 337. **t.2** : 327.

Bonaparte, Napoléon, **t.1** : 244, 245.

Bonheur, Rosa, 160, 161.

Borden, premier ministre, 362.

Botrel, Théodore, **t.1** : 375. **t.2** : 65.

Bourassa, Henri, **t.1** : 18, 246, 247, 248. **t.2** : 42, 218, 273, 274, 284, 285, 360, 416, 417.

Bourassa, Napoléon, **t.1** : 246, 247, 248.

Bourget, Mgr, **t.1** : 107. **t.2** : 18, 89. 90.

Brennan Michael Thomas, 74.

Bretonneau, Pierre, 180.

Brett-Martin, Clara, 43 à 45.

Brisson, Adolphe, 158.

British Army, 183.

Brodeur, Donat, 187.

Brontë, les sœurs, **t.1** : 98.

Brown, Charlotte, 183.

Bruce, voir Sudistes.

Bruchési, Paul, **t.1** : 102, 103, 361, 374. **t.2** : 17, 18, 29, 38 à 41, 172, 245, 262, 279, 284, 312, 313, 317, 319, 331, 340, 344, 345, 379, 382, 384 à 387, 406, 407, 416, 417, 425.

Buffon, **t.1** : 277.

Buies, Arthur, **t.1** : 95, 138, 139, 256, 278, 321, 322, 323, 364, 365, **t.2** : 21, 213.

Bulwer-Lytton, Édouard, **t.1** : 95.

Bussières, Arthur, 55, 58, 72, 85, 130.

Byron, 412.

C

Cacouna, **t.1** : 256 à 263, 363. **t.2** : 73, 74, 119, 236, 237, 397.

Caithness, Maria, **t.1** : 202.

Campbell, Fanny, 282.

Campbell, George W, **t.1** : 256.

Cap-à-l'aigle, 120.

Cap-Breton, **t.1** : 294.

Cap-Chat, **t.1** : 165.

Carnegie, Andrew, **t.1** : 288.

Carré Saint-Louis, 118.

Cartier, Toussaint, **t.1** : 364, 365.

Casgrain, abbé, 400.

Casgrain, Charles-Eusèbe, **t.1** : 99.

Casgrain, Henri-Raymond, **t.1** : 99, 103.

Casgrain, Mathilde, 356.

Casgrain, T.C., **t.1** : 151.

Caughnawaga, **t.1** : 345.

Célibat et célibataires, **t.1** : 58, 62, 103, 117, 142, 168, 190à 193, 207, 225, 227 à 230, 241, 245, 248, 251, 252, 371. **t.2** : 14, 21, 56, 95, 102, 111, 172, 184 à 186, 202, 233, 249, 330, 358, 387, 411, 433.

Celtes, **t.1** : 20, 49, 199, 303, 376. **t.2** : 77, 257, 324.

Cercle catholique, **t.1** : 152.

Cercle d'études, 29.

Cercle littéraire, **t.1** : 365. **t.2** : 30.

Ceyla, Claude, voir Dessaulles Henriette.

Chaloult, Philippe, **t.1** : 164.

Chambre des délibérations, 124.

Champlain, **t.1** : 50, 366.

Chamy, père, **t.1** : 112.

Chapais, Thomas, **t.1** : 132, 135. **t.2** : 16, 17, 356.

Chapleau, Adolphe, **t.1** : 366, 367.

Chapleau, lady, **t.1** : 366, 367.

Charbonneau, Jean, **t.1** : 319. **t.2** : 55, 85, 96 à 98, 108.

Congrégation des Pères du très Saint-Sacrement, 72, 98.
Congrégation Notre-Dame, 261, 343, 380.
Congrès de la tuberculose, 278.
Congrès international des femmes, 136, 155, 357, 359.
Conseil local des femmes de Montréal, t.1 : 249 à 255.
Cooper, Fenimore, **t.1** : 345.
Cook, les, **t.1** : 256.
Coppée, François, **t.1** : 54.
Cornaro, Hélène, **t.1** : 337.
Cornu, Sophie, 212.
Côte des Neiges, montée, **t.1** : 243. Cimetière, **t.1** : 270. **t.2** : 194.
Côte-Nord, **t.1** : 27. **t.2** : 230.
Côté Pierre-Salomon, 344, 406.
Cour de Circuit, **t.1** : 109, 124. **t.2**: 122.
Couvent des Dames du Sacré-Cœur, 197.
Crépuscule, **t.1** : 320.
Crèvecœur, Monsieur de, 241, 242.
Curie, Marie, 268.
Cyprien, **t.1** : 136.

D

D'Agoult, Marie, **t.1** : 281,
Dames patronnesses, **t.1** : 249. **t.2** : 238 à 241, 245, 311, 312, 314 à 317, 321, 322, 326, 331 à 333, 338.
Dandurand, Joseph, **t.1** : 138.
Dandurand, Raoul, **t.1** : 138. **t.2** : 141, 172, 416.
Dantin, Louis, 72, 73, 96, 98, 108, 173 à 175, 248, 256, 257.
Daudet, Aphonse, 161, 212, 297.
Daudet, Ernest, 103, 104.
Daudet, Léon, 160.
Dauth, Gaspard, 346.
David, Laurent-Olivier, 212, 217, 340.
De Bergerac, Cyrano, 87.
Décarie, Jérome, 339.
Degas, Edgar, 158.
De Gouges, Olympe, **t.1** : 245.
De la Fayette, Mme, **t.1** : 94.
De Maistre, 163.
De Marchy, 97, 98, 108.

De Montbrun, Angélique, **t.1** : 99.
De Montreuil, Gaëtane, 52, 53, 56, 57, 212, 235, 239, 344.
De Musset, Alfred, **t.1** : 54, 95, 196. **t.2** : 77, 101, 131, 139.
De Nevers, Edmond, 212, 251, 252, 300.
Dépression, **t.1** : 120, 121, 127, 205, 233. **t.2** : 234, 398, 401, 409, 410.
Deraisme, Maria, 47.
Derouet, Camille, **t.1** : 318, 321.
Desaintes, Louis, **t.1** : 273.
De Scudéry, Mlle, **t.1** : 225.
De Sézy McDonald, Mme, **t.1** : 333.
Deshayes, Jean, 217.
Desjardins, Henry, (Isle-Verte). **t.1** : 28.
Desjardins, Henry, (École littéraire). **t.1** : 319. **t.2** : 55, 84, 97.
Desloges, Alfred, **t.1** : 319. **t.2** : 55.
Desrosiers, docteur, 416.
Desaulniers, Gonzague, 84, 97, 109.
Dessaulles Henriette, **t.1** : 252. **t.2** : 63, 217, 419.
De Staël, Mme, **t.1** : 11. **t.2** : 401.
De Sylva, Carmen, voir De Wied, Élisabeth
Détroit, 197, 201, 267.
De Varennes, Mme, 246.
Devery, Lucie, **t.1** : 121.
De Vinci, Léonard, 291.
De Wied, Élisabeth, **t.1** : 349. **t.2** : 92, 166, 212.
Dickens, Charles, **t.1** : 277. **t.2** : 320, 412.
Dieulafoy, Mme, 163, 297.
Dix Dorothea, 183.
Don Quichotte, **t.1** : 329.
Doty, voir Sudistes.
Dubois, J.B., 281.
Ducharme, C.M., **t.1** : 171.
Duchemin, Catherine, 163.
Duchesse d'Uzès, 297.
Duclos de Celles, Alfred, 31.
Duclos de Meru, Mme, 300, 301.
Dudevant, Aurore, voir Sand, George.
Dufeutrelle, Henri, 407.
Dugal, Marie, 430.
Dugas, juge, 122 à 124.

Dumas, Alexandre, **t.1** : 278, 293, 346. **t.2** : 160, 169.

Dumont, Élisabeth, **t.1** : 67.

Dumont, Hélène, 328, 335.

Duval-Thibault, Anne-Marie, **t.1** : 98. **t.2** : 91, 133, 357.

E

École de médecine, 89.

École d'enseignement supérieur, 345, 347.

École de Réforme, 114, 115, 222, 354.

École des beaux-arts, **t.1** : 346.

École littéraire, **t.1** : 319. **t.2** : 97.

École ménagère : 260, 261, 286, 317, 330, 338, 434.

Écosse, 120, 155.

Egan, Joe, **t.1** : 303 à 307.

Égypte, 283.

Ely, les sœurs, **t.1** : 194.

Entretiens, **t.1** : 145.

Escoumins, Les, **t.1** : 20, 25, 29, 30 à 33, 37, 47, 50, 51, 52, 162.

Esculape, **t.1** : 289.

États-Unis, **t.1** : 78, 239. **t.2** : 24, 47, 71, 79, 201, 242, 244, 256, 266, 267, 285, 329, 337, 348, 375, 429.

Evening Star, 79.

Exercice physique, femmes, 28, 433.

Exposition de Milan, 289.

Exposition de Paris, 99, 132, 134, 136, 137, 147, 154, 155, 157, 164, 167.

Exposition de Saint-Louis, 261, 263.

Eymard, Mgr, **t.1** : 213,

F

Fabre, Mgr, **t.1** : 40, 134.

Fadette, voir Dessaulles, Henriette.

Fall River, 79.

Fanchette, **t.1** : 375. **t.2** : 20, 21, 23, 26, 36, 40, 67, 68, 94, 118, 119, 145, 171, 183, 213, 220, 222, 301, 343, 359.

Fédération nationale Saint-Jean-Baptiste, (FNSJB), 310, 317, 319, 322, 324, 325, 327, 328, 331 à 337, 378, 388, 398, 434.

Féminisme, **t.1** : 18, 19, 141, 148, 158, 240, 247, 249, 252, 353, 360, 362. **t.2** : 14, 29, 32 à 34, 73, 154, 155, 161, 184, 185, 193, 217, 223, 273, 274, 311 à 318, 321, 326, 331, 334, 348, 361, 421.

Féministe, **t.1** : 16, 81, 83, 141, 142, 147, 202, 238, 243, 252, 274, 351 à 353, 360, 361. **t. 2** : 24 à 26, 32 à 34, 40, 57, 88, 111, 156, 164, 184, 218, 249, 253, 273, 296, 311, 313 à 318, 323, 332, 346, 347, 360, 376, 377, 398, 411, 421, 433.

Femmes nouvelles, **t.1** : 17, 46, 81, 202, 285, 351, 353, 360. **t.2** : 25, 42, 102, 170, 223, 269, 274, 360.

Fénelon, **t.1** : 145, 325.

Ferland, Albert, **t.1** : 319, 320. **t.2** : 55, 97.

Feu follet, **t.1** : 157.

Filles tombées, **t.1** : 262. **t.2** : 193, 173, 289, 290, 433.

Fisher, Sydney, 135.

Five o'clock tea, **t.1** : 258, 339. **t.2** : 50, 52, 55, 59, 61, 64, 161, 193, 225, 308, 337.

Flammarion, Camille, 87, 159.

Flaubert, Gustave, **t.1** : 229, 278, 280, 347. **t.2** : 58, 144, 159, 161, 335.

Fleurs champêtres, **t.1** : 283, 290 à 292, 314 à 330. **t.2** : 23, 39, 68, 134, 160, 162, 280, 300, 376, 395, 403, 410, 415, 421.

Flynn-Barry, Mary, **t.1** : 29, 163, 295. **t.2** : 198.

Foglia, Pierre, **t.1** : 155.

Fortier, docteur, **t.1** : 159, 160.

Fortin-Tremblay, Émilie, 71.

Fournier, Jules, **t.1** : 140.

Fox, les sœurs, **t.1** : 200.

France, **t.1** : 78. **t.2** : 16, 33, 47, 96, 101, 102, 155, 161, 246, 299, 327, 329, 348, 400, 416.

France, Anatole, 158.

Francs-maçon-ne-s, **t.1** : 324. **t.2** : 45 à 49, 55, 406, 417.

Fraserville, voir Rivière-du-Loup.

Fréchette, Louis, **t.1** : 136, 138, 170, 192, 285, 286, 287, 318, 321, 326, 327, 328, 331, 332, 344, 345, 346, 355. **t.2** : 24, 52, 85, 97, 107, 210, 212, 223, 283, 285, 362 à 365, 407.

Frères de la Charité, 114, 115, 125, 126.

G

Gable, Clark, 287.

Gagnon, Mme, 312.

Gare Bonaventure, **t.1** : 234, 379.

Gare Windsor, **t.1** : 291, 296.

Garneau, Alfred, 268.

Garneau, François-Xavier, 52, 188.

Garneau, Hector, **t.1** : 321. **t.2** : 52.

Gaspésie, **t.1** : 341. **t.2** : 78.

Gauthier, chanoine, 313-316.

Gauthier, docteur, **t.1** : 124.

Gauthier, Gertrude, **t.1** : 124.

Gauvreau, Charles, **t.1** : 124.

Gauvreau, Gracieuse, **t.1** : 26, 124.

Gauvreau, Louis-Narcisse, **t.1** : 109.

Gauvreau, Père, **t.1** : 312.

Gay Delphine, **t.1** : 200.

Geneviève, **t.1** : 197. **t.2** : 299.

Gérin-Lajoie, Henri, **t.1** : 351.

Gérin-Lajoie, Marie, **t.1** : 16, 19, 71, 249, 253, 282, 297, 298, 308, 339, 351, 352, 353, 354, 355, 356, 360, 361. **t.2** : 29 à 35, 38, 52, 111, 119, 132, 186, 212, 214, 216, 217, 239, 240, 260, 261, 311 à 314, 319, 320, 331 à 339, 343, 345, 380 à 388, 416.

Germain, Alban, **t.1** : 319.

Gervais, Honoré, Mme, 356.

Gif-sur-Yvette, 161.

Gill, Charles, 55, 109, 142, 235, 256, 275.

Girard Rodolphe, 262, 263.

Girardin, Émile de, **t.1** : 200.

Girardin, Mme, 399.

Gleason, voir *Madeleine*.

Goncourt, Edmond de, 58, 159.

Goncourt, les frères, **t.1** : 117. **t.2** : 159.

Gouin, Lomer, 416.

Grace, Caroline-Ellen, 172.

Graddon-Gosselin, Mary, **t.1** : 82

Graham, Margaret, 262.

Grand dictionnaire universel, **t.1** : 228.

Grande-Bretagne, 261, 361.

Grellet de la Deyte, baronne, 157, 166.

Gresset, Louis, **t.1** : 54.

Grosse-Île, 393.

Gyp, 157, 158, 402.

H

Halden, Charles ab der, 212.
Halifax, **t.1** : 125, 290, 294, 297, 301. **t.2** : 325.
Hamilton, les, **t.1** : 256. **t.2** : 312.
Harkness, Margaret, **t.1** : 192.
Haut-Canada, 45, 393.
Hayr, Annie L., **t.1** : 82.
Heine, Heinrich, **t.1** : 96, 97.
Helbronner, Jules, 389, 392, 416.
Henri IV, **t.1** : 338.
Herbette, 163.
Hervieu, Paul, 163.
Hilda, abbesse, **t.1** : 338.
Hippocrate, **t.1** : 158.
Histoire, 30, 32, 42, 53, 61, 69, 96, 133, 139, 291, 348, 366, 394.
Hohenzollern, Carol de, **t.1** : 349.
Hollande, **t.1** : 336.
Homère, **t.1** : 338.
Hôpital Notre-Dame, **t.1** : 249. **t.2** : 131, 312.
Hôpital Royal Victoria, 180.
Hôpital Sainte-Justine, 329, 379, 416.
Hudon, Émilie, (voir Émilie Nelligan).
Hudon, Joseph-Magloire, **t.1** : 259, 365. **t.2** : 182.
Hudon, Théophile, **t.1** : 348.
Hudon, Victoria, **t.1** : 342.
Hugo, Léopoldine, **t.1** : 200.
Hugo, Victor, **t.1** : 54, 95, 200. **t.2** : 65, 157, 159, 161, 326, 341, 363.
Hygiène et physiologie du mariage, **t.1** : 116.

I

Ibsen, Henrik, 91.
Île aux Basques, **t.1** : 51.
Île-aux-Becs-Scies, **t.1** : 309.
Île Saint-Barnabé, **t. 1** : 260, 363.
Île Sainte-Hélène, 27.
Île Sheldrake, **t.1** : 309.
Île Verte : **t.1** : 264.
Îlet Rond, L', **t.1** : 124.
Inde, 47.

Inuits, **t.1** : 52.
Îsle-Verte, **t.1** : 15, 20, 23, 25, 27 à 29, 91, 109, 123, 125, 162, 165, 210, 263, 275, 401. **t.2** : 122, 237, 277.
Institut canadien, **t.1** : 89, 138, 383. **t.2** : 88, 89.
Institut canadien de recherches sur les femmes, 432.
Institut Fraser, **t.1** : 340. **t.2** : 241.
Institut littéraire de l'Isle-Verte, **t.1** : 28.
Instruction laïque et obligatoire, **t.1** : 60, 78, 79, 142, 152, 340, 352, 374. **t.2** : 38, 193, 380, 385, 433.
Instruction supérieure, **t.1** : 44, 335, 336, 337. **t.2** : 434.
Irlande, **t.1** : 27, 29, 42, 56, 164, 182, 259, 338, 354. **t.2** : 31, 47, 78, 153, 171, 218.
Iroquois-e, **t.1** : 236, 346. **t.2** : 132.
Italie, **t.1** : 336. **t.2** : 261, 292, 299.

J

James, Henry, **t.1** : 323
Jane Eyre, **t.1** : 98.
Japon, **t.1** : 372.
Jeanne la fileuse, **t.1** : 169.
Jersey, **t.1** : 200.
Johnson, Pauline, 132.
Jolliet, Louis, 91.

K

Kamouraska, **t.1** : 164. **t.2** : 119.
Kansas, 41.
Kardec, Allen, **t.1** : 203.
Kellogg, J.H., **t.1** : 193.
King, Les, **t.1** : 200
Kirby, William, **t.1** : 287.
Kit, **t.1** : 303.
Klebs, 181.
Koch, Eberth, 180.

L

La Bande des six éponges, **t.1** : 319, 320, 333, 344.
Labelle, curé, t.1 : 138.
Labelle, Mlle, 281, 329.

71, 86, 88, 110, 137, 141, 143, 146, 147, 153, 164, 170, 172, 183, 184, 186, 217, 240, 248, 298, 307, 336, 339, 361, 415, 418, 421, 430.

La philosophie du mariage, **t.1** : 228.

La « Poilue », **t.1** : 257.

La Politique d'une mère de famille, **t.1** : 82.

La Presse, **t.1** : 172, 173, 274. **t.2** : 56, 137, 172, 224, 243, 262, 280, 281, 299, 307, 389, 390, 419, 420.

La Princesse de Clèves, **t.1** : 94.

La Revue Canadienne, **t.1** : 171, 274.

La Revue du monde catholique, **t.1** : 273, 318.

La Revue Nationale, **t.1** : 274. **t.2** : 279.

Larmandie, comte de, 163.

Larmes d'amour, 121.

Laurendeau, Albert, 328.

Laurier et son temps, 340.

Laurier féminin, **t.1** : 350.

Laurier, Wilfrid, **t.1** : 124, 133, 151, 354, 368, 373. **t.2** : 134, 135, 172, 228, 248, 281, 285, 293, 297, 437.

Laurier, Zoé, **t.1** : 124. **t.2** : 281.

Lauzier, Cécile, **t.1** : 44, 67, 162, 168. **t.2** : 19, 23, 26, 225.

La Vérité, **t.1** : 324, 329, 356. **t.2** : 405, 421.

La Vigie, **t.1** : 247.

La Voix du Précieux Sang, **t.1** : 282.

Le Bouthillier, Alice, 78, 79, 235, 416.

Le Bouthillier, Charles, 78.

Le Bouthillier, Éva, 78, 79, 137, 153, 167, 169, 416.

Le Bouthillier, Hélène, 78, 79, 122, 153, 167, 169, 416.

Le Bouthillier, John, 78.

Le Bulletin, **t.1** : 274.

Le Canada, **t.1** : 373. **t.2** : 281, 404, 419.

Le Chien d'Or, **t.1** : 281. **t.2** : 93.

L'Écho des deux montagnes, **t.1** : 373.

L'Écho du cloître, **t.1** : 73, 99.

Leclerc, Jules, 55.

Le Coin du feu, **t.1** : 239, 274. **t.2** : 52, 186, 209.

Le Correspondant, 34.

Le Courrier du Canada, 16.

Le Devoir, **t. 2** : 361, 416, 419.

Ledieu, Léon, **t.1** : 315.

L'étendard, **t.1** : 82.

Levasseur, Irma, 322, 337, 338.

L'événement, 419.

Lévis, **t.1** : 363. **t.2** : 363.

Levy, Amy, **t.1** : 192.

L'homme à la langue d'argent, **t.1** : 246.

Librairie Beauchemin, 128, 256, 257.

L'idiote aux cloches, 85.

Lindsay, Gilbert, **t.1** : 264.

Lindsay, René-W, **t.1** : 264.

Lioba, abbesse, **t.1** : 338.

Liverpool, 153, 171.

Logan, Mlle, **t.1** : 333.

Loges, **t.1** : 132, 373, 374. **t.2** : 20.

Londres, **t.1** : 44, 192, 364, 365. **t.2** :153, 183, 231, 296, 359, 361.

Longfellow, **t.1** : 95.

Longue-Pointe, 115, 125, 126, 173, 430.

Longueuil, 64.

L'opinion publique, **t.1** : 83, 256.

Lotbinière, 301, 302.

Louisbourg, **t.1** : 301, 302, 313, 330, 331. **t.2** : 272, 432.

Lusignan, Alphonse, **t.1** : 138, 279.

Luxembourg, **t.1** : 185.

Lycée de jeunes filles, 344, 406.

Lytton, Bulwer, **t.1** : 95.

M

M. B., **t.1** : 110 à 113, 115 à 117.

Madeleine, (Anne-Marie Gleason-Huguenin), **t.1** : 75. **t.2** : 30, 31, 183, 184, 212, 239, 248, 312, 325, 336, 356, 361, 416, 418, 420.

Madeloche, la mère, **t.1** : 153.

Mail-Empire, **t.1** : 303.

Maintenon, Mme de, **t.1** : 145.

Maistre, Joseph de, **t.1** : 113.

Maladie des yeux roses, **t.1** : 59.

Malbrouck, Mme, **t.1** : 185.

Manette Salomon, **t.1** : 117.

Manoir Bellevue, **t.1** : 15, 51.

Marchand, Félix-Gabriel, **t.1** : 83, 368.

Marchand-Dandurand, Joséphine, **t.1** : 16, 71, 83, 238 à 243, 249, 254, 328, 350, 354, 356, 359, 360, 361, 362, 368. **t.2** : 26, 29, 33, 38, 52, 63, 136, 149, 170, 186, 200, 212, 239, 260, 343, 359, 360, 416.

Mariage, **t.1** : 19, 80, 85, 104, 109, 110, 111, 112, 115, 116, 118, 131, 148, 153, 192, 207, 223 à 228, 241, 242, 251, 278, 369. **t.2** : 15, 21, 100, 111, 129, 172, 194, 215, 218, 229, 235, 286, 301, 386, 413, 433.

Marie Calumet, 262, 263.

Marion, Auguste, 93, 94.

Mariotti, Casimiro, **t.1** : 376, 377.

Marmette, Joseph-Étienne, 188.

Marmette, Marie-Louise, **t.1** : 75. **t.2** : 187 à 189, 199, 308, 422, 431.

Marteau, Henri, 287.

Martigny, Paul de, **t.1** : 319. **t.2** : 55, 80.

Martin, Alice, 74.

Martin, Jean-Baptiste, 74.

Martin, Clara Brett, 43, 45.

Massicotte, Édouard-Zotique, **t.1** : 378. **t.2** : 55, 97, 109.

Matane, **t.1** : 165.

Maugeret, Marie, 33, 34.

Maupassant, Guy de, **t.1** : 95, 203, 229, 290, 291, 323, 326. **t.2** : 75, 77, 116, 159.

Maximilien, l'empereur, **t.1** : 163.

McDonnell, Blanche, **t.1** : 333.

McKinnon, J.G., **t.1** : 303.

Méguin, Paul, **t.1** : 168.

Mélancolie, voir dépression.

Méprise, 276, 280 à 282, 429.

Mercier, Honoré, **t.1** : 133.

Mère Catherine-Aurélie du Précieux-Sang, **t.1** : 104.

Mère Sainte-Anne-Marie, 343 à 347.

Méthode pour converser avec Dieu, **t.1** : 292.

Michel-Ange, 116.

Michigan, 201.

Micmacs, **t.1** : 300.

Miller, Libby, 24.

Millevoye, 77.

Ministère de l'Instruction publique, 38, 39, 340, 399, 433.

Miramichi, **t.1** : 309.

Mityléniens, **t.1** : 338.

Patriotisme & Patriotes, **t.1** : 255. **t.2** : 184, 268, 272, 273, 275, 328, 340, 434.

Patti, Adélina, **t.1** : 196, 347.

Peck, Mlle, **t.1** : 333.

Pelland, Marthe, 347.

Pelletier, Alphonse, **t.1** : 164.

Pelletier, lady, 356.

Pelletier, Virginie, **t.1** : 99.

Pennsylvanie, **t.1** : 369.

Percé, 91.

Pie X, 293, 294, 328.

Pini, chevalier, 291.

Pisan, Christine de, **t.1** : 334, 337.

Platon, **t.1** : 201, 276. **t.2** : 177.

Pointe-à-la-Carriole, La, **t.1** : 33.

Poitras, J-W., 55.

Politique, **t.1** : 135, 137, 139, 140, 144, 151, 164, 192, 201, 246, 329, 351, 355, 358, 366, 373. **t.2** : 16, 17, 35, 40, 59, 60, 65, 157 à 160, 172, 193, 210, 212, 229, 252, 272, 281, 295, 297, 315, 316, 333, 340, 354, 355, 357, 359, 361, 363, 386, 393, 394, 434.

Portneuf, **t.1** : 31.

Pothier, J-Aram, 56.

Préfontaine, le maire, 141.

Prévost, Marcel, 170, 171.

Price, William, **t.1** : 27.

Prostitution et prostituées, **t.1** : 81, 179, 296. **t.2** : 164, 183, 235, 433.

Proudhon, Pierre-Joseph, **t.1** : 96, 281.

Proust, Marcel, 158.

Q

Québec, **t.1** : 350. **t.2** : 24, 39, 43, 71, 88 à 90, 92 à 94, 101, 121, 125, 170, 217, 240, 252, 256, 268, 284, 285, 340, 348, 354, 356, 360, 365 à 367, 393, 405, 426, 439.

R

Racine, Jean, **t.1** : 201.

Raiders, voir Sudistes.

Rébecca, **t.1** : 64.

Reford, Elsie, **t.1** : 368.

483

Réformes, 59, 192, 193, 209, 318, 410.

Rémy, Caroline, (voir Séverine).

Renaud, Émiliano, 281.

Repentigny, Madeleine de, **t.1** : 68.

Revue Canadienne de Montréal, **t.1** : 99.

Riddez, Sita, 430.

Rimouski, **t.1** : 259, 260, 363, 365. **t.2** : 31, 54, 74, 119, 182.

Ritchie England, Grace, **t.1** : 335.

Rivière-du-Loup, **t.1** : 27, 237, 363.

Rivière-Ouelle, **t.1** : 29.

Robespierre, **t.1** : 351.

Robidoux, Joseph-Émery, 228, 230, 234, 366.

Rockingham, **t.1** : 126.

Rodin, **t.1** : 79

Rolin, Hélène, voir Dessaulles Henriette.

Rostand, Edmond, **t.1** : 348. **t.2** : 155.

Roswintha, abbesse, **t.1** : 338.

Rouleau, Alexis Désiré, **t.1** : 23, 27, 165.

Rouleau, Bonaventure, **t.1** : 23.

Rouleau, Charles-Borromée, **t.1** : 23.

Rouleau, David, **t.1** : 23.

Rouleau, Édouard, **t.1** : 23.

Rouleau, Édouard-Hector, **t.1** : 23.

Rouleau, Eulalie Aglaé, (voir Barry, Aglaé).

Rouleau, Euphrosine, **t.1** : 23 à 25, 59.

Rouleau, Félix Victorien, **t.1** : 23, 27.

Rouleau, Joseph, **t.1** : 23, 27, 275,

Rouleau, Louis-Onésime, **t.1** : 23,

Rouleau, Luc, **t.1** : 23, 165, 363,

Rouleau, Marie-Angèle Ophédie, **t.1** : 23.

Rouleau, Marie-Éléonore, **t.1** : 23.

Rouleau, Raymond-Marie, (Félix). **t.1** : 125. **t.2** : 416.

Rousseau, Jean-Jacques, **t.1** : 324, 325. **t.2** : 116, 381.

Routhier, Basile, **t.1** : 132.

Roy, Camille, 247.

Roy, Gabrielle, **t.1** : 87.

Ryan, Mgr, **t.1** : 358.

Société artistique, **t.1** : 262.

Société d'aide à l'enfance, 354, 355.

Société d'archéologie et de numismatique, **t.1** : 284, 333.

Société des antiquaires, 64, 416.

Société des gens de lettres, 154, 159, 163.

Société des lettres de Paris, 348.

Société d'histoire de Montréal, **t.1** : 333.

Société Royale du Canada, 348.

Société Saint-Jean-Baptiste, 239, 260, 316.

Sœurs de la Charité, 330. de Rockingham, **t.1** : 125 à 127.

Sœurs de la Miséricorde, 383.

Sœur Saint-Anaclet, 261.

Soleil des nuits, **t.1** : 345.

Sorbonne, 268, 348.

Souliers de bal, 430.

Sphères, La séparation des deux, **t.1** : 44, 84, 116, 138, 251, 360. **t.2** : 296.

Spiritisme et occultisme, **t.1** : 20, 200, 203. **t.2** : 135, 159, 189.

Staël, Mme de, **t.1** : 54, 95, 354. **t.2** : 401.

Stanton, Elisabeth, 24.

Stendhal, **t.1** : 91.

Stowe, Harriet, **t.1** : 354.

Sudistes, **t.1** : 33, 35, 36.

Suffrage féminin, voir Vote.

Suicide, **t.1** : 336. **t.2** : 27, 75, 117, 266, 409, 410 à 413.

Suisse, **t.1** : 336. **t.2** : 98, 275, 292, 299.

Surveyer, Mlle, 246.

Suzor Coté, Marc-Aurèle, **t.1** : 197. **t.2** : 164.

Sylva, Carmen de, voir Elisabeth de Wied.

T

Tabagisme, voir Cigarette.

Tadoussac, **t.1** : 31, 73.

Tante Ninette, voir Barry Clara-Blanche.

Tappy, (un neveu), 324, 325, 352, 353.

Tardivel, Jules-Paul, **t.1** : 132, 324, 326 à 330, 356. **t.2** : 39.

Tarte, Joseph-Israël, **t.1** : 373. **t.2** : 172.

Taylor, le shérif, 88.

Tchaïkovski, Piotr Illitch, **t.1** : 226.

Tennyson, Alfred, **t.1** : 95.

Table des matières

Cet ouvrage, composé en Arno Pro 13 / 17,
a été achevé d'imprimer à Cap-Saint-Ignace,
sur les presses de Marquis imprimeur,
en janvier deux mille onze.